다시, 국가를 생각하다

토드 부크홀츠

박세연 옮김

다시,
국가를
생각하다

THE PRICE OF PROSPERITY

21세기북스

저지쇼어의
어느 따뜻한 여름날 밤

어린아이였던 나는 뒷마당에서 다리에 달라붙은 모기들을 손바닥으로 때려잡으며, 아빠가 내 종이접시에 놓일 버거를 뒤집어주기를 기다리고 있었다. 그때 이웃 아저씨가 아버지에게 대뜸 이렇게 소리를 질렀다.

"닉슨이 당선되면 난 캐나다로 뜰 거야!"

그로부터 몇 년이 흘러, 뒷마당에서 또 다른 아저씨가 으름장을 놓았다.

"카터가 이기면, 캐나다로 갈 걸세."

그리고 다시 네 번의 여름이 지나갔다. 이번에는 대학의 학장이 내게 이렇게 물었다.

"레이건이 혹시라도 대통령이 될 거라고 생각하나? 요즘 난 캐나다행을 알아보고 있다네."

그들처럼 생각한 사람들이 정말로 미국을 떠났다면 지금쯤 캐나다는 수많은 사람들로 넘쳐나고 있을 것이다. 하지만 현실은 그렇지 않다.

사실 그들은 모두 마이타이 칵테일이나 위스키 사워, 라인골드 맥주 등을 마시며 허풍을 쳤던 것이다. 그들의 아내는 대부분 교사나 간호사였다. 그리고 많은 사람들이 제2차 세계대전과 한국전쟁, 혹은 베트남 전쟁에 참전한 경험이 있었다. 물론 그들은 절대 조국을 떠나지 않을 것이다. 총알이 빗발치던 과달카날이나 폭찹힐 전투에서 전우를 지켜낸 그들이 단지 선거인단이 '잘못된' 선택을 내렸다고 해서 고향을 등지고 캐나다로 도망가는 일은 없을 것이다.

그런데 요즘 들어 나는 그와 같은 이야기를 다시 듣고 있다. 친구들은 내게 '만약을 대비하여' 뉴질랜드나 파나마에 부동산을 사 두었다고 했다. 한 친구는 뉴질랜드로 이민을 가게 된다면, 아이젠하워의 1950년대 시절처럼 자녀들을 키울 것이라고 호언장담을 했다. 그 친구도 나도 그 시절을 경험한 적이 없었지만 말이다. 물론 이러한 허풍은 어릴 적에도 많이 들었다.

그러나 요즘 들어 친구들의 말이 단지 허풍이 아닐지도 모른다는 생각이 든다. 그래서 나는 이 책을 쓰기 시작했다. 2015년 4,200명의 미국인이 시민권을 포기했다. 이는 국무부가 수수료를 2,350달러로 네 배나 인상했음에도 신청하는 몇 년 전보다 네 배나 늘었다.[1] 하지만 이는 문제의 핵심이 아니다. 그보다 더 많은 사람들이 세금 문제로 나라를 떠나고 있다. 많은 미국인들이 그들의 여권과 그에 딸린 특권을 기꺼이 포기하려 한다면, 이는 고민해보아야 할 심각한 문제다. 세계대전과 냉전을 포함한 20세기 전반에 걸쳐서 미국 여권의 가치는 천정부지로 치솟았다. 1939년만 해도 미국 여권을 손에 넣으면 유대인도 베를린 집단수용소를 빠져나올 수 있었다. 그리고 1965년 소웨토 지역의 흑인들이라면 인종차별을 피해 달아날 수 있었다. 또한 1979년 레닌그라드에서 미국 여권을 소지하고 있는 가톨릭 신자들은 강제수용소를 쉽게 빠져나갈 수 있었다.[2]

많은 저자들이 아이티나 시리아, 수단, 소말리아 등 가난한 나라들의 사회적 분열에 관한 이야기를 썼다. 하지만 내가 보기에, 오늘날 부유한 국가들 역시 똑같은 어려움을 겪고 있다. 실제로 많은 선진국들이 그렇다. 여러분은 혹시 오스만 제국이나 합스부르크 제국 출신의 사람들을 만난 적이 있는가? 경제 역사를 더 깊이 파고들면서, 나는 많은 국가들이 경제적 번영 후에 사회적 분열을 겪는 뚜렷한 패턴을 확인하게 되었다. 경제학자이자 사업가 그리고 역사학도로서, 나는 정치인들에게 정책 자문을 제공하고 억만장자 헤지펀드 매니저들에게 최근에 벌어진 금융시장의 왜곡에 대해 조언을 주고 있다. 하지만 역사를 알지 못하고서는 결코 금융시장의 왜곡을 이해하고 올바른 공공 정책을 선택할 수 없다.

오늘날 세계 경제는 지금 이 순간에 일어나는 사건들로만 이루어지는 것이 아니다. 그것은 또한 과거에 벌어진 모든 일들의 결과물이기도 하다. 경제학의 역사를 주제로 다루었던 전작 『죽은 경제학자의 살아있는 아이디어』에서, 나는 경제 성장의 문제를 지적했던 세 명의 위대한 지성인으로서 카를 마르크스와 존 메이너드 케인스 그리고 조지프 슘페터를 다루었다. 마르크스는 자본주의의 내재적 모순을 장황한 이야기와 소책자 그리고 두꺼운 학술서를 통해 설명했다. 하지만 그는 많은 부분에서 오류를 범했다. 가령 기업가나 지적재산권, 혹은 오늘날 스마트폰과 평면 TV 그리고 개인용 차고에 주차해둔 두 대의 자동차 등 과거에 핍박받던 프롤레타리아트Proletariat에게 오늘날 자본주의가 선사한 높은 삶의 기준의 가치를 제대로 예측하지 못했다.

20세기 최고의 라이벌이라 할 수 있는 케인스와 슘페터는 서로 반대의 길을 걸었다. 케인스는 풍요로운 경제 성장 덕분에, 2030년 무렵이 되면 그의 손자들이 태어나면서부터 사치를 누리고, 노동은 거의 할 필요가 없을 것이라 예측했다. 케인스는 『4시간The 4-Hour Workweek』의 저자 티모시 페리스Timothy Ferris보다 무려 80년을 앞서 주 4시간 근로제제를 예상했던 것이다. 케인스는 후손들에게 정원을 돌보고 들판의 백합을 만끽하라고 말했다.[3] 반면 슘페터는 부유한 이들의 손자들은 자본주의를 비판하고, 세상을 사회주의 쪽으로 틀어갈 것이라고 예측했다.[4] 분명하게도 1960년대에 많은 급진주의자들의 부모 세대는 컨트리클럽에서 열심히 활동했고, 오늘날 점령 시위는 미시시피 주 옥스퍼드 인근의 공장 노동자들보다 영국의 옥스퍼드 대학에서 더 많은 인기를 얻고 있다.

그러나 경제와 역사를 더욱 깊이 파고들어 가면서, 나는 이들 세 대가들의 대답에 만족하지 못하게 되었다. 마르크스는 자본주의의 모순이 대다수를 '궁핍'하게 만드는 것이라고 생각했다.[5] 하지만 그 생각은 틀렸다. 그리고 케인스와 슘페터는 자본주의의 번영이 그 수혜자들을 지루하게 만들거나, 혹은 그들을 미치게 만들어 시위 현장에서 벽돌을 집어던지게 할 것이라 생각했다. 하지만 이러한 결론은 과학적인 분석이라기보다 코냑 잔을 부드럽게 감싸쥐고 사색에 잠긴 대학 교수의 모습처럼 감상적인 해석 같다.

이 책에서 나는 부유한 국가들에 분열의 위협을 가져다주는 요인들을 분석하고 있다. 이를 위해서는 경제와 역사를 살펴보는 것은 물론, 다양한 다른 국가들의 정치적·문화적 역동성까지 다루어야 한다. 이러한 과정에서, 때로는 통계 자료보다 오페라 한 편이 더욱 놀라운 통찰력을 던져주기도 한다. 가령 〈나비부인〉 2막에서 조초 상이 뿜어내는 높은 B플랫이 당시 교역량에 관한 어떠한 자료보다 메이지 유신에 대해 우리에게 더 많은 이야기를 들려준다는 사실을 여러분께 보여줄 것이다.

나는 운 좋게도(꼭 그렇다고 할 수는 없지만) 최근에 터진 주요한 경제적·금융적 위기의 순간을 맨 앞자리에서 맞이하게 되었다. 당시에 나는 백악관, 월스트리트, 기업 이사회, 대학 강당에 있었다. 그리고 세상을 돌아다니며 아이디어를 모색하고 국가를 지탱하는 힘에 대해 연구했다. 불꽃놀이와 왕실 인사의 방문으로 방해를 받기는 했지만, 나는 아부다비의 해안에서도 강의했고, 1893년 골드러시 시절 이후 합판식 홍등가 건물들이 광부들을 유혹했던 머나먼 호주 캘굴리에서도 강의했다.[6] 알래스카의 앵커리지에서 만났던 한 음침한 호텔업자는 내게 미국 공군 비밀기지인 51구역에 정말로 UFO가 출연했는지 물었다(백악관에서 일하고 하버드에서 학생들을 가르쳤다는 이유로 내가 미국 정부의 음모에 가담했을 것이라 짐작한 것 같다). 당시 나는 대통령 수석 보좌관으로부터 야단을 맞기도 했고, 아이다호 주지사로부터 13킬로그램짜리 토마토 상자를 감사의 선물로 받기도 했다. 어쨌든 그 모든 과정에서 내가 배웠던 모든 것들을 여러분과 함께 겸손한 마음으로 나누고 싶다.

이 책은 대단히 야심차면서도 어쩌면 어리석은 도전일 수 있다. 한편으로, 나는 이 책을 통해서 시민권을 포기하고 다른 나라로 이민을 떠나겠다고 으름장을 놓았던 이웃들의 말이 어쩌면 이번에는 단지 허풍이 아닐 수도 있다는 우려를 여러분께 전하고자 한다. 그리고 다른 한편으로 우리 사회를 지키고 개선하기 위해서 모두가 할 수 있는 일을 여러분께 제시하고자 한다.

차례

번영의 패러독스

영화 〈카사블랑카Casablanca〉에서 독일군 슈트라서 소령은 카페 아메리카인에 들러 릭과 함께 술을 마신다.

나치 소령이 물었다.

"국적이 어디요?"

"술고래drunkard 나라죠."

그러나 프랑스인 서장 르노가 끼어들어 농담을 던진다.

"그럼 릭은 세계 시민이로군."

그의 냉소적인 농담은 1941년 수많은 피난민들이 자유를 찾아 떠나고자 했던, 나치 치하의 카사블랑카 분위기와 잘 맞아떨어진다. 물론 릭의 국적은 미국이었지만 나치에게 자신의 정체를 솔직하게 털어놓을 만큼 지나치게 취했거나, 혹은 지나치게 약삭빠른 인물은 아니었다. 누가 릭을 비난할 수 있겠는가? 그보다 훨씬 평화로운 번영의 세상에서 살아가고 있는 지금의 우리는 어떤가? 우리는 자신이 태어나고 자란 나라에 어떤 감정적인 애착을 느끼고 있는가? 미국의 경우 많은 사람들은 자신들의 나라보다 다른 것에 더 많은 애정을 갖고 있는 듯하다.

"당신은 누구입니까?"라는 질문에 미국인들은 이렇게 대답할 것이다. "전 아이폰을 쓰고 있습니다." "풋볼 마니아입니다." 혹은 "글루텐이 들어간 음식은 절대 먹지 않습니다. 그리고 그걸 자랑스럽게 생각합니다."

비행기가 활주로에 미끄러져 재빨리 탈출해야 할 위기 상황이 벌어졌을 때, 대부분의 미국인들은 성조기 대신에 아이폰이나 미식축구 공, 혹은 글루텐이 첨가되지 않은 맛있는 머핀을 챙겨서 나올 것이다. 설문 조사 결과는 9·11 테러 이후 애국심의 수위가 반짝 상승했다가 지속적으로 떨어지고 있는 흐름을 보여준다. 이러한 현상은 특히 젊은이들에게서 두드러지게 나타난다. 노인층 64퍼센트가 자신이 미국인이라는 사실에 대단한 자부심을 느끼고 있다고 대답한 반면, 젊은 성인층은 43퍼센트만이 그렇다고 답변했다. 그리고 밀레니얼Millennia(미국에서 1982~2000년 사이에 태어난 세대를 일컫는 말-옮긴이)들 절반이 '아메리칸 드림'은 죽었다고 말한다.[1] 다른 선진국들 역시 이와 비슷한 현상을 겪고 있다.

릭 블레인은 술고래였기 때문에 '세계의 시민'이 될 수 있었다. 하지만 오늘날 글로벌 경제에서 살아가기 위해서는 정신이 온전히 깨어있어야 한다. 록 밴드 U2의 보컬인 보노Bono는 자신이 아일랜드 출신이라는 사실에 대단한 자부심을 갖고 있으며, 여전히 아일랜드 특유의 억양으로 말한다. 그런데 음반 판매 수익에 따른 과중한 세금을 피하기 위해 더블린을 떠나서 네덜란드에서 새롭게 밴드 활동을 시작했다. 〈007〉의 상징적 존재인 로저 무어는 대부분의 시간을 스위스 별장이나 모나코의 멋진 마을에서 보내고 있다. 그리고 페이스북 공동 설립자 에드와도 새버린Eduardo Saverin은 2012년 미국 시민권을 포기하고 나서 브라질에서 하버드로, 실리콘밸리를 거쳐 싱가포르로 이주했다. 술고래와 록스타, 배우는 물론이거니와 국제무역이나 소프트웨어 개발 분야에서 일하는 사람들은 아마도 가로등에 깃발이 휘날리고, 바닥에 자갈이 깔린, 그리고 아마존닷컴과 경쟁하기 위해 안간힘을 쓰는 지역 상인들로 우글대는 도심보다는 눈에 보이지 않는 사이버 공간에서 자리 잡고픈 마음이 더 간절할 것이다.

이 책의 목적은 애국심과 국가의 적들에 대해 케케묵은 한탄만 늘어놓는 게 아니다. 그리고 오늘날의 경제 현실을 비판하려는 것도 아니다. 사실 여기서 나는 애국심과 국가 안보에 대한 기존의 다양한 생각들을 살펴보고 있다. 이 책은 또한 번영하는 국가들에 대한 진단이자 그들의 역사책이며, 동시에 선언문이기도 하다. 하지만 섣불리 좌절하지는 말자. 결론에서는 국가의 분열을 막기 위한 로드맵과 함께 낙관적인 전망을 제시하고 있으니 말이다. '결론' 부분에서는 '애국주의자patriotist'라고 하는 신조어를 소개하고 있다. 내가 말하는 애국주의자란 막연히 애국심을 느끼는 애국자와는 달리, 애국심을 갖는 것이 사회적으로 도움이 된다고 생각하는 사람들을 말한다. 시어도어 루스벨트 대통령은 이렇게 말했다.

"후손들이 …… 그들이 미국인이라는 사실만으로 행복감을 느끼게 만들고 싶다 …… 그렇다고 해서 우리의 결함을 못 본 척해야 한다는 말은 아니다. 우리는 앞으로 계속해서 고쳐나가야 한다."[2]

얼마나 많은 사람들이 이러한 루스벨트의 생각에 동의할까? 이러한 생각을 노스캐롤라이나 대학 교수 닐 아후자Neel Ahuja의 생각과 비교해 보자. 그는 '9·11 문학'이라는 제목으로 강의를 하면서, 미국이 단지 슈퍼파워일 뿐만이 아니라 '네크로파워necropower'라고 주장한다. 여기서 'necro'는 '죽음'이나 '시체'를 의미하는 그리스어 전치사다.[3] 이 말은 미국이 죽어가고 있다는 뜻이 아니라, 고문을 비롯한 다양한 군사적인 도구를 가지고 다른 이들을 죽이고 있다는 의미다.

일본에서 이탈리아에 이르기까지 선진국들 대부분은 서로 비슷한 경제적·문화적 위험에 직면하고 있다. 이 책은 미국에만 주목하고 있지는 않다. 이 글을 쓰는 순간에도 수십만 명의 이라크와 시리아 난민들은 기차와 버스의 지붕 위에서 유럽의 국경을 넘고 있다. 그들은 과연 무사히 독일인이 될 수 있을까? 혹은 영국인이나 프랑스인이 될 수 있을까? 아니면 21세기가 못본 척 외면하고 있는 '투명 인간'으로 영원히 세상을 떠돌아야 할 것인가? 그도 아니면 더 위험한 상황에 직면하게 될 것인가?

2014년 영국 국방부는 지난 3년 동안 영국의 무슬림들 중 영국군에 입대한 사람들보다 두 배나 더 많은 사람들이 성전을 지원하기 위해 시리아와 이라크로 여행을 다녀왔다고 발표했다.[4] 영국의 무슬림 학생들 중 40퍼센트가 이슬람 율법의 도입을 지지하고 있다. 대부분의 사람들은 프랑스를 단일 국가라고 생각한다. 하지만 프랑스는 역사의 초반에 노르망디, 브르타뉴, 알자스, 가스코뉴, 사부아 사람들이 독립하지 못하도록 억

압해야 했다. 비교적 최근 사례로, 샤를 드골은 이렇게 물었다.

"서로 다른 246개의 치즈가 존재하는 나라를 누가 다스릴 수 있단 말인가?"

드골이 투덜댔던 프랑스의 상황과 마찬가지로, 오늘날 미국 역시 하나로 통합된 국가가 아니다. 현재 미국에는 1,000개의 TV 채널, 10억 개의 웹사이트, 서로에게 귀를 기울이지 않는 3억 3,000만 명의 국민들이 존재하고 있다. MSNBC나 폭스 뉴스에 출연한 토론자들은 마치 UFC에 출전한 이종격투기 선수들처럼 포효한다. 이처럼 모두가 저마다 다른 곳을 바라보고 있을 때, '하나의 깃발 아래' 사람들을 결집시키는 일은 대단히 어렵다. 2012년 오바마 대통령은 재선에서 확실하게 승리를 거두었지만, 미국의 전체 성인들 중 오바마에게 표를 던진 사람은 28퍼센트도 되지 않는다. 미국의 공식적인 국수國樹는 참나무지만, 나라의 실질적인 상징은 아마도 '분열'이 되어야 할 것이다. 사실 분열의 역사에서만큼은 미국보다 영국과 프랑스, 독일을 비롯한 다른 '선진국'들이 더 앞서 있다.

많은 비평가들은 케이블 TV에서 인터넷에 이르기까지 다양한 신기술들을 무한한 선택권을 제공하고 사람들의 관심을 분산시킴으로써 사회를 분열시키는 악당으로 지목하고 있다. 뉴욕 경찰NYPD은 보고서를 통해 이렇게 주장했다.

"인터넷은 의지가 약하건 강하건 모든 사람들을 비주류 집단에 합류하도록 유혹함으로써 급진화의 과정을 부추기는 동인이다."

오바마 행정부에서 활동했던 하버드 로스쿨 교수 캐스 선스타인Cass

16

Sunstein은 이렇게 경고했다.

"생각이 비슷한 사람들끼리 모일 때, 그들은 논의를 시작하기도 전에 자신들의 생각을 극단적으로 몰아가는 경향이 있다."[5]

분명히 기술은 사회적 분열을 조장할 수 있다. 1930년대의 흑백 사진을 떠올려보자. 거실에 놓인 스테레오 라디오를 중심으로 할아버지, 할머니와 아버지, 어머니 그리고 아이들이 모여 존경하는 루스벨트 대통령의 연설에 귀를 기울였고, 심지어 유명 라디오 브랜드 RCA의 마스코트 강아지 '니퍼'도 귀를 쫑긋 세우고 있었다. 하지만 오늘날 우리 집 안을 둘러보자. 모두가 각자의 스마트폰이나 아이패드에 정신이 팔려있다. 레스토랑에서도 가족들이 모여 앉아 즐겁게 식사를 나누고 있는 것처럼 보이지만, 각자의 손에는 아폴로 11호 우주선보디 더욱 강력한 컴퓨팅 파워를 탑재한 디지털 장비들이 쥐어져있다. 또한 수많은 지역 언론사들을 비롯하여 다양한 지역공동체 기관들은 한 해 150곳이나 문을 닫고 있다.

이처럼 공동체가 붕괴하는 과정에서 기술은 분명히 중요한 역할을 하고 있다. 그러나 기술에 대한 비난은 지나치게 단순하고 편리한 그리고 다분히 최근에 등장한 주장이다. 본론을 시작하기에 앞서, 나는 역사적으로 번영을 구가했던 국가들이 공동체를 분열시키고 사회 통합을 방해하는 강력한 힘으로부터 많은 어려움을 겪었다는 점을 보여주고자 한다. 이러한 현상은 무선 디지털 장비로 인한 관계의 단절이 없었던 옛날에도 마찬가지였다. 이러한 엔트로피entropy(자연 물질이 변형되어 다시 원래의 상태로 환원될 수 없게 되는 현상을 가리키는 용어 - 옮긴이)는 경제 기반이 탄탄해 보였던 국가들이 결국 붕괴하고 말았던 이유를 설명해준다.

사실 나는 이 책을 통해서 국가들이 번영의 시절을 끝내고 불황의 시대로 접어들 때 파국을 맞이하게 되는 경향이 있다는 사실을 보여주고자 한다. 여기서 나는 거대한 경제적 성취 이후에 국가를 쇠퇴하게 만드는 다섯 가지 주요한 요인을 살펴볼 것이다. 이들 다섯 가지 요인들은 함께 작용을 하여 우리에게 번영의 대가를 요구한다. 폴 케네디Paul Kennedy의 고전 『강대국의 흥망The Rise and Fall of the Great Powers』(1988)이 군사력을 과도하게 확장했던 국가들의 이야기를 통해 베스트셀러 반열에 올랐다면, 나는 국가의 붕괴가 국경을 넘은 군사력의 확장이 아니라, 내부적인 요인으로부터 비롯되었다고 말하고 있다. 최근에 나온 토마 피케티Thomas Piketty의 『21세기 자본Capital in the Twenty-first Century』(2014)과 같은 베스트셀러들은 모두 사회적 불평등에 주목하는 반면, 제임스 로빈슨 James A. Robinson과 대런 애쓰모글루Daron Acemoglu의 『국가는 왜 실패하는가Why Nations Fail』(2012)는 번영을 위해 안간힘을 쓰고 있는 가난한 국가들에 초점을 맞추고 있다. 하지만 이제 우리는 더 이상 발전하지 못하는, 혹은 제자리에 서 있기도 버거운 '성공한' 국가들도 걱정해야 한다.

나는 또한 국민들 사이의 분열을 중요한 요인으로 꼽고 있다. 이는 사회 구성원들끼리 서로 속이고, 사기를 치고, 장기적인 의무감을 저버리고 단기적인 이익에 급급하도록 만든다. 이러한 현상은 결국 경제 발전과 사회적 통합을 가로막는다. 우리는 이러한 현상을 뉴스 머리기사에서 확인할 수 있다. 뉴욕타임스의 한 1면 기사는 롱아일랜드 철도의 직원들 모두 퇴직 시에 장애연금을 신청했고 성공적으로 타냈다는 사실을 보도했다.

국가의 기강이 해이해질 때, 주택 시장에서 국가예산 등을 처리하는 의원들의 국정업무에 이르기까지 모든 곳에서 기회주의가 고개를 들기 시작한다. 2008년 대침체Great Recession(서브프라임 사태 이후 미국과 전 세계가 겪고 있는 경제침체 상황을 1930년대 대공황에 빗대어 일컫는 말-옮긴이) 이전 거품 경제 시절에 주택 구입자와 중개인들은 실질적으로 아무런 투자를 하지 않고서, 무려 은행에 소득 신고서도 제출하지 않고 함께 공모하여 서브프라임 모기지를 받아냈다. 은행들 역시 막대한 수수료를 챙기고 모든 위험을 익명의 투자자와 납세자들에게 떠넘길 수 있었기에 마다할 이유가 없었다. 당시 어느 누구도 위험에 관심을 기울이지 않았다.

국가가 번영하고 있을 때, 안전할 것이라고 생각하는 것은 공통적으로 나타나는 위험한 착각이다. 대부분의 사람들, 심지어 사회학자들조차 경제 불황이 범죄를 부추긴다고 말한다. 그러나 유괴와 강도, 살인을 부추기는 원인은 소득의 감소라기보다 도덕성의 상실과 미래에 대한 신뢰 부족이다. 온 가족이 둘러앉아 루스벨트 대통령의 확신에 가득 찬 연설에 귀를 기울였던 1930년대에 사람들은 조화와 상호 협력에 대한 보다 확고한 믿음을 갖고 있었다. 반면 1960년대에는 월급봉투가 더 두툼해지고 직장을 구하기가 더 쉬워졌음에도 범죄율은 폭발적으로 증가했다.

상대적인 번영을 누리는 사회들이 어떻게 분열의 국면으로 접어들게 되는지를 알아보기 위해, 이 책에서 우리는 역사의 페이지를 거꾸로 거슬러 올라가 1600년대 명나라, 1700년대 베네치아, 1800년대 합스부르크 가문과 에도 막부 그리고 제1차 세계대전 직전의 오스만 제국 등 강대국들의 분열 과정을 들여다볼 것이다. 이들 사례를 통해 우리는 국가적 목표의 상실이 어떻게 기회주의적 행동과 사기, 절도를 증가시키고 저축과 투자를 위축시키는지 확인해볼 것이다. 그리고 다섯 가지 엔트로피 요인이 어떻게 국가의 존재를 위협하면서 우리에게 번영의 대가를 요구하는지 알아볼 것이다. 이들 막강한 제국들은 엄청난 경제적 성취를 달성했지만, 모두 내부로부터 붕괴되고 말았다. 여기서 나는 유교에서 이슬람, 가톨릭에 이르는 다양한 문화적 규범 그리고 해양 저지대에서 산악 고지대에 이르는 다양한 지형, 수백 년 역사의 스펙트럼 속에서 다양한 사례들을 골랐다. 이러한 다양한 사례들을 바탕으로, 나는 특정한 시대와 장소, 지역 및 종교로부터 벗어나 자유롭게 논의를 이끌어갈 것이다.

버 블 랩 과
버 블

복잡한 국제 경제는 국가들의 전통과 공동체 정신을 허물어뜨린다. 세계화는 엔트로피의 흐름을 가속화한다. 엔트로피라는 용어는 자연과학 분야에서 가져온 것으로, 무질서와 혼란의 상태로 넘어가려는 자연적인 현상을 말한다. 이 개념을 가지고 간단한 과학적 접근방식으로 한번 살펴보도록 하자. 완충 포장재로 사용하는 에어캡 포장지를 떠올려보자. 에어캡 포장지 한 장에 193개(UN 회원국들의 수)의 기포가 들어있다. 그리고 각각의 기포들은 캐나다 메이플, 멕시코 용설란, 페루 야콘, 중국 굴소스 등 서로 다른 색상과 맛의 시럽으로 채워져있다. 또한 각각의 기포들은 밀도와 색채, 맛에서 내부적인 평형 상태를 유지하고 있다. 이제 우리는 뾰족한 다트를 던져 기포를 터뜨리고 다양한 시럽들이 이리저리 뒤섞이도록 만든다. 이러한 시도는 어쩌면 더 좋은 결과로 이어질 수 있다. 시럽들이 서로 섞이면서 색깔도 더 화려하고 맛도 더 좋아질 수 있다. 하지만 한 가지 분명한 문제가 있다. 그것은 **결과에 대한 예측 능력이 떨어지게 된다**는 점이다. 일단 기포들을 터뜨리게 되면, 시럽들을 갈라놓았던 경계가 사라지면서 이리저리 자유롭게 흘러들어갈 것이며, 그만큼 맛과 색깔에서 예측이 어렵게 된다.

그런데 기포 속에 시럽 대신 사람과 국가의 특성을 집어넣는다면? 예를 들어 서로 다른 종교와 신화, 여성 인권, 무력 사용, 효도의 관념들을 집어넣는다고 해보자. 이러한 경우, 기포의 폭발은 어마어마한 혼란과 예측 불가능성을 초래할 것이다. 제2차 세계대전이 끝나고 1990년에 이르는 기간에 비해, 우리는 지난 20년 넘게 세계화의 흐름 속에서 테러리즘과 종교 분쟁, 국가의 붕괴 및 무정부상태를 더 많이 목격하고 있다. 세계적인 정치 상황은 접어두고 경제 및 금융 위기에만 주목하더라도, 그동안 우리는 수많은 사람들의 인생을 망치고 가족을 뿔뿔이 흩어버린 다양한 붕괴 사례들을 확인할 수 있다. 가령 멕시코의 파산과 구제 금융(1995), 동아시아 금융위기(1997), 러시아의 파산(1998), 닷컴 기업들의 몰락(2000), 아르헨티나 경제 붕괴(2002), 미국 주택시장 거품과 폭발(2004~2009), 파생상품 붕괴(2007~2008), 베어 스턴스와 리먼 브러더스 사태에 따른 세계 주식시장 폭락(2008), 아이슬란드 파산(2009), 포르투갈·아일랜드·아이슬란드·그리스·스페인 경제 위기(2009), 키프로스 파산(2013), 중국 주식시장 폭락(2015) 등이 있다. 이 모든 거품과 폭발들은 앞서 언급했던 엔트로피의 힘에 의해 촉발되었다.

이들 국가들이 가혹한 무한 경쟁 속에서 세계화에 적응하기 위해 애쓰는 가운데, 또 다른 국가들은 이민자 문제와 씨름하고 있다. 새로운 이방인들이 몰려드는 가운데 국가는 어떻게 정체성과 안전을 유지할 수 있을까?

이 책의 1부에서는 부국들조차 위협을 느끼고 있는 다섯 가지 잠재적 요인에 대해 살펴보고 있다. 그 다섯 가지 위험이란 (1) 출산율 하락 (2) 국제 무역의 활성화 (3) 부채 증가 (4) 근로 윤리의 쇠퇴 (5) 다문화 사회의 공동체성의 소멸이다. 그리고 2부에서는 통합이 거의 불가능한 지경에 이른 사회와 국가의 역사적 사례들을 들여다볼 것이다. 마지막으로 결론에서는 여러 다양한 것들 가운데, 다소 시대에 뒤떨어지고 진부하게 들릴 수도 있는 덕목들의 가치에 주목하고 있다. '진부하다'라는 말이 잘 와닿지 않는다면, 할머니의 할머니가 물려주신 좀약 냄새가 묻어나는 누비이불을 떠올려보라. 바로 느낌이 올 것이다.

이제 환영의 시간은
끝났습니다

글로벌 경제는 애국심을 갉아먹는다. 겁 없는 금융시장은 빚을 내서 도박을 하라고 사람들을 부추긴다. 그리고 부모들의 무분별한 애정은 아이들을 게으르게 만든다. 오늘날 많은 미국인들은 재향군인회와 같은 단체들이 벌이는 야외 집회나 행진을 케케묵은 시대착오적인 행사로 바라본다. 2010년 웰컴 왜건Welcome Wagon이라는 기업은 '호스티스hostess'를 통해서 2,000개의 샘플 꾸러미를 대대적으로 발송하는 행사를 벌였다. 그 호스티스(나중에 '판매 대리인'이라고 불린)들은 친절하게도 신혼집이나 새로 이사 온 집들을 골라 현관문을 두드리고는 지역 정보와 인근 업체들의 쿠폰이 담긴 선물 꾸러미를 나눠주었다. 그러나 웰컴 왜건에서 아직도 일하고 있는 판매 대리인들은 이제 수많은 우편물로 가득한 우편함 속에 그들의 광고 전단지를 구겨넣고 있을 뿐이다.

오늘날 미디어의 폭발적인 증가는 한 나라의 문화를 조각내고 있다. 물론 미디어가 다양하다고 해서 나쁜 것은 아니다. 유튜브와 넷플릭스, 페이스북, 스냅챗, 구글, 인스타그램과 같은 미디어들은 창조성과 표현의 자유에 불을 붙이고 있다. 오늘날 우리는 크로아티아 스플리트 지역의 역사와 현재 기상 정보는 물론, 그곳의 실시간 교통 상황까지 손쉽게 확인할 수 있다. 그럼에도 수많은 미디어 웹사이트들은 우리에게 대가를 요구한다.

옛날로 되돌아가서, 채널이 10개밖에 되지 않았던 시절에 TV는 미국인들에게 강력한 연대감을 선사했다. 케네디나 존슨, 닉슨, 포드, 카터, 혹은 레이건 대통령의 연설이 시작될 때, 시청자들은 아무리 채널을 돌려도 다른 프로그램을 볼 수 없었다. 특히 미국 대통령들의 신년 국정 연설은 모든 채널에서 중계되었다. 1970년 NBC에서 방영되었던 〈밥 호프Bob Hope의 크리스마스 스페셜〉은 미국인의 2/3에 달하는 시청자들의 시선을 사로잡았다. 1983년 드라마 〈매시M.A.S.H〉의 최종회는 시청률 77퍼센트를 기록했다. 이처럼 TV는 예전에 사람들을 이어주고 공동체 건설에 기여하는 기계였다. 그러나 지난 20년 동안 최고 인기 프로그램 20위 목록에 지속적으로 이름을 올리고 있는 프로그램은 현재 슈퍼볼 중계밖에 남아있지 않다. 이제 우리 사회는 다시 한 번 유대감을 가져다줄 새로운 기계를 기대하고 있다. 그게 불가능하다면, 과거의 유물들이라도 부활시키길 바라고 있다.

여기에 우리의 도전과제가 있다. 소위 '가장 위대한 세대'Greatest Generation(제2차 세계대전과 한국전쟁에 참전한 세대를 일컫는 말 - 옮긴이), 그리고 그 자녀들인 베이비부머 세대들이 살았던 세상과는 너무도 다른 시대에서, 과연 우리는 어떻게 공동체를 유지할 수 있을 것인가? '각자에겐 그들의 몫이 있다To each his own'라는 덕목은 이제 '누구나 무엇이든 될 수 있는 시대Age of Whatever'로 바뀌어버렸다.[6]

역사와 대중문화의 사례들 속에서, 나는 주요한 개념을 설명하기 위해 종종 문학과 음악 그리고 예술을 언급할 것이다. 현대 국가와 그 국민들을 살펴보기 위해, 우리는 다양한 형태의 상징을 떠올릴 수 있다. 예를 들어 조르주 쇠라Georges Seurat의 점묘주의 작품, '그랑드 자트 섬의 일요일 오후A Sunday Afternoon on the Island of La Grande Jatte'를 가지고서 많은 것들을 설명할 수 있다. 그 그림에 가까이 다가서면 다양한 색상의 점들이 보인다. 점들은 모두 화려하지만 그것만으로는 아무런 의미가 없다. 하지만 조금씩 뒤로 물러서다 보면 센 강의 활기찬 풍경이 서서히 눈앞에 떠오른다. '저기 강아지가 있군! 보트가 떠 있네! 저 여성의 허리받이는 엄청나게 크잖아!' 그러면 우리는 각각의 점들이 모여 거대한 주제를 구성하고 있다는 사실을 깨닫게 된다. 그런데 아무리 뒤로 물러나도 점들만 계속해서 보인다면? 그리고 아무런 의미 있는 형상이나 풍경이 떠오르지 않는다면? 오늘날 분열된 사회 속에서 개인과 직업, 취미와 같은 다양한 점들이 바로 이와 같다. 의미 있는 형상을 만들어내지 못하는 것이다.

우리는 이러한 현상을 또 다른 관점에서 살펴볼 수 있다. 역사적으로 인류의 정치와 문화 속에서 고전주의와 낭만주의 사조가 번갈아 가며 일어났다. 어떤 시대에는 질서와 형식적인 구조를 중요하게 여겼으며, 다른 시대에는 이상주의를 숭배하고 고향에 대한 본능적이고 낭만적인 애착을 느꼈다. 사람들은 흔히 1800년대 후반을 빅토리아 시대라 부른다. 그때 올림머리를 한 여교사들은 회초리를 가지고 아이들을 때렸다. 그러나 1920년대 낭만주의 말괄량이 숙녀들은 단정한 복장과 조신한 몸가짐을 갖추고 연애하던 기존의 방식을 완전히 허물어뜨렸다. 뮤지컬 배우 에설 머먼Ethel Merman이 노래했던 콜 포터Cole Porter의 노랫말처럼 "옛날에는 스타킹을 살짝 드러내는 것도 깜짝 놀랄 일"이었다.

물론 지금은 그 정도는 아무 일도 아니다. 그러나 오늘날 하나의 국가가 고전주의나 낭만주의를 뛰어넘어 보다 현대적이고 무질서한 사조, 가령 표현주의 예술까지 수용해야 한다면, 어떻게 그들의 정체성을 유지할 수 있을까? 물감을 마구 뿌려대는 잭슨 폴록Jackson Pollock의 그림은 어떤가? 예전에 나는 유명 배우인 빈센트 프라이스Vincent Price의 강연에 참석할 기회가 있었다. 그는 영화보다 회화를 더 사랑한다는 말을 했다. 그런데 청중들 중 한 여성이 갑자기 얼마 전 피카소 전시회를 다녀왔는데 왜곡된 형상들을 도무지 이해할 수 없었다고 불만을 늘어놓았다. 그녀는 머리와 몸통이 어긋나 있고, 다리는 엉덩이와 분리되어 이상한 형태로 꼬여있다고 했다. 그러고는 프라이스를 향해 이렇게 말했다.

"쿠바인들Cubans은 정말로 이상한 사람들인가 봐요!"

프라이스는 웃었다. 물론 그녀는 '입체파Cubists'와 착각을 했던 것이다. 어쨌든 하나의 국가가 사회 경제와 정치의 차원에서 입체주의까지 고려해야 한다는 말은 무슨 의미일까? 말 그대로 우리는 서로를 이해하지 못한다. 어쩌면 그건 오늘날 국가들이 그렇게 진화해왔기 때문일지도 모른다. 인류는 이제 에마누엘 고틀리브 로이체Emanuel Gottlieb Leutze의 그림 '델라웨어 강을 건너는 워싱턴Washington Crossing the Delaware'의 고전적인 구도를 흠모하는 시대에서 또 한 번의 '게르니카Guernica'가 벌어지기 전까지 잠시 평화를 누리고 있는게 아닐까 걱정을 해야 하는 시대로 넘어와버렸다.

국가의 보수와
재건

100년 전만 하더라도 인간의 기대 수명은 50세에 불과했다. 항생제는 개발되지 않았고, 치과 의료술 역시 원시적인 수준이었다. 그럼에도 젊은이들은 지역의 기업과 공장, 농장, 탄광에서 일자리를 구해서 가족들을 먹여 살릴 수 있을 것이라는 자신에 가득 차 있었다.[7] 문제에 봉착했을 때에도 그들은 이웃과 교회로부터 도움을 얻어 잠잘 곳과 아침 식사를 구할 수 있었다. 그러나 '과거 경제'의 전통적인 일자리들이 사라져가면서, 사회 구성원들끼리 위험을 나누고 원대한 꿈을 꾸도록 서로를 격려하는 공동체 정신도 함께 사라져갔다. 일본의 에도 막부, 베네치아 공국, 합스부르크 제국 그리고 오스만 제국 등 강력한 왕국의 사례와 마찬가지로, 오늘날 세계화에 의해 한층 더 가속화된 엔트로피 흐름은 국가들에 분열의 위협을 안겨주고 있다.

그렇다면 국가의 분열은 피할 수 없는 운명인가? 오늘날 미국과 유럽에서 공동체 정신을 다시 회복하는 일이 가능한 것일까? 이 책에서 나는 역사의 교훈을 함께 공유함으로써 그것이 가능하다는 사실을 여러분께 보여주고자 한다. 물론 조부모 시대의 공장이나 탄광을 복원할 수는 없겠지만, 우리는 새로운 번영을 위한 새 기반을 구축하면서, 동시에 국가의 고유한 전통을 그대로 전승할 수 있다. 또한 신경과학 및 경제학에서 나온 최근 연구 성과를 바탕으로 혼란스럽고, 개인적이고, 첨단 기술이 주도하는 세상 속에서 후손들이 더욱 현명하고, 과감하고, 부유하고, 행복하게 살아갈 수 있도록 만들어줄 정책을 수립할 수 있다.

알렉산드로스 Alexandros 대왕이 이집트 전역에 남긴 발자국으로부터 술탄을 끌어내린 터키, 코스타리카에 지속적인 민주주의를 선사한 전직 테러리스트, 아바타 세상에서는 사령관이지만 지하실에 있는 어머니의 소파에서 벗어나는 방법을 아직 발견해내지 못한, 비디오 게임에 중독된 젊은이에 이르는 다양한 이야기들 속에서, 우리는 거칠고 험난하면서도 때로는 부드럽게 흘러가는 역사의 흐름을 살펴볼 것이다. 그리고 이 모두는 국가의 재건을 위한 노력이다.

The Price of Prosperity

The Price of Prosperity

1부

분열의 원인

오늘날 부유한 나라들이 국민성을 새롭게 발견하고 이를 받아들이지 못한다면 그 사회는 결국 분열되고 말 것이다. 또한 그 나라의 이름은 후손들이 퀴즈 프로그램에서 맞힐 정답으로만 남게 될 것이다.

1장
국가가 번영할수록
출산율은 하락한다

미국에는 맥도널드 매장보다 골프장이 더 많다. 하지만 이 말은 미국인들이 풀을 먹여 키운 소고기보다 잘 손질된 잔디를 더 좋아한다는 뜻이 아니다. 이는 걸어다니며 스포츠를 즐길 장소를 찾는 은퇴한 베이비부머들이 4,000만 명에 육박한다는 뜻이다. 오늘날 베이비부머들은 사회적으로 더 많은 영향을 미치고 X세대나 Y세대보다 돈을 더 많이 번다. 그건 그리 끔찍한 사회적 현상은 아니다. 그런데 최근에는 이런 이야기도 들린다. 일본에서는 아기용 기저귀보다 성인용 기저귀가 더 많이 팔린다고 한다. 골프장과 기저귀 이야기는 제1세계 국가들의 인구 구성에 관해 우리가 알아야 할 중요한 사실을 말해주고 있다.

한 가지 문제를 간단하게 살펴보도록 하자. 국가가 부유해지면서 인구 대비 출산율은 떨어지고, 평균 연령은 높아진다. 높아진 삶의 기준을 유지하기 위해 사람들은 신경외과 의사, 레스토랑 웨이터, 네일 관리사

등 다양한 전문가들의 서비스를 필요로 한다. 그리고 이를 위해 새로운 근로자들을 외국에서 받아들여야 한다. 그러므로 더 많은 이민자들에게 문호를 개방해야 한다. 하지만 국가가 강력한 문화적·시민적 기반을 갖추고 있지 못할 때, 새로운 이민자의 유입은 기존의 지배적인 문화를 분열시킨다. 그러므로 국가는 (1) 상대적인 부의 하락을 인내하거나 (2) 사회 조직의 분열을 겪어야 한다. 번영을 누리고 있는 국가들은 다문화 사회로 변모하지 않고서는 번영을 이어나갈 수 없다. 하지만 일단 다문화 사회로 진입할 때, 그들은 사회적 통합이라는 목표의 달성 과정에서 어려움을 겪는다. 여기서 부와 출산율이 어떻게 함께 작용해서 국가의 분열을 촉진하는지 살펴보도록 하자.

아 기 들 은 모 두
어 디 로 갔 나 ?

1960년대 미국에서 유행했던 구슬픈 노래가 하나 있다. "꽃들은 다 어디로 사라졌나?Where have all the Flowers Gone?"

　포크 음악의 선구자 피트 시거Pete Seeger가 부른 이 노래는 베트남 전쟁과 1950~ 1960년대의 경제적 번영이 함께 작용하여 미국 남성들이 (1) 군복을 입고 동남아시아에서 네이팜탄으로 꽃밭을 완전히 날려버리거나 (2) 목초지를 가로질러 고속도로를 깔기 위해 안전모를 쓰고서 불도저로 꽃밭을 완전히 밀어버려야만 했던 세상의 이야기를 들려준다.

어쨌든 두 시나리오 모두 꽃들에게는 불행한 결말로 이어지고 말았다.

꽃은 하나의 은유였다. 1960년대에 등장했던 '대항문화counterculture' 는 제2차 세계대전 이후의 경제 성장이 공기 오염과 핵무기 위협, 플라스틱 바비 인형과 핫휠Hot Wheel(미국의 장남감 회사 마텔Mattrl에서 만든 브랜드)모형 자동차로 넘쳐나는 상업주의로 인해 후손들에게 심각한 위험을 안겨줄 것이라고 경고했다. 그리고 그러한 메시지를 외쳤던 것은 비단 피트 시거나 포크송 밴드인 '피터, 폴 앤드 메리Peter, Paul and Mary'만이 아니었다.

다음으로 과학자와 사회 평론가들이 나서서 '인구 폭발'이 지구의 운명을 바꿀 것이라고 경고하기 시작했다. 나비에 대한 연구로 널리 이름을 알렸던 파울 에를리히Paul Ehrlich와 같은 생물학자들 역시 자니 카슨Johnny Carson의 〈투나잇 쇼〉에 스무 번이나 출연해서 '인구의 제로 성장'을 촉구했고, 1970~1980년대에 이르러 수억 명의 인구가 굶어죽을 것이라는 암울한 전망을 내놓았다. 디즈니도 이러한 흐름에 가세하여 단편 영화를 제작했다. 그 영화 속에는 '도널드 덕'이 등장해서 "아이를 너무 많이 낳으면 엄마들이 지치고 짜증나고 …… 아이들은 아프고 불행해질 거야." "현대의 편리함을 누릴 돈이 없을걸?"이라고 말한다. 그러고는 투박하게 생긴 옛날 라디오를 비춰준다.[1] 다행스럽게도 에를리히의 예견처럼 범지구적 기아 사태는 일어나지 않았다. 또한 세상 전체에서 먹을 것이 떨어지는 일도 벌어지지 않았다.

에를리히와 도널드 덕이 산아 제한을 주장했던 무렵에, 실제로 미국과 일본 그리고 서유럽 지역의 부모들은 자녀를 덜 낳기로 결심했던 것

같다. 덕분에 베이비붐 현상은 주춤해졌고, 1960년 이후로는 (FDA의 피임약 승인 시점과 맞물리면서) 미국의 출산율이 47퍼센트나 감소하는 장기적이고 뚜렷한 변화의 흐름이 시작되었다. 1962년 해양생물학자이자 작가인 레이철 카슨Rachel Carson은 『침묵의 봄Silent Spring』이라는 책에서 개똥지빠귀를 비롯한 다양한 노래하는 새들이 멸종할 것이라고 경고했다.

포크송 가수들 덕분에 아마도 탬버린과 하모니카의 매출은 늘어났겠지만, '피터, 폴 앤드 메리' 때문에 1960년대에 대규모 인구통계적 변화가 시작되었다고 말할 수는 없을 것이다. 또한 피임약 때문도 아닐 것이다. 편리해진 피임 방법은 다만 부모들이 출산과 관련된 선택을 실천에 옮기는 과정에 도움을 주었을 뿐, 피임 기술 자체가 그들의 선택을 좌지우지한 것은 아니다.

이 장에서 나는 1960년대 미국 사회보다 다양한 역사적 사례들 속에서 인구의 통계적 변화 뒤에 숨겨진 경제적·문화적 요인을 훨씬 더 쉽게 발견할 수 있다는 사실을 여러분께 보여주고자 한다. **역사를 통해 내가 분명하게 확인할 수 있었던 것은, 거대한 규모의 중산층이 사회 내부에서 그 존재를 드러내기 시작할 때, 항상 출산율 하락이 시작된다는 것이다.** 예를 들어 고대의 1960년대라 할 수 있는 기원전 460년의 스파르타 사회 속에서 그러한 흐름을 추적해볼 것이다. 또한 영국의 1960년대라 할 수 있는 1860년대 빅토리아 시대를 들여다볼 것이다. 하지만 역사를 거슬러 올라가기에 앞서, 최근의 흐름을 먼저 살펴보고 이러한 흐름이 오늘날 국가들에 어떤 전망을 드리우고 있는지 살펴보도록 하자.

미국에서 '고양이와 강아지들은 모두 어디로 사라졌나?'라는 노래가 나온 적은 없다. 반려동물을 주제로 한 음악이 인기를 끌지 못하기 때문은 아닐 것이다. 실제로 1953년에 발표된 '진열장 속 저 강아지는 얼마죠?How Much is That Doggie in the Window?'라는 제목의 노래는 빌보드 차트에 올라 8주 동안 머물렀다. 그렇지만 '고양이와 강아지들은 개들은 모두 어디로 사라졌나?'라는 노래는 나오지 않았다. 그 이유는 신생아 출산율이 하락세를 이어갔던 지난 55년 동안 미국인들이 기르는 반려동물들의 수가 크게 증가했기 때문이다. 미국에는 7,550만 명의 아이들과 함께 9,000만 마리의 고양이와 7,500만 마리의 강아지 그리고 1억 7,000만 마리의 물고기들이 살아가고 있다. 반려동물 시장에서 페츠마트Petsmart와 펫코Petco의 연매출을 합하면 100억 달러에 이른다.

반면 미국 최대의 유아 매장인 칠드런스 플레이스The Children's Place의 연매출은 18억 달러에 불과하며, 이는 애완용 뱀과 거북이 그리고 도마뱀의 소비 규모에 맞먹는 수준이다. 물론 오늘날 칠드런스 플레이스는 월마트, 타깃, 노드스트롬Nordstrom을 비롯한 여러 다양한 의류 매장들과 경쟁을 벌이고 있다. 그러나 반려동물을 기르는 사람들 역시 월마트와 타깃 그리고 동네 식품점에서 물건을 사고 있다.

나는 우리 집에서 몇 블록 떨어진 곳에서 강아지 목욕과 관리용품 전문업체들을 발견했다. 그곳들 모두 'DIY'가 가능하고, 강아지 전용 드라이어가 구비되어있으며, 망고나 코코넛 혹은 레몬버베나 향이 나는 샴푸를 사용할 수 있다고 광고하고 있었다. 반면 아이들의 머리를 감기고 말려주는 곳을 찾기는 힘들다. 작년에 내 강아지가 수술을 하게 되었을 때, 인도에서 이민을 온 대단히 친절하고 부드러운 인상의 수의사는 내 강아지를 보고 '아이'라 불렀다. 나는 수의사에게 그가 태어난 곳에서는 강아지를 그렇게 부르는지 물어보았다. 하지만 그 의사는 캘리포니아 교외에서 사람들이 그렇게 말하는 걸 들었다고 했다. 그런데 강아지가 받는 수술은 '사이버나이프CyberKnife'라고 부르는 최첨단 방사선 시스템으로 진행되었으며, 그 동물 병원은 그 시스템을 캘리포니아 대학병원과 공동으로 사용하고 있다고 했다. 그날 그 수의사가 내 강아지를 위해 4시간 동안 그 시스템을 사용했기 때문에, 바로 그 시스템으로 수술을 받고자 했던 사람은 하루를 더 기다려야 했을 것이다. 여기서 나는 우선 순위를 논하고 있는 게 아니다. 다만 사람들의 관심이 변하고 있다는 사실을 언급하는 것이다. 오늘날 사람들의 관심은 반려동물에게 더 많이 쏠리고 있는 반면, 아이들에게는 그만큼 줄어들고 있다.

미국 여성들은 평균 1.89명의 아기를 출산한다. 이는 질병, 유아사망, 전쟁 등의 변수를 고려할 때 안정된 인구 규모를 유지하기 위한 출산율을 의미하는 '대체율replacement rate' 2.1명에 못 미치는 수치다. 그런데 여기서 이 1.89명이라는 수치는 대리모나 체외수정을 비롯한 첨단 불임치료 기술을 통해 수백만 명의 불임 부부들이 아이를 가질 수 있도록 도움을 주는 오늘날의 시대에 나온 것임에 주목해볼 필요가 있다. 매년 6만 명 이상의 아기들이 연구실 조수와 주사기, 세균 배양용 접시의 도움으로 태어나고 있다. 그럼에도 미국인 백인 여성의 17퍼센트는 아이가 없으며, 이는 1980년대와 거의 비슷한 수준이다. 그리고 흑인 여성의 15퍼센트, 아시아 여성의 13퍼센트, 히스패닉계 여성의 10퍼센트와 비교할 때 비교적 높은 수준이다. 물론 아이가 없는 여성들 중 일부는 임신을 원하고 있다. 그러나 오늘날 높아진 기술 수준과 폭넓은 법률적 선택권을 감안할 때, 역사상 그 어느 때와 비교하더라도 아이가 없는 여성들 중 상당수가 스스로의 선택에 따라 임신을 하지 않는 것이라고 추정해볼 수 있다.

국가가 부유해질 때 출산율은 전반적으로 떨어지며, 그중에서도 특히 중상위 소득층에서 더욱 뚜렷한 하락세를 보인다. 여성 1,000명당 아이 수를 기준으로 할 때, 연간 소득이 7만 5,000달러 이상인 집단은 55명 이상 아이를 더 적게 낳는다. 그리고 이들의 출산율은 연간 소득이 1만 달러 미만인 집단의 절반에 해당한다. 그렇다면 대학 학위는 대단히 놀라운 피임약인 셈이다. 대학 교육을 마친 미국 엄마들은 평균적으로 1.6명의 아기를 낳으며, 이는 중국 여성(대학을 나오지 않은)의 1.54명보다 별로 높지 않은 수치다. 하지만 두 집단 사이의 차이점은 중국에서는 정부가 나서서 공식적으로 한 자녀 정책을 실시하고 있는 반면, 미국에서는 많은 부부들이 자발적으로 한 자녀 정책을 실시하고 있다는 것이다.[2]

그런데 왜 가임기에 있는 많은 미국인 부부들은 아이를 낳지 않기로 결정한 것일까? 그들에게 한번 물어보라! 아이들은 정신없고, 시끄럽고, 걱정스럽고 돈이 무척 많이 든다. 강아지를 키우는 사람들이 동물병원을 방문하는 데 들어가는 비용은 평균적으로 연간 378달러다.[3] 반면 아이를 병원에 데려가는 데 들어가는 비용은 연간 990달러다.[4] 그리고 강아지 훈련에 들어가는 시간과 비용은 한 시간에 50달러 정도다.

그러나 4년제 대학에 들어가는 비용은 25만 달러가 넘는다. 게다가 가장 힘든 부분인 경제적 부담을 차치하고서라도, 애완 앵무새가 "나 같은 건 태어나지 말았어야 해!"라고 소리치며 새장 문을 꽝 닫는 일은 절대 없다. 물론 아이들은 부모에게 말로 표현하기 힘든 사랑과 애정의 순간을 선사한다. 그리고 늙고 병든 부모를 보살핀다. 이러한 것은 새나 고양이 혹은 강아지가 절대 가져다주지 못할 기쁨이다. 아무리 똑똑한 슈나우저나 영민한 원숭이라고 하더라도 노인의료보험 지급청구서를 대신 써주지는 못한다.

그렇다고 하더라도 아이들은 언제나 정신없고, 시끄럽고, 돈이 무척 많이 든다. 1900년에 미국의 백인 여성들은 일반적으로 보채고 우는 사랑스러운 아이들 3~4명에게 항상 둘러싸여있었다. 갤럽은 1936년부터 사람들에게 매년 이러한 질문을 던지고 있다. '가장 이상적인 가족의 규모는?' 그 대답은 1957년 3.6명이었던 것이 1978년에 2.5명으로 줄어들어 지금까지 그대로 이어지고 있다.[5] 그러나 삶에서 일어나는 다른 많은 것들과 마찬가지로, 사람들은 언제나 그들이 생각하는 이상에 도달하지 못하고 있으며, 실질적인 평균 출산율은 2명을 밑돌고 있다. 그렇다면 아이들에 대한 사람들의 관심이 줄어든 진정한 이유는 무엇일까? 그리고 이러한 현상이 그토록 보편적으로 나타나고 있는 이유는 무엇일까? 심지어 서유럽 국가들 대부분의 출산율은 미국보다 더 낮은 수준을 기록하고 있다. 예를 들어 독일은 1.4명, 이탈리아는 1.39명이다. 독일 사람들은 '줄어드는 도시schrumpfende stadt'에 대해 우려하고 있다. 이탈리아의 경우, 2014년에 태어난 아기들보다 17퍼센트나 더 많은 사람들이 세상을 떠났다. 그리고 신생아 수는 주세페 가리발디Giuseppe Garibaldi와 비토리오 엠마누엘레Vittorio Emanuele가 북부와 남부를 통일하고, 1861년에 이탈리아 왕국을 선언했던 이래로 최저치를 기록했다. 이탈리아의 보건장관은 최근 통계 자료를 확인하고서 이렇게 언급했다.

"이 나라는 지금 죽어가고 있다."[6]

그러나 이탈리아만 죽어가는 게 아니다. 일본의 출산율은 1.3명으로 떨어졌다. 7,000명을 대상으로 실시했던 2015년 일본 정부의 설문조사에서 20대 독신 남녀들 중 40퍼센트가 '연애를 생각하고 있지 않고' '사랑은 번거로운 일'이며 차라리 다른 취미를 찾는 게 더 낫다고 생각하고 있다는 사실을 보여주었다. 또한 일본가족계획연맹이 발표한 보고서에 따르면 20대 후반 남성들 중 21.6퍼센트가 섹스에 '관심이 없거나' 혹은 '경멸'하고 있다.[7]

일본의 밀레니얼 세대가 섹스보다 문자 메시지에 더 열광하는 동안, 일본 노인들의 수명은 더 늘어나고 있다. 1963년 일본 정부는 그해 100세가 된 국민들을 대상으로 은으로 만든 술잔을 꼼꼼하게 포장하여 선물로 발송했다. 1963년 일본 후생성이 그렇게 나누어준 술잔의 개수는 총 153개였다. 그러나 2015년에 100세를 맞이한 노인들의 수는 약 3만 명에 이르렀고, 결국 일본 당국은 점점 줄어드는 젊은 납세자들이 더 이상 기념 술잔에 들어가는 비용을 감당할 여력이 없다고 발표했다.[8] 아마도 앞으로 100세를 맞이하는 일본 노인들은 주석 잔이나 아연 잔을 기념품으로 받게 될지도 모른다. 그러나 이들도 세상을 떠나고 200년의 세월이 더 흐르고 나면, 스미소니언박물관의 '잃어버린 문명' 전시장에서 '사라져가고 있는 일본인'이라는 제목으로 전시회가 열릴 수도 있을 것이다. 이쯤에서 흥미로운 사실 한 가지를 여러분께 소개할까 한다. 지금 전 세계에서 태어나고 있는 아이들 중 한 명을 무작위로 지목한다고 해보자. 그러면 97퍼센트의 확률로 그 아이는 출산율이 대체율을 밑도는 나라에서 태어났을 것이다.[9]

전통과
출산의 의무

그렇다면 사람들이 그러한 선택을 내리는 이유는 무엇인가? 짧게 답하자면, 모두 번영 때문이다. 하지만 이 질문에 대해서 우리는 이보다 좀 더 신중한 답변을 내놓을 필요가 있다. 출산율 하락의 이유를 설명하기에 앞서 먼저 이렇게 물어보자.

"왜 과거에는 출산율이 그렇게 높았던 것일까?"

가난한 시절에 아이들은 중요한 노동 자산이었다. 아이들은 수확과 탈곡을 돕고, 밀 포대를 나르고, 심지어 19세기에는 기어서 탄광에 들어가기도 했다. 아이들을 경제적 자산으로 바라보는 시각을 못마땅하게 생각하는 사람도 있겠지만, 실제로 과거에 아이들이 많은 집안은 보다 다각화된 방식으로 인적 자산을 구축할 수 있었다. 가령 머리가 좋은 첫째는 부모가 시장에서 곡물의 양을 측정할 때 속지 않도록 도움을 준다. 둘째는 힘이 장사여서 가축을 올가미로 잡아끌고, 밭에서 종일 무릎을 꿇고 딸기를 수확한다. 그리고 셋째는 외모가 대단히 매력적이어서 이웃 마을에 사는 부잣집 자녀와 결혼하여 가문의 DNA를 널리 퍼뜨린다. 넷째는 레슬링 대회에서 우승을 차지하고, 커서 에이브러햄 링컨이 된다[최근 「스포츠 일러스트레이트」에서 링컨을 "노련한 레슬러이자 세계적인 수준의 트래시 토커Trash Talker(공격적인 말을 서슴없이 내뱉는 사람 – 옮긴이)"라고 불렀다].[10] 그리고 다섯 째는 타고난 방랑벽을 좇아 고향을 떠났다가 세월이 흘러 부모님께 돈을 보내온다. 오늘날 아르메니아공화국의 경우, 고국을 떠나 해외에 살고 있는 사람들이 고향에 있는 가족에게 송금하는 돈이 그 나라의 GDP에서 21퍼센트를 차지하고 있으며, 라이베리아도 19.7퍼센트에 달한다.[11] 요즘 부모들은 자녀들에게 사고가 생길 경우를 대비해서 보험을 들어두지만, 과거에는 아이들 자체가 보험이었다.[12]

옛날에 가족의 자산 포트폴리오에서 한 가지 역할을 맡은 젊은 남성들은 종종 다른 가족에서 나름의 역할을 맡고 있는 젊은 여성과 결혼을 했다. 그리고 그들은 보다 능력 있고, 탄탄하고, 다각화된 형태로 가정을 꾸려나간다. 많은 낭만주의 소설들은 운명적으로 만난 두 사람의 갈등을 주제로 하고 있다. 가령 『말괄량이 길들이기The Taming of the Shrew』에서 페트루키오Petruchio는 미인을 얻기 위해 그리고 무엇보다 돈에 대한 갈망으로 결혼을 하기 위해 베로나에서 달려온다. 그리고 똑똑하지만 쉽게 화를 내고, 항아리와 접시를 마구 집어던지는 케이트Kate를 만나게 된다. 그녀의 아버지는 어떻게든 딸을 시집보내려고 하는데 결국 두 사람은 결혼을 해서 행복하게 살아간다. 그리고 〈미녀와 야수〉 같은 디즈니 애니메이션이나 저드 애퍼타우Judd Apatow 감독의 〈사고친 후에Knocked Up〉와 같은 짜릿한 영화처럼 오늘날 '로맨틱 코미디'들 역시 관객들에게 해피엔딩을 선사한다.

지금까지 사랑과 결혼의 이야기는 아마도 크게 달라지지는 않았을 것이다. 그런데 젊은 부부들이 아이를 가지기로 결정하는 순간은 어떤가? 여기서 전통적인 세상과 21세기의 현실이 서로 상반된 장면을 연출한다. 전통 사회에서 사랑 이야기는 아이들의 노랫말처럼 흘러간다. '사랑을 하고 나서 결혼을. 그리고 유모차에는 아기가.'

옛날에 결혼이란 곧 유모차와 아기를 의미하는 것이었다. 그러나 젊은 부부가 결혼을 한 지 1년이 흘러 아이를 갖지 않기로 결정했다면, 소문 내기 좋아하는 사람들은 건강에 문제가 생겼다거나 신으로부터 나쁜 계시를 받았다는 등의 이야기를 퍼뜨리기 시작할 것이다(또는 9개월이 지나기 전에 그러한 결정을 내렸다면, 부정한 처신을 의심할 것이다). 내가 결혼을 한 지 1년이 되었을 때, 나의 할아버지(1901년 런던에서 태어나신)는 우리 부부에게 전화를 걸어 이렇게 말씀하셨다.

"네 할머니와 이야기를 나눴단다. 우리는 이제 증조할아버지와 증조할머니가 될 마음의 준비가 되었다. 그러니 어서 서둘러라!"

다산에 대한 노인들의 집착은 구시대의 유물처럼 보이지만, 사실 우리는 이러한 모습을 거의 모든 전통 사회 속에서 발견하게 된다. 성경에서도 부부라면 마땅히 '다산과 번성'을 추구해야 한다고 강조한다. 전통적인 사회에서 태풍과 가뭄, 외세 침략, 높은 유아사망률 등의 재앙을 딛고 살아남기 위해서는 새로운 구성원들의 탄생을 많이 필요로 했다. 그래서 문화는 잉태를 격려한다. 여기서 혼전 성교에 대한 사회적 금기 역시 한몫을 했다. 이러한 금기는 젊은이들이 긴장감뿐만 아니라 억눌린 성욕의 보상처럼 첫날밤을 기대하도록 만들기 때문이다. 전통적으로 아일랜드 신부들은 결혼식장에서 부케를 '마법의 손수건'에 감싸고 있었다. 그리고 10개월이 흘러 아이를 낳았을 때, 그 손수건을 첫 번째 아이의 세례용 모자로 사용한다. 고대 중국에서는 '행운'을 지닌 사람이 첫날밤을 맞이하는 신혼부부를 위해 잠자리를 준비했다. 여기서 행운을 지닌 사람이란 물론 자녀를 많이 낳은 친척을 의미한다. 그 '행운의 친척'은 석류 열매와 연꽃 씨앗처럼 다산을 상징하는 음식들을 침대 위에 흩어놓았다.

전통 사회에서 많은 자녀는 곧 강한 남성성과 높은 지위를 의미하는 것이었다. 그리고 사회적 지위가 높은 남성들은 여러 아내와 자녀들을 자랑거리로 삼았다. 또한 그만큼 더 여러 산파와 유모들을 필요로 했다. 독재자들을 연구했던 인류학자 로라 벳직Laura Betzig은 메소포타미아, 이집트, 아즈텍, 잉카 그리고 고대 인도 및 중국에 이르는 초기 여섯 문명에 대한 연구로부터 데이터들을 분석했다. 그 결과 4,000년의 세월과 4개 대륙에 걸쳐 대단히 뚜렷한 행동 패턴을 발견할 수 있었다. 기원전 2600년 중국 황제는 자신의 욕망을 채우기 위해 1,200명의 여성을 아내로 두었다. 벳직은 자녀의 수와 권력의 크기가 일반적으로 비례 관계에 있다는 사실을 확인했다. 왕들은 아내와 첩을 몇백 명이나 두었고, 장군들은 30명 정도, 귀족들은 10명 미만, 그리고 중산층은 2~3명을 두었다.[13] 아메리카 대륙의 경우, 현재 페루 지역에 해당하는 잉카 제국의 왕들은 '가문에 대한 의무를 다하고 자신의 욕망을 채우기 위해' 700명이 넘는 아내를 두었다. 그리고 일반 관료들은 일곱 명 정도를 두었다.[14] 많은 아내를 둔 권력자들은 당연하게도 더 많은 자녀를 낳았다. 그리고 더 많은 비중의 자녀들이 유아기를 무사히 넘길 수 있었다. 그건 가난한 농부나 부족민들에 비해 그들의 자녀들에게 보다 양질의 영양을 공급할 수 있었기 때문이다.

대표적인 고대 통치자들의 유전적 특성은 누구나 자신의 DNA를 쉽게 검사할 수 있는 오늘날에까지 이어져 내려왔다. 적들을 향해 무시무시한 검을 휘둘렀던 칭기즈칸은 침실에서도 놀라운 능력을 발휘했고, 수많은 몽골인 후손들을 낳았다. 최근 한 유전자 연구는 오늘날 약 1,600만 명에 이르는 사람들의 유전적 기원을 칭기즈칸에서 찾을 수 있다는 사실을 밝혔다.[15] 아일랜드의 경우, 12명 중 한 명은 5세기 닐 왕의 후손일 것이다.[16] 로저스와 해머스타인의 고전 뮤지컬 〈왕과 나 The King and I〉(19세기 태국의 왕 라마 4세의 실화를 바탕으로 한)를 보았던 1950년대 관객들은 총 106명에 이르는 자녀들을 자랑하는 왕의 모습에 감탄사를 연발했다. 그리고 수십 명의 귀여운 아이들이 종종걸음으로 돌아다니며 아버지에게 예를 드리는 장면을 넋을 잃고 바라보았다.

전통 사회에서 남성은 자신의 가족을 지켜야 했다. 자신의 아내 혹은 아내들을 지키지 못하는 남성은 상징적인 차원에서 거세된 존재였다. 그리고 가족의 보호자 역할을 맡던 이들 남성들은 특히 자신의 외모를 많이 닮은 자녀들을 더 선호했다. 외모가 닮았다는 것은 자신이 아버지임을 확인시켜주는 강력한 증거이기 때문이다. 사실 이러한 유전적 연결고리는 오늘날에도 놀라운 힘을 발휘하고 있다.

635명의 남성 그리고 뉴멕시코 지역에서 대학을 다니고 있는 그들의 자녀 1,169명을 대상으로 한 흥미진진한 실험에서는 아버지들이 의붓자식이나 아내의 부정을 의심하게 만드는 자녀들보다 유전적으로 강한 연결고리를 드러내는 자녀들에게 더 많은 돈과 시간을 투자한다는 사실이 증명되었다. 유전적 연결고리를 확신하지 못하는 아버지 밑에서 자란 자녀들은 유전적 확신을 가진 아버지의 경우와 비교하여 13퍼센트밖에 경제적 지원을 받지 못한 것으로 드러났다.[17] 또한 남아프리카공화국 케이프타운과 탄자니아에서 실시했던 이와 비슷한 실험들 역시 유사한 결과를 나타냈다.[18]

자산으로서의 자녀들과 오로지 남성에게만 허락된 성적 자유는 성차별을 뚜렷하게 드러내고 있다. 전통 사회들에서는 유산, 교육에 대한 투자, 때로는 식량 분배에 있어서 여성들을 차별대우했다. 그 미묘한 흔적은 오늘날에도 남아있다. 할머니는 내 아버지와 로다 고모를 낳았다. 그런데 할머니가 돌아가셨을 때, 조문을 온 한 이웃이 다른 사람에게 속삭였던 말을 나는 아직도 잊지 못한다.

"그래도 아들 하나는 남겼잖아."

그 이웃은 로다 고모의 존재를 언급조차 하지 않았다. 이처럼 아들을 향한 욕망은 다양한 형태의 부조리를 야기한다. 가령 1979년 중국 공산당이 한 자녀 정책을 실시한 이후로 많은 중국의 가구들은 여성으로 밝혀진 태아를 지워버렸고, 일부는 태어난 여자 아기를 살해하기까지 했다. 인구통계학자들은 아시아 전역에 걸쳐 나타나고 있는 '사라진 여성들'의 증거를 보고하고 있다. 전통적인 힌두 문화권 역시 딸보다 아들을 귀하게 여겼다. 그 이유는 아들이 부모의 장례를 맡았기 때문이다. 파울 에를리히보다 200년이나 앞서 인구와 관련된 끔찍한 전망을 내놓았던 경제학자 토머스 맬서스Thomas Malthus는 다음과 같은 인도의 법률을 언급했다.

"아들을 둔 남자는 우월하다. 손자를 둔 남자는 불멸을 누린다. 그리고 손자의 아들까지 둔 자는 태양의 집에 이르게 된다 …… 아들은 아버지를 지옥으로부터 구원한다."[19]

경제적 풍요가
출산율을 떨어뜨린다

번영은 어떻게 전통적인 삶의 방식을 허물어뜨리는가? 사회가 비교적 부유해지면서, 아이들은 힘센 육체노동자나 성실한 농장 근로자가 아니라 반려동물, 혹은 핸드백 등 사치품과 같은 존재를 닮아가게 된다. 보다 편안한 삶을 살아가게 될 때, 동물에 대한 사람들의 인식도 달라진다. 한번 생각해보자. 1900년대 알래스카 사냥꾼들은 눈 덮인 평야에서 썰매를 끌어줄 털 많은 여섯 마리의 맬러뮤트를 필요로 했다. 하지만 오늘날 도시에서 살아가는 사람들이 따뜻한 난방이 들어오는 안락한 집에서 넷플릭스로 영화를 감상할 때, 그들에겐 무릎 위에 놓아둘 포메라니안 한 마리면 충분하다. 거시적인 관점에서 바라볼 때, 오늘날 아이들은 일하는 맬러뮤트에서 귀여운 포메라니안으로 넘어갔다. 그리고 세월이 흐르는 동안에 지위의 상징 역시 달라졌다. 전통적인 사회는 개인의 지위를 자녀의 수로 평가했던 반면, 오늘날의 세상은 서랍 속 롤렉스 시계의 수, 누적 항공 마일리지 혹은 트위터와 인스타그램의 팔로워 수로 지위를 평가한다.

노벨상을 수상한 경제학자 게리 베커Gary Becker는 부모들이 자녀 양육의 질과 양 사이에서 선택한다고 말했다.[20] 중상류층 부모들은 자녀들에게 양질의 교육을 제공하고자 한다. 그리고 이를 위해 자녀에게 기꺼이 더 많은 시간과 돈을 투자한다. 가정교사를 두고, 자동차로 학교를 바래다주고, 대학 등록금을 마련해야 하는 부모들은 중등교육을 마친 다수의 자녀들보다 고등교육을 마친 소수의 자녀를 더 선호한다. 또한 자녀들에 대한 많은 투자는 곧 스키 여행이나 멋진 자동차를 누릴 여유가 없음을 의미하는 것이다. 오스트리아 재무장관을 지내고, 1940년대에 하버드 대학 경제학 교수로 활동했던 조지프 슘페터는 이렇게 물었다.

"왜 스스로 꿈을 포기하고 자신의 삶을 빈곤하게 만들면서 노년에 무시와 모욕까지 당한단 말인가?"[21]

슘페터는 성공적인 사람들은 자기애가 강하다는 사실을 이해하고 있었다. 그는 승마 바지에 부츠 차림으로 하버드 캠퍼스를 돌아다니는 것으로도 유명했다. 또한 자신에게 세 가지 꿈이 있다는 유명한 말도 남겼다. 그것은 세계적으로 훌륭한 경제학자, 오스트리아의 훌륭한 승마 선수 그리고 빈에서 가장 사랑받는 '만인의 연인'이 되는 것이었다. 그는 고향을 떠나 매사추세츠로 건너오기 전까지 세 가지 꿈 중 두 가지를 성취한 것에 대해 자부심을 느끼고 있었다.

내가 전 세계로부터 얻은 데이터는 교육 수준이 높을수록 자녀의 수는 더 적다는 사실을 말해주고 있다. 그것은 아마도 고등교육을 받은 사람들일수록 베커주의자(게리 베커Gary Becker의 경제이론을 따르는 사람)들이 말하는 '기회비용'에 따른 선택 모형을 더 잘 받아들이기 때문일 것이다. 고등교육을 받은 사람들은 농부들의 전통을 잘 따르지 않는다. 예멘이나 브라질과 같은 나라에서도 고등교육을 받은 여성들은 그렇지 않은 여성들에 비해 50퍼센트 가까이 자녀를 적게 출산한다.

어떤 이들은 이미 한 세기 이전부터 출산율의 하락을 예측했다. 조지 버나드 쇼George Bernard Shaw의 1903년 작품『인간과 초인Man and Superman』에서 지옥에 빠진 돈 후안은 이렇게 걱정한다.

"돈과 쾌락을 좇고 성공과 예술, 사랑을 숭배하는 자들 모두 생명력을 멀리하는 불모의 도구가 될 것이다."

페이비언 협회Fabian Society(점진적인 개혁을 수장하는 사상 단체로 1884년 런던에서 설립됐다 – 옮긴이)의 사회주의자이자 때로 우생학자로서의 면모도 드러냈던 버나드 쇼는 번영 속에서 그리고 농장을 빠져나와 손을 씻고 사교 모임과 응접실에서 멋쟁이처럼 왈츠를 추는 농부들 속에서 위험을 보았다.[22] 그러나 이러한 위험은 쇼가 살았던 시대보다 훨씬 전부터 존재했었다. 이제 세월을 좀 더 거슬러 올라가보자.

무적의 스파르타 전사들은
왜 사라졌는가?

흔히들 아무런 사치품 없이 오직 생필품만 가지고 살아가는 삶의 방식을 두고 '스파르타식'이라는 말을 한다. 1970년대로 되돌아가서, 미식축구 팀 미네소타 바이킹스의 감독 버드 그랜트_{Bud Grant}는 혹독한 미니애폴리스의 겨울 날씨에 선수들이 훈련장 밖으로 나와 야외용 난로에 손을 녹이는 것을 금지했다. 진정한 스파르타 방식이었다. 당시 사람들은 바이킹스의 공격적인 수비 형태를 일컬어 '보라색 식인종 The Purple People Eaters'이라 불렀다. 그때가 바로 바이킹스의 전성기였다. 지난 35년 동안 바이킹스는 대부분의 경기를 실내 돔구장에서 치렀고, 그랜트가 스파르타 방식으로 팀을 이끌었던 1976년 이후로 한 번도 슈퍼볼에 진출하지 못했다.

1970년대의 바이킹스 선수들처럼 고대 스파르타 전사들은 가차 없이 공격하고 빈틈없이 방어했다. 비교적 최근에 나온 영화 〈300〉은 기원전 480년에 스무 배나 많은 크세르크세스의 페르시아 군대에 맞서 그리스 도시국가 군인들과 함께 용맹하게 싸웠던 스파르타 전사들 300명에 관한 이야기다. 당시 스파르타 군대는 잔인하리만치 효율적이고 효과적인 조직으로 그들의 군 생활은 말 그대로 요람에서 시작되었다. 스파르타는 그야말로 적자생존의 세상이었다. 아기가 태어나면, 먼저 공공위원회에서 신생아를 검사하여 키울 것인지 아니면 죽일 것인지 결정한다. 또한 그 첫 번째 관문을 통과했다고 하더라도, 어머니가

보기에 아이가 겁쟁이처럼 행동한다고 판단되면 어머니는 언제든 그 아이를 죽일 수 있었다. 남자 아이들은 일곱 살에 집을 떠나 군사훈련을 받고, 병영 식당에서 밥을 먹으며, 엄격한 환경 속에서 집단생활을 한다. 서로 거리를 유지하기 위해 필요 없는 말은 나누지 않는다. 실제로 과묵하다는 의미의 'laconic'이라는 단어는 스파르타 마을인 라코니아Laconia에서 유래했다. 기원전 5세기경 붉은색 군복을 입고, 청동으로 만든 창과 방패를 들고 위협적인 대열을 이루어 행진했던 스파르타 전사들은 그 누구도 넘볼 수 없는 천하무적의 존재였다.

라코니아와 메세니아 땅을 정복했던 스파르타인들은 전쟁포로들을 스파르타 땅으로 끌고 와서 노예로 삼고, 농장일이나 허드렛일을 하도록 했다. 덕분에 스파르타 남자들은 점차 농사일에서 해방되었다. 스파르타 여성들 역시 직접 집안일을 할 필요가 없었다. 이들 여성들은 교육을 받고, 유산을 물려받고, 재산을 소유할 권리를 인정받았다. 이는 당시 아테네에서조차 인정받지 못했던 여성의 권리였다.[23] 힘든 노동에서 벗어난 스파르타 여성들은 농장을 관리하는 일을 맡게 되었다. 그 일은 근육이 아니라 머리를 쓰는 일이기에 충분히 가능했다. 이제 여성들은 무거운 짐을 나를 필요가 없었다. 대신에 가축을 고르거나 곡물을 흥정하는 일을 담당하게 되었다. 스파르타는 끊임없이 이웃 국가들을 침략하면서 부를 쌓았다. 그렇게 스파르타인들은 풍요로운 부를 바탕으로 육체적 노동에서 벗어나 더 많은 시간적 여유를 누리게 되었다.

그런데 오늘날 무적의 스파르타 전사들은 어디에 있는가? 글자 그대로 그들은 '사라져'버렸다. 실제로 스파르타 사람들은 많은 기록을 남기지 않았다. 지금 우리가 그들에 대해 알고 있는 이야기들 대부분은 아리스토텔레스를 포함한 그리스인들의 기록으로부터 온 것이다. 그렇다면 스파르타인들은 정말로 어디로 가버렸는가? 간단하게 말해서, 스파르타는 기원전 371년 루크트라 전투에서 테베인들에게 패하고 말았다. 그리고 이듬해 테베인들은 본격적으로 스파르타 영토를 침략하기 시작했다. 그런데 요람에서부터 사람을 죽이는 훈련을 받고, 부족한 식량으로 거뜬히 힘든 전투를 수행했던 천하무적의 스파르타 전사들을 테베인들은 어떻게 무찌를 수 있었던 것일까? 그 이유는 스파르타 사람들이 그들의 사회와 군대 조직을 지속적으로 유지하기 위해 필요한 섹스와 출산을 외면했거나, 혹은 의도적으로 거부했기 때문이었다. 아리스토텔레스는 스파르타가 거대한 성공을 거두고 나서 그 인구가 서서히 줄어들었다고 기록하고 있다.

"그 나라는 1,500명의 기병과 3만 명의 보병들을 충분히 먹여 살릴 능력이 있었음에도, 군대의 규모는 1,000명을 넘지 못했다."[24]

스파르타 시민들은 전쟁에서 잡아온 포로들에게 점차 의존하기 시작했다. 부유한 가문들은 아이를 많이 낳지 않았고, 이로 인해 토지와 자본은 소수의 손에 집중되었다. 아리스토텔레스는 이를 이렇게 설명했다. "역사적 사실에 비추어볼 때, 스파르타의 토지 소유 체제는 결함이 있는 것으로 밝혀졌다. 그 나라는 한 번의 공격으로 무너진 것이 아니라, 인구 감소로 인해 서서히 몰락한 것이다."[25]

토지와 노예를 소유하게 되면서, 스파르타인은 더 이상 자녀들의 노동에 의지하지 않아도 되었고, 자녀 출산에 따른 기회비용은 그만큼 더 크게 다가왔다. 많은 자녀는 곧 영토를 관리하고, 여행을 다니거나 혹은 사치를 즐길 여유의 부족을 의미하는 것이었다. 또한 자신의 재산을 더 많은 사위와 며느리들에게 나누어주어야 한다는 뜻이었다. 기원전 4세기 초반에 스파르타의 인구는 80퍼센트나 감소했다. 그리고 인구 감소와 더불어 스파르타 군대의 강한 조직력 역시 자연스럽게 위축되었다. 아리스토텔레스의 기록에 따르면, 기원전 371년 테베인들은 스파르타에 아무런 위협을 느끼지 않았고, 끝내 그들의 영토를 공략함으로써 '주인의 명령을 기다리고 있던' 메세니아 노예들을 해방시켜주었다.[26] 스파르타는 막대한 부를 거머쥔 이후로 후손을 낳을 욕망과 필요성을 상실했기 때문에 역사 속으로 사라져버린 것이다.

그런데 고대인들은 어떻게 아이를 낳는 일을 피할 수 있었던 것일까? 당시의 산아 제한 방법들로는 금욕하거나, 질외 사정하거나, 낙태하거나, 실피움Silphium 등 피임 성분이 있는 약을 먹거나 혹은 끔찍하게도 영아를 죽이는 것 등이 있었다. 이러한 난관을 모두 뚫고 태어났다고 하더라도, 아기는 다른 곳으로 보내지거나(입양), 버림을 받거나, 고아원에 맡겨지거나, 혹은 굶어죽을 수 있었다.

기원후 1세기 초에 고대 그리스와 고대 로마의 시대에 걸쳐 살았던 지리학자 스트라보Strabo는 고대 스파르타의 유산을 두 눈으로 보았고, 자신의 걸작 지리지Geographica에서 이를 이렇게 언급했다.

"대부분의 영토가 이미 황폐해져버린 나라 …… 옛날의 번성했던 인구와 비교해서 지금은 사람을 찾아보기 힘들 정도다. 스파르타의 외곽에 약 서른 곳의 마을들이 남아있을 뿐이다. '100개의 도시로 이루어진 나라'라고 불리던 시절, 그들은 매년 축제를 위해 100마리의 소를 잡아야 했다.”[27]

여러분은 아마도 승리를 거둔 테베인들과 아테네인들은 스파르타로부터 소중한 교훈을 얻었으리라 짐작할 것이다. 이후 6장에서 살펴보게 되겠지만, 알렉산드로스 대왕의 거대한 성공으로 그리스는 더 많은 영토와 노예를 거느리게 되었다. 그리고 토지와 노동, 전리품과 함께 여유를 누리게 되면서, 이들 역시 아이 낳는 일을 등한시하게 되었다. 오늘날 아테네를 방문하여 아크로폴리스의 판테온에 들어가려면 붐비는 투어버스를 타기 위해 줄을 서거나 아니면 배낭 여행자들을 따라 걸어서 올라가야 한다. 판테온은 거대한 유물이며 우리는 적어도 몇몇 곳에서 '서구 문명의 기원'이라고 부를 만한 것들을 확인하게 된다. 스트라보 역시 판테온과 그 주변을 직접 둘러보았다. 물론 그가 살았던 시대에는 줄을 서서 기다릴 필요는 없었을 것이다. 거기서 그는 버림받은 아테네를 목격했고, '사람보다 더 많은 조각상들'을 보았노라고 기록했다.

물론 나는 문명의 전반적인 흥망성쇠를 인구 감소라고 하는 하나의 요인으로 환원하려는 것은 아니다. 아마도 무리한 영토 확장, 노예들의 반란, 치명적인 전염병, 무시무시한 침략자들, 흉작 그리고 무능한 통치 시스템이 함께 작용하여 국가를 파멸로 몰아갔을 것이다. 나는 저출산이 항상 국가를 망하게 만드는 결정적인 요인이라 말하지 않는다. 다만 출산율 하락은 경제적·정치적 번영으로부터 비롯되며, 이는 장기적인 통치를 추구하는 국가에 새로운 그리고 때로는 극복하기 힘든 도전 과제를 안겨준다는 사실을 지적하고 싶을 따름이다.

그리스 역사가 폴리비오스_{Polybius}(기원전 200~118) 역시 다양한 원인들이 함께 작용하여 국가의 몰락을 초래한다는 사실을 이해하고 있었다. 그는 통치체제와 전염병, 혹은 의술의 부재와 같은 보편적인 원인을 몰락의 이유로 꼽지 않았다. 그 대신 당시의 일반적인 패러다임에 따라 신을 비난했다. 폴리비오스는 정치 지도자들에게 '고통을 가져다주는 악'을 멈추기 위해서는 "하늘의 노여움을 달래기 위한 희생양으로 …… 신께 간청함으로써" 가뭄과 서리, 역병에 대처해야 한다고 주장했다. 그러나 또 다른 문제에서 그는 보다 현대적인 접근방식을 보여주었다.

"아이들의 부족과 전반적인 인구 감소로 인해 장기적인 전쟁과 심각한 전염병이 없는 상황에서도 도시의 거주자들이 줄어들고, 그 결과 생산력이 떨어지고 있다."

여기서 폴리비오스는 신이 아니라 인간을 비난하고 있다.

"우리 인간은 과시와 돈에 눈이 멀어 자녀 양육을 뒷전으로 한 채 기껏해야 하나, 아니면 둘만 낳아서 …… 부유하고 사치스러운 환경에서 자라나도록 하고 있다 …… 이제 그들에게는 상속인이 없다. 그리고 도시들은 조금씩 그 인구를 잃어가면서 쇠약해지고 있다."²⁸

그로부터 1,800년의 세월이 흘러 거대한 농가 주택들이 현관에 이오니아식 기둥을 설치했던(그리고 1,900년의 세월이 흘러 윌리엄 포크너_{William Faulkner}가 그리스 비극을 따라 작품을 집필했던) 미국의 남부 지방 역시 노예제로 출산율에 어려움을 겪고 있었다. 1800년대 초 남부 지방의 경제가 팽창하면서, 노동 현장에서는 노예들이 백인 아이들을 대체하기 시작했다. 그리고 부유한 가구들은 늘어난 소득을 아이들의 유모차가 아니라 말과 하인을 늘리고 자랑하는 데 집중했다. 1800년에서 1850년 사이에 남부 지역의 백인 가구 출산율은 20퍼센트나 떨어졌다.[29]

기업 경영자와 경제학자들은 유통매장에서 '평방피트(약 0.093제곱미터)당 매출', 혹은 호텔에서 '가용 객실당 소득'과 같은 기준을 종종 언급한다. 나도 스트라보를 따라서 국가의 유지가능성을 예측하기 위한 새롭고 유용한 기준을 제시하고자 한다. 그것은 바로 '젊은 시민 한 사람당 조각상의 수statues per young citizen'를 말한다. 그리스와 마찬가지로 로마 역시 이 수치가 증가하면서 암울한 미래를 맞이하고 말았다.

로마의 번영을 이끈 아우구스투스 황제는 '벽돌의 도시를 대리석의 도시로' 변모시켰음을 자랑스럽게 여겼다. 매사추세츠 공과대학MIT의 경제 역사가 피터 테민Peter Temin의 설명에 따르면, 기원전 20년 아우구스투스의 로마는 그로부터 1,700년이 지난 영국과 네덜란드만큼이나 부유했다고 한다. 아우구스투스는 수로를 건설하고, 무역을 장려했으며, 문학을 중요하게 여겼다. 폼페이의 그라피티와 상업용 문헌들 덕분에 우리는 로마인들의 글을 읽고 쓰는 능력을 짐작해볼 수 있다. 나는 폼페이를 여러 차례 직접 둘러보았다. 몇 년에 한 번 꼴로 새로운 유물들이 발굴되면서, 폼페이의 역사는 계속해서 새롭게 쓰이고 있다. 비코 델 루파나레와 비코 델 발코네 펜실레의 모퉁이에 위치한 루파나르Lupanar는 당시 여행객들이 자주 찾는 유흥가였다. 루파나르는 늑대를 뜻하는 라틴어 '루푸스lupus'에서 온 것으로, 실제로 로마의 건국신화는 늑대의 젖을 먹고 자란 로물루스와 레무스의 이야기로 시작된다. 그러나 폼페이의 루파나르는 사창가로 유명했으며, 매춘부들이 쓴 광고에는 이렇게 적혀있다. '애스ass 2개면 전 당신의 것입니다.' 또는 '구리 그릇을 찾아주는 사람에게' 은화 65개를 지급하겠다는 문구도 남아있다. 여기서 'ass'는 당나귀가 아니라 'A'라고 불리던 로마의 청동 주화를 뜻한다.

그러나 로마 상류층의 부와 교양은 뜻하지 않은 문제, 즉 시민들 사이의 출산율 하락을 초래했다. 아우구스투스는 의회가 기원전 18년과 기원전 9년에 결혼을 하지 않은 자, 독신주의자 그리고 아이가 없는 자들을 처벌하는 법을 통과시켰다는 사실에 점차 많은 관심을 갖게 되었다. 이 법률 아래에서 아이가 없는 남성은 자신의 유산 중 절반을 내놓아야 한다(파피아 포파이아 법Lex Papia Poppaea). 역사가들은 로마의 저출산 원인으로 상류층을 중심으로 널리 퍼져있었던 납중독(납으로 만든 그릇에 의한), 그리고 정자를 모두 죽일 만큼 뜨거운 욕조에 오래 누워있는 남성들의 습관을 꼽았다. 이러한 환경적인 설명도 일리가 있기는 하지만, 그래도 아우구스투스와 로마 의회는 부유한 로마 시민들이 의도적으로 아기를 낳지 않으려는 사회적인 풍조를 주요 원인으로 꼽았고, 그래서 그러한 흐름을 반전시킬 수 있는 법률을 시행했다. 이러한 정책에 대해 '소 플리니우스Gaius Plinius Caecilius Secundus'는 대부분의 로마인들이 "남성들은 이미 큰 부담을 떠안고 있으며, 자손 문제로 또 다른 짐을 지우지 않는 편이 낫다고 믿고 있다."며 불만을 제기했다.[30] 당시 '프롤레타리우스proletarius'는 '자식을 낳은 사람'을 의미하는 명예스런 호칭이었다. 그러나 그 명예의 배지도 머지않아 도랑에 버려지고 말았다. 한편으로 사람들은 결혼을 숭고한 목적을 갖고 치르는 신성한 의식이 아니라, 일종의 스포츠나 특권 같은 것으로 보았다. 유베날리스Decimus Junius Juvenalis의 풍자시 속에는 1년 동안 여덟 번 결혼하고 이혼을 한 여성의 이야기도 등장한다.

폴리비오스는 섹스와 출산의 부족이 로마의 외교 정책을 망치고 있다며 한탄했다. 그는 세상의 주인이었던 로마가 인구 감소로 인해 배에 실을 선원도 확보하지 못하는 처지가 되었으며, 영토를 지키기 위한 거대한 함대를 바다에 띄워보내지 못하고 있다고 지적했다. 이후 로마는 결국 육군과 해군 병력을 보충하기 위해 게르만족 용병을 끌어들여야 했다. 하지만 이들 '야만인들'은 로마 장군의 지시를 잘 따르지 않았다. 용병들은 로마 제국의 서부 지역에서 군사력의 거의 절반을 차지하고 있었지만, 로마를 위해 적극적으로 싸울 뜨거운 의지는 없었다.

바로 여기에 역설이 있다. 스파르타와 그리스 그리고 로마 제국이 이웃 나라들을 정복함으로써 부와 권력을 얻지 않았더라면, 그들은 출산의 원동력을 잃어버리지 않았을 것이다.

나폴레옹 이후의 프랑스와
빅토리아 시대의 영국

프랑스와 영국은 산업혁명으로 급속한 성장을 일궈냈다. 아우구스투스 이후로 1,800년의 세월이 흘러, 로마가 이룩했던 위대한 성취와 부는 현대 유럽에 영광의 자리를 내어주어야만 했다. 하지만 프랑스 여성들 역시 산업혁명이 가져다준 소득 성장의 달콤한 열매를 맛보자마자 아이를 적게 낳기 시작했다. 프랑스 혁명이 발발할 무렵, 프랑스 인구는 인도와 중국에 이어 세계에서 세 번째를 기록하고 있었고 독일보다 40퍼센트나 더 많았다. 하지만 1850년경에 이르러 꾸준한 성장을 이어오던 독일에 역전을 당하고 말았다. 보다 나은 의료 시스템(그래도 충분한 수준은 아니었지만), 개인위생(마찬가지로 불충분했지만), 더 나은 영양 공급과 더 적은 전염병 덕분에 프랑스의 유아 사망률은 크게 떨어졌고, 이 말은 곧 많은 아기를 낳아야 할 필요성이 사라졌음을 의미하는 것이었다.

동시에 프랑스 경제도 변화하고 있었다. 산업화 경제 속에서 살아가기 위해 부모들은 집을 떠나 출근을 했다. 그들은 아이들의 애절한 손길을 뿌리치고 집을 나서야 했다. 물론 종교와 문화도 중요한 역할을 했다. 프랑스 혁명이 일어나면서 교회는 예전의 권위를 잃어버렸고, '자연적인 피임법'은 '인위적인 행위'라는 비난으로부터 어느 정도 벗어날 수 있었다. 또한 스파르타와 마찬가지로 상속과 관련된 법률 역시 부모들의 결정에 지대한 영향을 미쳤다. 프랑스 혁명 이전에는 장자상속법이 첫 번째 원칙이었으며, 그래서 자녀의 수와는 상관없이 가장 나이가 많은 아들이 일반적으로 유산을 물려받았다. 반면 나폴레옹 법전은 모든 자녀가 유산을 평등하게 나누어 갖도록 규정해 놓았다. 이는 부가 희석되는 효과를 낳았다. 이로 인해 부모들은 몇 명의 상속자를 둘 것인지에 대해 신중하게 고민하기 시작했다. 1750~1800년 동안 전체 인구에서 15세 이하가 차지하는 비중은 비슷한 수준에 머물렀지만, 그 이후로 150년 동안 크게 떨어졌다.[31] 영화 〈지지Gigi〉에서 모리스 슈발리에가 '어린 소녀들을 주셔서 하늘에 감사합니다Thank Heaven for Little Girls'라고 노래했을 때, 그는 종교적인 고마움을 표현하고 있던 것이 아니다. 다만 어린 소녀들을 찾아보기 힘들었던 1899년 파리의 현실을 한탄하고 있었던 것이다. 아이러니하게도 '아름다운 시절Belle Epoque(1차 세계대전 이전의 평화롭던 시절 – 옮긴이)'에 '아름다운 여인belle'을 찾아보기가 힘들었던 것이다.

고대 그리스와 로마의 경우와 마찬가지로 프랑스에서도 자연적인 산아제한을 처음으로 시작했던 계층은 부유한 귀족 가문이었다.[32] 그리스와 로마를 연구했던 19세기 미국 역사가 조지 핀레이George Finlay는 19세기 프랑스와 고대 국가들 사이에 나타나는 인구 평행선population parallels을 언급했다. 그는 고대 귀족들이 가문의 구성원들의 수를 증가시키지 못했고, 이와 똑같은 현상이 오늘날에도 그대로 이어져서 "프랑스 상류층을 구성하는 20만 명 유권자들에게 영향을 미치고 있다."고 주장했다.[33] 게다가 그리 오래지 않아 일반 대중들도 상류층의 상대적으로 높은 불임률을 따라잡기 시작했다.

이러한 저출산의 유행이 해협을 넘어 영국으로 건너오기까지 다소 오랜 시간이 걸렸다. 빅토리아 시대의 마지막 몇십 년 동안, 영국의 중상류층 사람들 역시 자녀의 수를 줄임으로써 그들의 소득 증가를 자축했다. 빅토리아 여왕이 최고 통치자의 자리에 올랐던 1837년 당시 영국의 출산율은 여성 1,000명당 170명 정도로 상당히 안정적인 상황이었다. 하지만 새로운 여왕이 권좌에 앉으면서 영국은 점차 제조업 기반의 '세계의 공장'으로 변해가게 되었다. 그리고 이후 40년의 세월 동안 영국이 세계 제조업 시장에서 차지하는 비중은 10퍼센트에서 25퍼센트로 급증했고, 국가의 경제 규모는 3배 가까이 성장했다. 그리고 놀라운 경제 성장에 따라 극적인 현상이 벌어졌다. 1880년 무렵에 출산율이 갑자기 곤두박질치기 시작했던 것이다. 제1차 세계대전 직전에는 출산율이 70퍼센트나 급감했다! 이는 정부 정책이나 전염병 혹은 세계적인 기후 변화 때문은 아니었다. 그것은 인간의 선택 때문이었다. 당시 영국의 가구들은 양육 부담을 줄임으로써 더욱 행복하고, 건강하고, 부유한 삶을 누릴 수 있을 거라 기대하고 있었다. (원시적인 수준의 피임 기술의 도움을 받아서)[34] 농장에서 필요로 하는 노동력은 크게 줄어들었고, 이에 따라 아이들의 노동력에 대한 수요도 줄어들었다. 당시 사회적 계단을 오르려 하는 중산층의 시선으로 바라볼 때, 집 앞에 놓인 여러 대의 유모차는 곧 지위의 하락을 뜻하는 것이었다.

나는 연구 과정에서 다음과 같은 경험 법칙을 발견하게 되었다. **현대 (산업화 이후로) 국가의 연평균 GDP 성장률이 25년을 단위로 두 번 연속 (즉 두 세대에 걸쳐) 2.5퍼센트 이상을 기록할 때, 출산율은 대체율(여성 한 명당 2.5명의 자녀)을 밑돌게 된다. 그리고 GDP 성장률이 세 번 연속 상승할 때, 출산율은 2.1 이하로 떨어진다. 이때 인구 규모를 안정적으로 유지하고자 한다면, 이민자 유입이 필요하다.**

지난 몇 년 동안 프랑스와 싱가포르, 대한민국 그리고 러시아 정부들은 모텔에 무료로 숙박을 하게 하거나, 휴가를 더 많이 떠나도록 장려하는 등 젊은 부부들이 침대에서 더 많은 시간을 보내도록 하는 노골적인 정책을 실시하고 있다. 특히 러시아 정부는 특정한 날짜에 아기를 낳은 부부들에게 냉장고를 선물하는 행사까지 벌이고 있다! 그러나 나는 정부가 나서서 조명을 낮추고 프랭크 시나트라 음악을 틀어주는 것만큼 매력 없는 행사도 세상에 없을 것이라 생각한다. 이는 낭만적인 밤의 분위기를 연출하기는커녕 자칫 악몽과 같은 시간이 되어버릴 수 있다. 최근 일부 지역에서 출산율이 소폭 상승하는 모습을 보이고 있다. 가령 일본의 출산율은 이민자 유입에 힘입어 1.43으로 상승했다. 그리고 프랑스의 출산율은 2.0에 근접하고 있다. 그럼에도 출산율을 대체율 이상으로 끌어올리려는 노력은 아직까지 성과를 거두지 못하고 있는 것으로 보인다.[35]

과거와 현재에 나타난
이민자들의 영향력

국가가 부유해지면서 출산율이 떨어질 때, 사람들은 더 많은 주름살과 흰머리를 보고, 그로써 더 많은 염색약을 구매하게 된다. 혈압약과 MRI 장비, 혹은 만보기 등 기술 발전으로 기대 수명이 늘어날 때 노년층이 전체 인구에서 차지하는 비중은 더욱 높아지게 된다. 인간의 기대 수명은 1900년의 약 47세에서 오늘날 산업화된 국가들의 경우 약 80세로 크게 증가했다. 세계 인구 중 65세 이상을 한데 끌어모은다면,

그들은 지구상에서 세 번째로 인구가 많은 나라를 이룰 것이다.

기대 수명의 증가는 또 다른 문제를 초래한다. 그것은 사람들이 더 오래 살 것이라는 기대로 아이를 적게 가지려 한다는 것이다. 한번 생각해보자. 가령 여러분이 90세까지 살 것이라고 기대한다면, 결혼을 서둘러야 할 압박감을 별로 느끼지 않을 것이다. 이 말은 곧 결혼 시점을 최적 가임기 이후로 연기하겠다는 뜻이다. 20세기를 거치는 동안 미국인들의 초혼 연령은 평균적으로 21세에서 27세로 증가했다. 하지만 여성의 임신 가능성은 27세부터 크게 떨어지기 시작한다. 27~29세 여성의 임신 가능성은 19~26세에 비해 현저하게 낮다.[36] 그러나 우리는 이러한 통계 수치를 다른 시각으로 바라볼 수 있다. 오늘날 인생에서 결혼 기간이 차지하는 비중이 크게 늘어났다. 상대적으로 수명이 짧았던 100년 전 미국인들은 기대 수명의 절반 정도의 시점에서 결혼을 했지만, 오늘날 미국인들은 기대 수명의 35퍼센트 시점에 결혼을 한다.

전 세계적으로 소득이 증가하면서 결혼 연령도 함께 높아지고 있다. UN 자료에 의하면 1970년에서 2005년까지 여성의 결혼 연령이 25세에서 29세로 높아졌다.[37] 물론 많은 여성들이 결혼식을 올리지 않고 아기를 낳거나, 부모님과 함께 살면서 아이를 키우고 있다. 그러나 미국 여성의 평균 초산 연령 역시 1970년 21.4세에서 2006년 25세로 높아졌다. 게다가 오늘날 기다림의 전략은 결코 어리석은 판단이라고만은 볼 수 없다. 버지니아 대학의 아말리아 밀러Amalia Miller는 출산을 하지 않는 것이 적어도 단기적으로는 도움이 된다는 연구 결과를 발표했다.

미국 여성들의 경우, 출산을 1년 연기할 때마다 근로 소득은 9퍼센트 증가한다. 그 시간 동안 더 많은 경험을 쌓고 육아 대신 업무 관련 전문 지식을 습득할 수 있기 때문이다.[38] 결론적으로 기대 수명과 소득의 증가는 전반적으로 다산을 저해하는 역할을 한다.

산업화된 세상이 나이 들어 가면서, 미래의 풍경은 1980년대 마이애미비치의 빛바랜 엽서와 닮아가기 시작한다. 그 그림 속에서 노인들은 편안한 공원 벤치를 찾아 어슬렁거리거나, 일찍 방문하는 손님들을 위한 스페셜 저녁 메뉴를 먹기 위해 오후 2시에 차를 몰고 떠난다. 그렇게 도착한 레스토랑에서 그들은 여자 종업원에게 '원플러스원$_{1+1}$' 쿠폰을 건네고 음료수를 마신다. 만일 여러분이 울음을 그치지 않는 아기들이나 시끄럽게 음악을 틀어대는 십대들을 싫어한다면, 인구의 평균 나이가 크게 높아진다고 하더라도 별 상관없을 것이다. 하지만 경제가 (1) 지속적으로 성장하고, 동시에 (2) 사회의 특성과 전통을 그대로 이어나가기를 원한다면, 그러한 인구 통계적 변화는 해결하기 힘든 과제가 될 것이다. 앞으로 누가 노인들을 버스에 태울 것인가? 누가 콜레스테롤 검사를 위해 피를 뽑아줄 것인가? 혹은 누가 버스에다 식사를 날라다줄 것인가? 그리고 누가 전몰장병 추모일 행진이나 마을 밴드 음악회와 같은 지역의 고유한 전통을 이어나갈 것인가?

그런데 마이애미비치는 이제 더 이상 나이 들고 늙은 동네가 아니다. 그 이유는 뭘까? 상당수의 쿠바 출신 이민자들이 이미 자리를 잡고 살아가고 있으며, 1990년대에 이르러서는 베네수엘라, 콜롬비아, 아르헨티나와 같은 남미 출신의 젊은 이민자들이 몰려들면서 그 지역의 분위기를 완전히 바꿔놓았기 때문이다.[39] 이처럼 해외 이민자들이 몰려들기 전까지, 마이애미비치는 계속해서 나이 들어가고 발전의 속도는 느려지고 있었다. 역사를 통해서 그리고 전 세계적인 사례를 통해서 우리는 부유한 노령층이 외국의 젊은 이민자들을 필요로 하는 모습들을 확인할 수 있다.

사실 나는 한 사람의 관광객으로서 마이애미비치를 무척 사랑한다. 1920년대에 지어진 파스텔 톤의 아르데코 호텔을 향해 늘어선 야자수 나무들 사이로 쏟아지는 별을 바라보며, 여기저기서 밴드들이 삼바 음악을 들려주는 사우스비치를 따라 거니는 멋진 산책로는 세상 어느 곳에서도 발견하기 힘들다. 걸어서 돌아다니며 쇼핑을 할 수 있는 링컨로드는 언제나 많은 인파로 북적인다. 야외 카페에 테이블을 차지하거나, 혹은 프랭크 게리Frank Gehry가 설계한 화려한 뉴월드 심포니홀 공연의 티켓을 구하려면 일찌감치 서둘러야 한다. 지역 학교 교장의 아들로 하버드 로스쿨을 졸업한 나의 멋진 친구 지미 모랄레스Jimmy Morales는 유명하고 유능한 시 행정담당관으로서 마이애미비치에 강한 자부심을 갖고 있다. 얼마 전 지미와 함께 링컨로드를 걸었을 때, 나는 그곳의 활력과 훌륭한 비즈니스 환경에 깜짝 놀랐다. 쿠바 레스토랑에서 우리는 부드럽고 맛있는 볼리체(구운 소고기 요리)를 맛볼 수 있었다. 지미는 내게 그곳에서는 검은 콩과 흰 쌀밥을 '모로스 이 크리스티아노스Moros y cristianos'로 부른다고 알려주었다. 번역하자면 '무어인과 기독교인'이라는 뜻이다. 이는 다양한 문화와 민족들이 한데 어울려 살아가는 마이애미비치의 특유한 문화적 구성에 대한 멋진 은유라 하겠다.

그러나 관광객을 위한 멋진 점심과 다채로운 문화적 구성이 평균보다 높은 수준의 마이애미의 경제적 발전을 보장하는 것은 아니다. 마이애미 도시 인구의 절반에 해당하는 110만 명은 외국에서 태어난 사람들로 주로 스페인어를 쓰는 국가 출신이다. 오늘날 마이애미는 미국의 전체 도시들 가운데 평균 소득을 기준으로 하위 두 번째를, 빈곤 지수를 기준으로 상위 두 번째를 기록하고 있다. 그러나 상대적으로 낮은 소득 수준에도 불구하고 마이애미 주민들은 다른 사람들과 기꺼이 많은 것들을 나눈다. 그리고 그들의 나눔은 비단 이들 주민들 사이에서만 이뤄지는 것은 아니다.

마이애미에서 살아가고 있는 이민자들은 고향으로 보내는 송금액을 기준으로 상위권을 차지하고 있다. 현재 마이애미에 살고 있는 쿠바 출신 미국인들 중 3/4은 매년 고향으로 돈을 보내고 있다. 그들은 쿠바에 남아있는 가족들에게 매년 돈을 보내고 있으며, 연간 송금 규모는 10억 달러에 이른다.[40] 이처럼 카리브 지역으로 돈을 보내는 사람들은 쿠바인들뿐만이 아니다. 엘살바도르와 도미니카공화국 출신 이민자들 역시 소득 중에서 더 많은 비중을 그들의 고향땅으로 보내고 있다. 일반적으로 남미 출신 이민자들의 소득이 상대적으로 낮다는 사실을 감안할 때, 이러한 모습들은 예외적인 수준의 관용을 보여주는 것이다. 그러나 이러한 관용의 정신은 그들이 살아가는 지역 내부에서 이루어지는 것이 아니라, 저 멀리 카리브 지역 가족들에게 해당되는 말이다.

자원 봉사에 관한 최근의 한 연구에 따르면, 마이애미의 자원봉사 참가율이 미국에서 하위권을 차지하고 있다. 마이애미 주민들 중 정기적으로 남을 돕고 있다고 대답한 비율은 14.8퍼센트에 불과했다. 이 연구에서 마이애미는 라스베이거스와 함께 꼴찌를 놓고 경쟁하고 있다. 관광객들이 잠시 머물렀다 가는 라스베이거스는 그러한 연구 결과에 대해 납득할 만한 변명을 내놓을 수 있을 것이다. 하지만 마이애미는 그렇지 않다. 혹시 그다지 추운 날이 많지 않은 라스베이거스와 마이애미의 온화한 날씨가 자원 봉사에 대한 사람들의 욕망을 자극하지 않는 것일까? 어쩌면 그럴 수도 있을 것이다. 가령 비교적 싸늘한 미니애폴리스와 세인트폴 주민들은 약 37퍼센트가 자원 봉사에 참여하고 있으며, 눅눅한 날씨의 시애틀의 경우는 약 35퍼센트에 달한다.[41] 하지만 마이애미보다 더 건조하고 따뜻한 오클라호마시티 주민들의 자원 봉사 참여 비중은 오히려 더 높은 수준을 기록하고 있다.

나는 이러한 차이가 지역에 기반을 둔 문화 때문에 나타나는 것이라 생각한다. 여기서 내가 말하는 문화는 가톨릭 히스패닉과 게르만 루터교의 대결을 의미하지 않는다. 대신 종교와 공동체 그리고 교육 체제를 모두 아우르는 총체적 개념을 말한다. 얼마나 많은 부모들이 학부모 교사 연합회 행사에서 자원 봉사를 해야 한다고 생각하는가? 그리고 얼마나 많은 마을 주민들이 퍼레이드 행사와 전통의 재현, 재래시장, 자선 사업을 더욱 강화해나가야 한다고 느끼는가?

이 장에서 우리가 다루어볼 질문은 이런 것이다. '낮은 출산율, 그리고 인구의 전반적인 노령화 현상은 더 많은 이민자 유입으로 이어지게 될 것인가? 그리고 이러한 흐름은 다시 공동체 정신의 약화와 붕괴를 촉발할 것인가?' 물론 이 질문에 '네'라고 답했다고 하더라도, 이민자들이 공항이나 항구에 발을 내딛지 못하도록 사전에 차단하는 것을 정책적 대답이라고 제시할 수는 없을 것이다. 결론에서 살펴보고 있듯이, 그 진정한 해결책은 보다 효과적인 공동체 시스템과 지속가능한 전통을 마련하는 일이다.

그렇다면 부유한 나라들이 고령화 시대로 접어들 때, 누가 나서서 그런 일을 해야 할까? 「U.S. 뉴스앤드월드리포트U.S. News & World Report」는 노동부의 통계 자료와 인구 조사 데이터를 바탕으로, 향후 10년 동안 고용 시장에서 가장 두드러진 성장을 보여줄 분야로 (1) 의료 서비스, (2) 비즈니스, (3) 건설, (4) 기술, (5) 사회복지를 꼽았다. 그리고 보다 세부적으로 '가장 급속한 고용 성장을 보여줄 세 가지 직업'으로 (1) 개인 돌봄 치료 전문가, (2) 가정 간호조무사, (3) 통역가/번역가를 선정했다.[42] 그렇다면 우리는 이러한 직업들에 대해 얼마나 알고 있을까? 실제로 이러한 직군에서 이민자들이 큰 비중을 차지하고 있다. 예를 들어 의료 서비스 분야에서 250만여 명이 가정에서 노인을 돌보고 있으며, 이들 중 23퍼센트는 이민자들이 차지하고 있다.[43]

물론 이 수치에는 최근 이민자들의 자녀들로서 간호조무사나 간호사로 일을 하고 있는 사람들은 포함되어있지 않다. 미장 및 건축 분야 역시 급속한 증가를 보이는 직업군 목록에서 상위권을 차지하고 있다. 여기서도 이민자들이 23퍼센트의 비중을 차지하고 있으며, 그중에서 82퍼센트는 남미 출신들이다. 그리고 이러한 건설 노동자들 중 약 27퍼센트의 가정에서 영어가 아닌 그들의 언어로 대화를 나눈다.[44] 이민자들은 미국의 도로가 황금으로 포장되어있다는 말을 듣고 왔다. 하지만 이제 그들은 그 거리를 다시 포장해야 하는 사람이 그들 자신이라는 사실을 깨달아가고 있다. 젊고 배고픈 이민자 근로자들 말고 누가 뜨거운 콘크리트 믹서에서 흘러나오는 섭씨 135도의 아스팔트 열기를 버티겠는가? 그 아스팔트를 도로에 쏟아붓기 위한 최고의 후보군, 다시 말해 18~39세 사이의 남성들 중 미국에서 태어난 사람들의 비중은 14퍼센트에 불과하다. 또한 밀입국 노동자의 35퍼센트(그리고 합법적 이민자들의 18퍼센트)는 젊은 남성들이다.[45] 미국 사회가 젊고, 인구의 연령대가 낮으며 번식력이 왕성했을 때, 미국에는 히스패닉 이민자들이 그리 많지 않았다. 실제로 1820년에 미국 사회의 평균 연령은 16.7세에 불과했다.[46] 1820년에 미국으로 이민을 갔던 멕시코인은 몇 명이나 되었을까?[47] 단 한 명이었다. 100만 명도, 100명도 아닌 단 한 명이었다.

마지막으로 빅토리아 시대의 영국 상황을 들여다보자. 여기서 우리는 2장과 5장에서 주제로 다루고 있는 외국인의 역할과 그들에 대한 사회적 분노를 확인할 수 있다. 빅토리아 시대에 영국인들의 출산율이 크게 떨어지면서, 세계의 공장은 이민자들의 노동력을 절실히 필요하게 되었다. 빅토리아 여왕의 대관식으로부터 시작하여 제1차 세계대전이 발발했던 1914년에 이르기까지, 해외에서 건너온 공장 노동자와 장인 및 기업들은 런던의 이스트엔드 지역을 아일랜드 이민자들의 마을에서 독일인과 유대인 이민자들의 마을로 완전히 바꾸어놓았다. 러시아 대학살을 피해 도망쳤던 약 12만 명의 유대인 이민자들이 영국에서 자리를 잡았고, 이러한 변화는 사회적 긴장을 높이고, 강한 노동조합을 형성하고 있었던 영국 노동자들의 심기를 불편하게 만들었다. 당시 항만 노조를 이끌고 있었던 엄격한 사회주의자 벤 틸렛Ben Tillett은 그 자신 또한 아일랜드 이민자의 아들이었음에도 새롭게 이민을 온 노동자들에게 머리를 긁적이며 이렇게 말해야만 했다.

"여러분은 우리의 형제들이며, 우리는 여러분에 대한 의무를 다할 겁니다. 그래도 여러분이 이 땅에 오지 않았더라면 더 좋았을 겁니다."[48]

그건 바로 틸렛의 공식적인 환영 인사였다.

2장

세계화와
애국심의 패러독스

몇 년 전에 나는 캘리포니아 피스타치오 생산자들로부터 카멀바이더시 인근에서 열리는 행사에서 강연을 해달라는 요청을 받았다. 나는 피스타치오를 무척 좋아하거니와 항상 권총을 차고 다니는 클린트 이스트우드가 시장으로 있었던 곳이었기에 쉽게 승낙을 했다. 행사장 청중들은 상냥했고, 참석자들 중 많은 사람들은 존 디어(미국의 농기계 제조업체 – 옮긴이)나 캐터필러(미국의 중장비 제조회사 – 옮긴이), 혹은 선키스트 문구가 박힌 모자를 쓴 지역의 농부들이었다. 나는 연설에서 세계화에 대해 강조했다. 그러고는 연단에 놓여있던 피지워터FIJI Water 생수병을 높이 들어 올리고는 이렇게 말했다.

"자, 생각해보세요. 남태평양에서 길어올린 물을 여기 캘리포니아까지 들여오는 것이 바로 오늘날의 경제 현실입니다. 이 물병은 집중화와 선진 물류 시스템이라고 하는 새로운 물류 기술이 일궈낸 기적입니다."

세계화의 힘과 네모난 피지워터 생수병의 우아한 디자인을 한껏 칭찬하는 동안, 나는 최신 유행하는 재킷 차림으로 앞줄에 앉아있던 한 지적인 남성이 고개를 끄덕이고, 미소를 짓고, 내 말에 주의를 기울이는 모습을 지켜보았다. 나는 다시 잠시 뜸을 들이고는 마치 햄릿이 요릭의 해골을 들여다보듯 그 생수병을 바라보며 이렇게 말했다.

"지금껏 저는 피지에 가본 적이 없습니다. 꼭 한번 가보고 싶군요. 하지만 모르긴 몰라도 이 생수병은 아마도 트렁크 팬티를 입은 남자가 뒷마당 정원 호스를 들고 채워 넣은 것일 겁니다."

그러자 청중들 사이에서 폭소가 터져 나왔다. 나는 으쓱한 기분이 들었다. 사람들의 웃음소리는 끊이지 않았고, 여기저기서 휘파람 소리까지 들려왔다. 그러다 결국 행사 담당자가 연단으로 올라오더니 내 어깨에 손을 올리고는 맨 앞줄의 그 지적인 남성을 가리키며 이렇게 말했다.

"토드, 이제 피지워터 사장님을 무대 위로 모셔봅시다."

아뿔싸!

그 남성은 스튜어트 레스닉Stewart Resnick이라는 인물로, 팜 원더풀POM Wonderful이라고 하는 석류 및 피스타치오 기업의 공동 소유주(그의 아내 린다와 함께)이기도 했다. 나는 석류 또한 무척 좋아한다. 레스닉은 의학 연구에 많은 기부를 하고 있는 훌륭한 기업가였다. 그는 물론 청중들 모두 내가 그 무대에서 그를 고의적으로 놀리려고 했던 것은 아니라는 사실을 잘 알고 있었다.

새로운 세상에서 지구상의 모든 것들은 손닿을 거리에 있다. 우리는 헬스클럽에 가서 러닝머신을 달리다가, 물을 마시기 위해 녹슨 펌프장에 가서 물을 길어올리지 않아도 된다. 그 대신 베벌리힐스에 살고 있는 스튜어트 레스닉이, 감각적인 시각 디자이너를 시켜 디자인한 설계한 우아한 병에다가 열대 지방의 물을 담은 생수병을 공급해줄 것이라 기대한다. 오늘날 생수 시장은 120억 달러에 달한다. 소비자들은 그들이 좋아하는 브랜드의 생수만 찾는다. 맛에서는 근본적인 차이가 없음에도 말이다. 물론 나는 피지워터나 어떤 다른 생수 브랜드를 칭찬하거나 비난하려는 의도는 없다. 다만 인류의 생존은 마실 물의 원천을 발견하는 것과 밀접한 관련이 있다는 이야기를 하고 싶을 뿐이다.

인류는 좋은 물을 발견하도록 진화했다. 아프리카에서의 코카콜라, 소련에서의 펩시, 혹은 광둥 지방에서의 팹스트 블루리본 등의 사례에서처럼, 최근 100년간 현대화의 과정에서 인류는 오염되지 않은 생수를 찾고자 부단히 애를 썼다. 20세기 개발도상국들 사이에서 코카콜라와 펩시가 하나의 상징으로서 얼마나 강력한 힘을 발휘했는지 사람들은 쉽게 잊어버리곤 한다. 독재든 혹은 의회 시스템이든 간에 정부가 미국의 탄산음료를 국민들에게 풍족하게 제공할 수 있을 때, 권력의 유지 가능성은 훨씬 더 높아졌다.

1926년에 코카콜라는 미국 정부의 외교부 기능을 하는 해외 부서를 신설했다. 1959년 펩시의 한 임원은 모스크바에서 열린 무역 박람회('부엌 논쟁Kitchen Debate'으로 더 유명해진)에서 사진 기자들이 연신 셔터를 눌러대는 가운데 콜라 잔을 몰래 니키타 흐루셰프와 리처드 닉슨 앞으로 들이미는 데 성공했다. 그리고 이후 협상의 과정을 거쳐, 펩시는 스톨리치나야 보드카를 미국 시장에 들여와 판매를 하는 조건으로 그들의 청량음료 농축액을 소련으로 수출했다. 하지만 초반에 소련의 공산주의 정부는 콜라를 서구 자본주의의 상징으로 경멸했으며, 극좌 인사들은 이를 '코카 식민화Coca-Colonization'라고 불렀다. 코카콜라와 경쟁하기 위해, 흐루셰프의 부하들은 그들의 전통적인 크바스kvass(호밀을 원료로 만든 러시아의 알코올성 음료 - 옮긴이)를 기반으로 하는 신맛이 강한 청량음료를 출시했다. '전쟁과 평화'에서 군인들은 이를 '피그스 레모네이드pig's lemonade'라 부르며 마신다. 소련 정부가 개발한 이 청량음료는 아마도 65마력짜리 구식 라다Lada(러시아의 소형 승용차 브랜드 - 옮긴이)를 몰고 시골 마을을 내달리는 지역 공산당 당원들에게는 잘 먹혔을 것이다. 애초에 기대 수준이 아주 낮았으니 말이다.

1959년 루마니아의 한 공산당 간부는 폴란드 크라쿠프에서 그들 나라의 펜싱 챔피언을 염탐하다가, 그가 코카콜라를 마시는 장면을 포착했다. 루마니아 정부는 그 선수를 잡아들였고, 코카콜라를 공식적으로 '자본주의 스포츠 음료'로 규정했다. 이후 세월이 흘러 동유럽을 가로막고 있었던 장벽이 허물어졌다. 1989년 루마니아 저항 세력이 잔인하고 우스꽝스러우리만치 독단적이었던 차우셰스쿠 정권을 무너뜨렸을 때(10장 참조), 자유와 세계적인 상품에 대한 접근성을 상징하는 코카콜라의 빨갛고 하얀 줄무늬 물결이 전국을 덮었다. 영화배우 제임스 캐그니James Cagney는 빌리 와일더Billy Wilder 감독의 1961년 작품 〈원, 투, 쓰리One, Two, Three〉에서 이런 예언을 내놓았다.

"나폴레옹과 히틀러가 하지 못했던 일을 코카콜라가 해낼 것이다.'"[1]

시인 유베날리스는 고대 로마의 모토를 '빵과 서커스'라고 했다. 이 말은 시민들에게 생필품과 여흥을 제공할 수 있는 한, 카이사르가 왕좌에 머물러있을 수 있다는 뜻이었다. 에티오피아에서는 코카콜라가 바로 로마의 빵과 같은 존재였다. 1999년 동아프리카 지역의 한 바틀링 컴퍼니bottling company(수입 음료수를 병에 담아 유통시키는 회사 – 옮긴이)가 병뚜껑 재고가 바닥나면서 1,000명의 노동자를 해고했을 때, BBC는 그 사건을 이렇게 보도했다.

"코카콜라 부족 사태가 국가를 비상사태로 몰아가고 있다." 국가 신용도가 크게 떨어진 상황에서 "거리의 아이들은 아디스아바바 거리를 돌아다니며 귀한 병뚜껑을 줍고 있다."[2]

1980년 컬트영화 〈부시맨The Gods Must Be Crazy〉에서는 하늘에서 코카콜라 병이 순진하고 소박한 부시맨 니카우가 살고 있는 칼라하리 사막으로 떨어진다. 니카우는 그처럼 번쩍이고 황홀한 물건을 본 적이 없었다. 그건 신이 내려주신 신성한 선물임에 틀림없다고 생각했다. 그러나 신의 선물은 부족의 평화를 깨트리고, 결국 니카우는 칼라하리 사막을 걸어가 세상의 끝자락으로 그 병을 던져버린다.

이 이야기는 우리에게 이런 질문을 던진다. 세계화는 국가의 조화에 어떤 영향을 미치는가? 여기서 주의할 점이 있다. 비록 세계화가 국가의 조화에 악영향을 미칠 것이라고 결론을 내린다고 하더라도, 우리는 또한 국가가 세계화의 흐름에서 벗어나 생존할 수 있을 것인지도 동시에 물어야 한다. 바로 여기에 2장의 역설이 있다. **국가는 다른 국가들과의 교류 없이 부를 얻거나 유지할 수 없다. 하지만 국제적인 교류는 국가의 관습과 전통을 흔들어놓을 것이다.** 오늘날의 우리들 역시 코카콜라 병에 감탄했던 니카우처럼 새로운 물건에 놀란다. 물론 우리가 놀라는 것은 청량음료 병 때문이 아니다. 우리에게 놀라움을 가져다주는 것은 삼성 갤럭시 스마트폰이 자랑하는 선명한 사진이나 런던의 데이미언 허스트Damien Hirst 아트팩토리에서 구경할 수 있는 화려한 점들이다. 우리는 이러한 것들에 놀란다. 그러나 시간이 흐르면서 모든 일에 시큰둥해져버린 나이 많은 니카우처럼 이렇게 묻는다.

"이러한 것들이 혹시 우리의 삶을 가로막고, 이웃과의 관계를 망치고 있는 게 아닐까?"

갤럭시 스마트폰의 선명한 사진에 감탄하면서도, 어쩌면 우리는 이제는 문을 닫아버린 동네 사진관을 그리워하고 있는지도 모른다.

향수는 우리에게 낯선 감정이 아니다. 마르셀 프루스트Marcel Prous의 『잃어버린 시간을 찾아서』(1913)에서 중년의 화자(마르셀)는 마들렌을 차에 담가 먹으면서 몰려드는 향수에 전율한다. 그는 자신의 젊은 날을 그리워한다.

"사람들이 세상을 떠나고, 사물들이 망가지고 흩어진 후에도 맛과 향은 …… 오랜 시간 그대로 남아있다. 모든 것들의 잔해 속에서 기억하고, 기다리고, 소망하는 영혼처럼."[3]

애잔하고 쓸쓸한 느낌이 든다. 그런데 오늘날 우리의 상황은 훨씬 더 좋지 않다. 마르셀의 경우와는 달리, 이제 제과업체 나비스코가 동네 빵집들을 몽땅 대체해버렸기 때문이다. 우리는 옛날의 맛과 그러한 맛을 창조했던 이웃과 장인들을 그리워한다. 오늘날 우리는 현대화의 혜택을 누리는 대가로 때로 극심한 향수에 시달린다. 나는 그러한 감정을

'우울한 마들렌'이라 부른다. 우리는 삶을 살아가다가 문득 마르셀이나 칼리하리의 부시맨과 같은 향수를 느끼게 된다. 이러한 우울한 마들렌은 국가의 단합을 방해하는 증후군의 하나다.

빵을 굽고, 올리브 오일을 생산하고, 양배추를 재배하는 지역의 생산자들은 부유한 고객들에게 높은 가격으로 그들의 제품을 판매한다. 그러나 오늘날 더 유명하고 수완 좋은 생산자들은 최상의 품질을 출시하고자 하는 기업들에 그들의 비즈니스를 통째로 넘겨버리고 있다. 물론 여기서 나는 용감하고 품위 있는 장인들이 그들의 매장을 자본에 넘겨버리는 선택을 탓하려는 게 아니다. 하지만 '2009년 이후로' 오리건 주벤드 지역에서 맥주를 생산하다가 2014년 버드와이저에 경영권을 넘겨버린 텐 배럴 브루잉10 Barrel Brewing과 같은 기업들에서 눈가를 적시는 향수를 느낄 수는 없을 것이다.

손에 마들렌을 들고 있는 프루스트처럼 다시 시간을 거슬러 올라가 보자. 이 장에서 나는 여러분께 라구사나 베네치아처럼 무역을 통해 막대한 부를 벌어들였으나, 이후 몰락의 길을 걷고 말았던 국가들의 사례를 소개하고자 한다. 우리는 먼저 19세기에 위용을 떨쳤던 합스부르크 왕국을 살펴볼 것이다. 이 왕국은 오스트리아와 헝가리에 걸친 방대한 영토를 통치했지만, 이후 말라버린 린저토르테linzer torte(아몬드, 레몬 껍질, 향신료 등을 첨가한 쿠키 – 옮긴이)처럼 가루가 되어 흩어지고 말았다. 또한 우리는 세계화된 경제가 어떻게 애국심을 고갈시켜버리는지 살펴볼 것이다. 물론 막대한 부, 방대한 영토 그리고 세계화된 경제가 모두 나쁜 것만은 아니다. 국가를 무너뜨렸던 바로 그 요인들은 또한 더 길고 행복한 삶, 그리고 생명을 살리는 페니실린에서 연필에 이르기까지 많은 좋은 것들을 우리에게 가져다주었다.

무역 없이는
풍요도 없다

나는 오랜 시간 동안 무역의 중요성을 강조해왔다. 나는 밀턴 프리드먼Milton Friedman이 틀림없이 경제적 사고방식의 역사를 다룬 나의 첫 번째 책『죽은 경제학자의 살아있는 아이디어New Ideas from Dead CEOs』(1989)를 마음에 들어할 것이라 확신한다. 백악관에서 근무할 당시, 나는 북미자유무역협정NAFTA에 반대했던 사람들과 논쟁을 벌였고, 이들 중에는 말 그대로 신발을 벗어던지고 연단을 주먹으로 내리치면서 시카고의 거대하고 음침한 호텔에 모인 군중들로부터 박수갈채와 환호성을 이끌어냈던 노동조합 지도자도 있었다.

밀턴 프리드먼은 자신의 고전『선택할 자유Free to Choose』(1980)의 표지에서 연필을 자유 무역의 경이로움을 상징하는 물건으로 제시하고 있다. 그는 어떤 개인도 연필을 만드는 방법을 완벽하게 알지 못한다고 말한다.[4] 연필을 생산하기 위해서는 먼저 오리건과 같은 곳에 와서 거대한 나무를 베는 방법부터 배워야 한다. 또한 톱을 사용하려면 강철을 구해야 한다. 이를 위해 브라질로 날아가 안전모를 쓰고 광산에 들어가야 한다. 다음으로 피츠버그로 돌아와 철광석에서 철을 추출하는 방법을 배워야 한다. 그 밖에 연필심과 지우개 그리고 지우개를 둘러싼 금속 재질도 있다는 사실을 잊지 말자. 이를 위해서 우리는 다시 스리랑카와 인도네시아로 떠나야 한다. 그 모든 여행, 화학과 공학은 물론 의사소통에 필요한 외국어 공부까지 마쳤다고 하더라도, 우리는 멋진 그래픽으로 장식된 실용적인 종이 상자에 담겨 수많은 팬들의 사랑을 받는 딕슨 타이콘데로가Dixon Ticonderoga 연필 한 자루를 13센트의 가격에 정말로 만들어낼 수 있을까?(조지 루카스 감독은 루크 스카이워커에게 광선검을 선사하기 전에 딕슨 타이콘데로가를 멋지게 휘둘렀다.) 또한 윌리 웡카를 만들어낸 작가 로알드 달Roald Dahl은 매일 아침 글을 쓰기 전에 딕슨 타이콘데로가 여섯 자루를 뾰족하게 깎았다고 한다.[5] 하지만 이처럼 연필 한 자루를 만들어내기 위해서, 오늘날 광부와 벌목꾼, 고무농장주, 디자이너가 모두 회의실에 모여 연필의 기적을 만들어낼 필요는 없다. 또한 정부 관료가 나서서 생산 과정을 일일이 지시할 필요도 없다. 그 대신 시장의 가격 시스템과 '보이지 않는 손'이 그 모든 과정을 조율한다.

지금까지 살아오면서 여러분은 연필 재고가 바닥났다는 이야기를 들어본 적이 있는가? 혹은 연필 회사들이 소비자들에게 바가지요금을 물리고 있다는 말을 들어본 적이 있는가? 물론 연필은 사소한 물건이다(SAT 시험장에 연필 없이 들어간 경우가 아닌 이상). 하지만 아스피린(1센트짜리)에서 항공기 제트엔진(1,100만 달러짜리)에 이르기까지 세상의 모든 물건들이 그러한 과정을 거쳐 우리에게 온다. 그리고 시장은 소비자들에게 더 나은 제품을 더 싼 값에 지속적으로 제공한다.

무역의 중요성에 대해 논의하기 위해, 먼저 다음의 질문에 대해 생각해보자. 사람들이 삶을 살아가는 동안 그들이 원하는 물건을 얻기 위한 충분한 돈을 마련하려면 얼마나 오랜 시간 일해야 할까? 이 기준으로 볼 때, 인류의 삶은 지난 150년 동안 발전을 거듭했다. 1870년 무렵에 아이들은 열세 살부터 일을 시작해야 했다. 당시 미국인들은 죽을 때까지 매년 3,000시간 노동을 했고, 가사 노동 시간도 1,800시간이나 되었다. 그들은 깨어있는 시간 중에서 61퍼센트를 일했다. 세월이 흘러 1950년 미국의 젊은이들은 17.6세에 일을 시작했고, 성인들은 깨어있는 시간 중 45퍼센트를 일했다. 그리고 오늘날 미국인들은 20세부터 일을 시작하고, 은퇴 후 16년의 세월을 살아간다. 그리고 깨어있는 시간 중 28퍼센트만 일한다.[6]

다음으로 구매력이 얼마나 높아졌는지 살펴보자. 나는 어린 시절에 시어스Sears 백화점에서 온 크리스마스 '소원 책자'라고 하는 제품 카탈로그를 구경하는 것을 무척 좋아했다. 산타클로스도 나와 똑같은 카탈로그를 갖고 있는지 몰랐던 내 눈에 크리스마스 선물은 정말로 마법처럼 보였다.

열세 살이 되었을 때(그래서 더 이상 산타의 존재를 믿지 않게 되었을 때), 나는 직접 사진을 현상하고 확대해보고 싶었고, 마침내 시어스 카탈로그에서 100달러나 하는 코닥 패키지 상품을 발견할 수 있었다. 하지만 당시로서는 내게 너무 비싼 물건이었다. 그래서 나는 GAF(코닥의 경쟁 업체인)의 사장에게 편지를 썼다. 나는 먼저 코닥의 그 제품을 설명하고는, 나와 같은 초보자에게 적절한 제품인지 물었다. 그리고 며칠 후 갈색 UPS 트럭이 우리 집 현관 앞에 멈춰섰고, 트럭 기사는 우리 엄마에게 빨간 상자를 건넸다. 그 속에는 무료 GAF 키트와 함께 사진가로서 나의 앞날에 행운이 있기를 바란다는 사장의 친절한 편지가 들어있었다(하지만 안타깝게도 나는 별로 운이 없었다. 여러분도 정신없는 성장기에 집 안 세탁실에 간이로 암실을 만들었다면, 틀림없이 발을 헛디뎌 독성 화학물질을 엎지르는 실수를 저질렀을 것이다). 경제학자 마크 페리Mark Perry는 장기적인 차원에서 구매력을 비교하기 위해 오래전 시어스 카탈로그들을 들춰보는 수고를 해주었다. 예를 들어 1959년에 일반적인 근로자가 세탁기를 사기 위해서는 100시간을 일해야 했다. 그러나 오늘날에는 25시간도 채 걸리지 않는다. 그리고 진공청소기를 사려면 당시 일주일 동안 일해야 했지만, 오늘날에는 하루의 노동으로도 충분하다.[7]

최근에 불거진 불평등에 대한 논의에도 불구하고, 자본주의가 저소득층 가구들에게 얼마나 많은 것들을 안겨주었는지 생각해보자. 1971년에 미국 전체 가구들 중 약 20퍼센트만이 식기세척기를 보유하고 있었고, 40퍼센트 정도가 컬러 TV를 시청했다. 그러나 2005년에는 미국 저소득층 가구의 약 40퍼센트가 식기세척기를 갖고 있으며, 거의 모든 가구가 컬러 TV를 한 대 이상 보유하고 있다. 다른 국가들 역시 이와 비슷한 변화를 경험하고 있다. 1965년만 하더라도 영국 가구들 중 1/3은 냉장고가 없었다. 이 말은 미지근한 맥주를 참고 마셔야 했다는 뜻이다.[8]

무역을 거부하는 국가들의 경제는 정체하거나 퇴보한다. 1991년 소비에트 연방이 해체되고 난 뒤, 나는 백악관에다 며칠 동안 휴가를 내고 러시아 상트페테르부르크에 잠시 다녀왔다. 허미티지 미술관의 낡은 회랑을 거닐다가 문득 소련의 문제가 1980년대 미국의 높아진 수준을 따라잡지 못했던 것이 아니라, 1917년 러시아 사회의 수준을 유지하지 못했던 것이라는 생각을 했다. 1959년 피델 카스트로의 혁명 이전에 쿠바의 1인당 GDP는 남미에서 상위권을 차지하고 있었다. 그러나 혁명 이후로 수십 년 동안 쿠바 지도자들이 사유 재산과 기업의 이윤을 금지하거나 몰수하면서, 쿠바 경제는 곤두박질치고 말았다.

카스트로 지지자들은 미국의 통상 금지 조치를 비난하겠지만, 내 생각은 이렇다. 무역을 거부한(자발적이든 아니든) 국가의 경제는 필연적으로 정체, 혹은 쇠퇴를 맞이하게 된다. 1959년 이후로 남미 전체의 생활 수준은 두 배로 높아졌다. 그러나 쿠바의 1인당 GDP에는 거의 변화가 없었다.[9] 비쩍 마른 농부들이 쉐보레 1956년 빈티지 벨에어를 뒤에서 밀고 있는 사진을 볼 때, 사람들은 누가 그 차를 움직이게 만들어야 하는지 이해하게 된다. 미국이 기존의 통상 금지를 철폐하고 있는 상황에서 라울 카스트로가 더 활성화된 비즈니스 환경을 허락하기만 한다면, 우리는 앞으로 쿠바의 번영을 기대해볼 수 있을 것이다.

1800년대 일본의 무시무시한 에도 막부 통치자들은 영국과 포르투갈의 무역 상인들이 시커먼 연기를 내뿜는 증기선을 타고 항구로 들어오는 모습을 바라보면서 충격과 두려움 그리고 혼란에 빠졌다. 막부 통치자들은 그때까지 수백 년 동안 쇄국 정책을 고수해왔지만, 그 순간 그들은 자신들의 나라가 경제적으로나 군사적으로 크게 뒤떨어져있다는 사실을 깨닫게 되었다.

1980년대와 1990년대에 걸쳐 극명하게 다른 여정을 선택했던 국가들을 비교해보자. 다음에 열거하는 조합들 중에서 첫 번째 국가는 세계화를 그리고 두 번째는 그들 자신의 거품 안에 머물러있기를 선택했다. 그들은 바로 베트남과 미얀마, 방글라데시와 파키스탄 그리고 코스타리카와 온두라스다. 문호를 개방했던 국가들은 평균적으로 1980년대에 연간 3.5퍼센트, 1990년대에 5퍼센트 성장률을 기록했다. 반면 고립을 선택했던 국가들은 1980년대에 0.8퍼센트, 1990년대에 1.4퍼센트의 성장에 그쳤다.[10] 자신이 만든 거품 안에 오랫동안 스스로를 가두어놓았던 국가들의 경제는 유리병 속에서 시들어가는 식물처럼 빛이 바래면서 썩어가기 시작했다. 혹은 어둠침침한 감옥처럼 남아있다.

바로 북한의 현재 상황이 그러하다. 한국전쟁의 휴전이 선언됐던 1953년에 북한의 경제적 상황은 한국보다 조금 더 나았다. 일본은 패망 전 38선 이북에 공장들을 집중적으로 지었고, 또한 1950년대와 1960년대에 걸쳐 소비에트 연방과 중국, 폴란드, 알바니아까지 북한의 재건을 위해 막대한 원조를 제공했다. 하지만 그러한 원조에도 불구하고, 오늘날 한국은 북한보다 17배나 더 잘살고 있다. 그리고 한국 국민들은 10년이나 더 오래 살고 키도 더 크다. 한국 국민들은 그들의 경제 발전을 '한강의 기적'이라 부른다.[11] 북한도 앞서는 분야가 있다. 가령 즉결 처형과 유아 사망률(여섯 배나 더 높다)이 그렇다. 삼성은 슈퍼화질의 TV를, LG는 슈퍼스마트 냉장고를, 현대와 기아는 멋진 자동차를 만들어내고 있으며, 카리스마 넘치는 케이팝 가수들은 전 세계적으로 엄청난 인기몰이를 하고 있다. 그런데 북한은 뭘 하고 있는가? 고작 바보같은 영화 〈인터뷰The Interview〉에 출연했던 할리우드 배우들에게 살해 협박이나 하고 있다. 그리고 김정일이 입었던 후줄근한 낙하복을 만들어내고 있다.

자유 무역은 대부분의 사람들에게 막대한 이익을 가져다준다. 페니키아인들의 등장 이후로, 역사적으로 무역에 참여했던 국가들은 번영을 이룩했다. 경제학자를 비롯한 여러 평론가들이 국가의 부가 천연자원(좀 더 멋진 표현으로 '부존자원')에 달려있다고 말할 때, 그들은 중대한 오류를 범하고 있는 것이다. 세상을 한번 둘러보자. 홍콩은 원래 돌무더기의 땅이었다. 그러나 이제는 아주 부유한 돌무더기 땅이 되었다. 그리고 네덜란드는 늪이었다. 이스라엘은 석유는커녕 파슬리 하나 자라지 못하는 사막이었다. 하지만 지금은 다른 나라들보다 열 배나 더 많은 나스닥 IT 기업들을 배출하고 있다. 게다가 그 해안선을 따라서 구글, 애플, 시스코, 마이크로소프트, 페이스북 등 실리콘밸리에서도 익히 알려진 기업들의 연구실 건물들이 늘어서있다. 이들 국가들은 무역의 가치를 믿는다. 그리고 손으로 만질 수 있는 장신구나 디지털 장비의 거래만이 아니라, 아이디어의 자유로운 교환의 가치를 믿는다.

하지만 자유 시장에는 고통이 따른다. 국가가 시장을 개방할 때, 일부 구성원들의 희생은 불가피하다. 오늘날 미국에서 생산된 신발을 찾아보기란 대단히 어려운 일이 되었다. 2015년 오바마 대통령은 오리건 주에 위치한 나이키 본사를 방문하여 새로운 국제 무역 협정이 왜 미국에 도움이 되는지를 주제로 연설을 했다. 하지만 연설 도중에 시간 확인을 위해 자신의 손목시계를 들여다보았을 때, 오바마는 거기서도 'made in USA' 문구를 발견하지 못했을 것이다. 손목시계 산업은 더 이상 미국에서 명맥을 유지하지 못하고 있다. 그 시장의 주도권은 가장 먼저 스위스로, 다음에는 일본으로 그리고 중국으로 넘어갔다가 오늘날 다시 스위스로 돌아가는 추세다. 어쩌면 디트로이트의 시놀라나 애플의 아이워치가 옛날의 명성을 되찾아올는지 모른다(물론 대부분의 부품들이 아시아에서 만들어지고 있기는 하지만).

　이 장에서 말하는 패러독스는 진퇴양난의 형국이다. 국가들은 무역을 필요로 하지만, 무역은 애국심을 허물어뜨린다.

라구사 공화국을
들어본 적이 있나요?

오늘날 높은 수준의 교육을 받은 사람들도 '라구사Ragusa'라고 하면 그게 무엇인지 잘 알지 못한다. 르네상스 시대에 라구사 공화국은 해안에 급경사를 이루고 있는 바위들의 배후에 자리잡은 영광과 풍요의 땅으로 고요한 항구와 대리석으로 이루어진 거리, 샌디에이고처럼 최고의 날씨를 자랑하던 곳이었다. 셰익스피어 희극 〈십이야Twelfth Night〉에서 비올라는 희미하게 반짝이는 아드리아 해에서 난파를 당해 떠내려왔을 때, 낭만적인 라구사에 대해 이야기를 하면서 놀라움으로 이렇게 묻는다.

　"여긴 어딘가요?"

오늘날 두브로브니크Dubrovnik라는 이름으로 불리는 라구사에서는 1,500만 명의 관광객들이 서로를 밀쳐대며 바로크 건물에 기대거나, 진홍빛의 테라코타 지붕을 손으로 가리키는 포즈를 취하며 셀카봉으로 마구 사진을 찍어대고 있다.[12] 16세기 세라피노 라치Serafino Razzi라고 하는 도미니크회 수도승은 라구사를 설명하면서 맛있는 와인, 당도가 높은 배, 커다란 수박 그리고 아드리아 해를 뛰어오르는 싱싱한 물고기에 대해 언급했다. 유럽 대부분의 지역들보다 앞서, 라구사는 하수와 배수 시설을 구축했고, 역병이나 기근의 어려움을 별로 겪지 않았다. 1358년에서 1806년에 이르기까지 라구사의 국기에는 자유의 여신인 '리베르타스LIBERTAS'의 이름이 들어있었으며, 달마티아 해안을 따라 형성된 도시들 중에서 유일하게 베네치아에 의해 정복되지 않은 곳이었다. 라구사를 통치했던 자신감 넘치는 한 행정장관은 빨간 스타킹과 빨간 신발을 신고 해외를 돌아다녔으며, 이러한 옷차림은 그리스인들이 최고 권력을 과시하기 위해 사용했던 상징이었다. 12명의 '비무장' 경호원들의 '보호'를 받고 있긴 했지만, 그 행정장관은 군가의 박자에 맞춰 외국의 항구들을 마음대로 활보했다.

하지만 라구사는 완벽한 지상 낙원은 아니었다. 주변에는 호전적인 이웃 나라들이 자리를 잡고 있었고, 터키와 베네치아 그리고 수많은 산적과 해적들로부터 종종 위협을 받고 있었다(9장에서는 1950~1990년대에 이와 비슷한 상황에서 코스타리카가 보여주었던 탁월한 리더십을 살펴본다). 라구사는 왕과 술탄의 해군으로부터 그리고 국경을 접하고 있는 봉건 영주와 해적들로부터 스스로를 지키기 위해 성벽을 쌓았다. 그리고 국가의 독립을 위해 뇌물과 첩보, 사기, 위조 등의 방법까지 총동원했다. 그들은 아첨과 이간질의 이야기를 담은 외교 문서들을 외국의 통치자들에게 보냈다. 라구사 의회가 오스트리아 왕에게 보냈던 서한에는 이러한 문구가 담겨있다.

"폐하의 충성스런 신하로서 베네치아 인들이 폐하의 땅을 침략하려 한다는 사실과 관련하여 저희가 알고 있는 모든 것들을 마땅히 알려드리고자 합니다."

그리고 신성 로마 제국 황제 카를 5세에게는 이렇게 고했다.

"저희는 언제나 충성을 다할 것입니다."

그리고 터키의 술탄에게 보내는 서한에서는 이렇게 말하고 있다.

"교황의 군함 열두 척이 스페인 국왕의 49척에 합세하였습니다 …… 이제 베네치아 함대도 합류할 것입니다."[13]

라구사인들은 그들이 술탄에게 바친 공물에 대해 합스부르크 황제 페르디난드에게 "저희의 개인적인 이익이 아니라, 전체 기독교 세상의 이름으로 …… 그리스도의 깃발 아래"에서 행한 것이라 변명하고 있다. 그리고 술탄에게 자금을 지원함으로써 "그들의 지역에서 예수 그리스도의 믿음을 살아있게 하기 위함"이라고 밝히고 있다. 하지만 라구사의 대사는 다시 술탄에게 가서는 이렇게 고했다.

"저희는 그 어떤 기독교인들보다 폐하의 가장 천한 신하와 노예들을 더 많이 보살피고 있습니다."[14]

라구사는 대사들을 이스탄불로 보내면서 이렇게 일렀다.

"군사령관이 너희에게 술탄이 더 많은 공물을 원한다는 말을 전하거든, 무릎을 꿇고 눈물을 흘리면서 최대한 절박한 말로 거두어줄 것을 간곡히 청하라. "

그러고는 눈물어린 간청과 함께 5,000더컷(옛날 유럽에서 사용했던 금화의 단위 - 옮긴이)을 뇌물로 바치도록 했다.[15]

사기성이 농후한, 하지만 한편으로는 충분히 납득할 수 있는 외교 전략을 통해 라구사는 터키와 베네치아, 스페인 등 강대국들 사이에서 위협을 헤쳐나갈 수 있었다. 그러나 1806년 라구사는 나폴레옹 군대 앞에 무릎을 꿇었고, 그 공화국은 결국 '세상의 모든 금으로도 자유는 살 수 없다Non bene pro toto libertas venditur auro'는 문구가 적힌 요새의 깃발을 내려야만 했다. 그러나 라구사가 몰락했던 것은 '지나친 빈곤' 때문이 아니었다. 자유로운 공화국으로 머물러있기에 라구사는 '지나치게' 부유했다. 사실 라구사는 앞서 살펴보았던 동일한 흐름을 그대로 따라가면서, 생활수준의 상승과 더불어 출산율 하락을 겪었다. 이러한 현상은 특히 논쟁을 일삼고, 근친 간에 결혼을 했던 귀족들 사이에서 두드러지게 드러났다.

1500년부터 시작해서 (그 어느 때보다 많은 건물을 지었던 '황금기Golden Years' 동안) 라구사의 인구는 크게 감소했고, 9만 명에 가깝던 인구수는 1600년대 후반에 이르러 2만 6,000명으로 떨어졌다. 가구당 평균 인구수 역시 10명에서 5명으로 크게 감소했다.[16] 반면 경제 성장을 반영하듯 은행 대출에서 일반 평민들이 차지하는 비중은 42퍼센트에 달했으며, 귀족들과 비교해도 상당히 많은 수의 배를 소유하고 있었다. 라구사의 역사적 증거들은 오늘날 그리스 사태처럼 국가의 부채 위기를 드러내지 않았다.[17] 즉 빈곤이 몰락의 원인이었던 것은 아니다.

국기에 라틴어로 새겨진 그들의 모토에도 불구하고, 라구사의 '자유'는 금에 의해 훼손되고 말았다. 시민들이 점차 부를 축적하기 시작했을 때, 그들은 라구사 공화국에 충성을 다하고 있었던가? 온 세상에서 라구사로 향신료 포대와 무기 상자가 들어왔고 세상을 떠돌아다니는, 그리고 빠져나갈 구멍을 잘 알고 있었던 상인들의 무리가 항구에 도착했다. 거리의 상인들은 라틴어와 아랍어, 러시아어 및 다양한 아프리카 방언들로 시끄럽게 소리를 질러대며 물건을 팔았다. 카탈루냐 사람들은 양모를 가지고 와서 팔았고, 이집트인들은 밀을 갖고 왔다. 그리고 작센 지방에서는 광부들이 들어왔다. 생활수준이 향상되면서 의사소통은 더욱 힘들어졌고, 동시에 애국심은 시들해졌다. 신성 로마 제국 황제 카를 5세는 이렇게 말했다.

"신에게는 스페인어로, 여성에게는 이탈리아어로, 남성에게는 프랑스어로 그리고 말에게는 독일어로 이야기한다."

상인들은 귀족들을 질시했고, 귀족들은 그들 집단의 규모가 줄어들고 있음을 알고 있었다. 라구사 사람들은 스스로를 지킬 의지가 부족했고, 전체 예산에서 국방비가 차지하는 비중은 다른 나라들에 비해 1/4~1/2 수준에 불과했다. 그리고 결국 나폴레옹 군대가 해안으로 쳐들어왔고, 라구사는 항복을 했다. 당대의 한 목격자는 '두 팔을 벌려 무작정 프랑스인들을 환영했던 시민들과 부르주아들'을 비난했다.[18] 1808년 프랑스 군대가 라구사 왕궁을 차지했던 그날 밤, 라구사 시민들은 모든 게 끝났음을 축하하는 무도회를 열었다.

합스부르크 제국은
어디로 사라졌나?

이미지들이 조각나 있는 마그리트의 그림처럼 합스부르크 가문으로부터 남겨진 것이라고는 홈버그Homburg 모자밖에 없다. 오래전 합스부르크 가문은 우리가 지금 오스트리아, 헝가리, 폴란드, 루마니아, 체코 공화국, 슬로바키아, 우크라이나, 발칸이라 부르는 영토의 상당 부분을 지배했다. 미국인 10명 중 한 명은 그들의 유전적 기원을 합스부르크 가문이 지배했던 도시나 마을로 거슬러 올라갈 수 있을 것이다. 아드리아 해에서 시작해서 라구사를 거쳐, 몬테네그로 그리고 트란실바니아의 드라큘라 성에 이르기까지, 합스부르크 제국은 한때 중부 유럽의 대부분 지역을 지배했다. 그러나 그 가문은 대중문화 속에 모습을 거의 드러내지 않았다. 다만 피터 섀퍼Peter Shaffer의 연극 (그리고 이후로 영화로 나왔던) '아마데우스Amadeus'에 잠시 등장할 뿐이다. 그 영화 속에서 합스부르크 가문의 황제 요제프 2세는 젊은 모차르트에게 최근 오페라 작품이 마음에 든다고 칭찬하면서 이렇게 우려의 말을 건넨다.

"음표가 너무 많아. 조금 지워버리면 완벽하겠군."

그러나 모차르트는 황제를 쳐다보며 냉소적인 표정으로 이렇게 말한다.

"폐하, 어떤 부분이 그런지요?"

결국 역사가 지워버린 것은 모차르트의 음표가 아니라 합스부르크 가문의 존재였다. 하지만 그들의 제국이 몰락한 것은 사악하고, 탐욕스럽고, 혹은 음악적 수준이 낮아서가 아니었다. 그들은 다만 너무 다양한 민족과 관습 그리고 영토를 하나의 제국으로 통합할 수 없었던 것이다.

그들의 경쟁자 오스만 제국(7장에서 만나볼 것이다)과 마찬가지로, 합스부르크 제국 역시 제1차 세계대전과 더불어 붕괴되고 말았다. 하지만 그 제국은 놀라운 번영을 구가했던 400년의 세월을 보내고 전쟁이 일어날 때까지 이미 몰락의 길로 들어서고 있었다. 합스부르크 제국의 영토는 빈과 부다페스트에까지 걸쳐 있었고, 그들의 실질적인 마지막 군주는 프란츠 요제프 1세Franz Joseph I였다. 그리고 그와 그의 후계자 카를은 오스트리아의 황제이자 헝가리의 왕이었다. 프란츠 요제프는 금욕적이고 군인다운 태도, 제복에 대한 사랑 그리고 파란만장한 가정사로 잘 알려져있다.

그의 삶에 끊임없이 불어닥친 불행한 사건들을 들여다보자. 1853년 요제프는 자객의 칼은 피했지만(강하게 풀을 먹인 칼라 덕분에), 그의 동생은 1867년 멕시코 반란으로 처형되고 말았다. 그리고 그의 아들이자 유일한 상속자인 루돌프는 1889년 17세 애인과 함께 로미오와 줄리엣처럼 자살해버렸다. 그의 아내 엘리자베스는 1898년 한 이탈리아 무정부주의자의 칼에 심장을 찔렸고, 1914년 그의 상속자이자 조카인 프란츠 페르디난드의 암살 사건은 세상을 세계대전으로 몰아넣었다. 하지만 프란츠 요제프가 권좌에 있었던 시절에 제국의 경제사는 그의 가족사보다 훨씬 더 밝았다.

1700년대 후반에서 1800년대 초반에 이르기까지 경제는 급격한 성장을 이루고 있었다. 그리고 오스트리아 직공들이 1800년대 초 목화와 아마로 직물을 짜는 영국의 기계들을 수입하기 시작하면서 생산성은 폭발적으로 증가했다. 1851년 합스부르크 제국은 오스트리아와 헝가리를 가로막고 있던 관세장벽을 철폐했다. 그리고 1859년에는 길드 제도를 폐지함으로써 새로운 기업가와 상인들이 시장에 보다 쉽게 뛰어들 수 있도록 만들었다. 1830년대에 시작된 근대화의 물결은 특히 1850년과 1873년 사이에 가속화되었다.[19] 오스트리아인들은 그 기간을 일컬어 '창건의 시대Grunderzeit'라고 부른다. 그리고 이 시절에 빈에는 새로운 오페라하우스와 시청 및 의회 건물이 들어섰을 뿐만 아니라, 많은 주민과 상인들은 새로운 지역에 들어선 주택으로 이사를 했다. 여러분이 나중에 빈을 방문하게 된다면, 카페 란트만Café Landtmann에 들러 보아도 좋을 것이다. 1873년에 문을 연 이 카페는 당시 지그문트 프로이트나 구스타프 말러와 같이 깊은 사색에 잠긴 사람들에게 아펠슈트루델apfelstrudel(페이스트리 속에 사과와 건포도를 넣어 구운 오스트리아의 대표적인 디저트 – 옮긴이)을 팔았다.

　카페들의 성황은 곧 가처분 소득의 증가를 상징한다. 1870년부터 사라예보에서 프란츠 페르디난드가 암살을 당한 1914년에 이르기까지, 합스부르크 제국은 1인당 소득이 영국과 프랑스를 앞지르고 있었다. 그리고 GDP의 급속한 성장과 더불어 인구 증가가 둔화되면서, 앞장에서 살펴보았던 동일한 패턴을 그대로 보여주었다. 1850년에서 1910년 사이의 출산율 하락은 1817년에서 1845년까지의 기간보다 훨씬 더 심각하게 진행되었다.[20]

　1870년부터 1910년까지 오스트리아–헝가리의 경제는 128퍼센트의 성장률을 보이며 크게 발전했다.[21] 여러분은 아마도 그처럼 잘 사는 나라라면 사회 내적인 긴장을 충분히 흡수할 수 있었을 것이라고 예상할 것이다. 그러나 소득 증가는 비교적 못 살았던 예전의 시대보다 더욱 심각한 민족적 갈등을 불러일으켰다. 1897년에는 빈에서 프라하 그리고 모차르트가 바이올린을 배웠고 '사운드 오브 뮤직'의 마리아가 요들송을 불렀던 아름다운 잘츠부르크에 이르기까지 민족 갈등으로 폭동이 발발했다. 폴란드 백작 바데니Badeni 총리가 모든 관료들을 대상으로 독일어와 체코어로 말하도록 공표했을 때, 미국의 신문들은 1만 킬로미터나 떨어진 곳에서 일어난 폭력 사태를 특종으로 보도했다. 「로스앤젤레스 헤럴드」는 이렇게 보도했다.

"보헤미아 지역에서 불안이 지속되고 있다 …… 군인들이 프라하 거리를 돌아다니고 …… 지난 목요일 저녁에는 독일 왕립극장 인근에서 폭탄이 발견되었으며 …… 교도소는 죄수들로 넘쳐나고 …… 프라하와 크라쿠프, 큐라츠에서는 학생과 경찰 간의 충돌이 빚어지고 있다 …… 서른 곳의 신문사들이 압수를 당했다."[22]

빈을 방문했던 마크 트웨인은 의회에서 벌어진 싸움과 관련하여 흥미로운(하지만 정치적으로는 정확하지는 않은) 기사를 썼다. 그는 "포악하고 광적인 그리고 코만치 인디언들이 야밤에 백인들 마을에 나타나 사람들을 놀라게 만들었던 시절 이후로 세상에서 한 번도 들어보지 못했던 요란한 비명 소리"라고 묘사하면서 그 이름도 적절한 '볼프Wolf'라는 의원에 대해 설명했다.

"말쑥하고 잘 생긴 …… 엉망이 되어버린 검은 머리 …… 온화한 표정으로 총과 칼을 들고, 총리를 맡고 있었던 바데니 백작과 최근에 결투를 벌였던 싸움꾼. 그가 쏜 총알은 바데니의 팔을 관통했다. 그러고 나서 그는 가장 예의바른 태도로 걸어가 자신의 사냥감을 살펴보더니 손을 흔들고는 유감의 표정을 지어보였다."

트웨인은 볼프가 의회에서 이렇게 외쳤다고 썼다.

"우리는 지금 여기서 폴란드인과 독일인의 해골 중 어느 쪽이 더 딱딱한지 밝혀내고자 합니다!"

그리고 한바탕 야유가 쏟아진 뒤에 볼프는 말했다.

"개인적으로 위협을 느끼기 때문에 휴회를 요청합니다 …… 그건 제 자신에 대한 걱정이 아닙니다. 다만 저를 건드리는 그 사람에게 벌어질 일이 걱정되기 때문입니다."[23]

압도적 대다수가 가톨릭이고, 황제 자신도 개인적으로 평판이 좋고, 그리고 다양한 언어를 구사할 줄 알았음에도 합스부르크 제국은 위기를 넘기지 못했다. 1850년에서 1910년 사이에 보다 활발해진 국제무역 덕분에 많은 이민자와 농민들이 슈트라우스의 왈츠로 유명한 문명화된 도시로 몰려들면서, 빈의 인구는 네 배로 증가했다. 하지만 놀라운 성장에도 사람들은 좀처럼 샴페인을 터뜨리지 않았다. 오히려 빈 주민들은 제1차 세계대전이 발발하기 전부터 그들의 오스트리아 '동료들' 때문에 질병이 확산되고, 임금이 깎이고 있다며 불만을 토로했다. 잘츠부르크, 체코, 폴란드, 헝가리 출신 등 빈 토박이가 아닌 사람들 모두 '정치적으로 신뢰할 수 없는 사람'으로 냉대를 받았다. 경찰 보고서에 따르면, 타지에서 들어온 사람들이 '상품을 만지작거리고 가격을 흥정하다가 결국 사지 않고 가버리는 바람에' 시장에서 주먹다짐이 종종 벌어졌다. 그리고 제1차 세계대전이 발발했을 때, 오스트리아 장군들은 당연하게도 그들의 군대를 도시의 '외곽'에 머무르게 함으로써 '내부'에서 벌어진 시민전쟁으로부터 안전하게 보호했다.

빈 사람들은 제국의 내부를 돌아다니면서 그와 비슷한 냉소, 그리고 적들에 둘러싸여있다는 비슷한 긴장감과 마주했다. 이와 관련하여, 1902년 철강 거물 앤드루 카네기의 친구이자 철학자 루드비히 비트겐슈타인의 아버지인 카를 비트겐슈타인Karl Wittgenstein은 이렇게 탁월한 통찰력을 제시했다.

"빈 연주자와 가수들이 부다페스트에서 공연을 할 때, 이는 대중들의 짜증을 유발한다."

'마술 피리'와 '푸른 도나우 강'의 멜로디가 너무나 짜증나서 폭동까지 유발할 수 있다고? 그래서 비트겐슈타인은 이렇게 지적했다.

"우리나라의 아이들은 이민을 떠난다 …… 문화와 언어가 그들과 더 가까운 미국으로."[24]

오스트리아 - 헝가리 제국에서 살고 있던 오스트리아 출신 아이들이 그들의 '동포'들보다 미국인들과 더 많은 공통점이 있을 거라는 기대에 짐을 싸서 배에 올라 폭풍우를 뚫고 북대서양을 건너는 장면을 상상해보자.

용감하고 혼란스러운
스코틀랜드 사람들

1장과 2장에서 두 가지 강력한 패러독스를 살펴보았다. (1) **부유한 국가는 아기를 적게 낳고, 그래서 이민자를 필요로 한다.** (2) **부를 얻고 지키기 위해서 국가는 다른 나라들과 무역을 해야 한다.** 이 두 가지 패러독스는 스페인의 바스크와 카탈루냐, 터키의 쿠르드, 이탈리아 북부동맹 지지자 그리고 벨기에 플랑드르와 왈룬 등 오늘날 전 세계에 걸쳐 민족주의자와 분리주의자들을 자극하고 있다. 몇 년 전 로마를 방문했을 때, 나는 문화적 다양성에 반대하는 한 성난 민족주의자의 외침을 들을 수 있었다.

"우리는 베네통의 유나이티드 컬러를 원치 않는다!"

2014년 9월 18일에 스코틀랜드 사람들은 영국으로부터의 독립을 선언할지를 놓고 투표장으로 몰려들었다. 첫 번째 〈007〉에서 여왕을 보필했던 숀 코너리도 그 분리주의 운동에 동참했었다. 결국 분리파는 약 45퍼센트의 지지를 얻었다. 당시 분리 반대를 위해 토리당과 노동당이 손을 잡았다는 사실을 감안할 때, 이는 실로 놀라운 결과였다. 게다가 스코틀랜드의 대형 은행 및 기업들까지 나서서 독립으로 결정이 나면 본사를 다른 지역으로 옮기겠다고 으름장을 놓고 있던 상황이었다.

여러분은 아마도 그 많은 스코틀랜드 사람들이 가난과 절망에 못 이겨 끝내 영국으로부터의 독립을 선택했을 것이라 추측할지 모른다. 하지만 사실 스코틀랜드는 독립의 열기가 시들했던 1970년이나 1950년에 비해 경제적으로 훨씬 더 잘살고 있다. 스코틀랜드의 1인당 GDP는 약 4만 7,000달러로 이는 영국과 독일을 넘어서는 수치다. 그럼에도 많은 스코틀랜드 사람들은 자신들이 그러한 경제적 수준을 유지하기 위해 너무도 많은 대가를 치르고 있다고 믿는다. 그들은 너무 많은 외국인들, 북해의 석유를 나누어 갖고자 덤비는 수많은 영국인들, 실직 상태에 있는 수많은 신체 건강한 성인들 그리고 외교 분쟁 시 즉각적인 출격을 기다리고 있는 지나치게 많은 지역 내 무기들에 대해 불만을 털어놓고 있다. 스코틀랜드 시인 로버트 번스Robert Burns는 이렇게 썼다.

"영국은 금을 얻기 위해 우리를 사고팔고 있다."

이러한 스코틀랜드 사람들의 분노는 경제가 번영하면서 더욱 증폭되었다. 이제 많은 스코틀랜드 사람들은 더 이상 영국을 그들의 고향이라 생각하지 않는다. '스코틀랜드 작품'인 〈맥베스〉에서 맥더프는 이렇게 묻는다. "지금 스코틀랜드는 어떤가?" 그리고 그 대답은 수심으로 가득하다.

아, 가엾은 나라!
차마 못 알아볼 지경이구나.

경제적 궁핍이 아니라 분열시키는 엔트로피의 힘이 스코틀랜드 사람들로 하여금 킬트kilt(스코틀랜드 남성들이 입는 전통적인 격자무늬 치마 - 옮긴이)를 걷어붙이도록 만들었던 것이다.

'메이드 인 USA'에서
'메이드 인 제일 싼 곳'으로

> 우리 아버지는 해고를 당했다. 기계 때문이었다. 아버지는 한 회사에서
> 12년 동안이나 일했다. 그러나 회사는 아버지를 해고했고, 그 자리에 아
> 버지와 똑같은 일을 하는 조그마한 기계를 들여놓았다. 기계는 훨씬 더
> 일을 잘했다. 가슴 아픈 소식은 우리 어머니도 나가서 그 기계를 사왔다
> 는 것이다.
>
> – 우디 앨런(1968)

그 회사가 우디의 아버지를 해고하고, 그 자리에 영어를 유창하게 하
는 펀자브 지방 출신의 엔지니어를 앉혔다면, 그의 어머니는 터번을
쓴 상냥한 시크교도를 집 안으로 데리고 왔을까? 고대 로마의 양조업
자가 여성들에게 거친 발 대신 널빤지와 돌덩이를 사용해서 포도를 으
깨도록 한 이후로, 인류는 기계가 인간의 노동을 대체할 수 있다는 생
각을 놓고 지금까지 논쟁을 벌이고 있다. 기원전 160년 로마의 정치가
대 카토Marcus Porcius Cato는 가장 오랫동안 살아남은 라틴어 문헌 속에서
농업에 관한 이야기를 했다. 그는 양조 과정에서 돌덩이가 어떻게 사
람의 발을 대체했는지 설명하고 있다.

이러한 논쟁은 기계와 컴퓨터가 인간의 일자리를 빼앗아가고 있는
오늘날에도 여전히 뜨겁게 이어지고 있다. 택시 기사들은 첨단 GPS 기
술 그리고 불친절한 기사들을 일터에서 쫓아내는 치밀한 후기 시스템

을 무기 삼아 손님들을 몽땅 빼앗아가고 있는 우버 기사들을 원망한다. 그러나 조만간 우버 기사들은 구글의 무인 자동차를 원망하게 될 것이다. 인간 대 기계의 논쟁은 앞으로 더욱 더 거세질 것으로 보인다. 그러나 택시 대 우버의 경우, 양측 운전자들은 동일한 시간대와 지역을 놓고 싸움을 벌이고 있는 것이다.

근로자들은 외국의 기계와 사람 모두에게서 위협을 느낀다. 그리고 세계화를 많이 받아들인 무역 중심의 국가 경제는 자칫 국민들의 애국심에 크게 상처를 입힐 위험이 있다. 오늘날 미국을 보자. 역사상 그 어느 때보다 미국은 많은 제품과 서비스를 해외로 수출하고 있으며(2.4조 달러), 이는 미국의 전체 GDP에서 13.4퍼센트를 차지한다. 보잉사가 아직 완성하지 않은 채로 보유하고 있는 제트기는 5천여 대, 금액으로는 4,890억 달러에 이르며, 이들 대부분은 해외 고객들에게 팔려나갈 것이다. 보잉에 행운이 있기를. 그러나 미국은 또한 일자리도 함께 수출한다. 보잉의 신모델인 787기의 내부를 들여다보면, 그 항공기 부품의 70퍼센트가 외국에서 생산되었음을 확인할 수 있다(1970년대 오리지널 747 모델의 경우, 해외 생산은 2퍼센트에 불과했다), 윙팁wingtip(날개 끝단의 공기 흐름을 조절하여 유도 항력을 감소시키는 장치 – 옮긴이)은 한국에서, 화물칸 도어는 스웨덴에서, 화장실과 몇 년 전 계속된 화재 사고로 문제가 되었던 리튬이온 배터리는 일본에서 온 것이다.

이제 '메이드 인 USA'는 '메이드 인 제일 싼 곳'으로 바뀌어버렸다. ABC 뉴스의 의뢰로, 나는 카메라맨과 함께 베스트바이 매장을 둘러볼 기회가 있었다. 거기서 나는 어설픈 마술사처럼 라디오와 TV, DVD 플레이어와 같은 제품들을 이리저리 살펴보았다. 그때 우리는 '메이드 인 USA' 마크를 어떻게든 찾아내고자 했다. 그러나 중국이나 말레이시아, 대만 그리고 일본 제품들밖에 보이지 않았다. 결국 나는 배터리 몇 개를 사고 나서야 그 마크를 발견할 수 있었다. 하지만 그것은 배터리 제품이 아니라, 계산대 점원이 건네준 노란 비닐봉지에 인쇄되어있었다. 나는 베스트바이 매장을 찾은 손님들에게 해외에서 만든 제품은 구입하기가 좀 꺼려지지 않는지 물어보았다. 물론 그들은 그렇지 않다고 답했다. 심지어 어떤 사람들은 '메이드 인 USA' 제품의 품질이 의심된다고 했다. 이 얼마나 놀라운 아이러니인가! 1960년대만 하더라도 소니는 미국 세관과 마찰을 빚고 있었다. 그것은 일본 기업들이 '메이드 인 재팬' 문구를 최대한 작은 글씨로 표기하여 일본산임을 숨기려 들었기 때문이었다.[25]

1990년대 초기 아웃소싱 유행은 고등교육을 받지 못한 미국인 근로자들에게 타격을 입혔다. 중국의 광둥 지역 농부들이 클리블랜드 근로자들과 똑같이 공장에서 드라이버를 생산하기 시작했다. 다음으로 콜센터들이 인도에 들어서면서 로드아일랜드에 있는 델 헬스케어Dell Health Care 직원들이 해고를 당했다. 이러한 흐름은 더욱 널리 그리고 더욱 치명적인 방식으로 확산되었고, 동시에 소득의 사다리를 타고 조금씩 올라가기 시작했다. 인도의 방사선사들은 미국 방사선사들과 똑같이 화면을 들여다보며 암세포를 발견해냈다. 그리고 필리핀 회계사는 소수점 하나 틀리지 않고 세금 환급 서류를 완벽하게 작성해주었다.

117년의 역사를 자랑하는 인터내셔널 페이퍼International Paper는 2012년에 2008년과 거의 비슷한 수준으로 6만 1,500명의 직원들을 고용하고 있었다. 그러나 그 종이 생산 업체는 이후로 4년 동안 미국인 근로자 8,000명을 해고하고, 그 자리에 외국인 근로자 8,000명을 집어넣었다.[26]

아웃소싱은 생산성을 높이고 지적·물리적 자산의 원천을 확대함으로써 장기적으로 미국 경제에 도움이 될 것이다. 매킨지는 미국 기업이 인도 시장에 1달러를 투자하면 1.14달러를 벌어들이는 것으로 추산했다.[27] 월마트가 중국에 신규 매장을 열 때 많은 중국인 근로자들을 고용해야 한다. 동시에 물류와 글로벌 마케팅 및 인사 관리 업무와 관련해서 더 많은 미국인 근로자들을 채용해야 한다. 극단적인 사고 실험을 한 가지 해보자. 산타클로스가 미국 전역을 돌아다니며 장난감과 옷을 사람들에게 무료로 나누어준다고 했을 때, 미국은 더 잘살게 될 것인가? 그렇다. 미국인들은 장난감과 옷을 만드는 데 들어가는 자원을 다른 데 투자할 수 있고, 아이들은 더 많은 장난감을 가지고 놀 수 있다. 그러나 이러한 결론에는 한 가지 의문이 따른다. 그렇다면 '모두가' 더 잘살게 될 것인가? 그건 아니다.

'아웃소싱'을 21세기를 위한 새로운 용어라고 생각할 수도 있겠지만, 우리는 역사를 통해 이미 많은 사례들을 보았다. 예를 들어 남북전쟁 이후로 뉴잉글랜드 지역의 많은 방직공장들이 슬그머니 남부로 자리를 옮기면서 지역 사람들을 채용하기 시작했다. 물론 아웃소싱과 관련된 모든 사례들이 국가의 통합을 저해하는 것은 아니다. 그러나 고부가가치 사업에 집중하기 위해 그 밖의 일들을 다른 지역으로 아웃소싱할 때, 원래의 지역은 위태로운 공백 사태를 맞이하게 된다. 전성기 시절의 베네치아를 떠올려보자. 원래 베네치아는 공식적으로 '가장 고요한 베네치아 공화국Serenissima Repubblica di Venezia'이라는 이름으로 알려져있었다. 그 섬나라는 이름에서부터 고요함을 뽐내고 있었던 것이다. 하지만 이름과는 달리 베네치아는 1400년대에서 1700년대에 이르기까지 에게 해와 아드리아 해의 지배권을 놓고 오스만 제국과 경쟁을 벌였고, 교황청, 오스트리아, 프랑스 그리고 달마티아 해안을 따라 늘어선 다양한 이웃 국가들과 잦은 전쟁을 벌였다. 이러한 상황에서도 베네치아는 선박, 금융, 향신료 무역, 제본 그리고 유리공예(무라노 섬에서 여전히 인기 높은)를 통해 엄청난 부를 시민들에게 안겨주었다. 베네치아는 또한 아시아와 유럽을 연결하는 통로 역할을 했다. 베네치아가 없었더라면, 마르코 폴로도 중국에서 면 요리를 가지고 들어오지 못했을 것이다.

그렇다면 베네치아는 어느 분야를 아웃소싱하여 그들의 공화국을 치명적인 위험으로 내몰았던 것일까? 분명 면 요리나 유리 공예는 아니었다. 그랬더라면 훨씬 더 좋았을 것이다. 그 대신 베네치아 통치자들은 공화국의 안보, 즉 군사를 아웃소싱했다. 그 해상 공화국은 프랑스와 네덜란드 해군 용병의 도움을 받기로 결정했다. 그러나 용병에 따른 문제는 명백하다. 만일 적국이 더 많은 돈을 용병에게 제시하면, 그들은 포신을 우리의 요새와 광장으로 돌릴 것이다. 실제로 오스만 제국이 베네치아의 해군 용병들에게 더 많은 금을 내걸었을 때, 그들은 곧바로 깃발을 바꾸어 달았다. 이에 베네치아 의회는 근로자와 사업가들에 대한 세금을 높여서 해군의 충성심을 회복하고자 했지만, 이는 경제에 큰 부담을 안겨주었다. 1600년 무렵 해적들에 시달렸던 베네치아 상선들은 더 높은 보험료를 지불해야 했고, 그 금액은 화물의 가치의 5퍼센트에서 35퍼센트로 상승했다. 이후 1615년 프랑스 용병들은 급기야 총독의 왕궁을 폭파시키고 의원들을 살해할 음모를 꾸미기에 이르렀다.

이보다 몇 년 앞서 셰익스피어는 '오셀로'에서 베네치아 상인들의 이야기를 썼다. 그 비극 속에서 용감한 무어인 오셀로는 키프로스에 대한 터키의 공격을 물리친다. 그 비극은 안타깝게도 쉽게 속아넘어가는 '부정한 야만인' 오셀로를 끌어들여 살인을 저지르게 만드는 '정직한 이아고'의 거짓말로부터 시작된다. 그러나 베네치아의 비극은 군인의 충성심을 얼마든지 돈으로 살 수 있다는 믿음으로부터 시작되었다.

미국이라는
브랜드

아웃소싱은 기업의 효율성을 높인다. 하지만 코카콜라와 같은 상징적인 기업들이 더 이상 '미국' 브랜드가 아님을 선언했을 때 그리고 KFC가 켄터키 주 루이스빌보다 베트남 다낭에 더 많은 닭다리를 팔기로 결정했을 때, 미국인들은 많은 대가를 치러야 했다. 어떤 CEO들은 미국 소비자를 먼지와 녹이 쌓여가는 오래된 철제 선반처럼 그 가치가 계속해서 하락하는 '시들어가는 자산'으로 보고 있다. 오늘날 18~34세의 미국인들 중 31퍼센트가 부모님 집에 얹혀 살고 있다. 이는 밀레니얼 세대 중 43퍼센트만이 스스로를 '아주 애국적인 사람'으로 생각한다는 갤럽 조사 결과와 일맥상통한다.[28] 미국 사회가 근본적으로 '미국적인' 문화와 가치 체계를 유지해나가야 한다고 생각하는 사람이 전체 미국인들 중 54퍼센트에 불과하다는 「뉴욕타임스」의 기사는 그리 놀랍지 않다. 그 수치는 2004년 59퍼센트보다 더 낮다.

미국에 기반을 두고 있는 일부 기업들은 패러독스에 갇혀 빠져나오지 못하고 있다고 생각한다. 해외시장에 진출하기 위해 많은 노력을 기울이고 있음에도 불구하고, 해외의 소비자들은 그들을 여전히 미국 기업으로 인식한다. 해외시장에 많은 투자를 하고 있는 미국 기업들은 해외 소비자들이 미국 정부와 미국인들을 어떤 시선으로 바라보는지에 대단히 민감하다.

가령 KFC와 피자헛의 모기업 YUM의 경우를 생각해보자. 몇 년 전만 하더라도 YUM은 중국 내 4,260개 매장을 통해 전체 매출의 절반 그리고 성장의 대부분을 일궈내면서 콧노래를 부르고 있었다. 주가는 2009~2012년 사이에 두 배로 뛰었고, 이는 대부분 아시아 시장의 성공 덕분이었다. 나는 YUM의 최고경영자에게 성공 비결을 물어본 적이 있다. 그는 1987년 베이징에 첫 번째 매장을 냈을 때, KFC가 갖고 있었던 두 가지 경쟁 우위에 대해 설명했다. 첫째, 중국 소비자들은 뼈가 그대로 붙어있는 닭고기를 더 좋아한다. 반면 맥도널드의 가슴살은 그렇지 않다. 둘째, '커널 샌더스Colonel Sanders'는 중국인들에게 온화한 할아버지의 이미지를 떠올리게 만들고, 그들의 유교적 집단 무의식을 자극한다.

하지만 이제 중국인들은 커널 샌더스를 예전과 같은 호의적인 시선으로 바라보지 않는다. KFC의 브랜드 선호도 역시 2012년 42퍼센트에서 2015년 19퍼센트로 크게 추락했다. 2013년 1사분기에는 매출이 20퍼센트나 감소했다. 이와 같은 커널 이미지의 추락은 아마도 미국과 중국 간 무역 및 군사적 긴장 상황과 밀접한 관련이 있을 것이다. 처음으로 베이징을 방문했을 때, 나는 커널 샌더스가 마오쩌둥과 거의 대등한 위치에서 환한 미소로 천안문 광장을 내려다보고 있는 광경에 깜짝 놀랐다. KFC는 작은 왕궁 규모의 4층짜리 건물을 오랫동안 통째로 쓰고 있었다. 그러나 중국인들이 '손가락을 빨아먹을 정도로 맛있는 finger lickin' good'이라는 광고 슬로건을 보고 '손가락을 물어뜯어버리고 싶다'고 생각하기 시작했을 때, KFC의 고난도 시작되었다.

2012년 중국의 국영 언론들이 KFC가 닭고기 안에 인체에 해를 입힐 수 있는 항생제를 주입했다는 보도를 했을 때, YUM은 더욱 심각한 상황에 처하고 말았다. 그러나 이후의 조사는 그 사실을 입증하지는 못했다.[29] 이후 YUM은 KFC가 유전자 조작으로 다리가 8개인 닭을 키우고 있다고 주장한 세 곳의 중국 기업들을 고소했다.[30] 갑작스럽게 불거진 의심스런 닭다리 문제로 KFC가 어려움을 겪는 동안, 중국인 소유의 닭고기 체인 기업들이 시장 점유율을 상당 부분 빼앗아 갔다. 결국 2015년 10월 YUM은 중국 사업부를 본사로부터 분리하여 YUM 차이나를 새롭게 출범한다는 발표를 했다.[31] YUM은 그 과정에서 우리에게 패러독스의 실체를 보여주었다. 그들은 중국 시장을 공략하여 큰 성공을 거둠으로써 미국 기업으로서의 이미지를 벗었지만, 새로운 중국 소비자들은 여전히 그들을 미국 기업으로 보았고, 이로 인해 결국 큰 타격을 입었다.

글로벌 경제는 '메이드 인 USA', '메이드인 잉글랜드'에 대한 사람들의 관념과 그 마크에 담긴 그들의 자부심을 모두 박살내버렸다. 미국 시민운동가 랠프 네이더Ralph Nader는 1996년과 2013년 두 차례에 걸쳐 100개 대기업 CEO들에게 이렇게 물었다.

"다음 연례회의 석상에서 일어나 기업을 대표하여 성조기를 향해 그리고 성조기가 상징하는 국가를 향해 …… 모두를 위한 자유와 정의의 이름으로 충성 맹세를 할 것인가?"

그 결과, 페더레이티드 스토어즈Federated Stores 백화점의 CEO만이 그러겠노라고 답했다. 아마도 기업의 법률 자문위원이나 국세청 간부들은 이들 CEO에게 네이더의 제안을 고려할 필요가 없다고 조언을 했을 것이다. 왜 그런 일을 해서 해외시장의 매출, 라이선스 계약, 임대 협정을 위험에 처하게 만든단 말인가? 네이더는 다음으로 대표적인 스무 곳의 노동조합에 똑같은 질문을 던졌다. 하지만 그러겠다고 답변한 곳은 하나도 없었다.[32]

그렇다고 해서 미국 기업들이 해외시장에 뛰어들지 못하도록 제한하거나, 미국 소비자들이 해외에서 생산된 제품을 사지 못하도록 막는 것은 해결책이 될 수 없다. 두 가지 방법 모두 재앙으로 이어질 뿐이다. 사람들이 하나로 뭉쳐 협력하도록 만들기 위해서는 또 다른 방안이 필요하다.

그래도 좋은 소식은 있다. 미국 기업들은 여전히 다양한 핵심 분야를 장악하고 있다. 애플과 구글, IBM, 보잉, 페이스북은 세상에서 가장 칭송받는 미국 기업들이다. 아이패드 신제품을 사기 위해 상하이 매장에서 폭동이 일어났을 때, 결국 경찰이 나서서 애플 매장의 문을 닫아야 했다. 그건 약탈이나 절도가 아니었다. 미국의 기술력에 기꺼이 돈을 지불하고자 했던 중국 소비자들이 벌인 소동이었다. 하지만 점점 더 많은 부가 미국의 소수층에 집중되고 있다.

이 문제는 이제 흔히들 말하는 '99대 1'의 소득 불평등 논쟁을 넘어서고 있다. 자기 확신과 근로윤리 역시 대단히 뚜렷하고 위험한 형태로 분배되어있다. 미래의 마크 저커버그가 될 한 사람의 젊은이가 연구를 하는 동안, 수천 명의 후드티 차림의 젊은이들이 부모님 집 지하실 소파에 파묻혀 '월드오브워크래프트worldofwarcraft' 세상에서 용감무쌍하게 아바타들을 쫓아다니고 있다. 우리는 그들에게서 스스로 지하실을 빠져나와 현실 세상에서 자격증을 따기 위해 교육 프로그램에 등록할 의지를 찾아볼 수 없다. 그들은 지하실에서 최고 사령관이지만, 집 밖을 나오면 아무것도 아니다.

소득과 근로윤리의 왜곡된 분배는 스펙트럼의 양쪽 끝에서 분노와 이기심을 극단으로 몰아가고 있다. 부자들은 상위 10퍼센트가 세금의 70퍼센트 이상을 내고 있다는 사실을 들먹이며, 자신들이 그 어느 때보다 과중한 부담을 떠안고 있다고 주장한다. 그러나 다른 한편에서, 하위 90퍼센트들은 1950~1960년대에 고등학교 중퇴 학력으로도 충분히 가능했던 중산층의 생활수준을 더 이상 충족시킬 수 없을 것이라 걱정한다.

오늘날 젊은 층과 노년층 모두 자신감을 잃어버렸다. 퓨리서치센터Pew Research Center의 보고서는 미국인들 중 50퍼센트만이 미래가 지금보다 더 나을 것이라고 생각하고 있다는 사실을 말해준다. 더 놀랍게도, '과거를 바라보는 시선' 또한 달라졌다. 베이비부머 세대는 과거를 더욱 그리워하고 있으며, 이들 중 29퍼센트만이 1960년대 이후로 생활수준이 더 나아졌다고 생각하고 있다는 결과는 충분히 납득할 만하다. 또한 밀레니얼 세대의 절반 이상은 그들이 40년 전에 성인이 되었다면 더 잘살았을 것이라고 생각하고 있다. 이러한 현상은 대단히 뚜렷하고 일관적으로 나타나고 있다. 기대 수명은 1960년대 이후로 10년 가까이 늘어났지만, 미국인들은 1960년대의 더 짧은 삶을 더 나은 삶으로 평가하고 있다.

우울한 '마들렌의 향수'는 미국은 물론 전 세계에 걸쳐 나타나고 있다. 우리가 다시 한 번 희망의 느낌을 얻고자 한다면, 차 한 잔과 조개 모양의 쿠키 이상의 것이 필요할 것이다.

3장

빛, 달콤한 독약

햄릿의 연인 오필리어의 아버지 폴로니우스는 무척이나 말이 많은 사람이었다. 스스로 "간결함이야말로 위트의 핵심"이라고 주장했음에도, 그는 아들 레어티스에게 계속해서 잔소리를 해댔다. 그중에서 가장 유명한 말은 아마도 "돈은 빌리지도 빌려주지도 말라"일 것이다. 하지만 폴로니우스의 이 잔소리는 중세의 타락한 덴마크에서 그리 듣기 힘든 말은 아니었다. 유학 중이었던 레어티스는 성경에서도 빚을 부정적으로 말하고 있으며, 특히 레위기에서는 부채를 모두 탕감해주는 희년year of jubilee의 제도에 대해 설명하고 있다는 사실을 잘 알고 있었을 것이다.[1] 고대 히브리어에서 부채에 따른 '이자'는 '뱀에게 물린 상처'라는 의미를 갖고 있었다.[2] 중세 성직자들 역시 부채의 그러한 부정적인 이미지를 강조했고, 셰익스피어 역시 샤일록을 돈을 받아내기 위해 수단과 방법을 가리지 않는 고리대금업자로 묘사했다.[3]

이처럼 성경과 고전 작품들은 부채에 대해 뚜렷한 메시지를 전달하고 있다. 빚은 결국 고통을 가져다준다는 뜻이다. 부채 문제라 하면, 우리는 집 안에 붙은 '압류' 딱지, 폐업한 매장, 전통적으로 금색 공 3개를 문 앞에 장식으로 달아놓은 전당포, 19세기의 빚쟁이들을 위한 감옥, 혹은 계약 노예indentured servant들의 낡아빠진 옷가지들을 떠올리게 된다.

이 책에서는 부채와 파산에 관한 전반적인 역사를 살펴보지는 않을 것이다. 대신에 여기서 나는 여러분이 쉽게 접하지 못할 이야기를 들려주고자 한다. 첫째, 형태와 규모에 따라 부채는 개인과 국가에 좋은 것이 될 수 있다. 둘째, 국가가 부유해지면서 부채 문제는 더욱 심각해지거나 혹은 완화되기도 한다. 셋째, 국가가 부유해지면서 관료 조직은 방대해지고, 이는 부채 문제를 더 악화시킨다.

국가 경제가 발전하면서, 부채에 대한 사람들의 인식은 알코올 중독자 갱생회인 알코올릭스 어나니머스Alcoholics Anonymous의 강령을 패러디한 것처럼 다음과 같은 변화의 3단계를 거친다.

1. 산업화 이전: 부채는 무조건 나쁘다.
2. 산업화 이후: 부채는 좋지만, 파산은 나쁘고 오점을 남긴다.
3. 후기 산업화 시대: 부채와 파산은 오점을 남긴다.

국가가 이 3단계를 거치는 동안, 부채에 대한 사람들의 인식은 "돈은 빌리지도 빌려주지도 말라."는 폴로니우스의 잔소리로부터 요즘 코미디 프로그램에서 게으름뱅이들이 말하는 "젠장, 우린 완전 망했다고."

로 변해간다. 여러분은 2016년의 미국 사회가 마지막 3단계를 정확하게 반영하고 있다는 사실을 알게 될 것이다.

부채는 좋은 것이
될 수 있는가

물론 부채는 좋은 것일 수 있다. 개인이 돈을 빌리거나, 혹은 정부가 국민이나 다른 나라로부터 돈을 빌리는 일이 항상 나쁜 것은 아니다. 먼저 기업과 개인을 대상으로 한 대출을 잠시 살펴보고 나서, 정부의 부채 문제로 넘어가도록 하자. 내가 신발 가게를 운영하고 있는데 뾰족한 검정색 하이힐을 찾는 소비자들을 매장으로 끌어들이고자 한다면, 우선 그러한 제품을 진열대 위에 놓아두어야 할 것이다. 그리고 그렇게 하자면 생산업체에 대금을 지불하고 물건을 받아와야 할 것이다. 또한 그 대금을 마련하기 위해서 어디선가 돈을 빌려와야 한다.

자, 이제 나는 그렇게 들여온 검정색 하이힐을 열심히 팔아서 돈도 벌고 부채도 갚아야 한다. 하지만 판매가 신통치 않아 빚을 제대로 갚지 못할 때, 채권자는 매장 재고를 회수해 가거나, 혹은 마음에 드는 신제품을 골라 신고 돌아다닐 수도 있을 것이다(법률 용어로 '선취특권security interest'이라고 한다). 이러한 형태의 대출은 콘스탄티노플의 거대한 시장에서 최초의 상인들이 베르베르족(북아프리카 고지대에 사는 종족 – 옮긴이)이 만든 양탄자를 펼쳐놓고 팔기 시작한 이래로 계속 이어져왔다.

이제 직장인인 내가 포드 머스탱을 사려고 한다고 해보자. 그런데 3만 달러를 모두 현금으로 지불하기는 힘들다. 그렇다면 조금씩 나누어 사는 방법을 생각해볼 수 있다. 가령 이번 주에는 운전대를 사고, 다음 주에는 안전벨트를 사는 식이다. 하지만 그렇게 모든 부품들을 사서 완성하기까지는 몇 년의 세월이 걸릴 것이다. 게다가 그렇게 구한 부품들을 조립하기 위한 기술도 내겐 없다. 실제로 한 번에 결제하기 어렵다면 나는 은행이나 자동차 회사로부터 5년 만기로 대출을 받을 수 있다. 그러나 부채를 상환하는 동안 내가 해고를 당하거나 상환 능력을 잃어버린다면, 은행과 자동차 회사는 내게서 잔존가치가 아직 남아있는(열아홉 살 조카처럼 험하게 몰지 않은 이상) 머스탱을 빼앗아갈 것이다. 내 직장이 안정적이고, 칠리스 매장에서 아르바이트를 하면서 30만 달러를 빌려 람보르기니를 사지 않은 이상, 이러한 대출 방식에는 아무런 문제가 없다. 주택 구입을 위한 대출에 대해서도 우리는 똑같은 이야기를 할 수 있다.

부채가 전혀 없이 경제 발전을 기대할 수는 없다. 이자를 받고 돈을 빌려줌으로써 미래 가치를 창출하고, 이를 통해 투자를 촉진할 수 있다. 크레타 섬을 처음 방문했을 때, 이상하게도 많은 집들이 공사가 중단된 상태로 방치되어있는 모습이 눈에 띄었다. 부동산 경기의 침체 때문일까? 아니면 쓰나미가 마을을 휩쓸고 지나간 것일까? 나중에 알아보니 집을 짓고 있던 가구들이 대출을 받지 못해 현금이 생길 때마다 공사를 재개하고 있었던 것이다. 그들은 매달 건설 현장을 찾아 창문과 현관을 달거나 지붕을 올렸다. 그렇게 조금씩 집을 완성했을 때 그들은 비로소 새집에 들어갈 수 있다. 물론 그렇게 들어간 집에는 앉아있을 가구도 없다. 다시 돈을 더 모아서 새로운 소파나 의자를 들여놓아야 한다. 그러나 이러한 방식은 지나치게 보수적이고 대단히 원시적인 경제 형태다.

하지만 돈을 빌리는 게 합리적인 선택이라면, 우리는 재정적인 어려움을 겪게 된 개인이나 금융기관들의 이야기를 왜 그리 자주 듣는 것일까? 그 이유를 이해하기 위해, 우리는 먼저 '레버리지leverage'와 '외삽법extrapolation'이라고 하는 수상한 개념부터 살펴볼 필요가 있다. 레버리지(영국과 오스트레일리아에서는 '기어링gearing'이라고 하는)란 남의 돈을 빌려서 투자를 하는 것을 말한다. 여기서 돈을 빌리는 사람은 투자 수익이 최소한 대출 이자보다 높을 것이라 확신해야 한다. 레버리지는 자신이 다른 사람들보다 더 똑똑하다고 확신하는 사람들에게 매력적인 도구다. 레버리지를 기반으로 돈을 빌리는 사람은 '더 멍청한 바보 이론Greater Fool theory'을 믿는다. 다시 말해, 그들은 스스로 과대평가된 상품을 구매하는 어리석은 짓을 저질렀다고 하더라도, 언젠가 자신보다 더 멍청한 바보가 나타나서 그 상품을 사갈 것이라고 확신한다.

가령 크레용으로 마구 갈겨쓴 낙서를 보고, 여러분은 그것이 잭슨 폴록Jackson Pollock의 숨겨진 작품이 틀림없다고 확신하게 되었다고 상상해보자. 그래서 여러분은 그 낙서를 100만 달러에 사들이기로 한다. 그리고 이를 위해 연이율 10퍼센트로 100만 달러를 빌린다. 그렇게 과감한 선택을 내릴 수 있는 근거는 1년 뒤 누군가 나타나 그 낙서를 110만 달러 이상의 돈을 내고 사갈 것이라 확신하기 때문이다. 그러나 예상치 못한 일이 일어나 큰 곤경에 처할 위험은 언제든 있다. 그리고 탁구대 위에 걸어놓고 가치가 오르기를 기다리는 동안에는 아무런 이익도 얻을 수 없다는 사실을 명심해야 한다. 또한 작품의 가치가 떨어질 때 무슨 일이 벌어질 것인지 생각해 두어야 한다. 예를 들어 어떤 감정가가 여러분이 폴록의 것이라 주장하는 작품이 실제로 폴록이라는 이름의 유치원생의 작품이라는 사실을 밝혀낼 수 있다. 그럴 경우, 1년 뒤 여러분에게는 원금 100만 달러에 이자 10만 달러가 빚으로 남아있을 것이며, 이는 고스란히 손실이 된다.

외삽법은 더 멍청한 바보들에게 또 하나의 위험한 덫이다. 나는 많은 투자자들이 지속적으로 상승하고 있는 가격 동향표를 근거로 투자에 뛰어드는 모습을 종종 목격한다. 1995~2008년 동안 많은 대학 기금 및 연금 투자 기관들은 상품 가격이 올라갈 것으로 보았다. 그 이유는 무엇인가? 그것은 중국과 인도가 앞으로 계속해서 더 많은 아연과 기름, 옥수수를 필요로 할 것이라 생각했기 때문이다. 그건 절대 질 수 없는 도박이었다. 그 흐름에 반대하는 사람들은 모두 멍청이들이었다.

하지만 내기에서 결국 이긴 쪽은 바로 멍청이들이었다. 이러한 '절대 질 수 없는 도박'에는 이중 외삽법이 작용했다. 그것은 아시아 시장은 끝없이 빠르게 성장할 것이며, 이로 인해 원재료에 대한 수요 역시 끝없이 빠르게 성장할 것이라는 전망이었다. 리처드 닉슨과 제럴드 포드 대통령의 경제 자문을 지냈으며, 배우 벤 스타인의 아버지이기도 한 허브 스타인Herb Stein은 이렇게 말했다.

"앞으로 나아가지 못하면 언젠가 멈추고 말 것이다."

공격적인 투자자들은 스타인이 계속해서 강조했던 말을 귀담아 듣지 않았다. 2008~2009년 사이에 그들의 상품 바구니에서 절반의 가치가 사라졌다. 대침체가 끝났을 때, 상품 가격은 다시 한 번 반등을 시도했지만, 2011년에 또 한 번 비틀거렸고, 결국 주저앉고 말았다. 레버리지와 외삽법은 함께 손을 잡고 대단히 유혹적이고 치명적인 모습으로 등장했다. 셰익스피어가 폴로니우스의 대사를 쓰는 동안, 존 브리지스John Bridges라고 하는 또 다른 영국 작가는 이렇게 썼다.

"돈은 어리석은 자의 손에 오래 머무르지 않는다."

더 멍청한 바보와 그의 돈을 볼 때, 나는 이러한 궁금증이 떠오른다.

"처음에 그 둘은 어떻게 만났던가?"

더 멍청한 바보들이
정부와 결탁할 때

폴로니우스는 빚이 결국 재앙으로 이어질 것이라 잔소리를 해댔다. 파산을 하면 감옥에 가거나, 노예가 되거나, 심지어 자녀들까지 노예로 만들었다. 1604~1623년에 시행되었던 영국파산법British Bankruptcy Act은 경우에 따라 빚을 갚지 않은 사람을 대중의 조롱거리로 만들거나 혹은 귀를 자르는 형벌까지 허용했다. 좀 더 특이한 이탈리아의 경우, 빚을 갚지 못한 자들은 사람들이 모인 광장에서 공개 망신을 당하거나 바위에 엉덩이를 찧는 형벌을 받았다(아마도 뾰족한 바위였을 것이다).[4]

물론 나는 이러한 처벌에 반대한다. 그건 너무도 잔인한 방법이다. 게 다가 요즘 같은 '셀피Selfie(스마트 폰이나 웹 카메라로 자신의 얼굴 사진을 찍어 SNS상에 올리는 것 - 옮긴이)' 시대에 엉덩이를 바위에 찧는 형벌은 자기애 가 강한 사람들에게 극단적인 좌절감을 안겨줄 것이다.

　돈을 빌리고 빌려주는 행위를 허용하는(마땅히 그래야만 하는) 경제 시 스템 아래에서, 채무자들은 불운이나 잘못된 판단으로 많은 어려움을 겪는다. 이 장에서는 부유한 나라들이 어떻게 시민들 자발적으로, 혹 은 정부 주도로 위험천만한 대출을 강화해 나가는지 집중적으로 살펴 볼 것이다. 여기서 눈여겨보아야 할 핵심 개념이 있다. 바로 '스킨 인 더 게임Skin in the game'이다. 이는 어떤 경제 주체가 특정 사건의 결과에 개 인적으로 직접적인 이해관계를 갖고 있다는 뜻이다. '스킨 인 더 게임' 은 사회 내부에서 신뢰관계를 형성한다. 예를 들어 개인적인 이해관 계를 갖고 있는 채무자는 부채를 상환해야 할 강한 의무감을 느낀다.

　돈을 갚지 못할 때 살점을 내어주어야 했던 시절에 채무자들은 상환 의 의무를 중요하게 여겼다. 그리고 자부심이나 명예도 중요한 역할 을 했다. 그러나 오늘날 파산과 불명예 사이의 관계는 많이 희석되고 말았다. 2008년 금융위기 이전에도, 캘리포니아 지역에서는 몇 년 사 이에 파산이 85퍼센트나 급증하는 일이 벌어졌다. 옛날에 집을 빼앗긴 다는 것은 대단히 모욕적인 일이었다. 하지만 오늘날에는 합리적인 전 략으로서 집을 포기하기도 한다. 어떤 채무자들은 위트 있게 '징글 메일 jingle mail'이라는 다소 깜찍한 표현을 쓰기도 한다. 징글 메일이란 집을 포기하고, 그 열쇠를 봉투에 담아 은행에 보내는 것을 말한다.

우리는 금융위기를 거치면서 부동산 시장의 채무자들이 대출에 따른 결과에 개인적인 위험성을 충분히 느끼지 못할 때 무슨 일이 벌어지는지 분명히 보고 배웠다. 1980년대에 집을 구입하려는 부부는 일반적으로 필요한 전체 자금의 20퍼센트(계약금) 정도만 지불하면 되었다. 만약 그 부부가 대출금을 제때 갚지 못한다면, 집행관이 그들을 집에서 쫓아내고 부부가 투자했던 20퍼센트의 지분까지 압수했다. 그러나 그 이후로 20년 동안 계약금은 비중이 낮아졌고, 미 연방정부는 은행들이 위험스런 채무자들에게도 많은 돈을 빌려주도록 종용했다. 가령 1995년 미국 주택도시개발부는 정부가 지원하는 금융회사인 연방저당권협회Fannie Mae와 연방주택금융저당회사Freddie Mac로 하여금 나중에 서브프라임 모기지라고 알려진 부실 채권들을 사들이도록 했다. 연방저당권협회와 연방주택금융저당회사가 부실 채권을 모두 떠안도록 압박하는 방식으로 미 연방정부는 은행들에 본질적으로 이러한 메시지를 전달했던 것이다.

"자, 걱정 마세요. 주택 구입자들이 게으르고 무모한 사람들로 드러난다고 하더라도, 그 책임은 우리가 모두 떠안도록 하겠습니다."

미 정부는 시중 은행들이 위험스런 채무자들에게 더 값싼 이자로 더 많은 돈을 빌려주도록 했다. 2006년에 새롭게 출시된 대출 상품들 4개 중 하나는 서브프라임 모기지였으며, 캘리포니아 주의 경우 새로운 대출 상품에서 90퍼센트가 변동금리 기반이었다. 이는 나중에 주택 구입자들에게 직접적인 피해로 돌아갈 잠재적 위험이었다.[5] 사람들은 상환에 대한 걱정 없이 더 많은 부채에 더 쉽게 접근할 수 있었다. 다시 말해

'스킨 인 더 게임'이 희박해졌다.

샌디에이고의 경우를 살펴보자. 그 지역의 주택 가격은 2001년에서 2006년 사이에 두 배로 치솟았다가 2008년 한 해에만 40퍼센트나 폭락했다.[6] 사람들은 이렇게 말했다.

"저는 4개의 침실과 자쿠지가 딸린 집에서 살 자격이 있습니다. 평생 한 푼도 저축을 하지 않았지만요."

그들은 오로지 수수료 챙기기에만 급급한 대출 중개인과 연방저당권협회와 연방주택금융·저당회사가 모기지론을 틀림없이 인수해줄 것이라고 믿었던 은행을 찾았다. 그리고 자신의 돈은 한 푼도 내지 않고 집을 살 수 있었고, 심지어 은행에 소득 신고 자료조차 제출하지 않았다. 나는 은행가들에게 어떻게 소득 신고서도 확인하지 않고서 대출을 해줄 수 있었는지 물어보았다. 그들은 내게 (1) 허술한 대출 기준, (2) 멍청이들 그리고 (3) 외삽법으로 이루어진 위험천만한 유혹적인 조합을 기반으로 하는 거품 시장에서는 은행들이 일일이 서류를 챙기지 않아도 된다는 답변을 들려주었다. 그 시장에서 모두가 돈을 벌고 있었다. 한 라디오 광고는 누구든 집을 사서 수백만 달러를 금방 벌 수 있다며 떠들어대고 있었다. 한 은행가는 내게 이렇게 털어놓았다.

"우리는 소득 신고 자료를 요구하지 않았습니다. 고객들을 당황하게 만들고 싶지 않아서였죠."

그러나 당황은 중대한 위험이 아니다. 부채 경제가 무너지고, 미국인들이 금융 시스템에 대한 신뢰를 잃어버리는 것이야말로 중대한 위험이다.

주식 시장 붕괴, 수백만 명의 실업자 그리고 금융위기에 이은 끝없는 청문회에도 불구하고, 미 연방정부는 레버리지와 외삽법, 멍청이 혹은 '스킨 인 더 게임'으로부터 많은 교훈을 얻지 못한 것으로 보인다. 2014년 10월 연방저당권협회와 연방주택금융저당회사를 감독하는 연방주택금융공사FHFA의 의장을 맡았던 멜 와트Mel Watt는 이들 기관을 통해 3퍼센트 금리로 모지기 상품들을 다시 한 번 지원해야 한다고 주장했다. 정부 규제 기관들과 좋은 관계를 유지해야 하는 주택 건설사의 경영자들마저도 이 발표에 깜짝 놀랐다. 주택 건설업체인 톨브러더스 Toll Brothers Inc의 회장 로버트 톨Robert Toll은 와트의 발표에 대해 "정말로 멍청한 생각"이라고 평가했다.[7] 그런데 와트는 주택 계약금을 다시 낮추는 방향으로 돌아가야 한다는 발표를 어디서 했을까? 그곳은 바로 라스베이거스의 만달레이베이 호텔이었다. 또 다시 주사위를 던지기에 더 없이 좋은 장소였다.

사회적 유대감이 낮아지고, 국민들의 '스킨 인 더 게임'이 희박해지면서 신뢰는 떨어지게 된다. 그렇다면 반대로 높아지는 것은 무엇인가? 그건 빨리 부자가 되라는 재촉이다. 여러분이 만일 AM 라디오를 들으면서 미 대륙을 횡단한 경험이 있다면, 아마도 달러 가치는 필연적으로 떨어질 것이며, 그렇기 때문에 금에 대한 투자를 서둘러야 한다는 광고를 많이 들었을 것이다. 분명하게도 금값은 금융위기를 겪는 동안 크게 치솟았다. 하지만 최근 2년 동안에는 폭락을 했다. 얼마 전 뉴욕의 한 호텔에 머무르면서 TV를 켰을 때, 나는 화면 속에서 야구 선수 에드 크레인풀Ed Kranepool을 보고 깜짝 놀랐다. 내가 어릴 적, 느릿느릿 움직이던 에드는 메츠의 1루수였다. 그런데 그런 에드가 갑자기 TV에 나와서 내게 무슨 이야기를 들려주었을까? 그는 말했다.

"금을 사세요."

문득 난 이런 생각이 들었다.

"에드, 내가 왜 당신의 충고를 들어야 하죠? 당신은 평생 2할 6푼 타자였잖아요? 그 회사가 당신 대신 피트 로즈Pete Rose를 광고 모델로 내세웠더라면 차라리 나았을 겁니다. 비록 그는 거짓말쟁이 도박꾼이었지만, 어쨌든 3할은 쳤으니까요."

금을 사라는 광고의 궁극적인 메시지는 이러한 것이다. 금의 미래는 어둡고, 그래서 모두가 당신을 이용해 먹으려 한다. 그러니 빨리 금을 사서 부자가 되지 않으면, 다음번 광고가 나오기 전에 당신은 망할 것이다.

정부 부채가 민간 부채보다 더 위험한 이유

여러 가지 중요한 측면에서 정부 부채는 민간 부채보다 더 위험하다. 가령 여러분의 아버지가 평소에 아무 일도 하지 않고 빈둥빈둥 놀다가 홈쇼핑이나 이베이에서 종종 충동적으로 물건을 산다고 해보자. 그리고 세상을 떠나면서 리버라체 스타일의 전등을 장식한 화려한 관에다 자신을 묻어달라는 유언 말고는 아무것도 남기지 않았다. 장례식을 거행하면서 관을 땅에 묻으려는 순간, 슬픔과 분노에 잠긴 상인들을 대표해서 찾아온 변호사가 당신을 불러내서 이렇게 말한다.

"가슴은 아픕니다만, 당신의 아버지는 쇼핑 때문에 수백 달러의 빚을 졌습니다. 저희는 당신이 아버지 대신 갚아줄 것을 요청합니다."

하지만 이 상황에서 여러분은 정당하게 이렇게 대답할 수 있다.

"채무는 아버지의 죽음으로 모두 끝났습니다. 제겐 그 빚을 갚아야 할 책임이 없습니다."

말 그대로 아버지의 빚은 그의 죽음과 더불어 사라져버렸다.[8] 당신은 아버지에게서 눈동자의 색깔, 늘어진 입술, 혹은 억센 사각턱을 유전으로 물려받았을지 모르지만, 그의 빚까지 물려받지는 않는다. 만약 아버지가 백화점이나 자동차 매장을 속여 외상으로 물건을 잔뜩 샀다면, 그들 역시 공동 책임이 있으며, 그들의 허술한 신용 시스템을 탓해야 할 것이다. 대부분의 경우에 채권자들은 채무자들보다 더 신중하며 신용등급이나 집문서 혹은 대출용 소득증빙을 확인할 수 있는 유리한 위치에 있다.

하지만 대통령과 의원들이 나라의 부채를 얻을 때, 그 빚은 그들의 임기나 혹은 삶이 끝난다고 하더라도 사라지지 않는다. 그리고 많은 경우에 그 부채는 스스로 증가하면서 아직 투표권도 얻지 못한 미래 세대들에게 큰 부담을 안긴다. 1961년 이후로 미국 정부의 재정은 다섯 해를 제외하고 줄곧 적자를 기록했다. 그것은 불운의 연속이라기보다 시스템에 따른 필연적인 결과였다. 미국의 독립혁명은 '대표 없이 과세 없다No Taxation without Representation'라는 기치 아래 이루어졌다. 하지만 아직 태어나지 않은, 그래서 투표권도 없는 미래 세대는 누가 대표한단 말인가? 미래 세대는 결국 좋아하든 아니든 간에 애국심이나 도덕심, 혹은 테네시 윌리엄스가 언급한 '낯선 이들의 친절함kindness of strangers'에 의존할 수밖에 없는 것이다. 덧붙여 말하자면, 윌리엄스는 술에 취해 쓸쓸히 죽음을 맞이하고 말았다. 미국을 비롯한 세계 각국 정부들은 '내일의 젊은이'들에게 바치는 연설들을 마구 쏟아내고 있다. 그렇다면 오늘날 정치인과 유권자들은 후손들의 권익을 보호하기 위한 열정을 갖고 있는가? 물론 그렇다. 하지만 많이는 아니다.

해밀턴 對
해밀턴

사생아로 태어나 세인트크로이 섬에서 선원으로 일을 했던 알렉산더 해밀턴Alexander Hamilton은 1789년에 미국의 재무부 장관에까지 오른 용감한 투사였다. 그는 경쟁과 야망의 힘을 잘 알고 있었다. 또한 국민들이 옹졸한 이기심에서 벗어난 '자격 있는 인물'을 대표로 뽑아야 한다고 주장하면서, 어느 정도 이상주의자로서의 면모를 보이기도 했다.

신뢰를 소중하게 여기는 품격과 덕과 능력을 겸비한 이는 세상에 태어난 것에 대해 그리고 인류의 행복을 높이기 위한 좋은 기회가 자신에게 주어진 것에 기뻐할 것이다 …… 숭고한 당당함으로 인류를 위해 선행

을 베풀기 위해, 그는 비열하고 사리사욕으로 가득한 모든 행동을 경멸할 것이다.[9]

해밀턴은 고귀한 지도자의 이미지를 제시했으며, 연방정부에 채권을 발행하도록 촉구했다. 또한 독립혁명 기간에 차용증서로 쌓아놓았던 2,500만 달러의 부채는 물론 7,000만 달러에 달하는 국가 부채 및 조지 워싱턴과 그의 장군들이 전쟁 동안에 차용증서로 발행했던 700만 달러의 부채를 즉각 상환하라고 재촉했다. 당시 정부 채권의 상당 부분은 달러당 15센트의 가격으로 거래되고 있었다. 해밀턴은 정부의 부채를 모두 상환함으로써 미 연방정부의 위상과 평판을 높이고, 앞으로 더 좋은 조건으로 돈을 빌릴 수 있을 것이라고 생각했다. 그리고 채권을 발행함으로써 새로운 국가 건설에 부유층을 끌어들일 수 있을 것이라고 믿었다. 다시 말해, 채권을 산 사람들은 이를 발행한 정부와 공동 운명체가 되는 것이다. 해밀턴은 "과도하지만 않다면 국가 부채는 축복이 될 것이다."라고 주장함으로써 신경질적인 휘그당 사람들을 어안이 벙벙하게 만들었다.[10] 물론 해밀턴은 '감채기금sinking fund'과 같은 방안을 제안함으로써 부채의 한계를 설정해 놓았다. 이러한 제도 아래에서 정부는 과거의 부채를 상환하기 전에 새로운 부채를 지지 못한다. 더 나아가, 부채에 대한 이자를 포함한 정부 지출은 세수를 초과할 수 없다.

미국이 상대적으로 가난한 나라였을 때, 해밀턴의 아이디어는 아주 효과적이었다. 미국은 독립전쟁 동안 누적된 부채를 1830년대에 모두 청산했고, 남북전쟁 당시에 발생한 부채 또한 20세기로 접어들면서 크게 줄였다. 그러나 20세기를 거치는 동안 국가 경제가 더욱 발전하면서, 부채 상환에 대한 기존의 원칙이 점차 느슨해졌다. 오늘날 미국 연방정부의 부채 규모는 GDP의 75퍼센트에 육박하고 있으며, 사회보장제도와 같은 정부 신탁기금이 국고에서 빌린 돈까지 합친다면 100퍼센트가 넘는다. 이제 우리는 이러한 질문을 던져야 한다. 부유한 나라가 그들의 이념적 편향을 재정 원칙에 적용하고, 국민들의 강력한 애국심을 허물어뜨린다면, 앞으로 정치인과 유권자들은 미래 세대의 이익을 얼마나 강력하게 보호하려 들 것인가? 이제 정신을 번쩍 들게 만드는 몇 가지 단서를 발견하기 위해, 알렉산더 해밀턴 대신 20세기 생물학자 윌리엄 해밀턴William Hamilton에게로 시선을 돌려보자.

정부에 돈을 빌릴 권리를 부여한다는 말은 곧 미래 세대를 구속할 권리를 부여한다는 뜻이다. 미래 세대는 정부에 이방인과도 같다. 하지만 우리 인간은 원래 이방인들을 보살피지 않으며, 이방인들의 아직 태어나지 않은 자녀와 손자들에 대해서는 더욱 그렇다. 생물학적으로 인간은 직접적인 혈육과 현재의 구성원들에게 더 많은 관심을 기울인다. 나는 앞서 아버지들이 의붓자식보다 친자식에게 더 많은 교육비를 기꺼이 지불하려 한다는 사실에 대해 언급했다. 1940년대 영국에서는 윌리엄 해밀턴이라고 하는 열두 살짜리 꼬마가 자신의 아버지가 제2차 세계대전 당시 사용했던 물건들을 가지고 놀고 있었다. 그런데 안타깝게도 그 물건들 중에는 군용 물통이나 독일 라인 지방의 지도 말고도 다른 것들도 있었다. 그것은 바로 수류탄이었다. 수류탄이 폭발하면서, 그만 그 아이는 손가락 몇 개를 잃어버리고 말았다. 응급처치 방법을 알고 있었던 그의 어머니는 어린 윌리엄을 황급히 병원으로 데리고 갔고, 의사는 소년의 생명은 살렸지만 손가락 모두를 살릴 수는 없다고 했다. 세월이 흘러 아이는 케임브리지의 세인트존스 칼리지로 공부를 하러 떠났고, 이후 오랜 시간에 걸쳐 가족이 서로를 보살피는 방식에 대해 연구했다.

해밀턴은 그의 탁월하고 고유한 통찰력을 바탕으로 오늘날 우리가 정치 경제에 적용할 수 있는 진화 이론을 개발해냈다. 해밀턴은 다윈주의의 이기적인 '적자생존' 이론은 인간의 다양한 행동을 설명하기에 지나치게 투박하다고 생각했다. 그 이론으로는 부모들이 아이를 위해 목숨을 희생하는 행동을 설명하지 못한다. 일반적인 사례로, 어떤 어머니들은 악착같이 돈을 모아 자녀들에게 유산으로 물려주고 세상을 떠난다. 좀 극단적인 사례로, 어떤 부모들은 자녀를 살리기 위해 달려오는 차에 뛰어들기도 한다.

해밀턴은 많은 사람들이 자발적으로 희생을 하지만, 그들의 희생은 상대방과 관계적 근접성에 비례한다는 사실을 밝혀냈다.[11] 부모는 자녀와 그들의 유전자를 50퍼센트 공유한다. 조부모는 25퍼센트를, 사촌은 12.5퍼센트를, 육촌은 3.125퍼센트를 공유한다. 그리고 이방인과는 공유하지 않는다. 여기서는 해밀턴의 포괄 적합도inclusive fitness 이론에 관한 수학적 설명을 살펴보는 대신, 간단하게 그가 내린 결론만 확인해보자. 그것은 2명의 형제, 혹은 4명의 사촌들을 살릴 수 있을 때, 인간은 자신의 목숨을 기꺼이 희생하려 든다는 것이다. 해밀턴은 자신의 이론을 'c < br' 라는 수식으로 요약했다. 이는 희생의 비용(c)보다

전체적인 이익(br)이 클 때, 인간은 타인을 위해 희생한다는 의미다. 또한 전체적인 이익은 관계적 근접성(r)에 비례한다.

간단한 사례로, 여러분 형제 조시가 10달러를 달라고 한다. 그는 10달러를 25달러로 바꿀 수 있다고 확신한다. 여기서 희생의 비용(c)은 10달러다. 그리고 여러분은 조시와 DNA를 50퍼센트 공유한다. 이익인 25달러에 관계적 근접성인 50퍼센트를 곱하면 전체적인 이익은 12.5달러가 되고, 이는 10달러보다 크기 때문에 여러분은 아마도 조시에게 10달러를 줄 것이다. 다음으로 육촌 러스티도 10달러를 달라고 한다. 그도 마찬가지로 10달러를 25달러로 만들 수 있다고 확신한다. 그러나 이 경우에 25달러에 0.03125를 곱해서 나온 전체적인 이익은 78센트밖에 되지 않는다.

러스티에게는 미안하지만, 여러분은 육촌에게 돈을 주지 않을 것이다. 물론 해밀턴(비록 수류탄을 가지고 놀긴 했어도)은 바보가 아니었다. 그는 자신의 이론이 모든 경우에 해당되는 것은 아니며, 정확하지도 않다는 사실을 알고 있었다. 사람들은 자선 단체에 기부를 하고, 연말에 기부함이나 구세군 냄비에 돈을 넣는다. 나는 아내와 함께 학교 연극을 후원하고 있으며, 걸스카우트들이 우리 집 현관문을 두드릴 때마다 항상 쿠키를 사준다. 그건 내가 쿠키를 좋아해서가 아니라, 브라우니 제복을 입은 누이와 딸들에 대한 오래 전 기억이 떠오르기 때문이다. 어쨌든 충분히 많은 인구를 대상으로 할 때, 해밀턴의 이론은 의미가 있다. 1620년에 미국 땅을 밟았던 영국의 청교도 순교자들 중 50퍼센트는 첫 번째 겨울을 넘기지 못했다. 당시 사망한 사람들은 살아남았던 사람들에 비해 친척의 수가 훨씬 적었다고 한다. 한 실험은 로스앤젤레스에 거주하는 나이 든 여성 300명을 대상으로 이런 질문을 던졌다.

"여러분에게 문제가 생겼을 때 가장 많은 도움을 주는 사람은 누구입니까?"

여기서 가장 자주 등장했던 대답은 가까운 친척이었다. 다람쥐들조차 친척에게 더 친절하다. 야생 생물학자들은 다람쥐가 코요테를 발견했을 때, 근처에 있는 형제들에게 경고를 하고, 위험을 무릅쓰고 코요테의 관심을 자신에게로 돌리고자 한다는 사실을 발견했다. 그러나 주변에 낯선 다람쥐들밖에 없는 경우, 혼자서 슬그머니 도망쳐 위기를 모면하고자 했다.[12]

결론에서 우리는 구성원들의 희생을 이끌어내고, 저축을 장려하고, 동포애를 강화하기 위해서 국가가 어떻게 DNA를 뛰어넘는 확장된 유대 관계를 창조할 수 있는지 살펴볼 것이다. 이러한 새로운 관계를 창조하지 못할 때, 구성원들은 관용과 영웅심을 발휘하기보다 더욱 이기적인 행동을 보일 것이다. 이러한 점에서 부채를 더 떠안아야 한다는 알렉산더 해밀턴의 주장은 부유한 나라, 즉 더 많고 다양한 인구와 더 적은 가족적 관계로 이루어진 윌리엄 해밀턴의 나라에서는 위험한 접근방식으로 드러나게 될 것이다.

절약의 패러독스 對
절도의 패러독스

빠른 두뇌 회전과 날카로운 문장력을 자랑하는 존 메이너드 케인스
는 케임브리지 대학에서 인생을 마음껏 즐기며 살았다. 그는 또한
1930~1980년 동안 세계에서 가장 영향력 높은 경제학자였다. 대공
황 시절 그는 나중에 '절약의 패러독스Paradox of Thrift'라고 이름 붙여진
획기적인 개념을 내놓았다. 케인스 이론에서 저축은 나쁜 행동이 될
수 있다. 모든 사람들이 갑자기 자동차나 생필품을 사지 않고 은행에
저축만 한다면, 나라의 경제는 침체로 빠져들고 말 것이다. 역설적이
게도 케인스는 더 많이 저축을 할수록 소득은 더 줄어들 것이라 주장
했다. 그는 "더욱 도덕적으로 그리고 더욱 검약하게 살수록 …… 소
득은 오히려 더 떨어지고 말 것이다."라고 주장했다.[13] 그의 이러한
주장은 폴로니우스에서 벤저민 프랭클린에 이르기까지 기존의 경제
이론에 충실했던 모든 이들에게 충격을 안겨 주었다.

케인스의 세상에서는 한 푼을 저축하면 한 푼을 잃는다. 이후 케인
스의 추종자들, 특히 그중에서도 노벨상을 수상했던 폴 새뮤얼슨Paul
Samuelson은 케인스가 말한 절약의 패러독스를 전 세계의 경제 교과서
에 옮겨 실었으며 나중에는 이 개념을 바탕으로 감세가 아니라, 오히
려 정부 지출을 확대함으로써 경기 침체와 맞서 싸워야 한다고 주장했
다.[14] 모든 소비자들이 갑자기 소비를 중단한다면, 국가 경제는 틀림
없이 크게 위축될 것이다. 하지만 절약의 패러독스에도 결함이 있다.

가령 저축이 증가하면 이자율이 하락하고, 이로 인해 기업들의 투자가 활성화된다. 또한 다양한 경험적인 증거들은 높은 저축률이 국가 경제의 성장과 상관관계가 있음을 보여준다.[15]

여기서 우리의 과제는 케인스 경제학의 타당성을 논하는 것이 아니다. 이러한 논의에 관심이 있다면, 내가 쓴 책 『죽은 경제학자의 살아있는 아이디어』를 권하는 바이다. 지금 우리가 할 일은 절약의 패러독스의 뒷면을 살펴보는 것이다. 나는 그것을 '절도의 패러독스Paradox of Theft'라 부를 것이다. 일반적으로 가구들이 부유해질수록 부채와 채무 불이행 그리고 파산의 위험성은 낮아진다. 일반적으로 소득을 기준으로 상위 5퍼센트에 해당하는 가구들의 부채 수준은 하위 95퍼센트 가구들의 절반 정도밖에 되지 않는다(부채 대 소득 비율을 기준으로 할 때). 그러나 이제 우리는 미국 18대 대통령 율리시스 S. 그랜트Ulysses S. Grant(50달러 지폐의 주인공)부터 가수 미트 로프Meat Loaf와 힙합 뮤지션 피프티센트 50 Cent(어떤 지폐의 주인공도 아닌)에 이르기까지 부자들도 파산을 맞이하는 예외적인 사례들을 접하고 있다. 그럼에도 일반적으로 부유한 사람들은 더 편히 잠을 잔다. 그리고 행복에 관한 연구는 돈으로 마음의 평화를 살 수 있다는 사실을 보여준다.

그렇다면 여기서 패러독스는 무엇인가? 나는 연구를 통해서 재정과 관련하여 국가들이 종종 정반대의 경우에 직면하게 된다는 사실을 보여주었다. 다시 말해, '부유한 국가들은 가난한 국가들보다 더 많은 부채에 허덕이고 있다'는 것이다. 대침체의 여파가 이어지던 2010년, 멕시코나 베트남, 러시아와 같은 국가들의 부채 수준은 미국이나 일본,

혹은 유로존에 비해 훨씬 낮았다. 미국이 연간 총생산의 약 80퍼센트에 달하는 부채를 쌓아두고 있었던 동안, 러시아의 부채 비중은 10퍼센트에 불과했다. 미국의 연간 재정 적자가 GDP의 10퍼센트를 넘었을 때, 러시아는 4퍼센트도 되지 않았고, 멕시코 역시 3퍼센트 아래였다. 그리고 인도네시아는 자랑스럽게도 정확한 균형 예산을 보여주었다.

여러분은 어떻게 2014년 2월 블라디미르 푸틴이 동시다발적으로 (1) 크림 반도에서 벗은 몸을 과시하고, (2) 유엔의 비난을 비웃고, (3) 우크라이나의 과격한 분리주의자들의 심기를 건드린 뒤, 다시 제자리로 돌아와 러시아 국채 수익률이 향후 2개월 동안 4.65퍼센트에서 5.2퍼센트로 0.55포인트나 상승했던 장면을 목격할 수 있었다고 생각하는가? 그것은 미국에 비해 한참 못사는 러시아가 미국이나 그들의 '부유한' 동맹들보다 부채가 훨씬 적었기 때문에 가능한 일이었다.[16] 2008년 대침체 직전에 미국의 부채 비율이 39퍼센트였던 반면, 멕시코는 17퍼센트가 안 되었고, 러시아는 10퍼센트 정도에 불과했다.[17]

물론 그렇다고 해서 부자 나라에서 사는 것보다 가난한 나라에서 사는 게 더 낫다거나, 혹은 못 사는 나라들이 더 현명하고 도덕적이라는 이야기를 하려는 게 아니다. 그건 분명히 사실이 아니며, 가난한 국가들 역시 때로 부채 위기로 고통을 겪는다(2014~2015년 상품 가격이 폭락했을 때, 러시아 경제가 그랬다). 우리는 여전히 절도의 패러독스와 씨름해야 하고, 그리고 왜 부자 나라들이 많은 빚을 지게 되는지 물어야 한다. 부유한 나라들이 그러한 이유는 무엇일까? 세 가지 이유가 떠오른다.

첫째, 부자 나라들은 돈을 더 많이 빌릴 수 있다. 은행과 채권 매입자들은 부자 나라들에 보다 편안한 마음으로 돈을 빌려준다. 부자 나라들은 빚을 잘 갚는다. 이러한 점에서 알렉산더 해밀턴의 주장은 옳았다. 즉 국가는 신뢰 있는 부채 상환의 역사를 보여줌으로써 명성을 높이고, 이를 통해 더 많은 돈을 빌릴 수 있다. 부자 나라는 또한 철도, 비행기, 통행료 징수 수입 등 부채 상환을 뒷받침할 실질적인 자산을 확보하고 있다. 그리고 미국 달러가 지금도 여전히 세계 최고의 기준 통화로 인정받고 있기 때문에, 은행들은 달러 기반의 약속 어음을 환영한다. 사실 미국 정부는 빈 종이에 '100달러'라고 쓰는 방식으로 돈을 만들어내고 있다(화폐주조seignorage' 행위). 그리고 전 세계 사람들은 별로 비용이 들지 않는 얇은 6인치짜리 종잇조각을 얻기 위해 미국 조폐국에 100달러의 가치를 주어야 한다. 몽고와 같은 약소국들은 그들 자신의 화폐를 기반으로 많은 부채를 얻지 못한다. 전 세계 사람들은 '투그릭'이라고 하는 몽고 화폐를 담보물로 인정하지 않는다. 그렇기 때문에 몽고는 부채를 얻기 위해 미국 달러로 상환해줄 것이라는 약속을 해야 한다.

둘째, 1장에서도 살펴보았듯이 부자 나라들의 부채는 출산율이 떨어지면서 더욱 높아진다. 근로자 대비 퇴직자의 비중이 높아지면서, 부자 나라들은 실질적인 생산 없이 더 많은 재화에 접근한다. 극단적인 사례를 들자면, 일본의 GDP 기준 부채 비율은 1980년대 50퍼센트에서 오늘날 245퍼센트로 급증했다. **출산율이 대체율을 밑돌 때, 점점 더 증가하는 부채를 상환하는 것은 거의 불가능하다.**

셋째, 국가가 부유해지면서 미래 세대와의 연결고리가 느슨해진다.

절도의 패러독스의 피해자는 누굴까? 그건 젊은이들이다. 2명의 미국인을 떠올려보자. (1) 올해 65세가 되는 베이비부머, (2) 산부인과 병동에서 갓 퇴원한 아기. 일반적으로 베이비부머 세대들은 그들이 평생 연방 세금으로 납부한 금액보다 32만 7,000달러나 더 많은 혜택을 사회보장이나 의료보험을 통해 얻는다. 하지만 갓 태어난 아기는 이들에 비해 자기 자신에 더 의존해야 한다. 그들은 미래에 얻을 혜택보다 42만 1,000달러나 더 많은 돈을 세금으로 내야 한다.[18] 정부 프로그램 운용을 위해, 이들이 평생 납부해야 할 세금은 소득 1달러당 약 60센트에 이르게 될 것이다. 게다가 소득을 올리기는 앞으로 점점 더 힘들어질 것이다.

얼마 전 딸아이가 내게 전기 스쿠터를 한 대 사달라고 했다. 내가 그게 왜 필요한지 이해하지 못하자 딸아이는 이렇게 설명했다.

"코스트코에 가보면 사람들이 스쿠터를 타고 다니잖아요."

하지만 나는 별로 내키지 않았다.

"말도 안 돼. 우선 우리 가족은 몸을 더 많이 움직여야 해. 그리고 전기 스쿠터는 너무 비싸. 거기에 돈을 낭비할 생각은 없으니 그만 포기하렴."

그러나 딸은 이미 나의 거절에 반박할 근거를 마련해 두고 있었다.

"아빠, 걱정 마세요. TV에서 봤는데 노인의료보험Medicare에서 지원을 해준대요!"

물론 그 TV 광고는 그 보험료를 누가 내야 하는지에 대해서는 설명해주지 않았다.

오늘날 정치인들은 다소 섬뜩한 방법을 동원하여 젊은이들을 희생함으로써 노인들을 위한 재원을 마련하거나, 혹은 협소하고 근시안적인 방식으로 정치적 명성을 얻기 위해 노력한다. 간단한 사례 하나를 살펴보자. 미국 정부는 채권이나 어음을 발행하는 방식으로 돈을 빌린다. 그것도 상당히 많은 돈을 빌린다. 그런데 일반적으로 이러한 차용증들의 만기는 어떻게 될까? 미국 부채의 70퍼센트는 만기가 5년 미만이다. 그리고 이들 중 상당수의 경우, 만기가 도래했을 때 기존보다 훨씬 더 높은 금리로 상환 연장을 받을 것이다. 오늘날 정치인들은 다른 사람의 미래를 걸고 도박을 벌이는 TV 게임 프로그램 참가자들이다. 1950년대에 그루초 막스Groucho Marx가 참가자들 앞에다가 장난감 오리를 매달아 놓았던 이후로, 미국은 게임 프로그램의 나라가 되어버렸다. 〈제오퍼디Jeopardy〉〈레츠 메이크 어 딜Let's Make a Deal〉〈휠 오브 포춘 Wheel of Fortune〉과 같은 프로그램을 시청할 때, 미국인들은 특정한 장면에서 TV를 향해 이렇게 비명을 질러댄다.

"멍청한 짓 좀 하지 마. 그냥 멈추라고!"

하지만 미국 국민들은 오바마 대통령이 백악관에 입성했던 2009년부터 연방 정부의 부채가 7조 5,000억 달러나 더 늘어난 2015년에 이르기까지, 미국 재무부를 향해서 똑같이 일갈했어야 했다. 오바마 이전 대통령들이 쌓았던 부채는 모두 합해서 약 10조 6,000억 달러 정도였다.[19] 오늘날 미국 사회는 그 빚을 어떻게 갚아야 할지 알지 못한다. 그럼에도 세상은 여전히 미국에 실질적으로 3퍼센트 이하의 금리로, 때로는 1.6퍼센트로 10년간 돈을 빌려주겠다고 말하고 있다.

그렇다면 미국 재무부는 아주 낮은 금리로 50년, 혹은 100년 만기 채권을 발행함으로써 미래 세대의 부담을 덜어주면 되지 않겠는가? 어쩌면 여러분은 어떤 국가가 50년이나 100년 이후에도 그대로 존재하고 있을 거라 누구도 장담할 수 없다고 생각할지 모른다. 하지만 기업들은 실제로 장기채권을 경매를 통해 성공적으로 발행하고 있다. 가령 디즈니가 '잠자는 숲속의 미녀Sleeping Beauty' 채권을 발행했을 때, 시장은 이를 마구 주워 담았다. 로스앤젤레스 타임스는 이렇게 평했다.

"시장 수요는 디즈니가 예상했던 것보다 훨씬 더 높은 것으로 드러났다."

철도회사 노퍽서던Norfolk Southern 역시 2010년 100년 만기 채권을 발행하면서 이와 비슷한 수준의 환영을 받았다. CBS 뉴스는 "기관 투자자들이 미친 듯이 채권을 사들였고, 이에 노퍽서던은 채권 발행을 두 배 이상 높였다."고 보도했다. 하지만 철도회사가 발행한 100년 만기 채권을 사들인다는 것이 무엇을 의미하는지 한번 생각해보자. 과연 22세기에도 철도는 존재할 것인가? 그 밖에도 코카콜라와 IBM, 페덱스, 포드와 같은 기업들 역시 100년 만기 채권을 발행하고 있다.

여러분이 로켓 과학자라면, 아마도 이러한 초장기 채권의 논리를 이해하지 못할 것이다. 그럼에도 펜실베이니아 대학, 오하이오주립대학, 서던 캘리포니아 대학, 예일 대학 등 미국의 대표적인 교육기관들 역시 100년 만기 채권을 발행하고 있다. 그리고 오늘날 많은 정부들 또한 그 개념을 받아들이고 있다. 1827년에서 1994년에 이르기까지 환율 폭락 및 채무 불이행 등 오점 투성이의 경제 역사에도 불구하고, 2010년에 전 세계 사람들은 멕시코 정부가 발행한 100년 만기 채권을 사들였다. 일본과 프랑스, 그리고 영국 정부들 역시 40년 이상의 장기 채권을 이미 발행하고 있다.

그러나 미국 재무부는 디즈니와 멕시코의 선례와는 달리 무모하게도 향후 상환 연장이 필요한 단기 자금을 빌렸다. 영국 채권의 평균 만기는 미국 채권보다 세 배나 더 길다. 이에 대해 오바마 행정부는 그 대신 낮은 금리의 혜택을 누릴 수 있으며, 실질적으로 부채 만기를 연장하고 있다고 언급했다. 그러나 이는 설득력이 부족한 변명이다. 물론 평균 만기는 5년을 살짝 넘어서겠지만, 이는 1990년 초반 수준에 못 미치는 것이며, 2001년에 기록한 약 6년보다도 더 짧다. 거시적인 차원에서 2001년의 경우와 비교를 해보자. 2001년에 미 재무부의 10년 만기 채권 수익률은 5.15퍼센트였다. 2012년에는 10년 만기 채권 수익률이 1.60퍼센트를 약간 넘었다가, 2015년에는 2퍼센트를 넘어섰다. 정책 결정자들이 미래 세대를 신중하고 책임 있는 시선으로 바라보았더라면, 2001년의 기록을 그저 바라만 볼 것이 아니라 갱신했을 것이다. 미국 재무부 차입 자문 위원회Treasury Borrowing Advisory Committee의 회의록에 따르면, 그 위원회 부의장은 재무부가 '유연한 태도'를 유지하기를 원한다는 발언을 했다. 유연함은 고무줄이나 슬링키 스프링, 혹은 빅애플 서커스Big Apple Circus의 광대에게 대단히 유용한 덕목이다. 하지만 금융위기에서 벗어나기 위해 어떻게든 차입 금리를 묶어놓아야 할 책임을 진 정부기관의 관리자에게는 아니다.

그렇다면 오바마 행정부는 왜 소심한 게임 프로그램 참가자의 역할을 자처했던 것일까? 그것은 아마도 오바마가 소심한 인물이기 때문은 아닐 것이다. 일반적인 추측은 약삭빠른 정치적 이기심과 단기적 편향 때문이라는 것이다. 일반적으로 이자율 그래프(장기 부채의 이자 비용이 일반적으로 더 높다는 점을 보여주는 그래프)에서 단기 부채의 곡선이 가장 아래에 있기 때문에, 단기 부채는 재정적자를 줄일 수 있다는 환상을 심어주면서, 재정적인 측면에서 대통령의 프로필을 더욱 돋보이게 만들어주는 기능을 한다. 단기 수익률을 0으로까지 쥐어짜는 연방준비제도의 관대함과 더불어, GDP의 1.4퍼센트에 불과한 기존 부채의 이자 비용은 대단히 미미한 것처럼 보인다.

그러나 이러한 선택은 오바마 대통령의 이미지를 살리는 대신, 미래 세대를 더욱 어렵게 만들고 말았다. 50년이나 100년 만기 채권을 발행하기 위해서는 3~4퍼센트 정도의 높은 수익률을 제시해야 한다. 이는 분명하게도 단기적인 차원에서 국가의 재무 보고서에 악영향을 미칠 것이다. 그러나 국가 공동체에 분명한 이익이 된다면, 지도자는 개인적인 이미지에 대한 불이익을 감안하고서라도 결단을 내려야 한다. 3~4퍼센트 수익률로 100년 만기 채권을 발행하겠다는 오바마의 결정은 천장에 그림을 그려달라는 교황 율리우스 2세의 제안을 받아들인 미켈란젤로 이후로 최고의 선택으로 남았을 것이다.

오바마 대통령의 자문들은 상대적으로 단기적인 부채가 미국 시민들을 위험에 처하게 만들 것이라는 사실을 인정해야만 했다. 금리가 다시 일반적인 수준으로 회복될 때, 앞으로 10년 동안 재정적자는 4조 9,000억 달러로 치솟을 것이다.[20]

여러분이라면 집을 사려는 친구에게 몇 년 뒤 급등할 것이 분명한 티저 금리teaser rate(처음 1~2년간 적용되는 낮은 금리 - 옮긴이)로 대출을 받으라는 조언을 할 것인가? 오늘날 경제 상황에서 티저 금리는 한탕을 꿈꾸는 사업가들을 위한 것이다. 그러나 국가가 한탕을 꿈꾸어서는 곤란하다.

그 내기의 위험성은 미국 TV 프로그램 '가격은 옳다The Price is Right'에서 밥 바커Bob Barker나 드루 케리Drew Carey가 제시했던 것보다 훨씬 더 높다. 미국 정부가 채권 만기를 연장하기 위해 애쓰는 동안에 금리는 크게 높아질 것이며, 세상의 금융 시스템은 미국 납세자들을 향해 이렇게 선언할 것이다.

"게임 끝. 당신은 졌습니다."

절도의 패러독스를 해결하기 위해서, 우리는 다양한 민족과 다양한 계층의 사람들뿐만 아니라, 다양한 세대까지 수직적·수평적으로 포괄할 수 있는 새로운 시스템을 마련해야 한다. 국회 세입위원회 소속 하원의원들끼리 밀담을 나누는 회의실에서 젊은 세대는 어떤 목소리를 낼 수 있을까? 정치인들은 산을 오르고 국립공원에서 개울을 건너는 부지런한 모습을 대중들에게 보여준다. 그리고 미래 세대가 별을 바라보며 캠핑을 즐기고, 높다란 미루나무에 앉은 흰머리독수리 사진을 찍을 수 있도록 자연을 보호해야 한다고 주장한다. 하지만 우리 세대가 쌓아놓은 빚더미에 짓눌려 생존을 위해 나라의 소중한 자산을 팔아치워야 한다면, 그건 국가적으로 분명한 비극일 것이다.

핫 머 니 의

위 험

오늘날의 첨단 금융 기술의 시대에서 허술한 부채 관리는 더욱 위험할 수 있다. '핫머니Hot money(세계 금융시장에 걸쳐 빠른 속도로 이동하는 단기자금 - 옮긴이)'는 주식 중개인들의 책상 위로 액상 마약을 호스로 마구 뿌려대는 것처럼 전 세계 금융 시장을 과열시키고 있다. 마틴 스코세이지 감독의 〈더 울프 오브 월스트리트The Wolf of Wall Street〉에서 주인공은 자신이 '맨해튼, 롱아일랜드 그리고 퀸즈를 한 달 동안 잠재울 수 있을 만큼의 마약'을 들이마셨노라고 자랑을 한다. 참으로 인상적인 대사다. 하지만 헤지펀드 세상에서 내가 겪었던 경험에 비추어볼 때, 그건 말도 안 되는 소리다. 월스트리트와 런던, 프랑크푸르트 그리고 베이징은 한시도 잠들지 않는다. 그러나 어쩌면 잠들어있는 편이 더 나을지 모른다. 문제는 이들 시장이 애더럴Adderal(암페타민이 함유된 각성제 - 옮긴이), 레드불, 그리고 우롱차를 과다 복용하여 지나치게 각성된 상태를 유지하고 있다는 사실이다.

핫머니의 흐름을 이해하기 위해, 미국의 단순한 사례를 살펴보자. 드라마 〈비버는 해결사Leave it to Beaver〉가 큰 인기를 끌었던 흑백 TV 시절, 집을 사려는 부부들은 한적한 지역 은행으로 차를 몰고 갔다. 그들은 그곳 지점장을 개인적으로 잘 알고 있고, 지점장 역시 이들 부부의 신용 상태를 속속들이 파악하고 있다. 부부의 자녀들은 그 옆에서 막대 사탕을 빨고 있다. 드라마 〈베벌리 힐빌리즈The Beverly Hillbillies〉에 등장하는 시골뜨기 백만장자 제드 클램펫 역시 우스꽝스러운 은행가 드라이스데일을 잘 알고 있다. 클리버스나 클램펫 가문 사람들이 돈을 빌리려고 올 때, 은행장은 바짝 긴장을 한다. 그는 이들이 부채 상환을 성실하게 하고 있는지 항상 감시해야 한다. 그 후로 몇십 년이 흘러서 월스트리트는 연방저당권협회와 손을 잡고, 채권을 거래 가능한 증권으로 전환함으로써 예금자, 은행, 대출자 사이의 연결 고리를 완전히 끊어버렸다. 2006년 모기지를 발행했던 지역 은행들은 그들이 보유하고 있던 채권들 중 98퍼센트를 월스트리트로 넘겨버리면서, 부채들을 감시해야 할 그들의 책임도 놓아버렸다. 앞서 언급했던 것처럼 은행들은 이제 '스킨 인 더 게임'을 잃어버렸다. 그리고 이러한 움직임은 2000년대 일어난 주택 가격의 급등, 그리고 그 이후로 이어진 글로벌 금융위기의 원인으로 작용했다. 하지만 이야기는 여기서 끝이 아니다. 세계적인 '핫머니'가 상황을 더욱 심각하게 몰아갔다.

오늘날 전 세계 투자자들은 컴퓨터 화면을 훑고 다니면서 '다음다음에 벌어질 일'을 모색하고 있다. 획기적인 신기술의 개발, 석유 굴착, 유전 발견 혹은 특정 국가의 주식 시장에 벌어진 사건이 바로 그러한 일이 될 수 있다. 이들 투자자들은 자세를 고정하고, 총알을 장전하고 손가락을 방아쇠에 건 채로 대기하고 있다. 주식 거래장을 돌아다니면 이러한 잡담들을 듣게 된다.

"코스타리카가 이제 뜨겠군!" "페이스북이 80달러를 넘어서면 난 전부를 걸 거야." "파나마 채권을 몽땅 사야겠어!"

잠재적인 폭발의 조짐이 보일 때, 단기 투자자들은 수십억 달러에 달하는 총알을 목표물을 향해 일제히 발사한다. 그리고 집중 포화가 이루어지는 동안 가격은 천정부지로 솟구친다. 여기서 문제는 뭘까? 미쳐 날뛰는 수십억, 혹은 수조 달러의 자금 공세를 안전하게 흡수하기에 대부분의 주식, 혹은 국가들은 그 규모가 '너무도 작다'는 것이다(내가 전설적인 150억 달러 규모의 타이거 헤지펀드의 매니저를 맡았을 때, 실제로 캐나다 국채 경매에서 2/3의 물건을 사들였다. 게다가 캐나다는 정말로 거대한 나라다!). 하지만 뜨거운 열기는 언제든 시들 수 있다는 사실에 주목하자. 정치 스캔들, 혹은 월마트와 같은 대기업들의 주문 취소와 같은 사건들이 바로 그러한 열정을 단번에 시들게 만드는 원인이 될 수 있다. 그러면 좀 전에 마구잡이로 방아쇠를 당겼던 투자자들은 즉각 불안감을 느끼고 돈을 빼내기 시작한다. 그러면 무슨 일이 벌어지게 될까? 피비린내가 진동하는 시장 붕괴가 시작되는 것이다.

1990년대에 걸쳐서 태국과 인도네시아, 말레이시아 그리고 한국 경제는 포효했다. 월스트리트 컨설턴트들은 이렇게 외쳤다.

"아시아 호랑이에 투자하면 절대 실패할 일 없다." "이들은 멈추지 않는 수출의 슈퍼스타들이다!"

1996년에 민간 투자자들은 930억 달러를 이들 작은 네 나라에 집어넣었다. 덕분에 말레이시아 주식 시장은 1년 만에 두 배로 성장했다. 그러나 이들 국가들로 흘러들어간 수십억 달러의 자금은 그들의 통화 가치를 높였고, 이로 인해 수출에서 가격 경쟁력을 잃어버리고 말았다. 그리고 1997년 모두가 갑작스레 불안감을 느꼈고, 투자자들은 120억 달러를 한꺼번에 인출했다. 그렇게 회수해간 자금의 규모는 이들 국가들의 GDP를 모두 합친 금액의 10퍼센트가 넘는 수준이었다. 이후 이들 국가들의 통화 가치는 폭락했고, 그 국민들은 자동차나 주택을 사는 것은 물론 점심 한 끼 때우기도 힘들어졌다. 대규모 폭동이 일어나기 시작했고, 인도네시아에서는 이로 인해 약 1,000명의 시민이 목숨을 잃었다. 신문 머리기사는 연일 약탈과 집단 강간 사건들을 보도했으며, 이렇게 외국에 대한 혐오를 드러내기 시작했다.

"월스트리트 중개인들이 아시아를 강간했다."

엔트로피 특성을 그대로 반영하는 세계 경제의 극단적인 변화는 자신의 삶이 월스트리트 늑대들의 광포한 변덕에 달려있다는 사실에 대해 한 번도 생각해보지 않았던 이들의 삶을 처절하게 망가뜨렸다.

이 책에서는 환경 파괴의 문제를 집중적으로 들여다보고 있지는 않지만, 그래도 오늘날의 경제가 어떻게 질병의 확산을 용이하게 만들고 있는지 살펴볼 필요는 있겠다. 역사의 대부분 기간 동안에 인류는 그들의 삶의 터전으로부터 그리 멀리 이동하지 않았다. 과학자이자 베스트셀러 작가인 재러드 다이아몬드Jared Diamond가 지적했듯이, 식물과 동물, 그리고 인간은 산과 바다에 가로막혀 폐쇄적인 삶을 살았다. 하지만 유대인의 집단 이주나 십자군 원정과 같은 사건들은 병원균들을 멀리 떨어져 있는 취약한 집단에게로 옮겨다 놓았다. 제2차 세계대전에 이르기까지, 전쟁터에서 입은 부상보다 적군에 의한 병원균 감염이 더 많은 희생자를 양산했다.[21]

세계화는 재화와 서비스는 물론, 병원균도 함께 자유롭게 오갈 수 있도록 문을 활짝 열어놓는 역할을 했다. 인류의 유동성은 1800년 이후로 100배나 증가했고, 병원균과 전염병의 유동성 역시 마찬가지로 증가했다. 뎅기열을 옮기는 흰줄숲모기는 타이어를 적재한 컨테이너 속에서 대양을 건넌다. 그리고 생태계에 치명적인 얼룩홍합은 대형 선박의 평형수를 타고 러시아에서 미국의 오대호로 퍼져나간다. 또한 수많은 병원균들이 항공기를 타고 히드로나 JFK에 함께 착륙하여 새로운 숙주를 물색한다. 호주갈색나무뱀은 30년 전에 괌으로 흘러들어와 그곳에 서식하는 산새들 대부분을 멸종시켜버렸다. 그리고 이제는 에어버스 항공기의 바퀴를 타고 밀항하여 하와이로 날아가고 있다. 미국 농무부USDA는 이렇게 이동하는 뱀들 때문에 발생한 의료사고 및 정전 사태와 관련하여 매년 6~21억 달러 규모의 피해가 발생하는 것으로 추산했다.

미 농림부는 이러한 뱀의 침공을 막기 위해서 헬리콥터들을 산 위로 띄워 아세트아미노펜Tylenol을 주입한 죽은 쥐를 떨어뜨려 뱀들을 독살시키는 방법까지 동원하고 있다.[22] 물론 이러한 문제의 해결책은 비행기 이착륙을 금지하는 것이 아니다. 포악한 뱀들의 이동수단이 되어주고 있는 항공기들은 동시에 소중한 백신과 사람의 생명을 살리는 의료장비를 화물칸에 싣고 온다. 이제 우리는 이러한 패러독스의 실체를 인정하고, 해외로부터 뱀들이 유입되지 못하도록 막는 동시에 의료장비를 효과적으로 들여오는 방안을 모색해야 한다.

미국이나 영국 같은 부자 나라들에 가난한 나라들은 아주 멀리 있는 것처럼 보였다. 동인도기업의 용감한 탐험가와 상인들만이 바라볼 수 있는 어둡고 희미한 곳이었다. 그러나 이제 세상은 좁아졌고 병원균들도 비행기를 타고 돌아다니고 있다. 가난한 나라의 문제는 부자 나라들의 문제가 되었고, 부자 나라는 그러한 문제를 사회 내부적으로 더 키워가고 있다. 게다가 이제 그 문제는 새로운 세대에게 넘어가고 있다.

4장

근로 의지의 쇠퇴와
정체의 덫

약 5년 전에 나는 플로리다에 있는 한 전력회사의 엔지니어로부터 조언을 달라는 요청을 받았다. 그녀는 자신과 함께 살고 있는 20대 대학 졸업생 아들을 어떻게 해야 할지 모르겠다고 했다. 당시 그녀의 아들은 코코아비치에서 스페이스코스트에 이르는 지역에서 일자리를 구하지 못하고 있었다. 그 지역의 전반적인 실업률은 10퍼센트에 가까웠다.

나는 물었다.

"아드님에게 대출이 있나요?"

"아뇨."

"배우자는요?"

"없어요."

"아이는요?"

"없어요. 조시는 몇 년 전에 졸업을 했어요."

"그렇다면 아드님에게 남서부행 저가 비행기를 타고 노스다코타 주 파고로 가라고 하세요. 환승을 한 번 하고 오마하에서 야간 고속버스를 타면 됩니다. 그 지역의 실업률은 2.9퍼센트에 불과해요. 조시는 아마도 버스 기사가 안전벨트 경고등을 *끄*자마자 일자리를 구할 수 있을 겁니다."

그러고는 조시가 혹시 스키나 메이플 시럽을 좋아하는지도 물어보았다. 버몬트 지역 역시 실업률이 4.5퍼센트 정도에 불과했기 때문이다.

조시의 어머니와 나누었던 대화를 통해, 부유하고, 부채 수준이 높고, 관료 조직이 지나치게 방대한 국가의 어려움을 집약적으로 볼 수 있다. 부자 나라의 경제가 쇠퇴한다고 해서 그 국민들이 갑자기 밥을 굶게 되는 것은 아니다. 다만 아침 일찍 일어나 식사를 하는 일을 그만둘 뿐이다. 부자 나라의 경제가 어려워질 때, 국민들은 여전히 편안한 침대에서 잠자리에 들기는 하지만, 거기서 아침 일찍 일어나야 할 이유를 잃어버리게 된다. 신용이 위축되고 부채가 상승하면서 사람들의 근로 의지는 쇠퇴한다. 미국 노동부는 매달 경제활동 참가율Labor Participation Rate이라고 하는 독특한 통계 자료를 발표한다. 이는 성인들을 대상으로 일하기를 원하는 사람들의 비율을 의미한다.

현재 경제활동 참가율은 최근 17년 동안 계속해서 감소하여 약 63퍼센트 수준을 기록하고 있으며, 이는 1970년대 말과 비슷하다. 그런데 이게 왜 놀라운 소식일까? 1970년대만 하더라도 수백만 명의 여성들이 노동 시장에 어떻게 진입해야 하는지 알지 못했다. 많은 여성들이 스스로를 '가정주부'라 생각하고 있었고, 게다가 여성 차별은 극복하기 힘든 상황이었다. 그러나 이제는 여성들에게도 더 많은 노동의 기회가 주어져있기 때문에, 전반적인 경제활동 참가율은 당시의 수치를 훌쩍 뛰어넘어야 정상이다. 하지만 현실은 그렇지 않다. 게다가 오늘날 웨스트버지니아에서 일을 하고 있는 성인들의 비중은 절반이 채 되질 않는다. 이는 40년 전과 거의 비슷한 상황이다.[1]

내가 이 장에서 소개하고 있는 많은 통계 자료들은 오직 남성들에게만 해당된다는 점을 먼저 언급해야겠다. 20세기 동안 여성 고용은 성차별과 문화적 규범으로 인해 심각한 제약을 받았다. 이로 인해 근로 의사가 뚜렷한 여성들도 일자리를 쉽게 찾을 수 없었다. 여성의 경제활동 참가율은 1950년대에 35퍼센트를 시작으로 1980년대 75퍼센트로 두 배가 되었지만, 2000년에 다시 위축되기 시작했다.

그렇다면 지난 20년 동안 성인들 중 일하고 있는 사람들의 비중은 왜 크게 떨어진 걸까? 시카고와 필라델피아의 연방준비제도 이사회의 설명에 따르면, 많은 베이비부머 세대들이 은퇴 연령에 이르렀다는 것도 한 가지 이유다(이러한 현상은 2010년 이후로 미국 사회에 큰 영향을 미치고 있다).[2] 그리고 은퇴와는 거리가 먼 X 세대와 Y 세대들은 풀타임 직장을 적극적으로 구하려 들지 않는다. 약 1,100만 명에 해당하는 미국 근로자들이 직장을 그만두면서 장애수당disability payment을 신청하여 성공적으로 타내고 있다. 그 수치는 1995년에 비해 두 배에 육박하고 있다. 나중에 다시 논의하겠지만 오늘날 근로 환경이 예전에 비해 더욱 안전하고 육체적으로 덜 힘들다는 점에서 이는 대단히 의아한 결과다. 경제

활동 참가율이 하락한 이유로 금융위기로부터의 더딘 회복을 탓할 수는 없다. 미국 노동부는 2000년부터 조사를 실시하면서, 2015년 봄에 540만 개의 일자리가 채워지지 않았다는 보고서를 내놓았다.[3] 물론 모든 일자리가 적절한 노동력으로 채워질 수는 없다. 우리 사회는 돈을 빌리려는 사람들을 끌어모으는 모기지 중개인들보다 천연가스의 추출 원리를 이해하는 소프트웨어 엔지니어와 광부들을 더 많이 필요로 한다.

영국의 글로벌 컨설팅 기업인 딜로이트Deloitte의 보고서는 2011년을 기준으로 전체 실업률이 평균 8퍼센트를 웃도는 상황에서도 제조업 분야에서는 60만 개의 일자리가 적절한 인재를 찾지 못하고 있다고 말하고 있다.[4] 오늘날 이러한 일자리의 임금 수준은 아마도 충분히 매력적이지는 않을 것이다. 우리는 지금 취향의 변화와 마찬가지로 사회 구조적인 변화를 목격하고 있다. 소비자들이 일반 우유보다 저지방 우유를 먹기로 선택한 것처럼, 수천만 명이 이제 아침 일찍 출근해서 저녁 늦게까지 일하는 라이프스타일을 꺼리고 있다. 그리고 언론들이 마크 저커버그와 세르게이 브린, 엘론 머스크를 비롯한 수많은 비즈니스 마법사들이 일궈낸 놀라운 성과를 한껏 치켜세우고는 있지만, 안타깝게도 미국 사회에서 창업 열기는 최근 30년 동안 최저치를 기록하고 있다.[5]

옛 날 옛 적

모 두 가 일 을 했 을 때

세상이 더 가난했던 1850~1900년 동안 대부분의 사람들은 밥을 먹기 위해 일을 해야만 했다. 그것은 엄연한 현실이었다. 실제로 16세 이상의 남성들 중 약 90퍼센트가 일을 했다.[6] 그렇다면 당시 사람들은 얼마나 오랜 세월을 일해야 했을까? 일반적으로 그들은 죽을 때까지 일했다. 그것은 우선 기대 수명이 지금보다 크게 낮았기 때문이다. 비교적 더 가난했던 미국 남부 지방에서는 아이들도 일을 했다. 앨라배마와 노스캐롤라이나 주의 경우, 10~15세의 아이들 중 절반이상이 종일 일했다.

이민자들은 원래 거주민들보다 더 열심히, 더 오래 일을 했다. 부자가 아닌 이상 미국을 향해 험난한 여정을 떠나기 위해서는 자신의 거친 등과 억센 손을 보여주어야 했기에, 그들은 충분히 그럴 수 있었다. 그렇지 못한 이민자들은 대서양이나 태평양을 건너는 배에 오르기 위해 잔꾀를 부려야 했다.[7] 타이타닉 호는 1912년 당시 실제로 운항을 했고, 3등 선실은 수백 명의 이민자들로 가득했다. 물론 블록버스터 영화 속에서 레오나르도 디카프리오가 연기한 장난꾸러기는 허구의 인물이었다.

20세기 이전에 많은 국가들은 스스로 생계를 해결하기에 너무도 무력한 배고픈 노인들 문제로 골치를 앓았다. 우리는 노인들을 빙하에 실어 바다로 떠내려보냈던 이누이트족 그리고 인도 남부의 예전 마드라스 지역(지금은 타밀나두라고 알려진)에서는 반백半白의 노인들에게 의도적으로 코코넛 물을 많이 마시게 함으로써 신부전을 일으키도록 했다는 이야기를 들어서 알고 있다. 그리고 디스토피아 소설 『지정된 세월The Fixed Period』(1882)에서 저자 앤서니 트롤럽Anthony Trollope은 브리타눌라라고 하는 영국에서 멀리 떨어진 식민지를 그리고 있다. 당시는 1980년으로 브리타눌라 의회는 67세가 된 사람들을 모두 네크로폴리스에 보내고, 68세가 되는 해 그들을 거기서 화장시키는 법을 통과시킨다. 소설의 주인공인 크래스웰러라고 하는 농부는 60대의 나이에도 여전히 건강하고 혈기왕성하다. 그는 영웅적인 일을 벌인다. 즉 자신의 나이를 속이기로 한 것이다. 보다 최근 작품으로, 2015년 TV 드라마 〈영거Younger〉는 나이를 스물여섯으로 속여 출판시장에서 일자리를 구하려고 애를 쓰는 그리고 심리학적 죽음을 어떻게든 피하려는 마흔 살 여성을 그리고 있다.

트롤럽의 『지정된 세월』은 20세기로 접어들 무렵 '현대 의학의 창시자'로 추앙을 받았던 윌리엄 오슬러William Osler로부터 지지를 얻었다. 1905년 존스홉킨스 병원 퇴임식에서 오슬러는 60세의 의무적 클로로폼 법안을 제안하면서 이렇게 언급했다.

"세상에서 효과적이고, 실질적이고, 그리고 활력을 불어넣는 모든 일은 25세에서 40세 사이에 이루어진다."

그는 의학 교과서에서 폐렴을 '노인의 친구'로 정의했으며, 그 역시 70세의 나이에 폐렴에 걸렸다.[8] 오슬로는 의무적 클로로폼 법안을 진지하게 제안했던 것일까? 아마도 그렇지는 않을 것이다. 그는 예전에도 짓궂은 장난으로 유명했고, 「필라델피아 의학 뉴스Philadelphia Medical News」의 편집자들을 속여서 성기가 삽입된 상태에서 남성이 사망하는 희귀 질병인 페니스 캡티부스penis captivus에 관한 가짜 논문을 발표하기까지 했다. 트롤럽의『지정된 세월』에 대한 지지 발언 역시 틀림없이 웃자고 벌인 소동이었을 것이다. 하지만 최근 몇백 년 동안 노인들의 고통을 농담이나 개그 소재로 사용했던 사람은 거의 없었다.

20세기에 부자 나라들이 이룩한 가장 위대한 업적을 꼽으라면, 한 가지 문구가 떠오른다. **그들은 일을 하지 않아도 먹고살 수 있을 만큼 충분한 부를 이미 만들어냈다.** 그들에겐 인도의 코코넛 칵테일이나 오슬로의 클로로폼과 같은 섬뜩한 아이디어들은 논의의 대상이 아니었다. 1900년에서 제2차 세계대전에 이르기까지 이들 국가의 생활수준은 크게 높아졌지만, 남성의 노동 참가율은 조금씩 떨어지는 모습을 보였다. 당시 65세에 이른 남성들은 그들의 아버지와 할아버지에게는 생소했던 단어인 '은퇴'라는 말을 꺼내기 시작했다. 1930년대에 프랭클린 루스벨트 행정부가 사회보장제도를 확립하고 나서(1889년 비스마르크의 사회보험제도social insurance program로부터 부분적으로 영감을 받은), 65세 남성들 중 절반가량이 일을 그만두었다. 엘리너 루스벨트는 은퇴한 사람들이 이제 흔들의자에 앉아 편안하게 여생을 보낼 거라 상상했다. 그녀는 오늘날 혈기왕성한 노인들이 크루즈에서 셔플보드 게임을 하고, 행글라이드나 급류 래프팅 등 익스트림 스포츠를 즐길 거라고는 예상하지 못했다. 엘리너의 소망은 노인들이 가난에서 벗어나 안락한 삶을 살아가는 것이었다. 비영리단체에 기부를 하고, 월요일 저녁에 모임을 갖는 워싱턴 인사들의 모임인 먼데이 이브닝 클럽Monday Evening Club에서 가진 연설에서 엘리너는 이렇게 말했다.

"나이 든 사람들은 젊은이들보다 그들 자신의 것들을 더 사랑한다. 좋았던 시절에 썼던 똑같은 의자에 앉아있고, 그리고 항상 보았던 그림을 여전히 감상할 수 있다는 사실은 그들에게 중요한 의미가 있다!"[9]

사회보장제도 덕택에 대부분의 노인들이 노동에서 벗어날 수는 있었지만, 그들 중 많은 사람들은 인조가죽 소파에 몸을 파묻고 멍하니 벽을 바라보는 것보다 더 가치 있는 꿈을 꾸고 있었다.

높아진 소득 덕분에 많은 사람들이 단지 밥을 먹는 것에서 벗어나 여가 시간을 추구하게 되었다. 한번 생각해보자. 야구는 왜 1920년대에 시작되었을까? 그것은 대도시에서 살아가는 수만 명의 사람들이 대낮에 2시간 정도 루 게릭과 베이브 루스가 나오는 경기를 보러갈 경제적 여유가 있었기 때문이다(당시는 경기가 3시간을 넘기지 않았고, 야간 경기가 등장하기 전이었다). 1910년 뚱뚱한데다가 가슴이 발달하여 팔짱을 끼기도 버거웠던 150킬로그램의 거구 윌리엄 태프트를 필두로, 야구 경기에서 시구를 했던 미국 대통령들의 흑백 사진들을 한번 떠올려보자. 태프트가 용기를 내서 시구를 하고, 수많은 팬들이 워싱턴 내셔널스와 필라델피아 애슬레틱스의 경기를 관람할 수 있었던 것은 모두 소득 증가 때문이었다. 골프 역시 1920년대와 1930년대를 거치면서 롱아일랜드와 시카고 노스쇼어의 부유한 목초지를 넘어서 미국 전역으로 퍼져나갔다. 그리고 1930년 US 오픈, 브리티시 오픈, 미국 아마추어 챔피언십, 그리고 영국 아마추어 챔피언십까지 석권했던 바비 존스Bobby Jones의 인기에 힘입어, 골프장의 수는 세 배로 늘어났다. 테니스도 전성기를 맞이하면서 빌 틸든Bill Tilden이나 헬렌 윌리스Helen Wills와 같은 챔피언들은 유명 인사가 되었다. 우리 할아버지인 바비는 1927년 뉴욕시 테니스 챔피언으로(그걸 입증할 트로피도 있다), 그 역시 유명 인사였다. 적어도 우리 부크홀츠 가문에서는 말이다.

둥지를 떠나지 않으려는
밀레니얼 세대

최근 몇십 년에 걸쳐 많은 국가들이 흔들리는 동안, 우리는 새로운 현상을 목격하고 있다. 그것은 많은 젊은이와 중년들이 마치 퇴직자처럼 행동하고, 일하기를 꺼린다는 사실이다. 한번 생각해보자. 최근에 고등학교를 졸업한 사람들 중에 아직 운전면허를 따지 않은 이들이 주변에 있는가? 제임스 딘과 말론 브란도가 사회에 대한 불만을 토로한 이후로, 젊은이들 사이에서 나타난 놀라운 변화는 점점 더 많은 사람들이 운전면허를 따지 않으려 한다는 것이다. 몇 년 전 나는 딸과 함께 「선데이 뉴욕타임스」에 '어디로도 떠나지 않는 세대The Go Nowhere Generation'라는 제목으로 글을 기고한 적이 있다. 거기서 우리는 오늘날 운전면허를 따려는 젊은이들이 부모나 조부모 세대에 비해 25퍼센트나 더 적다는 사실을 언급했다. 그 이유는 자동차 가격이 높아졌기 때문은 아닐 것이다. 실제로 오늘날 가구들은 예전보다 더 많은 차량들을 보유하고 있으며, 1980년대 초반과 비교할 때 더 적은 근로 일수로 자동차를 구매할 수 있게 되었다. 또한 우버에게로 탓을 돌릴 수도 없다. 이러한 흐름은 이미 우버의 등장에 앞서 시작되었기 때문이다.

한 가지 질문이 더 있다. 지금 여러분 주변에는 다른 지역으로 이동해서 일자리를 구하려 하지 않는 젊은이들이 있는가? 미국에서 18~24세의 젊은이들 가운데 다른 주로 이동하는 비율은 1980년대 이후로 40퍼센트나 떨어졌다. 이처럼 집에 그대로 머물러있으려는 심리적 성향은 대학 졸업자들뿐만 아니라 고등학교를 졸업하지 않은 이들에게도 똑같이 나타나고 있다. 외국에서 출생한 사람들에 둘러싸여있는 미국인들이 외국은 물론이거니와 자신의 나라조차도 탐험하려는 욕구가 부족하다는 사실은 우리 시대의 또 하나의 패러독스다. 그들은 집에 머물러있기를 좋아한다. 고향 집에서 살아가고 있는 젊은 성인들의 비중은 1980년부터 대침체가 일어나기 전 2008년 사이에 거의 두 배로 증가했다. **바로 이러한 현상이야말로 우리가 정말로 심각하게 고민해야 할 점거시위인 것이다.**

그런데 운전면허증을 따려 하지 않거나, 다른 지역으로 이동하지 않으려는 젊은이들의 성향이 여기서 다루고 있는 엔트로피나 공동체 정신과 무슨 상관관계가 있는 것일까? 이러한 현상은 오늘날 많은 사람들이 지금의 자리를 박차고 나가서 새로운 기회를 모색하는 것이 아니라, 그저 앉아서 기회를 기다리려는 성향을 말해주는 것이다. 『분노의 포도 The Grapes of Wrath』에서 젊은 톰 조드는 가족들과 함께 오클라호마의 흙

먼지를 피해 태양이 입맞춤하는 캘리포니아로 떠나고자 낡은 자동차에 돼지껍질 튀김과 같은 식량들을 싣는다. 이동하는 길에 할머니가 세상을 떠났지만, 그래도 그들 가족은 멈추지 않았다. 그러나 현실 세상의 사람들은 지난 30년 동안 자주 브레이크를 밟았고, 특히 미국인들은 레이지보이La-Z-Boy사의 리클라이너recliner(기울기가 조정되는 1인용 소파-옮긴이)에서 좀처럼 빠져나오려 하지 않았다.

그렇게 머물러만 있기에 지금은 최악의 시기다. 대침체의 수렁 속에서 실업률은 10퍼센트에 육박하고, 조드라면 심각하게 생각했을 높은 압류율foreclosure rate에도 불구하고, 왜건에 짐을 싣고 더욱 화창한 경제적 기후를 향해 떠나려는 움직임을 미국인들은 거의 보여주지 않고 있다. 오늘날 왜건의 뒷좌석에는 첨단 블루레이 시스템이 갖춰져 있음에도 말이다.[10]

다른 지역으로의 이동은 특히 가난한 이들에게 더 중요하다. 라지 체티Raj Chetty, 너새니얼 헨드런Nathaniel Hendren, 로런스 카츠Lawrence Katz는 한 흥미로운 연구를 통해서 가구들을 무작위로 선정하여 주택 바우처를 지급하는 프로그램을 살펴보았다. 바우처를 얻은 가구들은 경제적 지원을 받아 빈민 지역에서 벗어나 좀 더 나은 환경으로 이사를 할 수 있었다. 그리고 10년의 세월이 흘러, 그 연구원들은 당시 실제로 이주를 했던 가구의 자녀들이 기존 지역에 그대로 남아있었던 가구의 자녀들보다 31퍼센트나 더 많은 소득을 올리고 있다는 사실을 확인할 수 있었다.[11]

Y 세대(미국의 베이비붐 세대의 자녀들로 1982년에서 2000년 사이에 출생한

이들을 일컫는 말 - 옮긴이)는 이제 '왜 굳이?'Why Bother?' 세대로 변해가고 있다. 여름 방학이나 방과 후에 파트타임으로 일을 하는 십대들의 비율은 1980년 이후로 계속해서 떨어지고 있다. 1994년에 십대들의 2/3는 여름방학 동안에 일을 했다. 그러나 2007년(대침체 직전)에는 절반에도 미치지 못했다. 이러한 급격한 변화는 백인 십대, 부유한 십대, 흑인 십대, 어린 십대, 성인에 가까운 십대, 고등학교를 중퇴한 십대 혹은 대학생 십대를 가리지 않고 전반적으로 나타나고 있다. 그야말로 '모든' 십대들이 파업에 돌입한 셈이다.

물론 길거리에서 핫도그를 굽거나 슈퍼마켓에서 코티지치즈나 요거트 상자들을 나르는 것이 학업에 도움이 된다고 말할 수는 없을 것이다. 나와 나의 형제들 역시 어릴 적에 일을 했었다. 그 과정에서 우리가 배웠던 것은 무엇일까? 모르긴 몰라도 스웨터를 입는 것보다는 더 많은 것을 배웠다(진열대 안쪽에 있는 우유가 더 신선하다는 사실도). 젊은이들은 일을 통해 정시에 출근하는 법을 익히고, 또한 뜨거운 여름날 핫도그를 굽거나 싸늘한 냉동식품 코너에서 코티지치즈 상자를 쌓으면서 평생을 보내지 않기 위해서는 새로운 기술을 배워야 한다는 사실도 깨닫는다. 방과 후나 여름방학 동안에 파트타임으로 일을 하면서 십대들은 삶의 원칙을 세우고, 자연스럽게 성인으로 성장하게 된다. 18세 이전에 아무런 일을 해보지 않은 사람들은 19세, 20세 혹은 25세가 되어서 고된 일과를 왜, 그리고 어떻게 버텨야 하는지 더 힘들게 깨닫게 될 것이다. 최근 노스이스턴 대학의 한 연구에서 일을 하는 가난한 고등학생들이(특히 흑인이나 히스패닉계) 더 많이 학교를 졸업하고, 일을 하는 십

대 여성들은 그렇지 않은 십대 여성들에 비해 임신하는 비율이 더 낮다는 사실이 밝혀졌다.[12]

1973년 이후로 자전거 판매가 크게 줄었음에도, 많은 십대들은 굳이 운전면허를 따려 하지 않는다. 밀레니얼 세대는 '말 그대로' 어디로도 떠나려 하지 않는다. 이러한 현상은 미국의 역사를 완전히 거꾸로 되돌리고 있다. 원래 미국은 이동하고 떠나는 자들의 나라였다. 순례자들은 물이 새는 배를 타고 미국 땅을 밟았다.

제1차 세계대전이 끝나고, 소위 '잃어버린 세대Lost Generation'는 헤밍웨이와 거트루드 스타인Gertrude Stein을 좇아 파리로 갔다. 그리고 1940년대의 '가장 위대한 세대Greatest Generation'는 배에 오르면서 독일 나치에 맞서 싸우겠다고, 혹은 나의 아버지처럼 중국으로 가서 일본군과 맞서 싸우겠다는 다짐을 했다. 또 1960년대에 꼬마들은 평화봉사단 활동을 떠났다. 미국 작가 잭 케루악Jack Kerouac 역시 길을 떠나기 위해 마약까지 끊었다. 그러나 이제 우리 사회는 버드 슐버그Budd Schulberg의 장편『무엇이 새미를 달리게 하는가?What Makes Sammy Run?』의 시대에서 "조시, 제발 소파에서 좀 일어나렴!"의 시대로 넘어가고 있다. 조시와 그의 친구들은 마인드크래프트 게임에서 좀처럼 마술 지팡이를 내려놓으려 하지 않는다.

우리는 성실함과 야망이 시들어가는 현상을 고등학생들의 선택과목에서도 찾아볼 수 있다. 미국에서 태어나고 자란 미국 학생들은 전반적으로 학구열이 낮고, 어떻게든 어려운 과목들을 피하려 든다. 많은 기업들이 과학과 공학을 전공한 졸업자들에게 보너스를 지급하고 있음에도, 백인과 흑인 학생들은 무심한 표정으로 이렇게 말한다.

"수학은 중국이나 인도 애들이 하는 거야."

이러한 모습은 통계자료 속에서도 고스란히 드러난다. 아시아 학생들 가운데 43퍼센트가 고급 수학을 선택하며, 이는 백인 학생들의 두 배, 그리고 흑인 학생들의 네 배에 달하는 수치다.[13] 하지만 게으름은 강한 전염력을 갖고 있다. 이민 3세대에 이르면, 아시아계 학생들 역시 어려운 과목에 대한 열정을 잃어버리고, 그냥 이렇게 말한다.

"수학은 이제 막 배에서 내린 애들이나 하게 냅둬."

그들은 옆집에 사는 백인과 흑인 아이들을 나쁜 쪽으로 닮아가고 있다.

기분 좋은
장애?

근로 윤리의 약화는 빠르게 전염된다. 일을 하지 않는 사람들은 소득세를 내지 않는다. 그러면 세금을 꼬박꼬박 내는 사람들은 화가 난다. 이러한 사회적 갈등으로 사람들은 서로를 속이고, 일확천금이나 한탕주의에 매달린다. 앞서 나는 2008년도 보고서를 언급하면서, 실제로 롱아일랜드 철도의 '모든' 직원들이 퇴직을 하면서 장애연금을 신청했고, 또한 성공적으로 받아냈다는 이야기를 했다. 당시 맨해튼 연방 검사는 이렇게 말했다.

"장애로 인해 서고, 앉고, 걷고 혹은 계단을 오르지 못한다고 말했던 직장인들 대부분이 은퇴 후에 골프와 테니스, 자전거, 에어로빅을 즐기고 있다."

이러한 현상은 물론 롱아일랜드 철도만의 문제는 아니었다. 최근 NPR 보고서는 앨라배마 주의 헤일 카운티에 거주하는 성인들 네 명 중 한 명이 장애연금을 받고 있다고 지적했다. 이로 인해 정부 감사가 진행되는 동안, 헤일 카운티 은행들은 밤늦게까지 문을 열어놓고 있어야 했다. 뉴멕시코 주의 경우, 2003년에서 2011년 사이에 장애연금 지급액이 59퍼센트나 증가했다. 1980년대 말 이후로 전체 신청 건수가 세 배로 늘어났다. 그리고 미국 정부의 장애연금 지급 규모는 2000년에서 2013년 사이에 43퍼센트 증가했다.[14] 대침체가 끝난 이후에도 장애연금을 타는 미국인들의 규모는 10퍼센트가량 증가하는 추세에 있다. 지급 대상으로 선정되는 확률 또한 1980년 이후로 50퍼센트나 높아졌다. 지금 미국에서는 한 사람이 공장에서 열심히 일을 하고 있다면, 다른 한 사람은 장애연금을 받으며 쉬고 있다. 이러한 현상은 미국 외에서도 나타나고 있다. 네덜란드와 스웨덴, 영국 그리고 호주 역시 장애연금 지급액에서 가파른 상승세를 기록하고 있다.

그렇다면 오늘날 근로 환경은 예전에 비해 더욱 위험해지고 있는가? 낡은 공장들이 문을 닫고, 직원들이 전화기와 노트북 앞에 앉아서 일을 하고, 많은 사람들이 재택근무를 하는 시대에 그게 과연 가능한 일일까? 1990년대 이후로 근로 현장에서 일어난 사망 사고는 1/3로 줄어들었다. 오늘날 기업과 근로자들에게는 손을 다치거나 뼈가 부러지는 사고를 예방해야 할 강력한 동기가 있다. 미국 육류 가공업체인 타이슨 프레시 미츠Tyson Fresh Meats는 식품 및 상업 근로자 연합United Food and Commercial Workers union과 함께 손을 잡고, 지난 20년 동안에 걸쳐 개선된 인체 공학 기술을 도입하고, 위험한 회전식 칼날 대신에 안전한 자동 육절기로 대체함으로써, 발목과 손목을 삐거나 접질리는 사고를 포함한 업무상 재해를 70퍼센트나 줄이는 데 성공했다.[15]

그러나 노사가 모두 환영했던 이러한 변화에도 불구하고, 장애연금 지급액은 계속해서 증가하고 있다. 게다가 최근에는 애매모호하거나 입증하기 힘든 경우로 인한 청구 건수가 늘고 있다. 1961년에는 요통이나 근골격 상의 문제로 장애연금을 받는 경우는 8퍼센트가 살짝 넘는 정도에 불과했다. 그러나 2011년에는 전체 수령자들 중 1/3 이상을 차지하고 있다.[16] 정신 질환을 호소하는 근로자들의 수도 같은 기간에 두 배로 증가해서 19퍼센트에 이르고 있다.

이처럼 장애연금 청구가 급증하는 것은 비단 노동 계층에서만 나타나는 현상은 아니다. 사무직 근로자들 역시 장애연금 신청에서 높은 비중을 차지하고 있다. 마치 톱으로 나무를 자르는 것보다 최고급 허먼밀러 에어론 의자에 앉아 몸을 이리저리 돌리는 것이 더 위험한 일인 듯하다. 헤일 카운티 사건에 대한 NPR 보고서는 소니 라이언Sonny Ryan이라는 판사가 공판 과정에서 심문을 했던 과정을 자세하게 묘사하고 있다.

"궁금해서 그런데, 당신의 장애는 뭡니까?"

그 남성은 대답했다.

"혈압이 높습니다."

판사는 말했다.

"나도 그런데. 다른 건 없나요?"

"당뇨가 있습니다."

"나도 그런데."

우리의 증조부 세대들 중 많은 이들이 건설 현장에서 일을 했고, 맨 땅에 삽질을 해서 터널을 뚫었다. 하지만 오늘날 100만 명의 미국인들은 해산물 공장에서 송어를 손질하다가, 혹은 잠옷 차림으로 블로그에 글을 쓰다가 생긴 손목터널증후근 때문에 아무런 일도 하지 못하고 있다. 거기에는 분명 제도적인 문제점이 깔려있다. 지금 미국에서는 장애 판정을 받고 사회보장제도로부터 연금을 타내기 시작할 때, 그 사람은 기존의 자격으로는 다시 노동 시장에 진입하지 못한다. 가령 건널목 안전 요원으로 일을 하다가 발목을 다친 경우, 사무실에 앉아서 일을 하는 데에는 별 지장이 없을 테지만, 그 사람이 다시 일자리를 구할 가능성은 아주 희박하다. 장애연금을 받고 있는 약 1,000만 명의 미국인들 가운데, 지난 한 해 동안 구직을 위해 노력했던 사람들의 비중은 겨우 2퍼센트에 불과했다. 그리고 0.3~0.5퍼센트만이 매월 취직에 성공하고 있다.[17] 장애연금 프로그램에서 제외된 경우들 중 압도적 대다수는 은퇴 연령에 이르렀거나, 다른 연금으로 이동했거나, 사망했기 때문이다. 이러한 문제에 대해, 미 연방정부는 장애 수당을 지급받고 있는 사람들이 다시 노동 시장으로 진출하도록 격려하기 위해 관련 법규들을 손질하고 있다. 그럼에도 이렇다 할 반응은 이끌어내지 못했다. 심각한 어깨 부상을 입은 사람들조차 정부의 시도에 대해 그저 어깨만 으쓱해 보이고 있다. 실제로 '티켓 투 워크Ticket to Work'라는 이름의 정부 프로그램에 힘입어 다시 노동 시장으로 복귀한 장애 근로자들의 비중은 1퍼센트의 1/10에 불과했다. 너무도 보잘것없는 성과다.[18]

실업자들을 다시 일터로 돌아오게 만드는 것은 결코 쉽지 않은 과제다. 장애연금을 신청하지 않은 사람들의 경우에도, 경기 침체는 그들의 의지를 무력화시킨다. 일단 해고를 당하면 근로자들은 오랜 시간 노동 시장 외부에 머물러있게 된다. 오늘날 미국의 실업급여 제도는 해고를 당한 근로자들이 일터로 가급적 빨리 돌아오도록 격려하지 못하고 있다. 해고를 당한 경우, 근로자들은 일반적으로 26주 동안 실업급여를 받는다. 그렇다면 그들은 언제 다시 새로운 일자리를 잡으려 할까? 26주의 기간이 거의 다 지나고 나서다. 「워싱턴 포스트」1면 기사에서, 나는 해고 근로자들의 조기 복귀를 장려하기 위해서 실업급여를 특별 보너스와 같은 형태로 전환하는 방안을 제안한 바 있다.[19] 그러한 시스템 아래에서 해고 근로자들은 더 빨리 새로운 직장을 잡을수록 더 많은 돈을 받을 수 있다. 비록 프로 스포츠나 월스트리트와는 금액의 자릿수가 다르겠지만, 이러한 형태의 특별 보너스는 해고자들의 노동 복귀 시점을 앞당기는 데 실질적인 도움이 될 것이다.

일을 그만두면
뇌세포도 죽는다

인간은 나무늘보처럼 진화하지 않았다. 나무늘보는 카리브 해에서 태풍이 불어와도 야자나무에 그대로 매달려있을 수 있는 강한 갈고리 발톱을 갖고 있다. 또 평생 나무에 매달려 나뭇가지나 열매만 먹는다고 하더라도 더 멍청해질 일은 없다. 그러나 인간은 그렇지 않다.

　다양한 나라들을 대상으로 한 흥미로운 연구는 나이와 여러 다른 건강상의 변수들을 고려했을 때, 일찍 은퇴할수록 인지 능력이 더 빠른 속도로 감퇴한다는 사실을 보여주었다. 그 연구원들은 미국과 유럽 12개국의 60대들을 대상으로 평범한 단어 목록을 보여주었다(호수, 자동차, 군대 등). 그리고 5분 뒤에 다시 그 단어들을 떠올려보도록 했다. 그 결과, 일찍 은퇴하는 국가의 사람들은 단어들을 쉽게 떠올리지 못했을 뿐만 아니라, 덧셈과 뺄셈 과제의 성적 또한 좋지 않았다.[20]

　일반적으로 미국과 덴마크 사람들은 프랑스나 오스트리아 사람들보다 더 늦게 은퇴한다. 미국과 덴마크에서는 60대 초반의 남성들 대부분 여전히 일을 한다. 반면 오스트리아와 프랑스의 경우에는 3/4 이상이 그 나이 때에 은퇴를 한다. 연구 결과는 프랑스와 오스트리아 60대의 인지 능력이 미국과 덴마크 60대에 비해 두 배나 더 많이 떨어졌다는 사실을 보여주었다. 만일 여러분이 퀴즈 프로그램에 나가서 '전화 찬스'를 쓸 일이 생긴다고 하더라도, 파리나 빈에 사는 친구에게는 전화를 걸지 말아야 할 것이다.

일을 하지 않을 때 신속하고 정확하게 사고하는 능력은 위축되기 시작한다. 일을 할 때 사람들은 망가진 복사기를 고치거나 짜증나는 접수원을 상대해야 하는 등 힘든 과제를 해결해야 한다. 삶이 반복적인 형태로 돌아가기 시작할 때, 우리 두뇌는 나무늘보와 비슷한 상황에 처하게 된다. 그렇기 때문에 은퇴자들은 정신적·육체적으로 스스로에게 도전과제를 내어줄 필요가 있다. 가령 로드스칼러Road Scholar(주로 노년층을 대상으로 교육과 관련된 여행 기회를 제공하는 미국 비영리 단체 – 옮긴이)를 통해 브뤼셀에 가든 아니면 바순을 배우든 끊임없이 생각하고 움직여야 한다. 은퇴했다고 해서 모두 멍청해지는 것은 아니다. 은퇴자들 역시 얼마든지 정신적 건강함을 유지할 수 있다. 물론 그러기 위해서 많은 에너지를 쏟아부어야 한다.

아마도 더 중요한 사실은 건강한 사람들이 일을 그만두고 움직이지 않을 때, 그들은 꿈을 잃고 행복을 맛볼 능력을 상실하게 된다는 것이다. 신경과학자들은 우리가 활동을 할 때, 도파민과 세로토닌이 분비되어 기분이 좋아진다는 사실을 보여주고 있다. 정보를 처리하는 두뇌 세포가 다시 살아나면서 우리 두뇌는 새롭게 태어난다. 꿈을 이루려는 노력은 우리의 두뇌에게 젊음의 샘물을 선사하는 것과 같다. 브루킹스 연구소 대표인 아서 C. 브룩스Arthur C. Brooks는 나이와 교육 수준, 업무 경력이 동일한 두 사람이 있을 때, 그중 사회보장 연금을 받는 쪽이 지난달의 어느 시점에 '달랠 수 없는 슬픔'을 느꼈을 가능성이 16퍼센트라는 사실을 데이터를 통해 보여주었다.[21] 나는 이렇게 주장한다. **장애인 행세를 하는 사람들은 실제로 장애인이 될 것이다.** 그것은 그들 스스로 두

뇌의 중요한 신경전달물질을 메마르게 만들기 때문이다.

노동은 나라를 세우고 지킨다. 우리는 9장에서 사람들이 땅을 개척하고, 가뭄과 황폐한 토지 그리고 부족한 자원을 극복하지 못할 때, 이스라엘을 세울 수 없으며, 생존을 위한 힘을 얻을 수 없을 것이라 확신했던 골다 메이어Golda Meir와 초기 시온주의자들에 대해 살펴볼 것이다.

1930년대 초 빈 남쪽에 위치한 오스트리아의 한 작은 마을인 마리엔탈Marienthal에서는 끔찍한 일이 벌어졌다. 전 세계적으로 무역시장이 붕괴되면서, 1820년에 문을 열었던 마리엔탈 지역의 섬유공장이 가동을 중단하게 되었다. 급기야 마을의 남성들은 도끼와 망치를 들고 와서 공장 시설을 모조리 부숴버리기에 이르렀다. 우리는 당시의 가슴 아픈 파괴의 현장을 흑백 사진으로 볼 수 있다.[22] 그러나 무너진 것은 공장 건물만이 아니었다.

1,200명의 근로자들이 일자리를 잃으면서 마을 경제도 함께 무너지고 말았다. 총 478가구들 중 400가구가 먹고살기 힘든 처지가 되었다. 마을의 가게들도 몇 곳만이 명맥을 이어나갔다. 소득이 떨어지면서 궁핍한 상황에 처하게 된 주민들은 심지어 이웃집 동물들까지 잡아먹기 시작했다. 그렇다. 경기 침체는 경제적인 문제이지만, 동시에 심리적인 문제이기도 하다. 공장이 문을 닫기 전만 하더라도 자유로운 분위기와 사교 클럽은 마리엔탈의 자랑거리였다. 그러나 일자리가 사라지면서 삶의 활력도 함께 사라졌다. 공짜임에도 아무도 도서관에서 책을 빌려 보지 않았다. 풋볼 및 레슬링 클럽은 물론, 공연 클럽들 역시 영업을 중단했다. 그래도 마을 주민 3/4은 정부의 구호 자금을 지원받을 수 있었

다. 하지만 정부 지원으로 인해 마리엔탈 주민들은 어떠한 돈벌이도 할 수 없게 되고 말았다. 벌목을 하거나 우유 배달을 하다가 발각될 경우, 공무원들은 즉각 구호 자금 지원을 중단했다. 마리 야호다Marie Jahoda와 그의 남편 폴 라자스펠드Paul Lazarsfeld가 했던 기념비적인 연구에 따르면, 하모니카 연주를 하고 동전을 몇 푼 받았다는 이유로 구호 자금을 빼앗긴 주민도 있었다.[23] 두 사람은 한 여성의 말을 인용했다.

"우리는 여름마다 춤을 추러 가곤 했었죠! 이젠 어디도 가고 싶은 마음이 생기질 않아요."

그때 음악도 함께 죽어버렸던 것이다.

마리엔탈 주민들은 그들의 정체성뿐만 아니라 시간에 대한 감각도 잃어버렸다. 정말로 그랬다. 마리엔탈의 가구들 대부분 대로변 주변으로 늘어서 있었고, 주민들은 대개 모든 곳을 걸어서 다녔다. 두 연구원은 마을 주민들이 거리를 돌아다니는 모습을 관찰했고, 그들의 걸음 속도를 측정해보았다. 남자들은 목적지를 향해 곧바로 가는 법이 거의 없었다. 그들은 대개 대로변을 이리저리 건너서 다녔다. 2/3는 특별한 이유 없이 느릿느릿 걷다가 멈춰 서기를 반복했다. 반면 여성들은 남성들에 비해 1.5배 빨리 걸었다. 그때에도 아내들은 여전히 아이들을 돌보고 가족의 식사를 챙겨야 했던 것이다. 아내들은 대부분의 일을 맡아서 했고, 남성들은 초라한 식사가 차려진 후에야 어슬렁거리며 나타났다. 주민들은 11시가 아닌 9시에 잠자리에 들었다. 그러나 더 오랜 수면에도 주민들은 더 피곤해했다. 아이들 역시 마을을 짓누르는 불안감에서 자유롭지 못했고, 그 나이 또래의 자연스런 꿈과 환상은 사라져버렸다.

연구원들은 교사들을 통해서 아이들에게 이렇게 물어보았다.

"커서 뭐가 되고 싶어요?"

그러나 예전에 꿈꾸는 소년들의 단골 주제는 모두 사라지고 말았다. 어느 아이도 선장이나 비행기 조종사가 되겠다고 하지 않았다. 인디언 추장이 되고 싶다고 했던 아이도 거기에 빈자리가 있을지를 먼저 걱정했다. 많은 아이들이 원했던 것은 그들의 아버지들이 그토록 그리워하는 공장 근로자였다.[24]

실직은 사람들의 신뢰와 정직함에도 영향을 미쳤다. 마을의 상황이 더욱 우울한 국면으로 접어들면서, 더 많은 주민들이 구호 자금을 타내기 위해 속임수를 썼다고 다른 이웃들을 고발하기 시작했다.[25] 사기 범죄도 크게 증가했다. 또한 아무런 근거 없이 이웃이 부정을 저질렀다고 주장하는 허위 고발 사례도 늘어났다. 공장이 여전히 가동 중이었던(그러나 절반은 이미 해고가 되었던) 1928~1929년 동안, 부당한 방식으로 일을 했다고 고발을 당한 주민들은 9명이었다. 그리고 이들 중 받아들여진 것은 세 건이었다.

그렇다면 공장이 완전히 파괴되었던 1931~1932년 동안은 어땠을까? 그 기간 동안 부당한 노동으로 고발을 당했던 사람들의 수는 28명이었다. 그리고 그중에서 21명은 무혐의로 풀려났고, 7명은 유죄를 받았다.[26] 이처럼 대규모 실업 사퇴는 사회를 붕괴시킨다. 그리고 그 상처는 점점 더 커지다가, 결국 파시스트들의 자양분이 된다. 독일과 오스트리아에서 나타났던 나치 지지율 추세는 실업률을 근접하게 따르고 있었다.[27] 정부의 구호 자금에 의존했던 마리엔탈은 결국 집단적인 정신 질환과 나치즘이라고 하는 치명적인 사회적 질병을 위한 비옥한 토양이 되고 말았다.

베네치아의
번영과 몰락

마리엔탈의 이야기는 경기 침체가 사람들의 영혼과 근로 윤리를 어떻게 허물어뜨릴 수 있는지 잘 보여주었다. 하지만 인류의 역사는 경제적으로 안정된 시기에도 관료 조직이 어떻게 고용 및 창업 그리고 혁신을 가로막을 수 있는지 잘 보여주고 있다. 1600년대 베네치아 공화국을 떠올려보자. 1500년대 중반에 유리 공예와 직물 염색 그리고 가죽 공예의 엄청난 성공으로 경기가 살아나면서, 베네치아 정부는 상인들에게 무거운 관세 부담을 지우기 시작했다. 이로 인해 직물 가격이 두 배로 상승하면서, 영국에 시장 점유율의 상당 부분을 내주고 말았다. 그에 따라 기업과 근로자들은 생산 의욕을 잃어버렸고, 생산성과 혁신은 점점 더 위축되었다.

또한 베네치아의 길드 체제는 시장 진입에 대한 통제력을 더욱 강화해 나갔고, 노동 인력이 고령화되면서 젊은이들은 노동의 기회를 박탈당했다. 일반적으로 길드나 노동조합은 자라나는 세대가 아니라 연장자들이나 이미 자리를 잡은 근로자들의 권리 보호에 집중한다(예를 들어 오늘날 많은 교사 단체들은 5년 경력의 수학 교사보다 10년 경력의 체육 교사에게 더 높은 연봉을 지급해야 한다고 주장한다). 1600년대에 베네치아 젊은이들은 대장간에서 망치질을 하든 철을 생산하든 혹은 말발굽을 제작하든 간에 모든 고용 기회로부터 소외감을 느껴야만 했다. 1600년 당시 전체 노동력 중 45세 이상이 15퍼센트였던 반면, 1690년에는 그 비중이 거의 절반에 육박했다. 당시의 50세는 오늘날에 비해서 훨씬 더 생산력이 떨어지고, 일반적으로 구루병이나 매독, 회충 등에 의해 건강상 어려움을 더 많이 겪는 연령이었다는 사실에 주의하자.

결국 역사가들이 말하는 '타락의 시대'가 베네치아에 찾아왔다. 귀족과 상인들은 비즈니스 확장이나 신제품 개발보다 토지를 임대해서 농부들을 착취하는 데 열중했다. 기업가들은 지저분한 창고식 주택에서 벗어나 고급 빌라로 이사했다. 젊은이와 야심찬 시민들이 길드 때문에 노동 시장에 진입하지 못하는 동안, 농부들은 과도한 소작료 부담에 시달렸다. 그리고 사람들의 근로 의욕이 줄어들면서, 정직한 노동을 통해 돈을 벌려는 의지와 능력을 지닌 사람들도 점차 자취를 감추기 시작했다. 이제 베네치아 공화국은 천박한 가면 축제와 음탕한 카사노바로 상징되는 도박과 유흥의 테마파크로 전락하고 말았다. 그것은 운하의 수면이 상승하거나, 무라노 유리 공예의 원료인 규사의 재고가 바닥나는 등 환경적인 재앙에 따른 것이 아니었다. 이처럼 부자 나라에서 노동 의지가 사라지고, 기존 근로자들이 새로운 근로자들의 진입을 차단할 때 사회 분열이 시작된다.

관료 조직은
근로 의지를 떨어뜨리고 부채를 증가시킨다

일반적으로 사람들은 나라가 부유해질수록 국민들은 충분히 스스로의 힘으로 살아갈 수 있을 거라 생각한다. 그렇다면 정부의 관료 조직은 축소되어야 마땅할 것이다. 그러나 그러한 일은 좀처럼 일어나지 않았다. 바빌로니아의 왕 함무라비가 지금으로부터 3,700년 전 목동들에 대한 임금과 가격 통제 정책을 실시했을 때부터('소와 양을 돌보는 목동을 고용하려면, 1년에 6구르의 곡물을 지급해야 한다.' 함무라비 법전 261조. 6구르는 오늘날 곡물 양을 나타내는 부셸 단위로는 26부셸에 해당하는데 약 705킬로그램이다−옮긴이) 사람들은 관료제를 원망하기 시작했다.

오늘날 코미디언들이 'DMV_{Department of Motor Vehicles}(미국 차량국)'라는 말만 꺼내도 관객석으로부터 큰 웃음이 터진다. 나는 관료제가 본질적으로, 그리고 필연적으로 악한 것이라 생각하지 않는다. 하지만 국가가 번영할 때, 그 사회의 관료제는 두터워지기 마련이다. 이러한 관료제는 경제 발전을 가로막고, 사회의 낙관적인 전망을 위축시킨다. 이러한 점에서 비대한 관료제는 부자 나라의 엔트로피 흐름을 그대로 드러내는 것이다. 비대한 관료제는 시민과 지도자 사이를 갈라놓음으로써 사회 부패를 초래한다. 그리고 그 틈이 크면 클수록, 국가는 더욱 거대한 위험에 직면하게 된다.

명나라의 해양왕,
정허가 사망한 후

이 책은 단지 20세기의 미국이나 17세기 베네치아 이야기만을 다루고 있지는 않다. 이제 중국 명나라(1368~1644) 왕조로 넘어가 보도록 하자. 당시 유학자들은 상인들을 기생충으로 비하했다. 그리고 관료 조직을 확장함으로써 상인들을 감시하고, 궁극적으로 억압했다. 하지만 이러한 정책은 경제의 숨통을 옥죄고, 왕조를 내부적으로 몰락시켰다. 그런데 명나라 관료들은 어떻게 통치체제를 지속적으로 확대하고, 더 많은 관료들을 채용히고 훈련시킬 수 있었던 것일까? 그 대답은 간단하다. **경제 성장이 선행되었기 때문이다.** 관료 조직의 확대는 그 이후에 이루어진 것이다.

명 왕조 초기에 유럽 사람이 중국을 방문했더라면 화약으로부터 이동식 인쇄기, 파종기 그리고 1,000명의 병사를 수용할 수 있는 길이 120미터의 군함에 이르기까지 그들이 창조한 엄청난 부와 기술에 깜짝 놀랐을 것이다. 중국 해군은 이탈리아보다 몇백 년 앞서 나침반을 사용했고, 1400년대에 이미 홍해와 잔지바르(탄자니아 항구도시 - 옮긴이)까지 항해할 능력을 갖추고 있었다. 동아프리카의 한 사신은 기린들을 끌고 와서 중국 황제를 기쁘게 하기도 했다. 당시 세련된 베이징과는 달리, 1400년대 런던 사람들은 그야말로 원시적이었다. 중국인들이 그때의 서양인들을 야만인이라고 불렀을 때, 그건 농담이 아니었던 것이다.

그러나 15세기 중반에 이르러 과학과 항해 기술의 발전이 정체되기 시작했다. 1433년 막강한 권력으로 무역을 장려했던 환관인 정허鄭和의 사망 이후로, 명나라 관료들은 항해용 선박의 건조를 금했다. 유학자들은 돈을 밝히는 상인들을 멸시했고, 때로 그들의 사유재산을 몰수하기까지 했다. 그리고 학문적인 용도 이외에 인쇄술의 사용은 엄격하게 금지했고, 관료들은 그들이 '문맹'이라 규정했던 사람들이 공직에 오르는 것을 막았다. 이러한 모든 금지 및 규제와 더불어, 명나라의 관료들은 국가와 백성들을 엄격하게 구분짓는 사회 내부적인 '만리장성'을 쌓았다. 그랬기 때문에 명나라 황제들은 사회적인 지지를 얻지 못했다. 명왕조는 이후 200년 동안 지속되었지만, 경제 발전은 중단되었으며, 외세 침략과 내부 반란 그리고 정부의 재정 적자와 가혹한 세금은 위기를 더욱 악화시켰다. 그리고 사기가 꺾인 명나라 병사들 사이에서는 분노가 점차 쌓여갔다. 1644년 명나라의 마지막 황제는 반란군에 의해 궁지에 몰렸고, 만주족이 만리장성을 뚫고 진격해 들어오자 나무에 목을 매달아 자살을 하고 말았다. 명나라의 관료들이 사회 내부적인 만리장성을 쌓아 지배층과 백성을 엄격하게 구분하지 않았더라면, 그들은 실제의 만리장성으로 그들의 왕조를 지킬 수 있었을 것이다.

규제 기관은
누구를 보호하는가?

맨커 올슨Mancur Olson은 자신의 유명한 저서『국가의 흥망성쇠The Rise and Decline of Nations』(1982)에서 규제 기관과 그 관료들이 어떻게 장기적으로 자신의 권력을 강화해 나가는지 살펴보고 있다.[28] 목화 농부에서 항만 근로자에 이르기까지 다양한 직군의 사람들은 조직을 결성하여, 의회와 왕, 혹은 총리에게 로비를 벌이고자 한다. 자신의 분야를 지키기 위해서, 그들은 최대한 많은 관료들과 인맥을 쌓고자 한다. 가령 워싱턴에서는 향신료 제품의 수입을 막기 위한 '미국 건조 양파 및 마늘 협회American Dehydrated Onion and Garlic Association', 정부에 헬륨 비축을 촉구하기 위한 '기구 위원회Balloon Council'가 활동하고 있다. 노벨상에 빛나는 조지 스티글러George Stigler가 '포획 이론capture theory'을 통해 설명했던 것처럼, 원래 국민의 권익을 보호하기 위해 설립된 규제 기관들은 때로 그들이 감독해야 할 기업들을 비호한다. 한 가지 사례를 살펴보자.

1958년 프랭크 시나트라의 앨범 〈Come Fly With Me〉가 히트를 기록했음에도, 1965년 당시 비행기를 타본 경험이 있는 미국인들은 5명 중 한 명에 불과했다. 1960년대는 물론 1970년대에도 항공기 여행을 할 여유가 되는 미국인들은 소수에 불과했다. 그 이유는 1938년에 설립된 '민간항공위원회Civil Aeronautics Board'가 카르텔을 통해 항공기 여행 가격을 아주 높은 수준으로 유지하고 있었고, 새로운 항공사들의 승인 신청을 계속해서 거절했기 때문이었다. 예를 들어 유나이티드 항공에는 시카고에서 출발해서 동서로 운항하는 항로를 허가하고 TWA에는 세인트루이스에서 출발하는 항로를 허가했다.[29] 또한 그들은 신규 항공사 수송선들의 이륙을 전면적으로 금지했다. 페덱스 역시 1977년과 1978년에 항공규제완화법이 시행되기 전까지 대형 제트기를 띄울 수 없었다. 하지만 이제 미국인들 중 절반이 매년 항공기로 여행을 하고 있다.

올슨은 전쟁과 혁명이 지나고 국가의 성장이 더욱 빨라진다고 언급했다. 그 이유는 일련의 폭력 사태가 자유로운 거래를 가로막고 있던 낡은 시스템을 모두 제거해버리기 때문이다. 예를 들어 독일과 일본은 제2차 세계대전 이후에 급속한 경제 성장을 일궈냈다. 올슨(1998년에 세상을 떠난)은 또한 정부의 관료 조직은 시간의 흐름에 따라 더욱 두터워지는 경향이 있음을 보여주었다. 하지만 나의 연구는 단지 시간의 흐름이 주요한 원인은 아니라는 사실을 밝혔다. 관료 조직을 두텁게 만드는 것은 바로 국가의 번영이다.

미국의 정부 조직은 1964년에서 1975년 사이 존슨과 닉슨/포드 행정부 시절을 거치면서 급속도로 비대해졌다. 국방 분야를 제외하고, 당시 미국 정부 기관의 고용 규모는 46퍼센트나 증가했다. 이러한 변화는 미국의 역사적인 번영 기간인 1945년에서 1960년대에 이르는 경기 활성화에 따른 것이다. 제2차 세계대전 이후 경제 성장은 보건교육복지부Health, Education, and Welfare(1953·1979년에 Health and Human Services가 되었다), 주택도시개발부Housing and Urban Development(1965) 그리고 교통부Transportation(1966) 등 새로운 행정 기구들을 설립하기 위한 자금을 마련해 주었다(일부의 설명에 따르면, 미국인들의 실질 주급은 1973년에 정점을 찍었다가 이후 그 기록을 다시 만회하지 못했다고 한다. 이는 미국의 새로운 행정부들이 경제 성장을 지속적으로 저해하고 있음을 의미하는 것이다). 1970년대와 1980년대 초 경기 침체를 겪는 동안, 미 연방정부는 1만 1,000명의 인원을 감축했다. 그리고 2008년 금융시장 붕괴 이후로 정부의 전체 고용 규모는 50만 명 이상 줄어들었다(이후 소폭 상승하기는 했지만). 우리는 바로 여기에 주목해야 한다. 관료 조직의 규모는 번영 '이후에' 가장 빠르게 증가한다. 그리고 정체와 빈곤의 시기에는 그러한 증가세를 보이지 않는다.

관료 조직이 성장을 시작할 때, 이는 종종 민간 분야의 일자리 기회를 억제하는 역할을 한다. 우리 아버지는 자녀들에게 직장인보다 '전문가'가 되라고 말씀하셨다. 아버지는 워배시Wabash 철도에서 노퍽앤드서던Norfolk & Southern 철도에 이르기까지 줄곧 철도 회사에서 근무하셨다. 아버지가 일하던 사무실은 파크애비뉴의 팬암 빌딩에 있었고, 우리 형제들은 이를 '아빠의 건물'이라고 부르곤 했었다. 물론 우리 아버지는 그 건물뿐만 아니라, 이들 회사가 건설했던 철도도 소유하지 않았다. 저녁 식사 때 전화벨이 울리면, 아버지는 콧구멍을 벌름거리며 이렇게 말씀하시곤 하셨다.

"나는 집에 없다고 해라."

하지만 이러한 방법도 여동생이 전화를 받고서 아버지를 바라보며 여섯 살짜리 특유의 우렁찬 목소리로 "아빠, 지금 집에 없는 거죠?"라고 물었을 때, 더 이상 통하지 않게 되었다. 그때 양쪽 귀에서 증기를 뿜어내던 아버지의 얼굴은 벽에 액자로 걸어두었던 증기기관차를 닮았었다. 아버지는 우리가 자라서 변호사나 의사가 되면, 저녁 시간을 방해하는 전화나 상사의 호출을 받지 않아도 될 것이라고 생각했다. 물론 그때 아버지는 휴대전화나 텔레마케터 혹은 의사들을 월급 노예로 만든 HMO Health Maintenance Organization(연회비를 기반으로 의료 서비스를 제공하는 종합 건강관리 기관 - 옮긴이)의 등장을 예상하지는 못했을 것이다. 지금도 나는 아버지가 항상 하시던 말씀이 생각난다.

"전문가가 되면 언제든 자신의 이름으로 간판을 내걸고 개업을 할 수가 있단다."

덕분에 우리 형제들 중 한 사람은 자신의 이름이 인쇄된 편지지를 사용하는 캘리포니아 법률사무소를 운영하고 있다. 샌디에이고와 로스앤젤레스의 법률 사무소들 모두 이름이 새겨진 나무 간판을 내걸고 있는지는 모르겠지만, 어쨌든 나는 건물 로비에 내걸린 안내판에서 우리 형제의 이름을 확인할 수 있다.

그러나 변호사 간판을 내걸기 위해서는 먼저 사법시험을 통과하고 자격증을 받아야 한다. 우리 사회는 변호사, 심장 전문의와 비행기 조종사에게 바로 그러한 자격증을 요구한다. 현직 변호사와 의사들은 경쟁자의 진입을 가로막고, 높은 수임료를 유지하기 위해서 그러한 장벽을 적극적으로 세운다. 그런데 그 밖에 어떤 직업들이 정부의 승인이나 시험 혹은 자격증을 요구하고 있을까? 가령 헤어 디자이너는 어떤가? 레슬링 경기 입장권을 판매하는 사람은? 혹은 DVR 장비 설치 기술자는? 사실 미국 사회는 오늘날 자격증 유행병을 앓고 있으며, 이는 기존의 전문가들과 정부 관료들이 공모한 결과다. 이러한 유행병은 많은 사람들에게서, 특히 경험이 부족한 젊은이들에게서 근로 의지를 앗아간다.

오늘날 거의 모든 '직업'에 새로운 경쟁자의 진입을 차단하는 규제를 수립하고 시행하기 위한 협회나 정부 기관이 존재한다. 베네치아의 길드가 다시 부활한 것이다. 그러나 이번에는 베네치아 공화국 깃발 대신, 국민의 이익이라는 깃발을 내걸고 있다. 1900년에는 전체 노동 시장에서 전문직종의 비중은 4퍼센트에 불과했지만, 20세기 중반에 이르러 미국 정부는 내과 의사에서 장의사에 이르기까지 75개 이상의 직업을 대상으로 1,200가지가 넘는 정부 자격증을 요구하는 법안을 통과시켰다. 이제 전체 직업군에서 약 1/3이 정부 자격증이나 인증서를 요구하고 있으며, 고등학교 중퇴자들도 가능한 직업들 중 15퍼센트가 여기에 포함되어있다.[30] 애리조나 주에서는 헤어 스타일리스트가 되기 위해서 정부 인증 교육기관에서 1,600시간의 교육을 받아야 한다. 이들 교육기관의 수강료는 대단히 비싼 편이며 1,600시간 요건을 채우기 위해서는 1만 달러에서 1만 5,000달러의 비용이 든다. 이는 놀라운 사실이다. 피닉스에서 근무하는 야심찬 경찰관들은 600시간의 교육만 받으면 된다. 그렇다면 40구경 글록 권총보다 레블론 헤어드라이어기를 다루는 것이 세 배나 더 위험한 일인 셈이다.

또한 루이지애나 주에서는 자격증 없이 꽃꽂이를 할 생각은 말아야 한다. 이곳에서 꽃꽂이를 하려면 엄청나게 열심히 공부를 해야 한다. 꽃꽂이 시험 합격률이 루이지애나 사법시험 합격률보다 더 낮기 때문이다. 게다가 그 시험에는 수작업 디자인 과제까지 포함된다.[31] 참으로 아이러니한 현실이다. 뉴올리언스에 가거든 선정적인 춤과 성인용 티셔츠 매장의 외설적인 광고들이 즐비한 버번스트리트에서 한껏 즐길 수는 있겠지만, 자격증 없이 피튜니어 꽃을 함부로 만지작거리지는 말아야 한다.

그렇다면 이처럼 치밀하면서도 부조리한 규제에 피해를 보는 사람들은 누구인가? 가장 먼저, 자격증을 따기 위해 적지 않은 돈을 벌거나 얻어야 할 젊은 구직자들이다. 미국의 자격증 유행병은 또한 현역으로 활동하고 있는 전문가들 집단에서 그 비중이 상대적으로 적은 여성들에게도 많은 피해를 주고 있다. 한 연구 결과는 과도한 자격증 부담 때문에 여성 장의사의 수가 18~24퍼센트 정도 감소했다는 사실을 보여주었다.[32] 둘째, 경쟁 부재로 인해 서비스에 더 많은 비용을 지불해야 하는 소비자들도 피해를 보고 있다. 셋째, 높은 요금을 지불할 경제적 여유가 없어서 직접 자신의 머리를 자르거나 튤립으로 꽃꽂이를 해야만 하는 사람들이다. 물론 이보다 더욱 심각한 사례들도 많다. 가령 치아의 신경 치료를 직접 한 경우도 있다.[33] 또 다른 연구는 전기 기사에게 보다 엄격한 자격증을 요구하는 주州들일수록 집주인들이 직접 전기 공사를 하고 있으며, 그 과정에서 배선을 잘못 하거나, 심지어 사망 사고까지 벌어지고 있다고 밝혔다.[34] 미국 코미디언 스티븐 라이트Steven Wright는 이와 관련된 에피소드를 개그 소재로 활용하고 있다.

"아파트 천장에 직접 유리창을 설치했죠. 그랬더니 위층 사람들이 펄펄 뛰더군요."

경제 정책은
앞을 바라보아야 한다

진보는 화려하면서 동시에 고통스럽다. 버지니아 주 윌리엄스버그를 방문하게 된다면, 편자와 촛불을 만드는 장인들을 만나 오랜 시간을 함께 보낼 수 있을 것이다. 그들은 시간적 여유가 많다. 자동화 기계와 전구 공장이 그들의 일거리를 몽땅 빼앗아가버렸기 때문이다. 이처럼 현직 종사자들을 보호하기 위해 혁신을 가로막으려는 시도가 언제나 성공을 거두는 것은 아니다. 혁신은 때로 말 그대로 기존 질서를 완전히 뒤집어엎는 것이다. 1880년대에 소들은 철도의 등장을 반기지 않았다. 당시 열차 앞에는 강철 구조물인 배장기cow-catcher(선로의 장애물을 제거하기 위해 기관차 앞에 부착한 뾰족한 철제 기구 – 옮긴이)가 달려있었고, 이는 살아있는 소들을 순식간에 그날의 저녁 재료로 만들어버렸다. 배장기야말로 조지프 슘페터가 '창조적 파괴creative destruction'라고 불렀던 경제 발전의 실체를 그대로 보여주는 물건이다. 엄청난 피가 땅에 뿌려졌다. 그래도 대체적으로 그만한 가치가 있었다. 1880년대로 되돌아가서, 에드워드 벨러미Edward Bellamy가 사회주의적 유토피아 소설 『뒤돌아보며Looking Backward』를 내놓았을 때, 인간의 기대 수명은 평균 45세 정도에 불과했다. 지금은 약 80세로 증가했다.

여러분은 좋았던 옛날 시절로 돌아가고 싶은가? 치통을 앓았던 할아버지의 할아버지가 이발소에서 빗을 헹궜던 물을 마취제로 사용해서 치아를 뽑았던 시절로? 나라면 그냥 오늘날의 치과에 한 표를 던지고 싶다. 빗질을 하는 이발사든 아니면 들판을 뛰어다니는 소든 간에, 우리는 현재 상태를 유지함으로써 이익을 얻는 이들을 보호하기 위한 정부 정책을 의심스런 눈길로 바라보아야 한다.

최근에 나온 두 가지 머리기사를 살펴보자. 2014년 뉴저지 주정부는 테슬라 모터스Tesla Motors가 내놓은 세계 최고 등급(「컨슈머리포트Consumer Reports」의 평가에서) 자동차 판매를 금지했다. 그 이유는 테슬라가 지역의 유통 업체들과 계약하지 않았기 때문이었다. 그 금지 조치는 분명히 선거 운동에 기여했던 존경받는 지역 업체들의 지갑을 두툼하게 불려주기 위한 것이었다(뉴저지 주지사 크리스 크리스티Chris Christie는 2015년에 그 조치를 철회했다). 그런데 과연 지역의 자동차 딜러 업체들은 당시 정말로 존경을 받고 있었던가? 2013년 12월 22개의 직업군을 대상으로 정직성과 도덕성을 평가했던 갤럽 조사에 따르면, 그 지역의 자동차 딜러 업체들은 다행스럽게도 꼴찌를 면한 수준이었다. 그들은 정치인과 로비스트들을 가까스로 앞섰지만, 자동차 정비 업체와 변호사를 포함한 모든 다른 직업군들에 뒤졌다. 그렇다면 왜 뉴저지 소비자들은 테슬라로부터 직접 차량을 구매하지 못하고, 딜러 매장의 상담실에 오랫동안 앉아있어야만 했을까? 테슬라 구매자들은 평균소득보다 더 많은 돈을 벌기 때문에, 정부의 '보호'를 받을 필요가 없었던 걸까?

다음으로, 택시 운전사들 및 몇몇 택시 연합회는 우버와 리프트Lyft에 전쟁을 선포했다. 이들 업체들은 소비자들이 신속하고 획기적인 소프트웨어를 기반으로 차를 부르고, 미리 등록해놓은 신용카드로 결제를 하는 서비스를 제공하고 있다. 일반 택시와는 달리, 승객들은 우버 운전자들을 즉각 평가할 수 있고, 1~5점 기준으로 평균 4.7점 이상을 받지 못할 때, 우버는 계약을 취소할 수 있다. 그래서 우버 운전자들은 승객들에게 생수를 제공하고, 친절하게 인사하고, 상냥하게 이야기를 건넨다. 기존의 택시 기사들은 그와 같은 고객들의 엄중한 평가에 자신의 면허증의 운명을 맡기려 할 것인가? 그리고 승객들은 청결하고 다양한 IT 장비를 갖춘 차량에 더 큰 만족을 느낄 것인가? 우버 측은 등록된 운전자들을 보호하기 위해서, 운전자들 역시 승객을 평가하도록 함으로써 불량 고객들을 골라낸다. 샌프란시스코의 한 시의원은 우버 자동차들이 도로를 장악하기 시작하면서 "택시 기사들이 한번 교대 근무에 15달러, 혹은 그 이상을 손해보고 있다."며 불만을 제기했다. 하지만 이용자들은 이와는 다른 시선으로 우버를 바라본다. 지역 주민들과 관광객들은 우버 덕분에 샌프란시스코가 살고, 일하고, 관광하기에 더욱 편리한 곳이 되었다고 생각한다.

학교 관리자와
위험에 처한 아이들

이미 자리를 잡은 사람들은 너무 자주 '뒤를 돌아본다.' 그리고 변화의 파도가 밀려오는데도 지금의 자리를 떠나려 하지 않는다. 몇 년 전 시카고에서는 취학 인구가 10년 사이에 14만 5,000명이나 감소하면서 몇몇 학교에 폐교 조치가 내려졌다. 이에 저항하기 위해 7,000명의 교사들이 가두행진을 벌였다. 시카고에서는 흑인 인구(성인과 아이들 모두 포함하여)만 놓고 보더라도, 2000년 100만 명 수준에서 2010년 88만 7,608명으로 줄어들었다. 물론 학교의 문을 닫는다는 것은 무척이나 가슴 아픈 일이지만, 주민들이 교외 지역으로 빠져나가면서 발생한 학급의 빈자리를 마네킹으로 채울 수도 없는 노릇이다. 하지만 이 문제를 해결하기 위한 보다 신중한 접근방식이 있다. 그것은 폐교할 학교의 학생들을 인근 지역의 좋은 학교로 전학을 보내고, 이에 따른 경제적 이익을 해당 가구에 지원하는 방식이다.

오늘날 복지부동의 교육 행정가들은 아이들을 위한 보다 개선된 교육 방식을 가로막고 있다. 안타깝게도 나는 직업적인 경험을 통해, 차터스쿨Charter school(미 정부의 규제에서 벗어나 학부모와 교사, 지역단체가 위원회를 구성하여 운영하는 특수화된 공립학교 – 옮긴이)과 사립학교 관리자들이 초등 및 중등 교육에서 거의 90퍼센트를 차지하는 전통적인 공립학교 관리자들보다 새로운 아이디어를 더욱 적극적으로 받아들이고 있다는 사실을 깨달았다. 아이들이 보다 쉽게 수학에 접근할 수 있도록 도움을 주는 '매스 애로Math Arrow'의 개발자로서, 나는 수학 교육에 깊이 관여하고 있다. 실제로 매스 애로 이론은 많은 학급에 포스터로 걸려있으며, '카일 카운트Kyle Counts'와 같은 아이패드 앱의 기본적인 개념이기도 하다.[35] 매스 애로 및 관련 앱들은 교육 및 기술 분야의 저명한 평론가들 및 현직 교사들로부터 많은 찬사를 받았다. 휴대전화를 발명했던 마틴 쿠퍼Martin Cooper는 매스 애로를 '독창적'인 아이디어라고 언급했으며, 브리검영 대학BYU의 연구는 학생들의 시험 성적 향상에 도움이 된다는 사실을 보여주었다. 그러나 내가 동료들과 함께 교과 과정 담당자들에게 연락을 취했을 때, 우리는 차터스쿨과 사립학교 관리자들이 전통적인 공립학교 관리자들에 비해 새로운 아이디어를 보다 적극적으로 받아들이려 한다는 사실을 확인할 수 있었다. 한 인상적인 사례에서, 할렘의 레녹스 애비뉴에 위치한(우리 집에서 4,500킬로미터나 떨어진) 석세스 아카데미Success Academy차터스쿨은 매스 애로의 아이디어를 유치원 과정에 즉각적으로 도입했다. 반면 우리 집에서 네 블록 떨어진 공립학교 관리자들은 아이디어 소개를 위한 몇 차례의 회의 요청을 모두 거절했다. 이처럼 공립학교 관리자들은 기존의 방식과 성과를 개선하고자 하는 열정을 보여주지 않았다.

물론 새로운 아이디어라고 해서 모두 가치가 있다거나 도움이 될 것이라고 주장할 수는 없다. 또한 새로운 아이디어와 새로운 산업은 효용과 함께 고통도 가져다준다. 자유 시장은 고통 없는 시장이 아니다. 정부의 훌륭한 경제 정책도 피해자를 양산한다. 하지만 거시적인 차원에서 수혜자를 더 많이 양산하고, 비용보다 더 높은 이익을 창출한다.[36]

과거의 일자리와 비즈니스를 유지하기 위해 뒤를 돌아보는 전략은 성공 전략이 될 수 없다. 그것은 어떻게든 자신의 이익을 지키고자 하는 이해관계자들의 절박한 몸부림에 불과하다. 얼마 전 미국의 유명 코미디언 제리 사인펠드Jerry Seinfeld는 미국의 우체국을 개그 소재로 삼았다. 그는 오늘날의 방식이 침을 바르고, 걸어가서, 되는 대로 요금을 지불했던 1630년대의 방식보다 못하다고 해서 놀라지 말아야 한다고 말했다. 그러고는 이렇게 충고했다.

"정말로 사람들에게 도움을 주고자 한다면, 편지를 개봉해서 읽고 그 내용을 이메일로 보내주면 됩니다."

국가에는 어느 쪽이 더 나쁠까? 일을 할 수 있는 수백만 명이 일을 하지 않기로 결심할 때인가? 아니면 일을 하고 싶어하는 사람들이 공무원으로부터 가만히 집에 앉아 연금이 나오기를 기다리라는 말을 들을 때인가?

5장
애국심, 이민
그리고 셀피 시대

애국심과 이민 그리고 끈기에 관한 심각한 문제를 다루기에 앞서 한 번 웃고 넘어가자.

뉴저지의 사냥꾼 2명이 숲을 돌아다니다가 갑자기 한 사람이 쓰러졌다. 숨을 쉬지 않고, 눈동자도 뒤집혔다. 다른 사냥꾼이 휴대전화를 꺼내서 구조를 요청한다. 그는 숨을 헐떡이며 이렇게 말한다.

"친구가 죽은 것 같아요! 어떻게 해야 하죠?"

교환수는 말한다.

"진정하세요. 제가 도와드릴게요. 우선 정말로 죽었는지 확인을 하세요."

잠시 정적이 흐르다 총성이 들린다. 사냥꾼은 다시 전화기를 들고 말한다.

"확인했어요. 다음은요?"

이 농담에 웃음이 터졌다면, 여러분은 아마도 독일 사람일 것이다. 반면에 전혀 웃지 않았다면, 캐나다인일 것이다. 심리학자 리처드 와이즈먼Richard Wiseman은 한 연구에서 전 세계로부터 4만 가지의 농담과 200만 건의 반응들을 수집했고, 위의 사냥꾼 이야기가 '세상에서 제일 웃긴 농담'이라는 결론을 내렸다.[1] 그의 연구 결과는 또한 독일인들이 이 농담에 가장 많이 웃었다는 사실을 확인시켜 주었다. 그 연구 결과가 논란거리가 되었던 것은 단지 사람들이 독일식 유머를 의심해서가 아니었다. 초인이라는 개념을 제시했던 철학자 니체는 길에서 말을 끌어 안고는 그만 미쳐버리고 말았고, 자족적인 디오니소스 의식을 거행하며 평생 벌거벗고 돌아다녔다.[2] 어쨌든 그 농담은 웃기다.

와이즈먼의 결론이 논란을 불러일으켰던 것은 한 사람의 개인이 '국민성' 혹은 국가적 특성을 갖고 있다는 주장이 정치적으로 옳지 않기 때문이었다. 비평가들은 '국민성'에 대한 논의가 단지 개인을 비인격화하고, 인류학과 정치학을 "그 흑인이 2명의 아일랜드 사람을 따라 술집으로 들어가는 걸 보았죠."라고 말하는 돈 리클스Don Rickles의 코미디로 환원시켜버리는 고정관념을 양산하거나 반영할 뿐이라고 주장하고 있다.

많은 사람들은 민족과 관련된 농담에 당혹스러워하거나 불쾌해한다. 하지만 그렇다고 해서 태도와 행동에서 드러나는 엄연한 차이를 사람들이 인식하지 못하는 것은 아니다. 독일에서 온 한 이웃은 시간을 엄격하게 지킨다. 그들에게 'fashionably late(유명 인사가 의도적으로 자리에 늦게 나타나는 것 - 옮긴이)'란 '정각'에 도착하는 것을 의미한다. 우리 아버지와 그 이웃의 아버지 모두 약속 시간 전에 도착하는 것을 선호한다. 우리 가족은 언제나 공항에서 가장 먼저 탑승 수속을 밟는다. 때로는 우리가 탈 비행기가 이전 출발지에서 이륙하기도 전에 우리 가족은 공항에 도착해있다. 부크홀츠 가문의 가훈은 이런 것이다. '일찍 가서 기다리자.' 에이미 추아Amy Chua는 『타이거 마더Battle Hymn of the Tiger Mom』(2011)로 2011년 베스트셀러 목록에 그 이름을 올렸다. 그녀의 책 속에는 피아노 연습을 게을리 한 벌로 딸아이에게 인형을 불태워버리겠다고 협박했던 무시무시한 엄마의 이야기도 담겨있다. 추아가 들려주는 '사랑스러운 엄마'에 관한 이야기들은 다소 음산하다. 사회 심리학자들은 아시아 가정들이 겸손을 강조하고 자기절제와 책임감을 가르치기 위해 아이들의 수치심을 활용하는 경향이 있다고 말한다.[3] 이러한 교육 방식은 아이들이 성인이 된 후에 나타난다. 예를 들어 아시아계 미국인들은 비히스패닉계 백인 미국인이나 아프리카계 미국인들보다 상대방의 웃음을 더 많이 의심하며 당황스런 인상을 주고 난 이후에 자리를 뜨는 경향이 강하다.[4] 반면 백인들은 우스꽝스러운 모습을 보일까봐 걱정스런 마음에 무도장을 피하는 경향이 강하다. 그래서 영화 〈해리가 샐리를 만났을 때〉에서 빌리 크리스털Billy Crystal이 데이트 과정을 이렇게 설명했을 때, 관객들이 크게 웃었던 것이다.

"누군가를 만나고, 조심스럽게 점심 식사를 나누고 …… 춤을 추러 가서, 그 백인 남자의 우스꽝스런 표정을 만나게 되죠."[5]

지역 고유의 것이든, 아니면 이민자들에 의해 들어온 것이든 문화적 규범은 사람들마다 그리고 지역마다 다르게 나타난다. 우리는 근거 없는 선입견에 주의해야 하지만, 동시에 나는 이 장에서 이렇게 주장하고 싶다. **급속한 경제적 변화로부터 살아남고자 한다면, 국가는 국민성에 대한 이해와 사회를 통합하는 의식儀式과 이야기를 후손과 이민자들에게 전달해야 한다.** 그렇지 못할 때 사회는 죽는다. 그러한 사회들은 해골로만 흔적을 남기고, 후손들이 문명에 대해 알 수 있는 방법은 없다. 약 6만 년 전, '호모 사피엔스'들은 아프리카를 떠나 다양한 부족과 사회 그리고 궁극적으로 국가를 이루어 살았다. 그러나 오늘날 우리가 그 실체를 자세히 알고 있는 것은 공통의 종교와 언어, 건국신화 그리고 문화를 형성했던 종족들뿐이다. 흔적 없이 살다 간 네안데르탈인들에 대해서는 거의 아무것도 알지 못한다. 또한 파키스탄과 인도 서부에 해당하는 지역에서 수천 년 전 살았던 하라파Harappa 문명에 대해서도 거의 알려진 바 없다. 그 까닭은 그들이 자신의 신화와 문학 그리고 야금술과 관련된 기술적 진보나 십진법의 활용에 이르기까지 다양한 과학적 지식을 글로 남기는 데 관심이 없었기 때문이다.[6] 반면 우리는 고대 그리스와 이집트 그리고 유대인과 기독교인들에 대해서는 많은 것을 알고 있다. 관습과 율법과 신화로 가득한 경전이 없었더라면, 그들은 5,000년의 세월을 결코 버티지 못했을 것이다. 그랬다면 인류 역사에서 동떨어져 있는 네안데르탈인처럼 다만 이마가 튀어나온 종족으로만 기억되고 있을 것이다. 아무리 강력한 문화라 하더라도 새로운 '시대epoch'와 '천년millennia'을 살아남으리라는 보장은 없다. 잔인하게도 그 가능성은 너무도 희박하다.

1817년 「런던 이그재미너London Examiner」 편집자는 고대 파라오 람세스 2세의 흉상이 대영박물관으로 이송될 것이라는 소식을 들었다. 이에 맞춰 그 편집자는 시 경연대회를 주최했고, 퍼시 비시 셸리Percy Bysshe Shelley, 광시狂詩를 사랑하는 그의 친구인 호레이스 스미스Horace Smith라는 주식 중개인은 펜을 들어 그 옛날의 독재자를 노래하는 소네트를 썼다. 그리고 우승의 영광은 '오지만디아스Ozymandias'(람세스 2세의 그리스식 발음)를 쓴 셸리에게로 돌아갔다. 그의 시는 지금까지 200년 동안 인구에 널리 회자되면서 칭송을 얻고 있다. 인기 TV 프로그램 〈브레이킹 배드Breaking Bad〉의 최종 시리즈 한편에서도 주인공은 바로 그 시를 낭송했다. 그러나 그 소네트의 주제는 제아무리 강하고 오만한 왕이라도 그의 영광은 세월에 따라 시들어간다는 것이다. 그 시에서 셸리는 고대의 땅으로부터 온 한 여행자의 이야기를 들려준다. 그는 사막 한가운데에서 '몸뚱이가 없는 2개의 거대한 바위의 다리'를 발견하게 된다. 그리고 거기에는 다음과 같은 문구가 새겨져있었다.

"내 이름은 오지만디아스, 왕 중의 왕이로다.
너희 강한 자들이여, 나의 위업을 보라. 그리고 절망하라!"
그 주위엔 아무것도 없었소.
삭아버린 거대한 폐허의 주변에는
외롭고 황량한 모래의 벌판이 끝없이 펼쳐져있었소.

절대 권력의 파라오와 그 위대한 문명이 광대한 사막에 황량하게 버려진 채 모래알로 흩어졌다면, 미국을 포함한 오늘날 강대국들은 장기적으로 어떤 희망을 품을 수 있을까? 또 한 편의 시를 살펴보자. 그것은 오지만디아스보다 더욱 유명한 시로서, 그보다 몇 년 전인 1814년에 쓰인 것이다. 젊은 변호사였던 프랜시스 스콧 키Francis Scott Key는 영국에서 배를 타고 볼티모어 항구에 도착하여 인질 석방을 협상하고 있었다. 그러나 머지않아 맥헨리McHenry 요새에 대한 폭격이 시작되었고, 영국 해군은 불화살과 함께 1,500발이 넘는 대포를 발사했다. 프랜시스 스콧 키는 그 광경을 목격하고는 시를 썼다. 오늘날 특히 유명한 뒤에서 두 번째 행은 선언 대신 이렇게 묻고 있다.

"오, 말해주오. 성조기는 지금도 휘날리고 있는가?"

키는 "아니오!"라는 대답을 예상하고 있었을 것이다. 당시 미국은 38년 전에 독립한 나라에 불과했다. 국가는 언제든 소멸할 수 있다. 그는 1790년 벨기에 공화국이 325일 동안 존재했다 사라졌다는 역사적 사실을 알고 있었다. 그리고 1814년에 제노바 공화국은 211일을 끝으로 사라졌다. 신생 국가들은 물론, 오래된 국가들 역시 언제든 사라질 수 있다. 물론 성조기는 아직도 휘날리고 있다. 그러나 아무리 둘러보아도 하라파나 미노스는 그 낡은 깃발조차 발견할 수 없다. 오지만디아스의 시대로 돌아가서, 우리는 한 가지 아이러니를 만날 수 있다. 그 파라오에게는 아들이 하나 있었고, 그는 기원전 1200년 왕국을 통치했다. 이후 세월이 흘러 1896년, 한 고고학자는 땅속 3미터 깊이에서 그 아들의 승전보가 새겨진 검은색 화강암을 발굴했다. 거기에는 또한 그 위대한 파라오의 글도 새겨져있었다. 그는 이렇게 선언했다.

"이스라엘 땅은 폐허가 되었고, 그들의 씨앗은 사라졌다."

그러나 그는 틀렸다. 공동체를 하나로 통합하는 경전을 공유했던 민족은 사하라 사막을 건너서 불어오는 시로코 열풍과 함께 사라진 군대와 부, 기념비를 자랑했던 파라오보다 더 오래 살아남았다.

오늘날의 부자 나라들은 앞으로 얼마나 존속할 수 있을지 궁금해하고 있다. 그들은 어디서 희망을 발견할 수 있을까? 우리는 그 대답을 국민성과 문화 속에서 그리고 모두를 밖으로 내던지는 세계화의 원심력에도 불구하고 구성원들을 하나로 묶어주는 공통된 이야기 속에서 발견할 수 있다.[7]

이방인들을
어떻게 대할 것인가

앞에서 우리는 다른 사람을 위해 희생하고자 하는 인간의 의지를 측정하고자 했던 윌리엄 해밀턴의 시도를 살펴보았다. 인류는 자신의 혈족을 금방 확인하도록 진화했다. 늑대는 먹잇감을 찾아내는 후각이 발달했지만, 인간은 가족을 찾아내는 후각이 발달했다. 우리는 눈을 가리고 냄새만으로 형제자매를 알아맞힐 수 있다. 하지만 이러한 능력은 부모들 중 한쪽이 다른 반 형제자매에게까지 미치지는 못한다. 가족이 물에 빠졌을 때, 사람들은 기꺼이 파도를 향해 뛰어든다. 하지만 낯선 사람이 상어에게 잡아먹힐 위기에 처했을 때 우리는 주저한다. 그러나 건강한 사회를 만들기 위해서, 구성원들은 다른 사람들을 위해 기꺼이 위험을 무릅써야 한다. 전쟁터에 달려나가고, 무거운 세금을 내고, 아무도 보지 않는다고 하더라도 100달러 지폐를 슬쩍하지 말아야 한다. 그러나 오로지 이성에 호소함으로써 구성원들에게 희생을 설득하기란 무척이나 힘든 일이다. 1944년 아이젠하워 장군이 전투를 앞두고 아리스토텔레스처럼 치밀한 삼단논법으로 연설을 했더라면, 레인저스 부대원들은 나치의 기관총 세례를 뚫고 100미터 높이의 프앙테뒤오크 절벽을 기어서 올라갈 엄두를 내지 못했을 것이다.

혈연과 이를 찾아내는 후각을 대신하여 구성원들을 하나로 묶어줄 대안을 발견하지 못하면, 오늘날 국가들은 오래 존속하지 못할 것이다. 옛날에, 특히 하나의 종교가 사회를 지배했을 때 마을 광장에 들어선 교회가 바로 그러한 역할을 했다. 예수가 인류의 죄를 사하기 위해 자신을 희생했다고 말했던 것처럼, 중세 시대 수도승들은 백성들에게 서로를 위해 희생하라고 말했다. 18세기 찬송가 '그리스도의 병사들이여, 일어서라Soldiers of Christ, Arise'는 사도 바울의 가르침을 따라 선량한 백성들에게 악마의 계략에 맞서 싸우기 위해 '갑옷을 입으라'고 노래한다.[8] 바울은 투구 가슴받이와 검에 대해 말했다. 싸우지 않는 자는 이교도다. 이처럼 공통된 종교는 혈육과 후각의 대체물이었다.

종교를 의미하는 'religion'이라는 단어는 '묶다'를 의미하는 라틴어 동사 'religare'에서 비롯되었다. 또한 희생Sacrifice의 어근인 'sacer'는 신성하다는 의미다. 하지만 매주 예배에 참석하는 사람들의 비중이 채 20퍼센트도 되지 않는 오늘날 미국 사회는 어디로 가고 있는가? 더 걱정스러운 사실은 인구의 20퍼센트가 매주 예배에 참석한다고 거짓말을 하고 있다는 것이다.[9] 실제로 그 수는 독일과 프랑스 그리고 스칸디나비아의 10퍼센트보다 훨씬 더 적다.[10] 국가가 더 이상 종교의 신성함을 간직하지 못하고, 도심 광장의 교회에 관심을 보이지 않을 때, 우리는 사회를 하나로 묶기 위해 또 다른 것들을 살펴보아야 한다. 예를 들어 역사와 국민성, 문화 그리고 이야기 속에서 해답을 찾아야 한다.

군중이
공동체로 전환되는 순간

'우리'라는 단어에는 마술적인 힘이 있다. 그 말을 들을 때 우리는 긍정적인 기분을 느낀다. 한 놀라운 실험에서, '우리'라는 단어와 'xeh'와 같이 임의적으로 만든 단어를 함께 제시했을 때, 사람들은 아무런 의미 없는 'xeh'라는 단어에서도 긍정적인 느낌을 얻게 된다.[11] 내성적이거나 개인주의적인 성향의 사람들도 낯선 이들로 이루어진 집단이 '우리'라고 하는 집단으로 변형될 때, 관계나 친밀감을 경험하게 된다. 2015년 7월 4일, 나는 수천 명의 낯선 사람들과 함께 조지타운의 잔디밭에 서서, 링컨기념관 리플렉팅 풀에서 쏘아올린 축포가 하늘높이 솟구치면서 케네디 공연예술센터와 워터게이트 호텔을 밝히는 장관을 보고 있었다. 거기 있던 사람들 모두 불꽃이 올라가는 궤적을 따라가면서, 다채로운 불빛들이 한데 어울려 태양이나 깃발,

혹은 반짝반짝 빛나는 버드나무의 모양을 만들어내는 순간을 숨죽이며 지켜보고 있었다. 불꽃들이 모여서 웃는 얼굴을 완벽하게 만들어낼 때, 사람들 모두 환호성을 지르고, 함께 웃고, 서로를 바라보았다. 독립기념일을 불꽃놀이로 축하해야 한다고 주장했던 사람은 바로 존 애덤스John Adams였다. 그리고 그 아이디어는 대단히 현명한 것이었다. 1776년 7월 3일, 애덤스는 '대륙의 한쪽 끝에서 다른 쪽 끝까지, 지금으로부터 앞으로도 영원히 화려한 행진과 쇼, 게임, 스포츠, 총, 벨, 횃불, 화려한 조명으로' 그날을 축하해야 한다고 아내 애비게일에게 편지를 썼다.[12] 매사추세츠 주 역사박물관 웹사이트에서 우리는 애덤스의 육필 편지를 볼 수 있으며, 새롭게 탄생한 미국이라는 나라가 위태로우면서도 희망으로 넘쳤던 순간을 느껴볼 수 있다.

불꽃놀이의 배경이 된 세 건물인 링컨 기념관과 케네디 센터 그리고 워터게이트 호텔은 미국의 역사 속에서 서로 다른 시대에 낯선 사람들을 하나로 이어주었다(그리고 분열시키기도 했다). 물론 이들 건물을 짓는 데 사용했던 벽돌과 대리석, 시멘트 등의 재료로 쇼핑몰이나 하수처리장을 만들 수도 있었을 것이다. 하지만 오늘날 미국적 상징으로 가득한 이 건물들은 미국인들의 영혼을 뒷받침하고 있다. 우선 링컨 기념관부터 살펴보자. 그 기념관은 종교적인 장소는 아니지만, 수많은 관광객들에게 그와 비슷한 역할을 하고 있다. 실제로 링컨 조각상의 비문은 이 건물이 기념관이 아니라 '사원'이라고 칭하고 있다.

에이브러햄 링컨에 대한 기억은

그가 구원했던 미국인들의 가슴 속에

그리고 이 사원에

영원히 남아있을 것이다.

1963년 링컨 기념관은 25만 명이 운집해서 마틴 루터 킹의 '제겐 꿈이 있습니다' 연설을 듣고, "우리는 이겨낼 겁니다."라고 함께 노래를 불렀던 곳이었다. 또한 닉슨 대통령은 1970년 5월의 어느 새벽 4시 15분에 아무런 예고도 없이 링컨 조각상에 나타나서 거기서 농성을 벌이고 있던 베트남 전쟁 반대자들에게 나직하게 연설을 했다. 그곳은 개인의 정치적 입장을 떠나 모든 미국인들에게 신성한 공간이었다.

링컨 기념관 아래에서 서쪽을 바라다보면, 로버트 E. 리Robert E. Lee의 저택 아래로 알링턴 국립묘지가 바라다 보인다. 그리고 40만 개의 십자가와 다윗의 별, 초승달(그리고 주술적인 오각형 별모양까지)이 남북 전쟁으로부터 최근 아라비아 반도와 아프가니스탄 전쟁에 이르기까지 전사한 미국인들이 잠들어있는 곳임을 말해준다.

다음으로 케네디 공연예술 센터에서는 다양한 오페라와 교향악, 연극 그리고 무용 공연이 펼쳐진다. 이 센터는 1971년 레너드 번스타인이 지휘하는 '미사' 무대와 함께 문을 열었다. 당시 그 작품은 청중들에게 많은 이야기를 들려주었다. 그 안에는 로마 가톨릭 미사에서 가지고 온 라틴어 구절뿐만 아니라, 팝스타 폴 사이먼Paul Simon과 스티븐 슈워츠Stephen Schwartz(이후 뮤지컬 〈위키드Wicked〉에서 작곡을 맡았던)의 가사까지 포함되어있었다. 사실 번스타인은 특별히 종교적인 인물은 아니었으며, 그의 전기에 따르면 적어도 십계명 중 몇 가지는 어기며 살았다고 한다. '미사'에서 불협화음을 내뿜는 합창단은 신에 반기를 들고, 성찬식 포도주와 빵을 바닥에 내동댕이친다. 그러나 합창단이 아래로 내려가고 나서 플루트 독주가 시작되면서 다시 믿음을 되찾은 합창단이 부활한다. 종교가 없었던 번스타인은 결국 의식 속에서 조화와 은총을 발견한다. 번스타인이 미사를 작곡하면서 직접 손으로 쓴 악보에는 다음과 같은 문구가 들어있다.

"종교, 즉 무작위적/조직적인 생물학적 존재보다 더 위대한 존재에 대한 믿음은 모든 이에게 필요하다."[13]

물론 케네디 센터는 종교 기관이 아니다. 하지만 청중들이 환호하고, 박수치고, 함께 웃을 때, 이는 공동체 결집에 기여한다. 공동의 문화는 바로 이러한 역할을 한다.

1972년 닉슨 행정부가 민주당 전국위원회 본부에 어설프게 침투하고 이를 은폐하려고 했던 사건을 통해, 사람들은 워터게이트라고 하는 이름을 알게 되었다. 그 스캔들은 이미 베트남 전쟁이 그러했던 것처럼 국론을 분열시켰다. 그리고 닉슨 대통령의 혐의를 뒷받침하는 증거들이 계속해서 나오면서 미국인들은 대통령이 물러나야 한다는 목소리를 높이기 시작했다. 1974년 8월 7일, 여당인 공화당 상원의원 배리 골드워터Barry Goldwater와 휴 스콧Hugh Scott이 백악관 대통령 집무실로 들어가 대통령에게 물러나야 할 때가 왔음을 고했다. 닉슨의 가장 든든한 측근들조차 사임을 촉구하는 연합전선에 가담했다. 그리고 8월 9일, 부통령 제럴드 포드가 취임 선서를 하면서 강한 표현들을 쏟아냈다.

"국민 여러분, 우리의 오랜 국가적 악몽이 끝이 났습니다."

여기서 그가 '우리our'라는 표현을 썼다는 사실에 주목하자. 워터게이트와 같은 국가적 악몽조차 사회를 하나로 결집하는 역할을 할 수 있다. 포드는 계속해서 이렇게 말했다.

"우리의 헌법은 살아있습니다. 우리의 위대한 공화국은 사람의 정부가 아닌 헌법의 정부입니다. 이 나라를 통치하는 것은 국민입니다. 하지만 그보다 더 높은 권력이 있습니다. 우리가 그 이름을 무엇이라고 높이든 간에 말입니다."

고대 유대인들이 내적 분열과 외적 침략을 극복하기 위해 의존했던 '성경'처럼, 포드의 연설에서 헌법은 미국인들의 신성한 경전이었다.

경험의 공유는 스포츠와 같은 다소 유쾌한 분야에서도 찾아볼 수 있다. 알링턴 국립묘지에는 무하마드 알리처럼 입담이 화려하지는 않았지만, 1937년부터 1949년까지 복싱계를 제패했고, 역대 최고의 헤비급 챔피언으로 인정받았던 조 루이스Joe Louis도 잠들어있다. 1936년에 루이스는 히틀러가 아꼈던 선수이자 아리안족의 우월성을 널리 알리기 위한 선전용 인물이기도 했던 막스 슈멜링Max Schmeling에게 패하고 말았다. 이후 두 선수의 재대결은 1938년에 열렸다. 당시 많은 미국인들과 독일인들이 7만 명의 관중으로 가득 찬 양키스타디움에 직접 가거나, 아니면 라디오로 생중계를 들었다. 경기가 있기 몇 주 전, 루이스는 백악관을 방문했고, 그를 맞이한 루스벨트 대통령은 이렇게 말했다.

"조, 몸을 숙여 봐요. 당신 근육을 좀 만져보고 싶군요 …… 독일을 무찌르려면 당신처럼 강인한 근육이 필요하죠."

독일을 무찌른다고? 그건 뭔가 불길한 단어 선택이었다. 그 경기는 미국이 제2차 세계대전에 참전하기 3년 반 전에, 다시 말해 나치가 폴란드에 침공하기 1년 전에 열렸음에도 대단한 긴장감이 돌았다. 경기가 시작되자마자 루이스는 슈멜링을 향해 달려들었고, 경기 시작 후 2분 만에 그의 안면에 강력한 펀치를 열두 차례나 꽂아넣었다. 슈멜링의 다리가 풀렸다. 루이스는 날카로운 라이트 크로스를 날렸고, 슈멜링은 링에 쓰러졌다. 일어선 그는 이리저리 공격을 피해 다녔지만, 다시 한 번 다운을 당한 이후로 계속해서 비틀거렸다. 루이스는 마지막으로 강력한 라이트를 슈멜링의 턱에 적중시켰고, 그렇게 그는 무너졌다. 독일 세컨이 흰색 타월을 링으로 집어던졌지만, 심판은 이를 다시 밖으로 던져버렸다. 그래도 슈멜링은 다시 일어서지 못했다. 슈멜링을 응원했던 일부 인종차별주의자들을 제외하고, 수백만 명의 미국인들은 루이스가 경기를 펼치는 동안 하나가 되어 응원했다.

2015년 7월 4일 다음날, 나는 스포츠의 힘을 실감하게 되었다. 볼티모어 워싱턴 국제공항으로 들어가던 도중에 갑작스런 함성 소리가 들려왔다. 여자 월드컵 결승전에서 미국 팀이 일본 골키퍼를 뚫고 골을 성공시켰던 것이다. 그 순간에 마침 공항을 지나가고 있었던 많은 미국인들은 서로 하이파이브를 하면서 유대감을 나누었다. 공이 일본 골대를 흔드는 순간에 그들은 하나가 되었고, 사교 모임이나 여학생 클럽, 4-H 클럽, 혹은 교회 성가대에서나 느낄 수 있는 그러한 감정을 맛보았다.

우리는 챔피언,
이번엔 져도 곧 반드시 이긴다

유대감을 공유하기 위해서 때로 공동의 장애물이나 적을 확인하고, 집단의 우월함을 느껴야 한다. 분명하게도 전쟁이나 월드컵 경기가 바로 그러한 사례에 해당한다. 다시 한번, 집단이나 국가의 통합을 위해 우월감('민족 우월주의')이 필요하다는 주장은 정치적으로 올바르지 않은 주장일 수 있지만, 어쨌든 이는 역사적인 교훈이며, 현대 심리학 역시 이러한 생각을 실증적으로 뒷받침하고 있다. 유대인들은 스스로를 '낙오자'가 아니라 '선택받은 민족'이라 불렀다. 그리고 자메이카 출신 흑인 지도자 마커스 가비Marcus Garvey가 공식적으로 지지했던 라스타파리언Rastafarian들은 Jah(신)가 흑인들을 육체적·영적으로 우월한 존재로 창조했다고 믿는다. 사람들은 자신이 속한 집단이 좋은 성과를 거둘 때 긍정적인 감정을 얻는다. 심리학자들이 말하는 'BIRG'는 사람들이 그들이 속한 집단으로부터 '후광 효과를 누리고자 하는bask in the reflected glory' 성향을 의미한다.

풋볼 경기에서 승리하고 나면, 더 많은 대학생들이 학교의 풋볼 팀을 응원하는 운동복을 입거나 스카프를 두른다.[14] 학교의 응원가들 속에는 종종 종교적인 메시지와 우월성의 선언 그리고 전쟁터의 함성이 섞여있다. 심지어 터치다운 6점을 염원하는 노골적인 가사도 있다. 지금도 나는 내가 졸업했던 톰스리버 하이스쿨 사우스의 응원가를 부를 수 있다. 그 가사는 이렇다.

재에서 재로, 먼지에서 먼지로

너희를 부수고 싶지는 않지만 그래야만 한다면 어쩔 수 없지.

그러나 동부는 동부, 서부는 서부일 뿐.

우리는 남부, 남부가 최고야!

성공회 공동 기도문('재에서 재로')은 지역을 비하하는 똑같은 형태의 문구('동부는 동부')로 반복된다. 어쨌든 당시 우리들은 이 응원가를 목청 껏 불렀고, 실제로 우리 고등학교가 라이벌 학교들보다 더 우수하다고 믿었다(정말로 그랬다).

고등학교나 여학생 클럽, 혹은 민족, 교향악단, 국가와 같은 공동체 는 온건한 방식으로 자신의 위대함을 주장하거나, 혹은 다른 집단들을 비하하지 않고서 자신들의 긍정적인 특징만을 강조할 수도 있을 것 이다. 하지만 많은 집단들은 좀처럼 겸손한 방식을 선택하지 않는다. 그 이유는 뭘까? 집단은 좋지 않은 상황에서도 그들의 자존감을 강화 해야 하기 때문이다. 팀이 경기에서 지거나 국가가 전투에서 패했을 때, 구성원들의 사기와 단결은 위축된다. 국민들의 연대감은 옅어지 고, 고개 숙인 팬들은 유니폼을 벗어던진다. 패배는 집단의 유지 가 능성을 가늠하는 진정한 시험 무대다. **한 집단이 오랫동안 존속하려 면, 구성원들은 패배를 일시적인 실수로 받아들여야 한다.** 큰 승리 뒤 에 팀이나 국가에 대해 긍정적인 감정을 갖는 일은 쉽다. 하지만 모든 국가와 팀들은 때로 패하기 마련이다. 이는 역사가 절대 어기지 않는 약속이다. 1942년 3월에 일본 군대는 로켓과 폭탄, 어뢰로 필리핀과 그곳을 방어하고 있던 미군을 공격했다. 당시 루스벨트 대통령은 자존심 강하고 도도한 맥아더 장군에게 코레히도르 섬의 요새와 일본군에 맞서 싸울 보급품이 부족했던 9만 명의 병사들을 포기하라고 명령했다. 이로 인해 많은 군인들이 포로로 잡혔고, 악명 높은 바탄의 죽음 행렬로 끌려가던 도중에 수천 명이 목숨을 잃고 말았다. 맥아더 장군은 포화와 지뢰, 성난 파도를 피해 가족과 함께 조그마한 PT 보트에 몸을 싣고 800킬로미터를 달아나야 했다. 그때 맥아더는 선장에게 이렇게 말했다.

"자네가 나를 죽음의 아가리에서 건져냈네."

그리고 호주 멜버른에 도착해서는 유명한 말을 남겼다.

"나는 돌아갈 것이다."

미국의 국민과 군인들은 모두 그의 약속을 믿었다. 이후 2년 하고도 반년의 세월이 흘러, 맥아더는 자신의 약속을 지키기 위해 필리핀 레이테 섬 해변에 도착했다. 이후 미국이 마닐라를 완전히 장악하고 난 뒤, 그는 이렇게 선언했다.

"조금 늦었지만, 결국 우리는 이곳에 왔노라."

다음 장에서는 알렉산드로스 대왕이 어떻게 자신의 명성을 활용하여 병사들을 패배의 아픈 기억으로부터 구원했는지 살펴볼 것이다.

집단은 우월성(혹은 선택받은 존재라는 믿음)을 내세움으로써 패배가 단지 일시적인 후퇴라는 사실을 구성원들이 받아들이도록 만들 수 있다. "우리는 이겨낼 것이다."라는 선언 속에는 지금은 졌지만 다음엔 반드시 승리할 것이라는 약속이 담겨있다. 유대인 역사가들은 페르시아의 하만에서 로마 황제 하드리아누스 그리고 히틀러에 이르기까지 학살의 고통으로 점철된 그들의 역사를 농담 삼아 이렇게 요약한다.

"그들은 우리를 멸하고자 했으나, 우리는 결국 살아남았습니다. 자, 식사합시다."

다시 권투 이야기로 돌아가서, 루이스가 슈멜링에게 복수를 하지 못했더라면, 또는 무하마드 알리가 조 프레이저에게 1971년의 수모를 갚아주지 못했더라면 두 선수는 역사상 '가장 위대한 선수'로 추앙받지는 못했을 것이다. 실제로 권투 역사가들은 1940년대와 1950년대 헤비급을 지배하고, 은퇴까지 49승의 기록을 세웠으며, 43번의 KO 승리와 함께 한 경기도 지지 않았던 '브록턴 블록버스터' 로키 마르시아노Rocky Marciano보다 루이스와 알리를 더 높은 선수로 평가한다. 그들은 또한 마르시아노가 49연승을 기록하는 동안 강력한 경쟁자와 대적한 적이 없었다고 지적한다. 내가 생각하기에, 마르시아노가 한 번의 치열한 난타전에서 패배했더라면, 오늘날 더 훌륭한 권투 선수로 사람들의 기억 속에 남아있지 않을까 한다.

그 분야에 상관없이 거의 모든 집단들은 실제의, 혹은 가상의 우월성을 내세운다. 일본의 공장 근로자들은 훌륭한 팀 플레이어들이고, 시애틀 시호크스Seattle Seahawks 선수들은 더 빨리 달린다. 그리고 뉴욕 심포니는 필라델피아 심포니보다 말러를 더 깊이 있게 해석한다. 1786년 애비게일 애덤스가 여동생에게 보내는 편지에서 영국 새는 미국 새와 비교조차 되지 않는다고 썼을 때, 그녀는 진정으로 미국을 사랑하고 있었던 것이다.

"유럽의 새들이 미국의 새들보다 절반밖에 노래를 하지 못하고, 과일은 절반밖에 달지 않고, 꽃들은 절반밖에 향기롭지 않으며, 예절은 절반밖에 우아하지 않고, 사람들은 절반밖에 도덕적이지 않다는 사실을 넌 알고 있는지. 하지만 부디 비밀로 간직하렴."[15]

애비게일 애덤스는 미국의 새들이 정말로 더 멋진 노래를 들려준다고 믿었다. 그러나 정말로 그렇다면, 1819년 '나이팅게일에게 부치는 노래Ode to a Nightingale'를 발표했던 영국 시인 키츠는 진정한 음치였던 것이며, 1961년 냇 킹 콜은 "나이팅게일이 버클리 스퀘어에서 노래를 불렀다."라는 노랫말에 '형편없이'라는 부사를 추가했어야 했다. 이 모든 이야기가 말도 안 되는 소리처럼 들릴 수도 있겠지만, 종종 중요한 의미를 담고 있기도 하다. 특히 힘든 시절에는 더욱 그렇다.

자신의 집단이 다른 집단만큼 뛰어나지 않다는 사실을 말해주는 객관적인 증거에 직면했을 때, 사람들은 어떤 반응을 보이는가? 영국 새와 미국 새가 블라인드 테스트 방식으로 진행되는 노래 경연 대회에 나갔다고 해보자. 판정단들은 모두 눈을 가리고 새들의 노래를 평가한다. 그런데 이 시합에서 영국 새가 이겼다면, 애비게일 애덤스는 어떤 반응을 보일 것인가? 그녀는 아마도 그 결과를 합리화하고, 우월성을 판단하는 다른 기준을 제시하거나, 혹은 미국 새의 패배에 대한 변명거리를 내놓을 것이다. 가령 미국 새들은 가사를 대단히 중요하게 생각하기 때문에 기계적인 방식으로 똑같이 노래를 부르지 않는다거나, 자유를 중요한 가치로 생각하기 때문에 남의 지시에 따라 노래를 부르는 데에 서툴다는 변명을 늘어놓을 것이다. 내가 알고 있는 한 대학 교수는 열두 살짜리 꼬마 천재가 대학 기말고사에서 A학점을 기록한 것을 보고 스스로 이렇게 위안을 했다고 한다.

"적어도 나는 정상적인 사회적 삶을 살아가고 있잖아."

1858년 미국의 작가 너새니얼 호손Nathaniel Hawthorne은 피렌체로 여행을 떠나 우피치 미술관Uffizi Gallery을 둘러보게 되었다. 그는 그곳에서 미켈란젤로와 다빈치 그리고 라파엘의 작품을 감상하면서 이탈리아인들의 '회화와 조각에 대한 진정한 사랑'에 감탄했다. 그럼에도 그는 그 작품이 이룩한 성취를 평가하지 않았다. 실제로 그는 유명 작품들을 폄하하거나 분노를 드러내는 글을 썼다. 또한 일기에서는 이탈리아 사람들이 기념비적인 예술 작품을 창조할 수 있었던 것은 도덕적으로 열등하기 때문이라고 말하고 있다.

"이탈리아 사람들은 모든 형태의 사회적 범죄를 저지를 수 있고, 화려하고 두터운 에나멜로 자신들의 기질을 가리고 있다. 아마도 그러한 취향이 지나치게 인공적인 문명의 산물이라 …… 이는 자연의 단순함으로부터 너무 멀어졌음을 의미하는 것이다."[16]

다시 말해, 이탈리아 화가들의 작품이 멋진 이유는 솔직하지 못하고, 진실을 똑바로 바라보지 못했기 때문이다. 그러한 점에서 서투른 붓질은 곧 도덕적 우월성을 의미하는 것이다.

호손의 경우와 마찬가지로, 많은 사람들은 다른 집단들을 야만적이고 비도덕적이라는 이유로 종종 비난한다. 중국인들 역시 세상의 나머지를 오랑캐로 취급했다. 그리고 고대 그리스 사람들이 외국인들을 '야만인barbarian'이라 불렀던 것은, 그들이 말하는 소리가 알아들을 수 없이 시끄럽게만 들렸기 때문이다. 사람들은 다른 문화권 사람들이 개념 없이 옷을 입고, 위생 관념이 부족하고, 여성들이 성적으로 문란하다고 말한다. 그리고 뭐든 닥치는 대로 먹어치운다. 일부 영국인들은 아직도 프랑스인들을 '개구리frog'라고 부른다. 그리고 프랑스인들은 예의가 바른 사람들이기 때문에 스포티드 딕Spotted Dick(말린 과일을 넣은 영국식 디저트 – 옮긴이) 안에 뭐가 들었는지 물어보는 결례를 범하지 않는다. 영국인들은 매독을 '프랑스병'이라 부르고, 프랑스 사람들을 이를 '이탈리아병'이라 부른다. 외국인들에게서는 항상 고약한 냄새가 나고, 비누나 향수를 많이 쓰면 더 심해진다. 이란의 원리주의 율법학자들은 기독교와 유대교인들이 인간의 탈을 쓴 원숭이와 돼지라고 주장한다. 영화 〈혹성탈출〉에서는 원숭이들이 찰턴 헤스턴Charlton Heston의 냄새를 역겨워하자 그는 되레 이렇게 호통을 친다.

"냄새나는 발 좀 치워. 이 망할놈의 더러운 원숭이!"

국가가 구성원들을 하나로 묶는 문화를 구축하지 못할 때, 사람들은 서로를 '망할놈의 더러운 원숭이'로 바라보게 된다. 투키디데스 이후로 군사 지도자들은 병사들에게 형제애를 심어주지 못할 때, 그들에게서 희생과 위험 감수를 이끌어낼 수 없다는 사실을 잘 이해하고 있었다. 헨리 5세가 아쟁쿠르 전투를 앞두고 "우리는 소수이지만 한 형제로다!"라고 외쳤을 때, 두려워하고 있었던 영국 병사들은 다시 기력을 회복하고는 프랑스의 중무장 기사들을 무찌를 수 있었다. 헨리 5세는 말했다.

"오늘 나와 함께 피를 흘린 사람은 나의 형제다. 그가 아무리 비천한 사람이라 할지라도."

물론 여기서 내가 말하는 헨리 5세는 역사 속 실제 왕이 아니라, 셰익스피어가 만들어낸 가공의 인물이다. 하지만 그로부터 300년을 내려오면 우리는 진짜 군인이자 시인인 루퍼트 브룩Rupert Brooke이라고 하는 젊은이를 만날 수 있다. 예이츠는 브룩을 보고 "영국에서 가장 잘생긴 젊은이"라고 추켜세운 바 있다. 브룩은 1914년에 발표한 '병사The Soldier'에서 이렇게 말하고 있다.

"내가 죽게 된다면, 이것 하나만 기억해주오. 이국의 땅 어느 모퉁이, 그곳이 바로 영원한 영국임을."

비록 신을 믿지 않았다고 하더라도, 군인의 죽음은 그곳을 신성한 땅으로 만들어주었다. 군인과 땅 그리고 영국 국민 사이에 결코 깨질 수 없는 삼위일체가 이루어져있다. 이 시에 결말을 한번 더해보자. 제1차 세계대전 당시 해군장관이었던 윈스턴 처칠은 브룩의 시를 사랑했다. 실제로 브룩은 1914년에 영국 해군에 입대했고, 그리스로 항해하여 우리가 7장에서 다루고 있는 갈리폴리 전투에 참전했다. 그러나 브룩은 그만 이질에 걸리고 말았고, 에게 해를 건너는 배 위에서 죽음을 맞이했다. 그는 1915년 4월 23일 그리스 스키로스 섬의 한 올리브 숲에 묻혔다. 그리고 그날 밤 11시에 180센티미터 깊이의 직사각형 땅이 그의 논리와 희생에 따라 영국의 영토가 되었다.

애국심과
나르시시즘 사이

극단적으로 낙천적인 사람이라면 집단과 국가는 겸손함을 유지하고, 우월함을 추구하는 욕망을 자제해야 한다고 말할 것이다. 하지만 이러한 태도 역시 심각한 위험을 초래할 수 있다. 분명하게도 인도의 불가촉천민들은 자신의 열등한 지위를 그대로 받아들임으로써 아무런 이익을 얻지 못했다. 이들 '오염된' 사람들은 자신보다 신분이 높은 사람들과 함께 차와 식사, 혹은 묘지 자리를 공유하는 것은 물론, 그 앞에서 함부로 신발조차 신지 못했다. 그 스펙트럼의 다른 한쪽 끝에 있는 극단적인 우월주의는 또 다른 문제를 양산한다.

나치가 우리에게 가르쳐주었듯이 민족적 우월성은 대량학살을 묵인한다. 제2차 세계대전의 나치와 일본 파시스트로부터 인류는 혈족에 호소하는 정복의 주장을 경계해야 한다는 교훈을 깨달았다. 미국 독립혁명 당시에 시민들의 애국심은 혈연이 아니라, 자유의 원칙 그리고 혈족을 넘어선 보편성을 아우르고 있었다(노예는 예외로 하고). 견제와 균형으로 상징되는 미국의 법률 시스템은 국민들에게 어떠한 개인이나 단체도 진리와 권력에 대한 독점적인 권리를 주장할 수 없다는 점을 분명하게 밝히고 있다. 우리는 이를 미국의 4대 대통령 제임스 매디슨의 글 속에서, 제럴드 포드가 대통령으로서 했던 첫 번째 연설과 심지어 코믹 영화 속에서도 찾아볼 수 있다. 영화 〈괴짜들의 병영 일지Stripes〉에서 빌 머레이Bill Murray는 어설픈 표정으로 그 이야기를 두 가지로 요약해서 들려준다. (1) 미국의 위대함은 혈통에 있지 않으며, (2) 위대함에 대한 믿음은 미국인들이 패배를 딛고 일어설 수 있다는 사실을 의미한다.

그만! …… 우린 완전히 다른 사람들이라고. 우린 와투시족이 아냐. 스파르타인이 아니라고. 우린 대문자 A로 시작하는 미국인이야. 알겠어? 그게 무슨 말인지 알아? 아냐고? 그건 우리 선조들이 세상의 모든 고상한 나라에서 쫓겨났다는 뜻이지. 우리는 버림받은 불쌍한 사람들이야. 우리는 약자고, 잡종이란 말야! …… 우리는 군인이지. 그것도 미국의 군인이지! 우리는 200년 동안 싸웠어! 우리는 모두 열에다가 하나야! …… 우리의 할 일은 마음속에 품었던 위대한 미국의 군인이 되는 것이지. 이제 내가 하는 대로 하고, 내가 말하는 대로 말해. 내가 자부심을 느낄 수 있도록 말야.[17]

대부분의 사람들에게 우월감은 자연스런 욕망이다. 프로이트는 조상의 명성까지 부풀리고 싶어하는 인간의 욕망을 '가족 로맨스family romance' 오류라고 표현했다. 영국의 경제학자이자 사회 철학자인 나소 윌리엄 시니어Nassau William Senior는 "요람에서 시작해서 무덤으로 들어갈 때까지 우리를 그냥 내버려두지 않을 …… 차별의 욕망"에 대해 한탄했다.[18] 우월성을 향한 개인적인 추구는 때로 다른 사람들에게 피해를 준다. 코넬 대학의 로버트 H. 프랭크Robert H. Frank와 같은 경제학자들은 우리 모두 다른 사람들을 따라잡는 것을 넘어서, 그들을 밟고 올라서려는 아무런 소득 없는 경쟁에 뛰어들고 있으며, 이는 결국 질투와 절망으로 이어질 뿐이라고 말했다.[19] 우월성을 향한 욕망은 경제와 비즈니스 그리고 스포츠의 분야를 넘어 우리 사회 곳곳에서 모습을 드러낸다. 가령 엄마와 아빠에게 자신이 형이나 오빠보다 더 낫다는 사실을 보여주고자 하는 형제자매간의 경쟁은 어떤가? 자전거를 타는 꼬마는 이렇게 외친다.

"엄마, 손을 뗐어!"

이 말은 곧 이런 의미다.

"나는 핸들을 잡고 자전거를 타는 다른 아이들보다 더 뛰어나다!"

우월성을 느끼고자 하는 집단이나 국가의 욕망을 억제할 때 위험이 따른다. 그러한 경우, 사람들은 우월성을 추구하려는 욕망의 방향을 내부로 돌려 나르시시즘의 형태로 전환한다. 미국인들의 애국심은 이러한 나르시시즘이 증가할 때 떨어진다. 과거의 공립학교들의 일과는 충성 맹세가 아니라 미국의 국가로 시작되었다. 그러나 오늘날 많은 학교에서는 '우리 모두가 스타다!'처럼 개인적인 자존심을 고양하는 슬로건들이 교실 벽면을 차지하고 있다.

우리 집 창고에는 우리 딸들이 축구와 소프트볼 경기에서 받은 수많은 트로피들로 가득하다. 그런데 이 트로피들은 대회에서 '우승'을 차지해서 받은 것이 아니라, 단지 경기에 참여했다는 이유만으로 받아온 것들이다. 아이들이 받은 트로피들은 권투선수이자, 농구팀에서 센터를 맡았고 그리고 뉴욕시 테니스 시합에서 우승까지 차지했던 우리 할아버지 바비보다 훨씬 더 많다. 안타깝게도 우리 할아버지는 30대

대통령 캘빈 쿨리지의 시대가 아니라, 2000년대에 선수로 뛰었더라면 훨씬 더 많은 트로피를 차지했을 것이다. 코믹 영화 〈미트 더 페어런트 2Meet the Fockers〉에서 로버트 드니로는 벤 스틸러를 이렇게 조롱하고 있다.

"9등 리본까지 만들어둔 줄 몰랐군."

국가에 대한 존경심을 잃어갈 때, 우리는 개인의 자존심에 집중한다. 어떤 유치원에서는 프랑스 동요 '프레르 자크Frere Jacques'의 가사를 이렇게 바꿔서 부르고 있다. "난 특별해. 난 특별해. 나를 보세요."

이러한 현상에는 적어도 세 가지의 문제점이 따른다. 첫째, 교사들은 외국어로 된 동요를 가르칠 기회를 잃어버린다. 둘째, '형제'라는 말을 '나'로 대체해 버림으로써 형제애의 따스함을 잃어버린다. 셋째, 아이들을 모두 이기주의자로 만들어 버린다. 아이들이 손에 물감을 묻혀 칠한 낙서를 전시하거나, 미술 시간에 만든 자석을 냉장고에 붙여놓을 필요는 없다. **자존심을 높이기 위한 최고의 방법은 자존심을 느낄 만한 가치 있는 행동을 하는 것이다.** 헨리 5세가 아쟁쿠르 전투를 앞두고 '형제의 집단'을 위해 자신의 목숨을 바칠 것을 맹세하지 않고, 그 대신 '특별한' 젊은이들의 무리만을 언급했더라면 결과는 어떻게 되었을까?

1960년 미국의 완구업체 해즈브로Hasbro는 소년들은 절대 인형을 가지고 놀지 않는다는 마케팅 전문가들의 조언을 무시하고 지아이조G.I. Joe 피규어 시리즈를 내놓았다. 해즈브로는 인형들의 손에 장난감과 수류탄, 혹은 칼을 쥐어주면, 소년들은 그것들을 가지고 즐겁게 전쟁놀이를 한다는 사실을 보여주었다. 내가 초등학교에 처음으로 들고 갔던 말하는 지아이조는 지금 어디로 사라졌는지 모르겠지만, 군번줄을 잡아당겼을 때 그 피규어가 외쳤던 경고의 말은 아직도 기억난다.

"적기가 나타났다! 엎드려!" "의무병, 들 것을 가져와!"

오늘날 지아이조는 대단히 가치 있는 브랜드이며, 최근에 개봉되었던 영화 〈지.아이.조 – 전쟁의 서막G.I. Joe: The Rise of Cobra〉과 〈지.아이.조 2G.I. Joe: Retaliation〉는 박스오피스에서 7억 달러에 이르는 매출을 기록했다. 하지만 나는 지아이조 피규어가 오늘날 나왔더라도 성공을 거두었을까 의구심이 든다. '지아이G. I.'는 '정부'를 그리고 '조Joe'는 '친구'나 '동료'를 의미하는 지극히 평범한 이름이다. 한번 상상을 해보자. 70대 노인들을 테이블에 모아놓고, 그중 한 사람을 가리키면서 "이분은 평범한 사람regular Joe입니다."라고 말을 한다고 해보자. 그러면 지목을 받은 사람은 웃음을 지어보이며 그 말을 칭찬으로 받아들일 것이다. 이제 그 똑같은 상황을 20대 젊은이들을 대상으로 해보자. 그러면 우리는 아마도 '공습경보' 알람이나 지아이조가 외치는 "전투대기!" 명령과 같은 말들을 듣게 될 것이다. 오늘날 어떤 이십대 젊은이들도 '평범한 사람'이라는 말을 듣고 싶어하지 않는다. 1950년대에 비행을 저지른 청소년은 아버지나 교사, 혹은 코치에게 꿀밤을 얻어맞으면서 이런 훈계를 들었을 것이다.

"네가 특별하다고 생각해?"

1960년에서 2008년 사이에 출판된 80만 권에 가까운 책들을 분석했던 한 연구 결과는 요즘 작가들이 '탁월한standout,' '내가 먼저I come first,' '나만의 스타일I have my own style'과 같은 개인주의를 드러내는 단어나 표현들을 20퍼센트나 더 많이 사용한다는 사실을 밝혀냈다. 그리고 분석 대상을 소설로 한정했을 때, 그 수치는 42퍼센트까지 치솟았다.[20] 미국인들은 이제 개별적인 자아보다 집단의 자유를 특별하게 생각해야 할 것이다.

직접 컴퓨터 아바타를 설계하는 셀피 시대에 성장한 사람들은 일반적인 범주로 정의하기에 자신은 너무나 특별한 존재라 생각한다. 아이들과 성인들 모두 온라인 세상에서 자신의 존재를 직접 디자인하고 있다. 이는 전적으로 코페르니쿠스 이전의 시대로의 회귀를 의미한다. 즉, 세상의 모든 일들이 자기 자신과 자신의 쾌락, 자신의 취미 그리고 자신의 인맥을 중심으로 돌아간다고 생각하는 것이다. 그중 일부는 스스로 태양이 되기 위해 다른 친구들을 희생한다. 1,500명의 성인 여성들을 대상으로 한 연구는 4명 중 한 명이 친구들의 못난 사진을 페이스북에 게시한 적이 있다는 사실을 보여주었다(자신이 더 돋보이게 하기 위해서). 그리고 친구들이 그 사진을 내려달라고 요청했을 때, 20퍼센트가 이를 거절했다고 한다.[21]

샌디에이고 대학 심리학자 진 트웬지Jean Twenge는 60년의 세월에 걸쳐 대학생들을 대상으로 연구 프로젝트를 추진했다. 1950년대의 경우, 십대 학생들 중 12퍼센트만이 '나는 중요한 사람이다'라는 항목에 동의를 했다. 하지만 1980년대로 넘어서는 80퍼센트가 거기에 동의를 했다.[22] 오늘날 예전보다 더 많은 젊은이들이 '타이타닉 호에 탑승하고 있었더라면, 나는 첫 번째로 구명보트에 오를 자격이 있는 사람이다'라는 놀라운 항목에 동의를 하고 있다. 당연하게도 오늘날의 젊은 나르시시스트들은 디카프리오와 하나도 닮은 구석이 없는, 더러운 옷을 걸친 사람들로 북적이는 삼등실에 틀어박혀있는 것이 아니라, 탱고 음악이 흐르는 일등석 객실을 우아하게 걸어다니는 자신의 모습을 상상할 것이다.

오늘날 미국의
국민성

우월감이 인간의 자연스런 욕망이라고 옹호할 수 있다면, 미국인들은 무엇에 대해 그러한 감정을 느낄 수 있을까? 물론 모든 분야에서 뛰어나다거나, 혹은 결함이 없이 완벽하다고 주장할 수는 없을 것이다. 벤저민 프랭클린은 흰머리독수리보다 칠면조를 미국의 국조國鳥로 삼아야 한다고 주장했다. 그 이유는 칠면조가 "비록 조금은 허영심이 있고 어리석기는 하지만 용감한 새이며, 붉은 코트를 입고 자신의 농장을 침략하려는 영국의 척탄병을 즉각 물리칠 것이기 때문이다(반면 흰머리독수리는 참새마저 두려워하고, 힘들게 먹이를 구하는 물수리에게서 음식이나 빼앗는 '부도덕한 새'라고 생각했다)."라고 말했다.[23] 미국인들은 벙커힐Bunker Hill 전투나 벌지Bulge 전투처럼 용맹함을 발휘하여 위대한 승리를 거두었던 사례들을 자랑스럽게 여길 것이다. 그리고 관대한 마셜 플랜, 혹은 달 착륙이나 절수형 양변기와 같은 기술 혁신에 대해서도 그렇게 생각할 수 있을 것이다. 물론 이러한 사례들 모두 놀라운 사건이자 위대한 성취이기는 하지만 미국의 국민성이라고 말할 수는 없을 것이다.

애국자들은 '미국 예외주의'를 거론하지만, 나는 세 가지 요소를 가지고 미국의 국민성을 정의하고자 한다. 그 세 가지는 끈기Grit와 유동성Mobility, 자신감Confidence으로, GMC라고 하는 약자로 쉽게 기억할 수 있다. 앞장에서도 논의했듯이 이러한 덕목들은 점차 희미해져가고 있다. 우선, 미국인들은 이제 열심히 일하거나 힘들여 도전하려 하지 않는다(끈기). 그리고 은유적으로, 동시에 물리적으로 한곳에 그대로 머물러있으려 한다(유동성). 오늘날 미국의 젊은이들은 기회를 잡으려 하지 않고, 국가와 주의 경계를 넘어 일자리를 구하려 하지 않는다. 그리고 끈기와 유동성의 결핍은 '자신감'의 위축으로 이어진다. 2015년 실업률(공식적인)이 5퍼센트가 살짝 넘는 수준임에도, 미국인들 중 2/3 이상은 여론 조사를 통해 현재 미국이 '잘못된 방향'으로 나아가고 있다고 말했다.

끈기와 유동성 그리고 자신감이라고 하는 미국의 세 가지 국민성을 다시 살려내지 못한다면, 미국의 정치적 공동체는 존속하지 못할 것이다. 다른 나라들은 검소함이나 친절함 혹은 특별한 음식에 대한 열정 등을 그들의 고유한 국민성으로 내세울 수 있을 것이다. 이러한 것들 모두 국가의 독특하고 바람직한 덕목이 될 수 있다. 하지만 미국을 만든 것은 GMC다. 오늘날 미국인들이 그들이 살고 있는 곳에서 이러한 덕목들을 새롭게 발견해내지 못한다면, 이제 막 비행기와 트럭, 혹은 배에서 내린 이민자들은 어디서 그 가치를 발견할 수 있겠는가?

끈 기 가
사 라 지 고 있 다

사회 통합을 위해서는 합리적인 법률 및 화폐 시스템에 더하여, 시민들의 '끈기'가 무엇보다 필요하다. 끈기는 존 웨인의 영화〈진정한 용기 True Grit〉 포스터에나 등장하는 용어가 아니다. 여기서 말하는 끈기란 인내와 고집을 의미하는, 측정 가능하고 객관적인 심리적 특성을 말한다. 끈기 있는 사람들은 장애물을 넘고, 높은 목표를 위해 싸운다. 그리고 다른 사람을 비난하기보다 스스로 책임을 떠안는다. 끈기가 강한 사람들은 적극적으로 일자리를 구하고, 주택 대출을 꼬박꼬박 갚고, 아이들을 훌륭하게 키워낸다. 반면 끈기가 부족한 이들은 학교를 중퇴하고, 신용카드 대금을 연체한다.

끈기를 주제로 한 지금까지의 연구들은 주로 개인에게 집중하고 있다. 가령 펜실베이니아 대학의 안젤라 리 더크워스Angela Lee Duckworth가 웨스트포인트 사관학교 생도들을 대상으로 실시했던 한 유명한 연구는, 끈기에서 높은 점수를 기록한 생도들이 '야수의 막사Beast Barracks'라고 하는 무시무시한 기초 군사훈련 프로그램에서 더 많이 살아남았다는 사실을 보여주었다. 기초 군사훈련 과정에서 생도들은 20킬로그램 군장을 메고 달리고, 언덕을 오르고, 북소리에 맞춰 행진을 한다.[24] 그 과정에서 끈기는 IQ나 SAT, 팔굽혀펴기 점수, 혹은 자기통제와 같은 기준들보다 웨스트포인트에서의 성적을 더욱 정확하게 예측해주었다(물론 끈기의 가치를 과대평가해서는 안 될 것이다. 객관적으로 극복하기 어려운 난관이나 엄청난 비용을 감수해야 하는 상황에서, 끈기는 자칫 무모하고 어리석은 태도가 될 수 있다. 그리고 웨스트포인트 생도들이 사관학교를 떠나 줄리아드 음대에서 오보에를 전공하게 된다면, 똑같은 형태의 끈기는 오히려 재능과 자질을 억압할 수 있다).

하지만 끈기는 개인적인 특성이자 동시에 국가적인 특성이다. 끈기가 강한 국가는 '책임 떠넘기기'에 열중하지 않고, 무모한 정부 지출로 미래 세대를 파산으로 몰아가지 않는다. 끈기 있는 국가는 자신감의 덕목을 높이 평가한다. 2014년 케임브리지 대학의 한 연구는 '통제감locus of control'이라고 하는 심리적 개념에 주목했다. 통제감이 낮은 사람들은 외부 세상이 자신의 운명을 결정한다고 믿는다. 다시 말해, 자신은 누군가 때린 공에 맞아 굴러가는 당구대 위의 공이라고 생각한다. '내가 스스로 움직일 수 없다면, 애써 노력해야 할 이유가 무엇이란 말인가?' 케임브리지 대학의 연구는 '통제감'이 낮을수록 스스로를 나약한 존재라고 인식하기 때문에, 일반적으로 정부가 그들의 문제를 해결해주기를 기대한다.[25] 끈기의 부족은 3장과 4장에서 다루고 있는 정부 조직의 규모와 부채의 증가로 드러난다. 끈기의 기준으로 볼 때, 오늘날 많은 국가들이 미국과 격차를 좁히고 있으며, 미국은 치열한 글로벌 경쟁 속에서 점차 무력한 존재가 되어가고 있다.

역사적으로 미국인들은 끈기로 유명했다. 제1차 세계대전에서 미군들이 불렀던 '오버 데어Over There'라는 군가는 그러한 특성을 잘 드러내고 있다.

조니, 이제 총을 들어.

네가 얼마나 무서운 인간인지 독일 놈들에게 보여줘.

깃발을 높이 휘날리고, 양키는 목숨을 걸고 싸운다.

빨리 일어나, '너의 끈기를 보여줘.' 너의 시간이 왔어.

네 어머니가 그리고 성조기가 너를 자랑스러워할 수 있게.

옛날에 미국 기업들은 그들의 강인한 인내심에 자부심을 느꼈디. 렌트카 업체인 에이비스Avis는 '2등'임을 인정하면서, '더욱 열심히 노력할 것'을 약속했다. 그리고 주식 중개업체 E.F. 허튼E.F. Hutton의 기념비적인 광고에서는 배우 존 하우스먼John Houseman이 이렇게 읊조린다.

"우리는 구식으로 돈을 법니다. 즉 일을 해서 돈을 법니다."

그러나 유럽 국가들은 미국인들의 이러한 성실함을 종종 비웃곤 했었다. 미국인들이 부지런히 움직였다면, 영국인들은 교양 있게 움직이려고 했다. 옥스퍼드의 권위 있는 베일리얼 칼리지Balliol College의 준 공식적인 모토는 '노력하지 않는 우월함'이다.

옛날에 미국인들은 땀과 인내를 자랑스러워했다. 그러나 20세기 동안 소득이 증가하면서, 그들은 부유한 삶을 누리게 되었다. 1900년에는 41퍼센트가 농장에서 일했다.[26] 하지만 2000년에 농업 종사 인구는

1.9퍼센트에 불과하다. 게다가 대부분의 농사일은 삽과 포크를 이용하여 건초를 모으고 비료를 뿌리는 방식이 아니라, GPS 장비가 탑재된 존 디어 트랙터에 의해 이루어진다. 어쩌면 당연하게도, 21세기를 살아가는 우리는 더 적은 노동으로 더 많은 보상을 기대하고 있다. 2장에서 살펴보았던, 오래전 시어스 백화점 카탈로그를 다시 한번 들여다보자. 1949년에 냉장고를 사기 위해서, 일반 근로자들은 4.5주 동안 노동을 해야 했다(세전 기준). 그러나 지금은 2.5주만 일하면 훨씬 더 좋은 시어스 냉장고를 살 수 있다. 다음으로 1949년에는 토스터기를 사려면 13.5시간을 일해야 했다. 오늘날에는 1시간의 노동으로 더욱 성능 좋은 토스터기를 살 수 있다. 이는 놀라운 진보다! 그러나 이러한 진보는 끈기에 대한 미국인들의 자부심을 필연적으로 갉아먹고 말았다. 대중문화와 자수성가의 세상에서, '8분 복근 운동8 Minute Abs Workout'이 '매주 4시간 운동Four Hour Workweek'을 보충하고 있다. 몇 년 전 유명한 델 컴퓨터 광고에는 게을러 보이는 한 청년이 등장해서 태평한 서퍼들처럼 이렇게 말한다.

"이봐, 델이 생겼구먼."

이 말은 델 노트북을 돈을 벌어서 산 것이 아니라, 거저 얻었다는 뜻이다.

뭔가를 빨리 얻기 위한 단기적인 접근방식은 기업의 회의실에서도 확인할 수 있다. 그러나 이러한 전략은 조직 맨 아래층에 이르기까지 구성원들의 사기를 꺾는다. 경영자들은 단기적으로 시장 점유율을 끌어올리기 위해 안간힘을 쓴다. 기업은 분기별로 경영성과를 발표하고,

경영자는 이를 통해 자신이 보유하고 있는 주식의 가치를 순식간에 크게 부풀릴 수 있다. 그렇기 때문에 장기적인 도전과제는 쉽게 등한시한다. 미국 기업들은 연구개발에 대한 투자를 점점 줄이고 있으며, 전 세계 엔지니어 인력에서 미국이 차지하고 있는 비중은 고작 4퍼센트에 불과하다.

전 HP CEO 마크 허드Mark Hurd는 놀라운 테니스 선수이자 더욱 놀라운 경영자였다. 2006년에 HP의 CEO에 취임하면서 허드는 고용 규모와 그에 따른 비용을 즉각 10퍼센트 줄였으며, 사무실 조명이 오후 6시면 자동적으로 꺼지도록 만들어 놓았다. 월스트리트는 HP의 비용 절감 스토리를 환영했고, 덕분에 기업의 주가도 크게 치솟았다. 하지만 허드는 사무실 전기요금을 줄이는 노력에 멈추지 않았고, 연구개발에 대한 투자도 매출의 9퍼센트 수준에서 2퍼센트로 낮추어버렸다. 애플이 아이패드로 승승장구할 때, HP는 왜 이렇다 할 대응을 보여주지 않았던 것일까? 그것은 개인용 컴퓨터에 대한 연구개발 투자비를 매출의 0.7퍼센트로 대폭 낮춰버렸기 때문이다.[27] 월스트리트가 그러한 HP의 전략에 박수를 보냈다는 건 참으로 슬픈 현실이다.

이민자들의

고된 시절

미국인들이 나라보다 개인을 더 앞세우고, 장기적인 국가 건설보다 단기적인 개인의 이익에 더 집중한다면, 미국 사회는 어떻게 더 많은 이민자들의 유입을 기대할 수 있겠는가? 수완 좋은 변호사의 도움을 받은 합법적인 이민이든, 아니면 '밀입국 브로커'에게 뇌물을 주고 차량의 트렁크 안에 숨어 국경을 몰래 넘는 불법적인 이민이든 간에, 오늘날 이민은 부유한 국가들 사이에서 민감한 사회적 문제로 떠오르고 있다. 우리 집에서 그리 멀지 않은 미 해병대 펜들턴 기지 인근에 이민자 검문소가 있다. 검문소 경비병들은 로스앤젤레스로 이어지는 8차선 5번 주간고속도로 한가운데를 막고 서서 차량 안쪽을 일일이 들여다보고, 트렁크를 열어보라거나 픽업트럭의 짐칸을 덮고 있는 방수천을 벗겨보라고 지시한다. 그곳의 노란색 도로 표지판에는 부부와 아이가 손을 잡고 들판을 가로질러 달아나는 모습이 담겨있다. 비록 아무런 문구는 없지만, 그건 아마도 "불법 체류자가 되지 마세요."라는 의미일 것이다. 이 책에서는 이민이라는 까다로운 주제를 집중적으로 다루지는 않을 것이다. 하지만 이민은 분명하게도 부자 나라들의 분열을 가속화시키는 중요한 문제다. 특히 새로운 땅을 제2의 고향으로 받아들일 수 있도록, 이민자들에게 충분한 도움과 격려를 주지 못한다면 말이다.

1950년에는 미국 영토 밖에서 태어난 이민자들 중 80퍼센트 정도가 미국 시민으로서 성조기에 경례를 하겠다고 답했다. 그러나 미국 국립과학원National Academy of Sciences 보고서에 따르면, 2000년 이후로 합법적인 이민자들 중 성조기에 경례를 하겠다는 사람들의 비중은 절반으로 줄어들었다(캐나다의 89퍼센트, 스웨덴의 82퍼센트와 비교해보자).[28] 미국 사회는 일자리를 구하기 위해 이민을 선택한 사람들을 환영하고 있다. 하지만 활력이 넘치는 공동체를 이루기 위해서는, 출퇴근 기록기에 직원 카드를 삽입하기 위해 길게 줄을 서는 것 이상의 노력을 이민자들에게 요구해야 한다.

미국인들은 19세기와 20세기 초의 뜨거운 이민 물결을 그리워한다. 끔찍한 맛이 나는 루테피스크lutefisk(말린 대구로 만든 노르웨이 전통 음식 - 옮긴이)를 들고 미네소타에 정착한 노르웨이 이민자들, 필라델피아에 스파게티를 갖다주고 양키스에 강타자 조 디마지오Joe DiMaggio를 가져다주었던 이탈리아 이민자들, 철로를 건설하고 미국인의 단순한 입맛에 맞는 차우멘chow mein(국수에 잘게 다진 고기와 야채를 넣어 볶은 요리-옮긴이)을 가져다준 중국인 이민자들 그리고 루스벨트와 비슷한 이름을 가진 네덜란드 이민자들을 그리워한다. 물론 이들 이민자들 역시 차별에 맞서 싸워야 했고, 그들의 자녀들 역시 그 사실을 잘 알고 있다. 이민자들에 대한 차별은 '아일랜드인 지원 불가'라고 적힌 팻말에서부터, 많은 돈을 지불하고 앨 졸슨이나 버트 윌리엄스와 같은 이민자 연예인들을 무대 위에 올려놓고서는 공연이 끝나고 종업원 출입구로 빠져나가도록 했던 인종 차별적 호텔에 이르기까지 사회 곳곳에서 드러났다. 1840년대에 유행했던 토착주의 운동 '노 낫씽Know Nothing'은 외국의 가톨릭교도들이 미국으로 들어오는 것을 막았다. 그리고 미국 역사의 초창기에는 벤저민 프랭클린과 같은 인물들도 인종에 대한 편향을 드러냈다.

그는 노예제 폐지운동의 1세대이자 필라델피아 유대교 예배당에 기부를 했음에도, 독일 출신 프로테스탄트들에게는 강한 적대감을 드러냈다. 프랭클린은 그들을 "팔라틴 촌놈들Palatine Boors"이라 불렀으며, 그들은 절대 영어를 배우거나 '우리의 피부색'을 가질 수 없을 것이라고 말했다. 사실 프랭클린은 피부색에 대해 선입견을 갖고 있었고, 스웨덴 사람들더러 "피부가 까무잡잡하다."고 말했다.[29] 그는 틀림없이 금발 여인들이 등장해서 소리를 질러대는 아바Abba의 〈맘마미아Mamma Mia!〉 순회 공연이 끝없이 이어질 것이라고는 예상하지 못했을 것이다.

초기 이민 물결을 타고 미국으로 건너온 사람들은 '미국인의 생활방식'을 배워야 한다는 생각에 심한 압박감을 느꼈다. 그 문제는 주로 내부로부터 비롯된 것이었다. 1960년대 이전에 미국에서 태어난 이민자 자녀들은 그들 부모가 쓰는 언어를 거의 배우지 않았다. 그리고 많은 아이들은 특이한 억양이 섞인 영어를 구사하는 부모를 부끄러워했다. 물론 나는 그게 바람직한 모습이라고는 생각하지 않는다. 분명 잘못된 일이다. 하지만 이러한 아이들의 모습은 미국 사회에 편입되고자 하는 강한 욕망의 표현이었다.

부모가 아일랜드 출신인 작곡가 조지 M. 코핸George M. Cohan은 자신의 생일이 7월 4일이라 주장했고, 그 사실을 자신의 노래 '성조기의 행진Yankee Doodle Boy'의 가사에 담기까지 했다. 노예의 후손인 루이 암스트롱 역시 똑같은 주장을 했다(하지만 그의 실제 생일은 8월 4일인 것으로 밝혀졌다). 이민 노동자들은 스포츠 경기장에서 브롱코 나구르스키, 베이브 자하리아스, 행크 그린버그, 필 리주토 등 '완전한 미국식' 이름의 선수들을 응원했다. 닐 사이먼의 작품 『브라이튼 해변의 기억Brighton Beach Memoirs』의 도입부에서, 십대 주인공은 '주로 유대인, 아일랜드인, 독일인들이 모여 사는' 브루클린의 한 작은 집 담벼락에 야구공을 던진다.

그는 자신의 출신을 원망한다.

"유진 모리스 제롬 같은 이름으로 어떻게 양키스에 들어가겠어? 조, 토니, 아니면 프랭키 같은 이름이어야 해 …… 최고의 양키스 선수들은 모두 이탈리아 출신이지 …… 그런데 우리 어머니는 케첩으로 스파게티를 만들지. 내게도 정말 기회가 있을까?"[30]

이 대목에서 중요한 점은 유진이 미국의 국민 스포츠인 야구 분야에서 유명한 선수가 되고 싶어했다는 것이다.

좀 더 암울한 사례도 있다. 워싱턴의 국립 초상화 미술관National Portrait Gallery에는 '델라웨어 강을 건너는 시모무라Shimomura Crossing the Delaware'라는 화려한 색채의 그림이 걸려있다. 하지만 일본계 미국인 화가 로저 시모무라는 1776년 크리스마스 밤에 조지 워싱턴과 함께 싸늘한 델라웨어 강을 건너지 않았으며, 독일 태생 화가 에마누엘 로이체의 1851년 대표작 '델라웨어 강을 건너는 워싱턴'에서도 시모무라의 모습을 찾아볼 수 없다. 하지만 시모무라는 자신의 민화 스타일 작품 속에서 워싱턴 식민지 군인들을 기모노 차림의 사무라이 전사로 묘사하고 있다. 제2차 세계대전 도중 가족과 함께 고향을 떠나 시애틀로 건너와서, 아이다호 포로수용소로 강제 이주해야만 했던 시모무라는 그 작품을 통해 이런 말을 하고 있다.

"비록 조지 워싱턴과 함께 싸우지는 않았지만, 우리는 미국인이며, 워싱턴과 그의 용기는 우리의 것이라고 주장할 자격이 있다."

하지만 그것은 일본인 2세들로 이루어진 강력하고 화려한 442 연대 전투단 병사들에게 슬픈 진실이었다. 이들 젊은 일본계 병사들이 이탈리아와 프랑스에서 나치의 기관총과 탱크에 맞서 싸우는 동안, 그들의 부모들은 미국 내 포로수용소에 갇혀 지내야 했다. 그럼에도 1만 4,000명에 달하는 일본인 2세 병사들은 1만 개에 가까운 퍼플하트Purple Heart(미국 정부가 전투 중 부상을 입은 군인에게 수여하는 훈장 - 옮긴이)를 받았다.

전쟁은 지옥이다. 하지만 참호와 탱크는 분열된 사회를 통합하는 데 기여를 한다. 제1차 세계대전 당시 전체 미국인들 가운데 외국에서 태어난 사람들의 비중이 15퍼센트 정도였던 데 반해, 전체 미군들 중 외국에서 태어난 사람들의 비중은 18퍼센트였다.[31] 그리고 육군 가운데 이탈리아계 미국인의 비중은 12퍼센트였다.[32] 오늘날 미국의 현역 군인들 중에서 외국에서 출생한 사람들의 비중은 4.8퍼센트이며, 그중에서 히스패닉계 이민자들의 후손은 11퍼센트를 차지한다.[33] 지금까지 개봉된 수십 편의 전쟁 영화들을 살펴보면, 다양한 국가 출신의 병사들이 같은 참호와 잠수함 속에서 하나의 소대를 이루어 싸운다. 이런 이야기가 있다. 1917년 메릴랜드 미드캠프에서 한 하사가 발음하기 힘든 병사들의 이름을 하나씩 부른다. 하지만 아무도 자신의 이름을 알아듣지 못한다. 그러다 그 하사가 갑자기 재채기를 하자, 열 명의 신병들이 한 걸음 앞으로 나온다. 닐 사이먼의 〈브라이튼 해변의 추억〉의 속편인 영화 〈총각 쫄병Biloxi Blues〉 속에서 주인공은 미시시피에 있는 신병훈련소로 떠난다. 그리고 그곳에서 미국이라는 나라의 다양성을 깨닫게 된다. 가장 먼저, 그는 남부 지방의 무더운 날씨에 놀란다.

"너무 더워. 아프리카 같아. 타잔도 참기 힘들 거야."

다음으로 그는 내무반 동료들을 만난다. '32개의 치아 가운데 19개가 썩은' 스키넥터디 출신으로 고약한 냄새를 풍기는 로이 셀리지, '발기가 좀처럼 사그라지지 않는' 조지프 위코브스키 그리고 배 속 가스에 일가견이 있는 아널드 엡스타인은 오합지졸처럼 보이지만, 진정한 미국의 군인들이다. 그들이 함께 전투를 벌이는 모습을 떠올려볼 때, 우리는 소설가 허먼 멜빌Herman Melville의 말 속에 숨겨진 진실을 몸으로 느껴볼 수 있다.

"미국인이 피를 흘릴 때 전 세계도 함께 피를 흘린다."[34]

미국 정부는 이야기와 음악, 예술을 활용하여 이러한 감정을 자극한다. 미국의 건국과 관련하여 가장 유명한 작품 두 가지만 들라면, 나는 에마누엘 로이체의 '델라웨어 강을 건너는 워싱턴' 그리고 하워드 챈들러 크리스티Howard Chandler Christy의 필라델피아에서 '독립선언문에 서명을 하는 장면Scene of the Signing of the Declaration of Independence'을 꼽고 싶다. 크리스티는 산후안 힐에 올라선 시어도어 루스벨트의 모습을 담은 그림으로 시작하여, 뉴욕 주 하원 의원인 솔 블룸Sol Bloom의 의뢰를 받아 미국의 건국 아버지들의 그림을 그렸다. 그 그림 속 인물들은 한 명의 가톨릭 신자를 제외하고 모두 백인 신교도들이었다. 그리고 제1차 세계대전이 끝난 1919년에 크리스티는 미국 재무부 채권에 들어갈 새로운 초상화를 그리게 되었고, 그 작품은 현재 뉴욕 현대미술관에 전시되어 있다. '모든 미국인이여!'라는 제목의 그 작품 속에는, 목이 깊이 파인 노란색 가운을 입은 우아한 여인이 한 손에 성조기를 들고, 다른 한 손으로 월계관을 높이 들고 있다. 그리고 그 월계관 아래에는 '명예의 명부_{Honor Roll}'가 보이고, 그 명부 속 이름들은 엘리스 아일랜드의 선착장에서 아무렇게나 외쳐대는 이름들처럼 들린다. '듀보이스, 스미스, 오브리언, 체카, 호크, 파판드리코폴로스, 아드라시, 빌로토, 곤잘레스.'

'용광로_{melting pot}'라는 말은 〈총각 쫄병〉보다 약 70년이나 먼저 세상에 나온 연극에서 처음으로 사용된 표현이다. 유대인 극작가 이스라엘 장윌_{Israel Zangwill}의 1908년 인기 희곡 〈용광로〉 속에서, 러시아 유대인 데이비드와 러시아 정교회 신자 베라는 자유의 여신상이 내려다보는 곳에서 사랑에 빠진다.[35] 데이비드는 베라에게 '켈트, 라틴, 슬라브, 튜턴, 그리스, 시리아의 검고 노란 사람들'이 하나로 뭉쳐 '앞을 바라볼 때!' '거품이 일어나는' 소리를 들어보라고 한다. 그러나 사회학자들은 용광로가 적절한 은유적 표현인지에 대해 의문을 던지고 있으며, 많은 이들은 향이나 성분들이 각각 따로 놀고 있는 '샐러드 그릇'이나 '굴라시_{goulash}(고기와 야채로 만든 헝가리식 수프 ─ 옮긴이)'가 더 적절한 표현이라고 주장한다.[36] 그러한 표현을 베스트셀러 요리책 『요리의 즐거움 Joy of Cooking』에서 가지고 왔다고 하더라도, 미국의 국민성을 창조하고 일깨워야 한다는 진지한 목소리가 실제로 높아지고 있다. 여기서 우리는 또 하나의 패러독스에 직면하게 된다. 그것은 국가의 부가 이민자들이 사회에 동화되기 어렵게 만드는 동시에, 국가의 분열은 더 쉽게 만든다는 것이다.

굳은살, 불협화음, 의사소통이라고 하는 세 가지 요소에 대해 살펴보자. 제2차 세계대전 이전에 미국으로 들어왔던 수많은 이민자들의 손에는 이미 굳은살이 박여있었다. 그리고 미국에서 태어난 노동자들의 손도 그랬다. 1900년을 기준으로 미국 근로자들의 69퍼센트는 농장이나 산림, 혹은 공장에서 일을 했다.[37] 이민자들은 노동조합과 회사의 차별 속에서 굳은살이 박인 억센 손으로 어떤 일을 해야 하는지 금방 배웠다.

우리 할아버지 샘은 아일랜드 이민자들이 맨해튼 땅을 밟았을 때, 그들에게는 두 가지 선택권이 있었다는 말씀을 하셨다. 그것은 '후크, 아니면 클럽'이었다. 즉 그들은 배에서 짐을 내리는 부두 노동자(후크)로 일을 하거나, 혹은 경찰(클럽)에 지원할 수 있었다. 그들에게 진입장벽은 물리적이거나 경제적인 것이 아니었다. 그건 정치적인 장벽이었다. 당시 아일랜드 이민자들은 뉴욕 시의 정계와 노동조합을 장악하고 있었다. 그 장벽은 또한 학력도 아니었다. 1900년에 미국 인구 중 고졸자의 비중은 14퍼센트가 되지 않았고, 대졸자는 3퍼센트 미만이었다. 그러나 20세기가 끝나갈 무렵에는 83퍼센트의 미국인이 고등학교를 졸업했고 25퍼센트가 대학교를 졸업했다. 오늘날 반도체 혁명은 물론이거니와 산업혁명도 거치지 않은 국가에서 온 이민자들이 영업이나 마케팅처럼 읽고, 쓰고, 계산하고, 사람들을 만나는 기술이 대단히 중요한 분야에서 미국 태생의 근로자들과 경쟁하기란 쉽지 않다.

미국이 더 가난한 나라였을 때, 이민자들의 소음은 사회적으로 '불협화음'을 만들어냈다. 이탈리아와 폴란드 그리고 중국에서 이민을 온 장사꾼들은 길거리에 옷가지를 늘어놓고 그들의 모국어로 왁자지껄 떠들어대며 물건을 팔았다. 1900년대 초 아일랜드 출신 이민자들로 가득한 브루클린이나 브롱스 지역에서, 딱딱한 표정의 여교사들은 외국어로 아이들을 가르칠 만한 끈기가 없었다. 그들이 원한다고 했더라도 그건 아마 불가능한 일이었을 것이다. 마찬가지로 학생들은 친구들과 어울리기 위해서 영어를 배워야 한다는 사실을 깨달았다. RCA 회장과 NBC 사장을 지낸 러시아 이민자 데이비드 사르노프David Sarnoff는 어릴 적에 전차 정류장을 돌며 신문을 판매하면서 독학으로 영어를 익혔다. 그는 마르코니 전신회사에서 일을 했고, 이후에는 RCA 그리고 NBC 라디오 및 TV 네트워크 설립에 참여했다.[38]

사르노프가 애써 영어 공부를 하지 않았더라면, 우리는 지금도 에디슨이 발명한 축음기 코일이 돌아가는 모습을 지켜보고 있을지 모른다. 그러나 오늘날 이민자들은 미국에서 영어를 전혀 쓰지 않고서도 충분히 살아갈 수 있다. 과거의 불협화음이 이미 잠잠해졌기 때문이다.

1910년 이민자들의 언어는 모두 소수 언어에 불과했다. 어느 이민자 집단도 미국의 언어 시장을 지배하기 위한 충분한 '점유율'을 확보하지 못했다(독일인들이 18퍼센트를 차지했지만, 이들 중 많은 이들이 독일어가 아닌 이디시 어를 사용하고 있었다). 프린스턴 대학의 사회학자 알레한드로 포르테스Alejandro Portes는 이민자들이 미국의 주류 공동체로 통합되지 못하고, 개별 공동체를 중심으로 뭉치는 현상을 '분화된 동화segmented assimilation'라는 개념으로 설명했다. 최근 유입된 이민자들 가운데 스페인어를 쓰는 사람들의 비중이 압도적으로 증가하면서, 이러한 현상이 더욱 뚜렷하게 나타나고 있다. 멕시코인만 하더라도 전체 이민자들 중 29퍼센트를 차지하고 있으며, 스페인어를 쓰는 사람들의 비중은 절반에 이르고 있다.[39] 자신이 쿠바 이민자인 포르테스는 이민자들이 그들의 모국어를 편안하게 사용할 수 있는 '소수민족 거주지enclave' 문화에 대해 우려하고 있다. 그는 말한다.

"쿠바인의 병원에서 태어나, 쿠바인의 공장이나 회사에서 일하고, 쿠바인의 묘지에 묻힐 수 있다."[40]

2013년 한 해 동안 스페인어 TV 채널인 유니비전Univision은 18~49세 시청자들을 대상으로 한 황금시간대 시청률 기준으로, 영어 채널인 FOX, NBC, CBS, ABC를 앞섰다.[41] 오늘날 미국 이민자들 사이에서 '다양성 결핍' 현상이 뚜렷하게 나타나고 있다. 그러나 미국 사회가 번영하기 위해서는, 이민자들 사이에서 불협화음이 더욱 요란하게 울려 퍼져야 한다.

셋째, 우리가 살고 있는 주변 곳곳에서 컴퓨터가 돌아가고 있다. 사무실과 집은 물론이거니와 휴대전화, 심지어 손목시계 안에도 있다. 그리고 '통신' 비용이 급격하게 떨어지면서 '거리의 종말' 현상이 나타나고 있다. 우리의 조부모 세대는 값비싼 통신 요금 때문에 서둘러 전화를 끊었다. 그러나 오늘날 우리는 국내는 물론 해외 통화를 하면서도 요금이 얼마인지 별로 신경 쓰지 않는다. 2014년 저소득 가구를 기준으로 85퍼센트가 휴대전화를 보유하고 있으며, 77퍼센트가 인터넷을 사용하고 있다.[42] 게다가 그 수치는 계속해서 높아지고 있다. 물론 이는 놀라운 변화이기는 하지만, 동시에 제1 세계 국가들에 문제를 가져다주고 있다.

왜 이민자들은 고향과의 인연을 끊고 새로운 터전에만 집중하는가? 통신비와 마찬가지로 교통비 역시 인플레이션을 감안할 때 20세기 동안 큰 폭으로 떨어졌다. 1927년 세계 최초로 대서양 횡단 비행에 성공한 찰스 린드버그가 승객용 좌석의 가격을 공개하지 않았기 때문에 지난 90년 동안 항공료가 얼마나 떨어졌는지 정확하게 계산할 수는 없지만, 그래도 1978년 이후로 항공료는 50퍼센트 정도 떨어졌다. 미국 내에서 여행을 할 때, 나는 외국 출신의 택시 기사나 우버 운전자들에게 얼마나 자주 고향을 방문하는지 종종 물어본다.

이처럼 단순한 방식의 연구 조사의 결과에 따르면, 위험한 지역에서 망명을 왔거나 돌아가기가 두려운 경우가 아닌 이상, 아시아나 아프리카에서 온 이민자들이 2~3년에 한 번 정도 고향을 방문한다. 뉴저지에 있는 버겐 커뮤니티 칼리지의 한 교수 부부는 많은 학생들이 "자신이 태어난 지역과 제2의 고향 사이에서 타협을 하면서, 말 그대로 이중생활을 하고 있다"고 썼다.[43] 이들의 이중생활은 인생의 필연적인 상황 속에서 질문을 던지게 만든다. 어디서 결혼을 해야 할까? 어디에 묻힐 것인가? 그러나 100년 전 미국 이민자들은 이러한 질문으로 고민하지 않았다. 대부분 고국으로 돌아가서 결혼을 하거나, 혹은 장례를 치를 여유가 없었기 때문이다. 1900년대 초 이민자 집단들은 공동체 차원에서 고향 마을의 이름을 딴 '상조회' 조직을 운영하고 있었다. 그 이유는 미국의 도시에서 묘지를 쓰기 위한 비용을 개인적으로 마련하기는 지나치게 부담스러웠기 때문이다.

자신의 뿌리의 상징으로 트란실바니아 흙을 항상 가지고 다녔던 드라큘라처럼, 1900년 당시 미국 이민자들은 고향을 떠올리게 만드는 상징물로 만족해야 했다. 이민자들 대부분 이중국적이나 이중생활을 유지할 경제적 여유가 없었다. 반면 도시 사망자에 관한 자료에 따르면, 1996년 뉴욕 시에서 사망한 도미니카와 멕시코 사람들 중 절반과 에콰도르인들 1/3이 고향땅에서 장례를 치르기 위해 비행기나 배를 통해 고국으로 이송되었다.[44] 교통비와 통신비가 상대적으로 크게 낮아졌음에도, 많은 이민자들이 고향으로 가는 마지막 여행에 돈을 쓰지 않는 이유는 무엇일까?

고정관념의
강화

미국에서 태어난 사람들 그리고 유럽 국가의 국민들은 이민자들이 새로운 땅을 제2의 고향으로 받아들이지 않을 것이라고 생각하고 있으며, 이러한 관점을 점점 더 강화해나가고 있다. 그들은 이민자들이 새로운 땅을 조국으로 인정할 것이라고 확신하지 못하기 때문에, 이들을 적극적으로 환영하지 않는다. 최근에 탄생한 영국 독립당은 이민에 반대하고, 유럽연합에 대한 회의적인 입장을 호소함으로써 영국에서 세 번째로 큰 정당이 되었고, 토리당을 위협하는 실질적인 세력으로 자리를 잡았다.[45] 영국과 미국에서는 전체 인구의 70퍼센트 이상이 이민을 축소하거나 보다 엄격하게 통제해야 한다고 생각한다.[46]

이러한 사회적인 정서는(특히 유럽에서 뚜렷하게 나타나는) 국가 안보에 대한 불안으로부터 비롯된 것이며, 알카에다를 비롯한 다양한 테러 집단의 폭탄 공격이 보도될 때마다 더욱 고조된다. 영국의 베이비부머와 그 부모 세대들은 많은 이민자들의 유입으로 어려움을 겪었고, 이들 중 80퍼센트는 영국 정부가 이민 허가를 축소해야 한다고 생각한다. 1장에서 살펴보았던 것처럼, 부자 나라 국민들은 나이가 들어가면서 새로운 친구를 사귀거나, 라이프스타일을 바꾸는 데에서 점차 소극적으로 변해간다. 한 뉴욕타임스 기사에서, 애리조나에 사는 한 대학생은 이민이 "자유분방한 엄마와 할머니가 논쟁을 벌이도록 자극하는 몇 안 되는 위험스러운 주제"라고 말했다.

플로리다의 한 대학생은 친척 어른들과 이민을 주제로 이야기를 나누는 것은 '벽에다 머리를 찧는 것'과 같다고 했다.[47] 그녀의 친척 어른들은 남쪽 국경에 더욱 강력하고 높은 벽을 구축해야 한다고 생각한다. 그 기사를 읽는 동안, 나는 어릴 적 친하게 지냈던 이웃이 떠올랐다. 그들은 '가보나'라고 하는 이탈리아 가족으로 우리와 같은 마을에 살고 있었다. 당시 50대의 가보나 아저씨는 크리스마스 시즌이면 산타 클로스 복장을 하고 소방차 위에 올라가 동네 아이들에게 사탕을 나눠주었다. 가끔은 나도 우리 형제들과 함께 소방차에 올라타서 아저씨를 도왔다(유난히 따뜻했던 12월 어느 날, 가보나 아저씨가 숨을 헐떡이며 가짜 수염을 벗었을 때, 무척 실망을 했던 기억이 난다).

매년 우리 부모님 두 분만 휴가를 떠날 때면, 케이 이모가 와서 우리 형제들을 돌봐 주셨다. 그럴 때면 가보나 아줌마가 우리 집을 찾아와 리코타 치즈를 얹은 마니코티manicotti(원통형으로 생긴 파스타의 한 종류 – 옮긴이)를 큰 그릇에 담아가지고 갖다 주셨다. 우리는 감사의 표시로 아줌마와 포옹을 나눴다. 하지만 우리는 가보나 아줌마의 요리를 별로 좋아하지 않았고, 아줌마가 돌아간 것을 확인하고 화장실로 가서 마니코티를 물로 내려보내는 것은 우리 집안의 연례행사처럼 되었다. 물론 가보나 아줌마와 아저씨는 무척 좋은 사람들이었다. 그들은 새로 이사 온 사람들을 언제나 너그럽고 자상하게 환영해주었다. 하지만 나는 언젠가부터 뭔가 조금씩 달라져간다는 느낌을 받았다. 세월이 흘러가면서, 가보나 가족들은 옛날의 넉넉함을 점차 잃어갔다. 나는 동네 꼬마들과 함께 마을 공터에서 야구를 하곤 했었다. 간혹 홈런을 치거나 잘 맞은 땅볼이 수풀 속으로 기어들어가면, 공이 가보나 가족의 마당까지 굴러갈 때가 있었다. 우리가 공을 주워오기 위해 집 안 마당으로 들어서기라도 하면, 가보나 아줌마는 나와서 이렇게 소리쳤다.

"당장 잔디밭에서 나가!"

우리 꼬마들은 어느덧 가보나 가족들에게 성가신 존재가 되어있었다. 꼬마들의 눈에 가보나 아줌마, 아저씨는 어릴 적 장난을 까맣게 잊어버린 심술궂은 노부부였다. 우리들은 궁금했다.

"대체 산타클로스에게 무슨 일이 생긴 거지?"

가보나 가족과 동네 꼬마들의 관계는 미국의 이민 역사와 맥락을 같이 한다. 오래전 미국 사회는 이민자들을 환영했다. 그리고 북미시민연합이나 YMCA와 같은 단체들이 등장하면서, 이민자들이 영어와 민주주의를 배울 수 있도록 도움을 주었다. 그러나 세월이 흘러 이민자 유입이 급증하면서 많은 미국인들이 가보나 아줌마처럼 "당장 잔디밭에서 나가!"라며 소리치고 있다. 오늘날 미국 정부의 엄격한 이민 규제에 반대하는 주장을 할 때마다, 우리는 꿈 많고 조금은 무모했던 젊은 시절을 깡그리 잊어버린 노인들의 심술궂은 호통을 듣게 된다. 이제 가보나 가족들은 "잔디밭에서 나가!" "이 나라에서 나가!"라고 호통을 칠 것이 아니라, "국립보존기록관에 가서 독립선언문을 읽어봐!"라는 말처럼 역사와 문화에 관한 이야기를 외쳐야 한다.

유고슬라비아의 몰락과
합스부르크 가문의 마지막 자손

국민성이나 공통의 이야기와 신화 없이, 국가는 오랫동안 존속할 수 없다. 국가는 언제나 엔트로피와 무질서를 향한 강력한 흐름에 직면한다. 2000년에 『나 홀로 볼링Bowling Alone』(2000)이라는 책으로 세계적인 명성을 얻었던 하버드 사회학자 로버트 퍼트넘Robert Putnam은 놀랍게도 다양한 색깔로 이루어진 공동체 안에서 구성원들이 서로를 더 많이 의심하고, 사교적인 활동을 더 멀리 하려 한다는 사실을 발견했다. 실제로 다양한 집단으로 이루어진 공동체 속에서 살아가는 사람들은 '피부색을 떠나 이웃을 불신하고, 가까운 친구와 거리를 두고, 언제나 최악의 상황을 염두에 두며 자원봉사에 소극적이고, 자선단체에 기부를 잘 하지 않는' 성향을 보인다.[48]

화폐나 기념비 속에서 발견할 수 있는 수많은 격언들 중에서 가장 실천하기 힘든 것은 아마도 '에 플루리부스 우눔E pluribus unum'(여럿으로 이루어진 하나)일 것이다. 1918년에 시작하여 1991년 해체될 때까지 존속했던 유고슬라비아라고 하는 국가를 이루고 있었던 슬로베니아, 세르비아, 크로아티아, 몬테네그로, 마케도니아, 보스니아 – 헤르체고비나를 나는 얼마 전 방문할 기회가 있었다. 고대의 부족 간 질투심 때문에 나라가 갈가리 찢긴 유고슬라비아 사람들은 이런 농담을 한다.

"유고슬라비아에는 6개의 민족과 6개의 나라, 4개의 언어, 3개의 종교, 2개의 알파벳 그리고 단 한 명의 마셜 티토Marshall Tito가 있다."

1980년 티토가 사망하면서, 유고슬라비아에서는 모든 것이 금이 가기 시작했다. 당시 작은 나라 유고슬라비아는 미국과 소련이 붙잡고 있었던, 냉전 시대의 신뢰할 수 없는 인질이었다.

유고슬라비아 대신, 이제 우리는 '여럿으로 이루어진 하나'에 도전했던 세계적인 권력인 합스부르크 제국으로부터 교훈을 얻어보자. 앞서 살펴본 것처럼, 합스부르크 제국의 영토는 암스테르담을 시작으로 지브롤터와 보헤미아를 아울렀으며, 그 가문의 지도자들은 신성 로마 제국의 황제 칭호를 얻었다. 원래 스위스 합스부르크 성을 다스렸던 합스부르크 가문은 1279년 오스트리아 땅을 손에 넣었고, 그 이후로 치밀한 정략결혼을 통해 이사벨라와 페르난도의 딸 후아나를 스페인에서 데려오면서, 유럽 대륙을 지배했던 거의 모든 가문의 아들, 딸들과 혼인 관계를 맺었다. 군주국으로 명맥을 이어오지 않았더라면, 합스부르크 가문은 아마도 국제적인 가십의 원천이자 중매쟁이로 이름을 떨쳤을 것이다.

그러나 혈연이나 혼인 관계로 이어진 인척들 이외의 사람들은 스스로를 합스부르크 사람이라고 생각했을까? 그게 바로 문제였다. 프란츠 요제프Franz Joseph(1848년부터 무려 68년 동안 오스트리아를 통치함) 황제는 스스로를 보편적 권력(가령 로마 가톨릭 교회처럼)으로 생각하고, '연합세력으로virus unitis'를 모토로 삼았음에도, 그는 '하나'라는 인식을 창조하고, 이를 신하들의 마음속에 심을 수 있는 방법을 알지 못했다. 무기고에 수천 발의 포탄을 쌓아놓고 있었지만, 프란츠 요제프는 신하들에게 그저 또 하나의 튜턴 사람에 불과했다. 프란츠 요제프는 개인적으로 인기가 많은 사람이었지만, 문제는 '개인적으로'에 머물렀다는 것이다. 스스로를 폴란드, 슬로바키아, 헝가리, 체코 사람이라고 생각했던 이들에게, 그의 왕관은 아무런 의미가 없었다. 오스트리아 제국의 학자 로베르트 칸Robert Kann은 합스부르크 제국이 국민들의 머리와 심장이 아니라, "주로 국가의 흉상들로 이루어져있다."고 했다.

멀리 떨어져 있는 추상적인 절대 권력에 애착을 갖기란 쉬운 일이 아니다. 믿음과 역사, 언어, 가족 관계를 공유하지 않은 사람들에게 합스부르크 제국은 이론적인 개념에 불과했다. 생소하고 추상적인 개념만을 가지고 어떻게 사람들을 끌어모을 수 있겠는가? 코미디언 로버트 클라인Robert Klein의 이야기가 떠오른다. 그가 다녔던 뉴욕의 학교에는 이름이 없었다. 학교의 이름들은 가령 P.S. 406처럼 이니셜과 숫자로 되어있었다. 클라인은 학교의 응원가로 관객들을 웃겼다.

"친애하는 406이여, 우린 너를 사랑해!" 그리고 "80, 너의 이름은 79 위로 떠오를 거야!"

분명하게도 그건 가슴 벅찬 응원가는 아니다.

합스부르크 제국은 P.S. 406보다 더욱 심각한 어려움을 겪었다. 그들은 소수민족들에게 어느 정도의 자율성을 허용했으며, 오스트리아 헌법 19조를 통해 학교들이 소수민족의 언어를 보존하도록 보장했다. 하지만 사람들이 중심으로부터 점점 떨어져 나가려고 하는 원심력, 즉 엔트로피를 막을 힘이 있었던가? 진정한 민족정신을 고양시킬 수 있는 기반이 전무한 상태에서, 합스부르크 제국이 역사의 쓰레기통으로 들어가는 것은 시간문제였다.

1914년 프란츠 요제프의 조카가 세르비아 청년에게 암살을 당하면서 제1차 세계대전이 발발했을 때, 합스부르크 제국은 군대를 소집하여 이들을 전쟁터에 내보냈다. 하지만 정작 그 병사들은 빈에 기반을 두고 있는 상상 속의 '단일' 국가를 위해서가 아니라, 각자의 고향을 위해 싸우러 나간다고 믿었다. 체코 군인들은 프라하를 떠나 전쟁터로 나아가면서 이렇게 노래를 불렀다.

"나는 러시아와 싸워야 하네. 하지만 그 이유는 모르지"

게다가 헝가리 남부와 크로아티아, 그리고 보스니아 국경 지역을 중심으로 저항군들의 반란이 일었다. 그들은 모두 총살을 당하고 말았다.

합스부르크 제국은 전쟁에서 패했고, 결국 왕관을 빼앗기고 말았다. 공통의 언어와 전통, 그리고 가치를 창조하는 방법을 알지 못했던 강력한 제국이 오늘날 남긴 것은 무엇일까? 그것은 풍성한 콧수염과 구레나룻을 뽐내는 프란츠 요제프 황제의 색 바랜 사진들 몇 점뿐이다. 합스부르크 제국의 마지막 황제의 자손들 중 가장 오래 살아남았던 오토 폰 합스부르크는 1912년에 가문의 궁전에서 태어났다. 그리고 몇 년 전 그는 99세의 나이로 세상을 떠났고, 살아생전에 자신의 아들 칼이 〈후이스후Who is Who?〉라는 제목의 TV 퀴즈 프로그램의 사회를 맡는 모습을 볼 수 있었다.

오늘날 부유한 나라들이 국민성을 새롭게 발견하고 이를 받아들이지 못한다면, 그 사회는 결국 분열되고 말 것이다. 또한 그 나라의 이름은 이 세계에서 사라지고 후손들이 퀴즈 프로그램에서 맞힐 정답으로만 남게 될 것이다.

The Price of Prosperity

The Price of Prosperity

2부
리더의 자격

자유주의 국가들에 유령이 떠돌고 있다. 그런데 이 눈에 보이지 않는 유령은 질병이나 폭력 혹은 빈곤을 먹고 자라지 않는다. 대신에 현대의 번영과 교육받은 시민들을 뭉치게 하는 신화와 마술, 경외 그리고 매혹을 저버리고 외면하며 경멸하도록 만드는 힘을 먹고 자란다.

미국인들은 언제나 권위에 도전해왔다. 마크 트웨인은 『아서 왕 궁전의 코네티컷 양키』A Connecticut Yankee in King Arthur's Court(1889)에서 이렇게 선언했다.

"왕이 부랑자보다 더 신성하다고 말할 수 있는 근거는 어디에도 없다."[1]

리더는 사람들의 존경을 얻어야 한다. 단지 지위만으로 존경심을 이끌어낼 수는 없다. 특히 스타들이 리얼리티 프로그램에 나와서 지방 흡입을 한 허벅지에 어떻게 태닝을 했는지 보여주는 것만으로 엄청난 돈을 벌어들이는 시대에서는 말이다.

이 책의 2부에서는 총알이 날아들고, 일자리가 사라지고, 제국이 허물어지는 가운데, 국가의 정체성을 새롭게 창조해내야 했던 세계적인 지도자들을 살펴볼 것이다. 여기서 나는 보편적인 위인들을 선정하지는 않았다. 예를 들어 엘리자베스 1세나 표트르 1세, 나폴레옹, 존 애덤스, 윈스턴 처칠 그리고 루스벨트 가문의 사례들로 이야기를 이끌어갈 수도 있었다. 그러나 많은 학자들이 이미 이러한 인물들을 연구했고 『CEO 엘리자베스 1세』나 『나폴레옹 프로젝트 경영』처럼 독자들의 눈길을 사로잡는 책들도 많이 나와 있다. 나는 브리태니커 백과사전이나 위키피디아의 연대기에서 돋보이는 인물들을 좀 더 돋보이게 만들고픈 생각은 없다. 그 대신 나는 색다른 기준을 적용해보았다.

첫째, 혁신가에 주목했다. 특히 비즈니스 차원에서 나는 이렇게 생각한다. **경쟁자들이 뭔가를 해주길 기다리다가는 스스로 아무런 쓸모없는 사람이 되고 만다.** 개인적으로 옛날을 그리워한다고 하더라도 야망 있는 정치인은 앞으로의 흐름을 읽어야 한다. 내가 여기서 소개하고 있는 지도자들은 결코 가만히 앉아서 기다리지 않았다. 그리고 진보의 열차를 가로막지도 않았고, 난간에 매달려 "멈춰!"라고 울부짖지도 않았다. 터키의 케말 아타튀르크Kemal Atatürk는 과학을 받아들였고, 술탄을 자리에서 끌어내렸다. 메이지 시대의 일본 지도자들은 국내 장인들의 불만을 감수하고서 영국의 방직 기술을 도입했다. 나가노 지역 장인들의 위신은 추락했지만, 그래도 나라를 잃는 것보다는 더 나은 선택이었다. 둘째, 기원전 336년 그리스의 알렉산드로스 대왕으로부터 1948년 코스타리카의 호세 피게레스 페레르Jose Figueres Ferrer에 이르기까지 다양한 시대와 지역에 걸쳐 인물들을 선별했다. 이 책의 목적은 2016년 미국의 정치, 경제적 상황에서 드러나는 문제점을 지적하는 것이 아니다. 그 대신 지역을 초월하여 위대한 과거의 지도자들의 삶으로부터 보편적인 원리를 밝혀내고자 한다.

무엇이 위대한 리더를 만드는가? 다음 장에서는 많은 사람들이 고르디우스 매듭을 풀기 위해 시간을 낭비하고 있을 때, 검을 들어 과감하게 매듭을 잘라버렸던 알렉산드로스의 이야기를 살펴볼 것이다. 가장 먼저, 위대한 리더는 과거의 지혜를 과감하게 포기할 줄 알아야 한다. 1980년 당시 미국의 공화당과 민주당 의원들 대부분은 소련이 적어도 향후 수십 년 동안 존속할 것이라 예상했다. 그때 미국은 '봉쇄 정책Containment'이라고 하는 오래된 냉전 전략을 기반으로, 공산주의의 확산을 저지하는 것만으로 만족하고 있었다. 공산주의자들을 모두 크렘린궁으로 몰아넣겠다는 생각은 바보들 혹은 무모한 카우보이들의 위험천만한 망상에 불과했다. 그러나 로널드 레이건은 대통령으로 취임하기 4년 전인 1977년에 한 외교 정책 전문가에게 소련에 대한 자신의 정책을 이렇게 설명했다.

"간단합니다. 아마도 누군가는 너무 단순한 게 아니냐고 묻겠죠. 말하자면 이런 겁니다. '우리는 승리하고 그들은 질 것이다.'"

당시 백악관에서 헨리 키신저를 보필하고 있었던 그 전문가는 레이건의 발언에 "깜짝 놀랐다."고 털어놓았다.[2]

다음으로 위대한 리더는 기존의 사회적 질서를 뒤엎는 위험을 감수해야 한다. 특히 기득권층이 지금껏 누려온 권리를 지키고 하층 세력이 도전하지 못하도록 억압할 때, 더욱 용기를 내야 한다. 우리는 메이지 시대의 지도자들이 사람을 죽이도록 훈련받은 수백만 명의 사무라이 계급을 어떻게 굴복시켰는지 살펴볼 것이다.

셋째, 위대한 리더는 공통된 역사와 문화적 밈meme(비유전적 결속) 그리고 미래의 비전을 가지고서 구성원들의 가슴을 울리는 방법을 알아야 한다. 이스라엘 총리를 지냈던 골다 메이어Golda Meir의 손과 발은 황량한 들판에서 일을 하는 동안 더욱 거칠어졌다. 메이어가 국민들에게 희생을 요구했을 때, 그들은 그녀가 자신과 함께 총알을 피하고 가뭄을 견디고 있다고 확신했다. 골다는 사람들로부터 멀리 떨어진 왕좌에서 나라를 다스리지 않았다.

역사 속 리더들은 오늘날 우리가 고민하고 있는 똑같은 어려움에 직면했다. 그들은 인구 문제, 부채, 관료주의 그리고 문화적 엔트로피를 헤쳐나가야 했다. 그들은 결코 성인이 아니었다. 성인과 거리가 멀었다. 이들 리더들의 손은 화약으로 얼룩져 있었다. 그러나 여기에 생각해 볼 중요한 문제가 한 가지 있다. 퇴임이나 사망으로 이들 지도자들이 권좌에서 내려왔을 때, 국민들은 다음의 신랄한 질문에 "네"라고 답했는가이다.

오늘날 자신의 국가에 더 많은 자부심을 갖게 되었는가? 내부와 외부의 파괴적인 힘으로부터 우리나라가 살아남을 수 있다고 생각하는가?

그러나 오늘날 우리가 겪고 있는 위기는 수많은 함정 및 장벽과 더불어, 소란스럽게 울려 퍼지는 "아니오"의 메아리를 드러내고 있다. 그렇다면 이제 모두가 "네"라고 대답했던 역사 속 장면들로 들어가보도록 하자.

6장

알렉산드로스와
위대한 제국

알렉산드로스의 사명

- 다양한 민족들을 결집하기 위한 상징을 발견하기

- 뒤에서 미는 것이 아니라 앞에서 끌기

- 비그리스 민족들의 유산을 존중함으로써 충성심을 이끌어내기

- 선택받은 존재라는 생각을 당당하게 드러내기

- 전쟁 및 평화 시에 창조성과 기동성 높이기

초등학교 운동장 담벼락에서 "알렉산더(알렉산드로스의 영어식 표기)!"라고 외친다면, 몇 명의 아이들이 그네를 타다가 동시에 고개를 돌려 여러분을 쳐다볼 것이다. '알렉산더'는 오랜 세월동안 미국에서 대단히 흔한 이름이었다. 2009년을 기준으로 소년들 사이에서 네 번째로 많은 이름

이다(오히려 그리스에서는 21위로 인기가 낮다).[1] 그런데 어떻게 마케도니아 왕이 세상을 떠나고 2,300년이 지난 오늘날에까지 그의 이름이 전해지고 있는 것일까? 많은 부모들은 그의 이름을 듣고 저마다 서로 다른 훌륭한 '알렉산더'를 떠올릴 테지만, 알렉산더 해밀턴을 떠올리는 사람은 많지 않을 것이다. 또한 많은 사람들은 전화를 발명한 인물이 알렉산더 그레이엄 벨이 아니라, 스티브 잡스라고 잘못 알고 있을 것이다. 대중문화 속에서 우리는 다양한 TV 드라마나 헤비메탈 음악 속에서 '알렉산더'라는 이름을 발견할 수 있다. 또한 〈토니 호크스 프로 스케이터 4Tony Hawk's Pro Skater 4〉라는 비디오게임에 등장하는 이발소 이름이기도 하다.

사실 '알렉산더'라고 하는 이름에는 '지키다' 혹은 '물리치다'라는 의미가 담겨있다. 여러분이 알렉산드로스 대왕의 삶을 잘 알고 있다면, 운동장 담벼락에서 그의 이름을 외치면서도 6미터에 달하는 날카로운 창을 앞세우고 약탈을 자행하는 병사들의 모습을 떠올리게 하지는 않을까 걱정스런 마음이 들 것이다. 단테는 알렉산드로스 대왕을 지옥의 제7원에 떨어뜨렸다. 알렉산드로스는 끓어오르는 피 속에서 괴로워하고 있고, 켄타우르스는 활을 들어 그를 조준하고 있다. 단테가 왜 그렇게 알렉산드로스를 증오했는지는 이 장의 마지막에서 살펴볼 것이다. 그러나 단테를 제외한 중세 시대의 모든 작가들은 하나 같이 알렉산드로스를 존경했다.[2]

우리가 알렉산드로스의 이름을 TV 드라마와 비디오 게임, 학교 운동장 그리고 끓어오르는 피바다에서 찾을 수 있다면, 부자 나라들의 경제적·사회적 문제를 집중적으로 살펴보고 있는 이 책에서는 어떤 자리를 차지하고 있을까? 알렉산드로스는 오늘날 우리가 직면하고 있는 수많은 문제들이 이미 오래 전에도 있었으며, 그중 일부는 역사상 가장 용맹하고 현명한 인물도 극복할 수 없었다는 사실을 말해준다. **우리는 알렉산드로스로부터 세계화와 다문화로부터 비롯되는 고통에 대한 교훈은 물론, 끈기와 유동성, 자신감을 구성원들의 마음속에 불어넣어야 한다는 사실을 배우게 된다. 그는 또한 훌륭한 리더는 특히 혼돈의 시대에 사회적 결속을 도모할 수 있는 가치 있는 문화적 상징을 발견하고, 이를 찬양해야 한다는 이야기를 들려준다.**

이 장에서는 흥미진진하면서도 논란을 불러일으키는 알렉산드로스 대왕의 삶을 대략적으로 짚어보면서, 오늘날 부유한 나라들이 겪고 있는 불안의 요인을 살펴볼 것이다. 자, 이제 알렉산드로스의 어릴 적 이야기로부터 논의를 시작해보도록 하자. 최근에 널리 알려진 비즈니스 전략에 관한 책으로 『좋은 기업을 넘어 위대한 기업으로Good to Great』(2001)라는 책이 있다. 그 제목을 빌려, 우리는 알렉산드로스의 삶에 '좋은 인물을 넘어 위대한 인물Goody Two-shoes to great'이라는 제목을 붙여볼 수 있을 것이다. 그는 그럴 만한 자격이 있다.

마마 보이?
아니면 제우스 보이?

알렉산드로스 대왕의 어머니는 뱀과 동침을 한 무녀였다. 애꾸인 그의 아버지는 하나의 눈으로 잘생긴 젊은 청년들을 유심히 살폈다. 알렉산드로스를 영웅으로 만든 것은 무엇이었을까? 그는 평범하지 않은 부모 밑에서 태어났다. 그의 어머니 올림피아스는 번개를 다스리는 제우스가 기원전 356년 알렉산드로스가 태어나기 9개월 전에 올림푸스 산에서 내려와 자신과 관계를 맺었다는 이야기를 지어냈다는 사실로 미루어볼 때, 틀림없이 자신의 이름을 아주 마음에 들어했을 것이다. 알렉산드로스의 아버지 필리포스 2세는 마케도니아의 왕으로서 여섯 명의 아내를 두었다. 그래도 적어도 몇 년 동안은 서쪽 지방 에피루스에서 온 올림피아스를 무척 아꼈다.

하지만 오늘날의 기준으로 필리포스 왕을 '자상한 아버지'라고 부르기는 힘들 것이다. 물론 전쟁터에서 기병대를 이끌고, 여러 지역에 조세제도를 일괄적으로 적용하면서 자상한 아버지 노릇을 하기는 힘들었을 것이다. 게다가 지나친 음주와 승마 그리고 일리리아 부족에 대한 정복사업에 이르기까지, 그의 다양한 취미 활동 역시 자상한 아버지가 되는 것을 어렵게 만들었을 것이다. 알렉산드로스가 태어나던 날, 3명의 전령사가 필리포스 왕을 찾았다. 첫 번째 전령사는 왕이 총애하는 장군이 마침내 일리리아 땅을 정복했으며, 마케도니아가 그 서쪽 지역을 통치하게 되었다는 소식을 전했다. 두 번째는 그 왕이 좋아하는 말이 올림픽 경기에서 1등을 차지했다는 소식을 전했다. 그리고 세 번째 전령사가 전한 소식은 알렉산드로스가 태어났다는 것이었다. 이에 왕은 출납관에게 새로운 동전을 찍어내어 그날을 기념하도록 했다. 하지만 그건 말의 우승을 축하하기 위한 것이었다.[3]

올림피아스는 자신의 환상을 아들의 마음속에 심어주기 위해 노력을 했고, 덕분에 알렉산드로스는 자존감 결핍과 같은 문제는 겪지 않았다. 로마 역사가들의 증언에 따르면, 알렉산드로스는 인물이 좋고 키는 그리 큰 편은 아니었으며 목을 항상 특정한 각도로 쳐들고 있어 약간은 거만해 보이는 인상이었다고 한다. 그리고 그의 황갈색에 가까운 곱슬머리는 영화 속 리처드 버튼(1956년 작 〈알렉산더 대왕〉 주연)이나 콜린 패럴(2004년 작 〈알렉산더 대왕〉 주연)의 선명한 금발과는 거리가 멀었다. 그리고 플루타르크가 전하는 이야기에 따르면, "알렉산드로스의 피부에서는 항상 좋은 냄새가 퍼져 나왔고, 그의 살에는 향기로움이 배어있었다."고 한다.[4] 올림피아스는 아들에게 아주 어릴 적부터 미래의 왕으로서 영광을 누리는 이야기를 담은 자장가를 불러주었다. 그러나 마케도니아와 그리스를 다스리는 일은 결코 쉬운 문제가 아니었다. 마케도니아의 영토는 대단히 넓었으며 북쪽 고지대 사람들은 가축을 키웠고 남쪽 저지대 주민들은 농사를 지었다. 마케도니아는 대단히 방대한 영토를 다스리고 있었지만 스파르타와 테베, 코린트, 비잔티움과 같은 경쟁자들은 언제라도 쳐들어올 기회를 노리고 있었다.

그리스인들은 마케도니아 사람들을 민주주의의 가치와 세련된 농담을 이해하지 못하는 촌스럽고 폭력적인 족속들이라고 경멸했다. 그리스 극작가들은 시골뜨기 등장인물이 마케도니아 사투리를 쓰도록 했다.[5] 한편 필리포스 왕은 알렉산드로스를 지도자로 키워내기 위해 가정교사를 물색하고 있었다. 그리고 마침내 다리가 굽고 혀가 짧은 아리스토텔레스를 데리고 왔다. 아리스토텔레스를 가정교사로 두었다는 것은 자녀의 과학 공부를 아인슈타인에게 맡겼다는 뜻이다. 아리스토텔레스는 플라톤의 아카데미아에서 공부를 했고, 플라톤이 물러나면서 스승의 자리를 물려받았다. 원래 마케도니아 출신이었던 아리스토텔레스는 필리포스 궁전에서 편안한 생활을 했다. 중세시대를 거쳐 전해내려오는 전설에 따르면, 필리포스는 아리스토텔레스에게 이렇게 당부했다.

"내 아들을 데려가서 호메로스의 시를 가르치게!"

아리스토텔레스는 알렉산드로스에게 문학은 물론, 철학과 과학 그리고 의학까지 가르쳤다. 이후 전쟁 사령관이 된 알렉산드로스는 아리스토텔레스에게서 배운 의학 기술 덕분에 전장에서 부상당한 병사들을 직접 치료할 수 있었다. 물론 『정치학Politics』의 저자이기도 한 아리스토텔레스는 예의범절과 민주주의, 윤리학과 노예제에 대한 자신의 생각도 알렉산드로스에게 전수했다. 알렉산드로스는 커서 호메로스에게 흥미를 느꼈다. 아리스토텔레스는 자신이 직접 주석을 단 『일리아스』를 주었고, 알렉산드로스는 그 책을 전쟁터에서도 옷 속에 품고 다녔다. 고향땅을 떠나 들판에서 잠을 청할 때에도, 알렉산드로스는 언제나 베개 밑에다가 두 가지 물건을 넣어두었다. 그것은 아리스토텔레스의 『일리아스』와 날카로운 단검이었다. 아리스토텔레스가 알렉산드로스에게 전수했던 정치적 가르침은 추상적인 이론 이상의 것이었다. 거기에는 실용적인 교훈도 담겨있었다. 아리스토텔레스는 마이더스의 정원을 거닐면서 자신의 젊은 제자에게 "그리스의 지도자이자 야만인들의 왕이 되어 그리스인들은 가족과 친구처럼 보살피고, 야만인들은 짐승과 식물처럼 다루라."고 가르쳤다.[6] 때로 무자비한 모습을 보일 때도 있었지만, 대체적으로 알렉산드로스는 아리스토텔레스의 가르침보다 더 부드럽게 외국인들을 대했다.

필리포스 왕은 알렉산드로스의 교육과 관련하여 요구사항이 더 있었다. 그는 레슬링과 활 그리고 전쟁의 기술도 가르치기를 원했다. 하지만 상대를 바닥에 쓰러뜨리는 것보다 음악과 시를 더 좋아했던 알렉산드로스였기에, 그건 쉬운 과제가 아니었다. 필리포스는 알렉산드로스의 여성적인 취향을 경멸했고, 교사들에게 자신의 허약한 아들을 강하게 가르치고 어떤 자비도 베풀지 말 것을 명했다. 디오니소스 제사에 심취해 있던 올림피아스는 알렉산드로스가 다른 젊은이들처럼 남자답지 못하다는 사실에 걱정을 했고, 급기야 칼리제이나라는 창녀에게 부탁해 자신의 사춘기 아들을 치료해달라고까지 했다.[7] 그 치료법이 어떤 것이고 효과가 어땠는지는 전해지지 않고 있다. 다만 알렉산드로스는 자라서 여성과 남성을 모두 사귀었으며, 적어도 한 명의 자녀를 두었다고 알려져있다. 그리고 그의 자녀는 그가 세상을 떠난 직후에 태어났다고 한다. 알렉산드로스의 전기를 쓴 고대와 현대의 작가들 중에서, 그가 혈기왕성하고 난잡하며 많은 자녀를 두었다고 말하는 사람은 하나도 없다. 수많은 노예와 첩들 그리고 전쟁으로 얻은 미인들과 함께 살 수 있었음에도, 알렉산드로스는 여인들을 매력적인 육체가 아니라 돌로 만든 조각상처럼 바라보았다.[8] 그러나 자손을 낳아 후계자로 키우지 않았고, 자신이 세상을 떠난 이후의 제국의 운명에 대해 고민하지 않았던 것은 지도자로서의 삶에서 치명적인 결함으로 드러나게 되었다.

　가혹한 훈련을 이겨내고 무시무시한 전사들과 싸우는 동안, 알렉산드로스는 전사로서의 기술과 끈기를 익혔다. 그는 레오니다스라고 하는 엄격하고 나이 많은 스승을 존경했다. 레오니다스는 아침 먹을 생각으로 야밤의 강행군을 버텼고, 저녁 먹을 생각에 아침은 가볍게 먹었다고 한다. 레오니다스는 알렉산드로스의 침실로 들어가서 코를 킁킁거리며 그의 어머니가 혹시 넣어두었을지 모를 선물을 찾곤 했다. 물론 그가 찾은 선물이란 매춘부가 아니라 사탕 같은 먹을거리였다.[9] 알렉산드로스는 머지않아 탁월한 창의성을 보이기 시작했다. 플루타르크가 들려주는 검은 말에 관한 이야기 속에서, 우리는 지성과 무한한 용기에 대한 알렉산드로스의 가능성을 발견하게 된다. 루브르 박물관에 가보면 알렉산드로스가 말을 타고 페르시아 군대를 무찌르는 사를 르브룅 Charles Le Brun의 그림을 볼 수 있다(알렉산드로스의 얼굴은 얼핏 르브룅의 후원자인 루이 14세를 닮은 듯하다). 알렉산드로스가 아직 소년이었던 시절의 어느 여름 날, 한 사육사가 군중들 앞에 나타나 필리포스 왕에게 부세팔루스라고 하는 아름다운 말을 13달란트라고 하는 놀라운 금액(오늘날 25만 달러에 해당)에 팔겠다는 제안을 한다. 필리포스는 그 남자의 호기로움에 마음이 끌린다. 그러나 콧김을 내뿜으면서 거칠게 날뛰는 그 말은 누구도 길들일 수 없을 것처럼 보였다. 결국 필리포스는 그 사육사를 내보내라고 했다. 그때 알렉산드로스가 달려와 자신의 아버지에게 기술과 용기가 있는 사람이라면 그 아름다운 야수를 탈 수 있을 것이라고 고했다. 그러자 필리포스는 아들을 이렇게 나무랐다.

"감히 네가 말에 대해서 어른들보다 더 많이 알고, 더 잘 다룰 수 있다고
생각하는 게냐?"
알렉산드로스는 대답했다.
"적어도 이 말에 대해서는 그러합니다. 저는 다른 사람들보다 이 말을 더
잘 다룰 수 있습니다!"

알렉산드로스는 아버지에게 자신이 그 야수를 길들일 수 있다고 장
담했다. 필리포스는 웃으며 아들의 제안을 받아들여보기로 했다. 그러
나 알렉산드로스의 말은 단지 허풍이 아니었다. 그는 부세팔로스를 자
세히 관찰했고, 말의 행동에 대해서 중요한 사실을 발견했다. 그 말은
태양을 등지고 서 있을 때 난폭한 행동을 보였다. 그러나 태양을 바라
보고 있을 때에는 아무리 빛이 강하다고 하더라도 차분함을 잃지 않았
다. 알렉산드로스는 말의 거대한 몸집이 땅에 커다란 그림자를 드리우
고 있다는 것을 확인했다. 그 힘센 부세팔로스가 자신의 그림자를 무서
워하고 있었던 것이다. 이제 알렉산드로스는 고삐를 잡고 부세팔로스
의 얼굴을 태양 쪽으로 향하게 했다. 그러고는 코와 입술을 쓰다듬으며
달콤한 말을 속삭였고, 말의 주위를 천천히 돌아보았다. 그리고 외투를
벗어던지고는 재빨리 말 위에 올랐다. 말은 완강히 저항을 했고, 관중
들은 소년이 떨어져 짓밟힐까봐 걱정을 했다. 하지만 알렉산드로스는
고삐를 놓지 않고 서서히 그 말이 걷고, 뛰고, 들판으로 달려나가도

록 유도했다. 알렉산드로스가 말을 몰고 무사히 다시 돌아왔을 때, 군중들은 모두 박수를 보냈다. 하지만 필리포스의 표정은 어두웠다. 플루타르크는 슬픈 자부심으로 미래를 내다본 필리포스의 말을 이렇게 인용하고 있다.

"아들아, 너에게 어울리는 왕국을 찾아야 하느니라. 마케도니아는 네게 충분히 넓지가 않구나!"[10]

이후 계속된 전쟁에서 알렉산드로스가 승리를 거두는 동안, 사람들은 동전과 장식, 조각상으로 부세팔로스와 함께한 그를 기념했다.

아 버 지 가 있 는 삶 과
아 버 지 가 없 는 삶

알렉산드로스가 말과 더 가까워지면서, 안타깝게도 아버지와는 더 멀어지고 말았다. 필리포스는 계속해서 과음을 하고, 난폭하게 굴고, 문란한 생활을 즐겼다. 그리고 왕궁을 돌아다니며 올림피아스가 부정한 마녀이며, 알렉산드로스는 사생아라는 소문을 퍼뜨렸다. 알렉산드로스가 스무 살이 되던 해, 필리포스는 클레오파트라라고 하는 순수 마케도니아 혈통의 여인과 약혼을 했다. 클레오파트라는 필리포스가 아끼던 아탈로스 장군의 조카딸로, 올림피아스처럼 뱀과 잠자리를 한다는 소문은 없었다. 그리고 클레오파트라의 가문은 카리아(오늘날 터키의 일부) 지역과 정치적인 관계를 맺고 있었다. 이후 필리포스와 클레오파트라의 결혼을 축하하는 연회가 열렸고, 그 자리에서 일어난 사건은 결국 필리포스와 알렉산드로스의 위태로운 관계를 완전히 끊어 버리고 말았다. 그 장군은 왕과 조카딸에게 건배를 제안하며 행복한 결혼 생활을 빌었다. 결정적인 사건은 그 직후에 벌어졌다.

간교하게도 아탈로스는 왕과 왕비에게 알렉산드로스와 같은 사생아가 아닌 사람에게 왕권을 물려줄 것을 간청했다. 이 말을 들은 알렉산드로스는 자리에서 벌떡 일어나 그에게 컵을 집어던졌다. 그러자 잔뜩 취해 있던 필리포스가 검을 뽑아들고는 자신의 아들을 향해 덤벼들었다. 그는 칼을 휘두르면서 알렉산드로스를 향해 다가갔다. 알렉산드로스는 자신의 목숨을 지키기 위해 아버지인 왕을 죽여야 했을까? 두 사람에게는 다행스럽게도, 싸움을 말린 것은 술이었다. 필리포스는 취기를 이기지 못하고 알렉산드로스에게 가까이 다가가기 전에 바닥에 쓰러지고 말았던 것이다. 그러자 알렉산드로스는 이렇게 소리쳤다.

"여길 보시오! 유럽에서 아시아로 건너가려는 자가 의자에서 의자로도 건너지 못하는구나!"

필리포스는 아마도 아들의 조롱을 듣지 못했을 것이다. 그러나 술에서 깨어나자마자 그는 알렉산드로스에게 일시적인 추방을 명령했다. 더군다나 필리포스는 자신의 딸을 에피루스 출신이자 그 또한 이름이 알렉산드로스인 젊은 남성과 혼인을 시켜버렸다. 아직 대왕의 칭호를 얻지 못한 알렉산드로스가 다시 궁전으로 돌아왔을 때, 그는 배다른 동생의 배우자인 또 한 명의 알렉산드로스와 함께 자리를 해야만 했다. 그리고 이미 제정신이 아닌 자신의 어머니 올림피아스의 꿈을 실현할 수 있는 기회가 있을 것인지 걱정스런 마음이 들었다.

기원전 336년 필리포스는 자신의 군대와 혼인으로 새롭게 관계를 맺은 가문의 지지를 얻어 페르시아를 침공하게 된다. 그는 성대한 출정식 연회를 열어, 다양한 스포츠 경기와 음악 그리고 꽃다발로 축하를 했다. 그리고 많은 그리스 사람들을 연회에 초대하여 자신의 부와 관대함, 품격 높은 취향을 자랑했다. 필리포스의 건축가들은 새로운 공연장을 지었고, 그 주변을 올림포스의 신 12명을 묘사한 화려한 조각상들로 둘렀다. 하지만 사람들이 정말로 놀랐던 것은 제우스, 아폴로 등의 신들과 나란히 서 있었던 열세 번째 신이었다. 새롭게 등장한 그 신은 누구였을까? 그것은 다름 아닌 필리포스 자신이었다.[11] 필리포스는 하늘거리는 흰색 예복을 입고서 홀로 연회장으로 들어섰다. 마치 모든 신들이 자신을 지켜줄 것이라 믿는 듯, 그는 근위병들을 물리쳤다. 그의 입장과 함께 박수와 환호성이 연회장을 흔들었다. 알렉산드로스가 경계와 질투가 가득한 눈으로 새로운 가족이 된 또 다른 알렉산드로스를 지켜보고 있는 동안 모두가 잘 아는 궁정의 한 젊은이가 필리포스를 향해 달려들었다. 필리포스는 생각했다. '내가 참석자 이름을 적은 명부를 가져다 달라고 했던가? 아니면 마지막으로 술을 한 잔 더 가져오라고 했던가?' 하지만 그 젊은이의 눈빛은 강렬하고 매서웠다. 필리포스의 표정이 거만함에서 혼란과 공포로 바뀌는 순간, 그 젊은이는 켈트족의 단검을 뽑아들고 이를 필리포스의 갈비뼈 사이 깊숙이 찔러넣고는 그대로 검을 돌렸다. 그러고는 출입문에 매어두었던 말을 향해 달아났다. 그제야 역모를 알아챈 왕의 호위병들은 달아나는 젊은이를 향해 창을 던졌다. 그 창들은 그가 말에 도착하기 전에 그의 몸을 관통했다. 그러는 사이, 필리포스의 새하얀 예복은 피로 물들었다. 열세 번째 신이었던 왕이 죽었다. 그는 무려 24년 동안이나 왕국을 통치했다.

일반적으로 마케도니아 사람들은 왕을 신격화하지 않았다. 그리고 왕들은 그들의 권력을 자녀에게 물려주지 않았다. 그렇기 때문에 알렉산드로스가 왕이 되려면 사람들의 지지를 얻거나, 혹은 싸워서 쟁취해야 했다. 알렉산드로스가 아버지의 권좌를 노리는 동안, 사람들은 파우사니아스라고 하는 젊은이가 왜 왕을 암살했는지 궁금해했다. 다분히 지저분한 이야기이기는 하지만, 당시 마케도니아 왕궁의 시기와 배신을 이해하기 위해 살펴볼 필요가 있겠다. 왕궁에 2명의 알렉산드로스가 있었던 것처럼, 2명의 파우사니아스가 있었다. 그 둘은 모두 필리포스가 아끼는 애인들이었다. 첫 번째 애인이었던 암살자는 두 번째 파우사니아스가 양성애자에다가 겁쟁이 그리고 매춘부라는 소문을 퍼뜨리고 다녔다. 그러나 사실 두 번째 파우사니아스는 자부심 강한 군인 중의 군인이었다. 겁쟁이라는 악의적인 모함을 반박하기라도 하듯, 두 번째 파우사니아스는 전쟁터에서 목숨을 바쳐 필리포스를 구해냈다. 그렇게 세상을 떠난 파우사니아스는 또한 필리포스가 총애하고 연회에서 알렉산드로스에게 간교한 언질을 건넸던 아탈로스 장군의 막역한 친구이기도 했다. 아탈로스는 친구를 대신해 복수를 하기 위해 헛소문을 퍼뜨리고 다녔던 파우사니아스를 잔인한 만찬에 초대하고는, 그에게 술을 계속 권해 취하도록 만들었다. 마케도니아 사람들은 대개 술을 희석시켜서 마시지만, 아탈로스는 그에게 원액 그대로의 독한 술을 건넸다. 결국 그가 몸을 제대로 가누지 못하자 아탈로스는 노새꾼들에게 그를 넘겼고, 그들은 그 젊은이를 마구간으로 끌고 가서 강간을 했다.[12] 이후 정신을 차린 파우사니아스는 필리포스에게 달려가 자신이 당했던 끔찍한 일을 고했고, 필리포스는 이에 크게 분노했다. 하지만 아탈로스를 처벌해 달라는 그의 부탁을 들어줄 수 없었다. 파우사니아스는 그때부터 복수의 칼날을 갈기 시작했다.

암살을 당하기 전, 필리포스는 마케도니아와 더불어 테살리아 그리고 테베를 포함하여 아테네에 조공을 바쳤던 그리스 도시국가들까지 지배하고 있었다. 세상을 떠나기 1년 전, 필리포스는 외교적 수완을 발휘하여 코린토스 동맹(혹은 헬라스 동맹)을 맺었다. 그 동맹에 가입한 국가들은 서로 전쟁을 벌이지 않을 것을 맹세했다. 고고학자들이 조각을 붙여서 완성한 그 맹세의 전문은 신들에 대한 찬양으로 시작된다.

"제우스, 가이아, 헬리오스, 포세이돈, 그리고 모든 신과 여신들에게 맹세하오니. 나는 공동의 평화를 지키고, 필리포스와의 약속을 어기지 않을 것이며, 육지와 해상에서 군사를 일으키지 않을 것이다."

그 맹세에는 또한 알렉산드로스의 눈길을 사로잡았던 중요한 문구도 들어있었다.

"또한 필리포스와 그의 후계자를 왕의 자리에서 물러나게 하지 않을 것이다."[13]

그런데 그들은 과연 그 맹세를 끝까지 지켰을까? 할리우드에서 전해지는 소문에 따르면, 아이러니하게도 영화 제작자 새뮤얼 골드윈Samuel Goldwyn은 콧방귀를 뀌며 이렇게 말했다고 한다.

"구두 계약은 문서 계약과 같은 가치가 없다."[14]

더 나아가 아테네의 법률가들은 돌에 새겨진 맹세마저도 그대로 받아들이지 않았다. 그들은 마케도니아 사람들과 알렉산드로스를 의심스런 눈초리로 바라보았다. 대단한 웅변가이자 필리포스의 반대파였던 데모스테네스는 아테네 사람들에게 휴일을 선포하고, 필리포스의 죽음을 축하하기 위해 꽃으로 장식한 옷까지 입었다. 그리고 아테네 의회는 파우사니아스를 기리기 위한 특별 주화도 만들었다. 이후 아테네는 테베 그리고 테살리아와 함께 음모를 꾸몄다. 또한 코린토스 동맹의 일원이었던 스파르타 역시 칼을 갈고 말을 달리기 시작했다. 그러는 사이, 마케도니아에서는 필리포스 휘하의 장군과 신하들이 알렉산드로스를 범인으로 지목하고 그에게 칼끝을 겨누었다. 알렉산드로스에게는 자신의 아버지를 살해할 동기와 세력이 있었다. 많은 이들이 그가 주모자는 아니라고 하더라도, 공범자들 중 하나일 것이라 의심했다. 브루투스와 함께 암살에 가담했던 카시우스가 카이사르를 노려보기 290년 전에, 알렉산드로스는 여위고 허기진 몰골을 하고 있었다. 또한 올림피아스가 파우사니아스의 머리에 황금으로 만든 왕관을 씌우고, 그를 십자가에서 내려 필리포스의 무덤 가까이에 묘비를 만들어 주었던 행동 역시 사람들의 의심을 키웠다.[15] 알렉산드로스와 그리스 도시국가들이 서로 다음의 행보를 준비하는 동안, 마케도니아 사람들은 아마도 올림포스 산에서 우르릉대는 천둥소리를 들었을 것이다.

알렉산드로스의 대응
그리고 그가 남긴 교훈

저항 세력과 이웃 국가들에 포위를 당한 알렉산드로스는 곧장 전쟁을 선포했다. 알렉산드로스는 전쟁에서 무력만큼이나 외교술이 중요하다는 사실을 잘 이해하고 있었다. **알렉산드로스는 국가가 위기에 처했을 때 단호하게 결정을 내려야 하고, 때로는 메시지와 제스처를 강력한 무기처럼 활용할 수 있다는 사실을 보여주었다.** 가장 먼저, 알렉산드로스는 필리포스를 향한 충성심을 보여주었다. 그는 자신의 아버지를 위해 열세 번째 신에 걸맞은 장례식을 치르고, 모든 마케도니아 장병들이 지켜보는 가운데 화장식을 거행했다. 그는 아버지의 유골을 술로 씻어서 제왕의 보라색 예복으로 감쌌다. 그리고 이를 사냥 장면과 승리의 메달로 신성하게 장식한 금상자에 담아서 땅에다 묻었다. 당대의 증언에 따르면, 알렉산드로스는 아버지를 존경하고 그의 죽음을 슬퍼했던 장한 아들이었다. 하지만 슬픔으로 시간을 보내기에 알렉산드로스를 둘러싼 주변 상황은 급박하게 돌아가고 있었다. 알렉산드로스는 아테네의 수다쟁이 데모스테네스가 자신을 모욕하고 파우사니아스를 노새꾼들에게 던져버린 아탈로스 장군과 내통하고 있다는 소문을 들었다. 당시 아탈로스는 마케도니아의 귀족 가문들과 연락을 취하면서 틈틈이 쿠데타의 기회를 노리고 있었다. 알렉산드로스는 자신이 아끼는 장군들에게 아탈로스를 찾아내 죽이라고 명령했다. 그들이 임무를 완수했을 때, 알렉산드로스는 눈치를 보고 있던 그리스 도시 국가들로 화살을 돌렸고, 이웃 나라인 테살리아를 향해 진격을 시작했다. 테살리아 군대는 유일한 출입로를 막았지만, 알렉산드로스는 부하들에게 새로운 길을 내어 마을을 몽땅 쓸어버리라고 명령했다. 결국 테살리아는 백기를 들었고, 많은 사람들이 알렉산드로스의 기병대로 합류했다.

다음으로 알렉산드로스는 북으로 향했다. 다뉴브 강을 건너 저항 세력을 격파했으며, 이후 일리리아 부족들을 향해 서쪽으로 진격했다. 그리고 마지막으로 가장 강력하고 자존심이 센 오이디푸스의 도시인 테베로 향했다. 테베의 시민들은 그 도시가 용의 이빨에서 나왔다는 신화를 믿었다. 당시 테베인들은 그들의 도시를 물건을 고르는 편리한 장소로만 이용하면서, 호의와 존경을 전혀 보이지 않았던 마케도니아 사람들에게 분노를 느끼고 있었다. 그때 북쪽에서 알렉산드로스가 죽었다는 소문이 들려왔고, 이에 용기를 얻은 테베 군사들은 마케도니아 진영을 공격했다. 그러나 알렉산드로스는 죽지 않았다. 그의 군대는 전면적인 공세로 전환했고, 테베 군인들은 무기와 식량이 충분했음에도 두려움에 떨었다. 결국 그들 역시 즉각 항복을 했다. 하지만 알렉산드로스는 그걸로 만족하지 않았다. 그는 코린토스 동맹을 내세워 테베인들의 도시를 완전히 불살라버렸다. 이에 놀란 데모스테네스와 아테네 사람들은 알렉산드로스에게 10명의 사자 편으로 사과와 축전의 메시지를 보냈다. 그러나 알렉산드로스의 분노는 풀리지 않았고, 데모스테네스와 다른 저항세력 지도자들의 요구를 묵살했다. 데모스테네스는 의회에서 연설을 하면서 양에 관한 우화까지 들먹였고, 결국 의회는 또 한 번의 사절단을 파견하여 알렉산드로스의 분노를 달래고자 했다.[16] 두 번째 노력은 효과가 있었다. 아테네는 한껏 자세를 낮춘 덕분에 큰 위기를 모면할 수 있었다. 이제 알렉산드로스는 더 이상 응석받이 왕자가 아니었다.

이 장의 목적은 북아프리카에서 시작하여, 시리아와 페르시아, 인도에 이르기까지 알렉산드로스가 거두었던 위대한 승리의 순간들을 연대기 순으로 나열하려는 것이 아니다. 그 진정한 목적은 알렉산드로스의 전략 속에서 오늘날 도움이 될 만한 교훈을 이끌어내는 것이다. 그 전에 먼저, '자유와 행복을 추구'하는 현대인의 관점에서 바라볼 때 알렉산드로스는 허무맹랑한 꿈을 꾸고, 많은 사람들을 노예로 부렸던 타락한 성도착자라는 사실을 인정해야만 한다. 알렉산드로스는 때로 마을을 완전히 불태웠고, 사람들을 붙잡아 노예로 삼고, 국가의 법을 무시한 채 살인을 저질렀다. 미란다 권리 같은 것은 안중에도 없었다. 단테가 왜 알렉산드로스를 그렇게 모질게 다루었는지에 대해 나중에 설명하겠지만, 이 장에서 나의 목적은 끓어오르는 피바다로부터 알렉산드로스를 구해내는 것이 아니다.

여기서 내가 정말로 하고자 하는 바는, 다양한 민족과 문화와 경제를 통합한다는 불가능에 가까운 목표를 추구하는 과정에서 때로 고결함과 관대함, 그리고 동정심을 보여주었던 한 위대한 리더로부터 유용한 전략을 배우는 것이다.

다양한 민족들을
결집하는 상징

2015년 3월에 캘리포니아 대학 어빈 캠퍼스 학생회는 캠퍼스 안에서 성조기 게양을 금지하는 안건을 투표에 붙였다. 그 이유는 민족주의를 강화하고, 식민주의와 제국주의를 상징하고, 불법 이민자 및 다른 학생들 사이에서 배타적인 '인종차별과 외국인 혐오' 감정을 자극할 수 있다는 것이었다.[17] 결국 그 학생회는 총장의 압력으로 애초의 결정을 번복하기는 했지만, 이 사례는 상징이 공동체의 통합과 분열에 모두 기여할 수 있다는 사실을 잘 보여준다. 분명하게도 성조기의 원래 목적이자, 이를 바라보는 대다수 미국인들의 공통된 생각은 그 깃발이 다양한 종류의 시민들을 하나로 묶어줄 것이라는 것이다. 13개의 줄과 50개의 별은 '통합'과 최초 식민지와 50개의 주들 사이의 엄숙한 맹세를 의미한다. 워싱턴을 찾은 관광객들은 치열한 폭격이 끝나고 다섯 명의 해병과 한 명의 해군이 험준한 스리바치 산 정상에 올라서 화산 바위에 성조기를 꽂는 장면을 묘사하는 청동상인 이오지마 기념상Iwo Jima Memorial을 사진에 담느라 분주하다. 하지만 미국에서 유래된 모든 깃발이 성조기처럼 환호를 받는 것은 아니다. 오늘날 대다수의 미국인들은 남부연합기가 사회적 긴장과 갈등을 고조한다고 믿는다. 그리고 이러한 생각은 사우스캐롤라이나 주지사가 2015년에 그 주도에서 모든 남부연합기를 내리도록 했을 때, 극적으로 확인이 되었다.

알렉산드로스는 통합을 위한 상징 및 상징적인 용어를 선택하는 데 대단히 신중했다. 그는 시민과 군인들을 '동료Companion'라고 불렀다. 이는 그저 형식적인 호칭이 아니었다. 실제로 알렉산드로스는 동료들과 함께 전쟁터에서 먹고 잤으며, 수천 명의 병사들의 이름을 알고 있었다. 알렉산드로스의 동료들은 HBO 드라마 〈안투라지Entourage〉에서 파티를 전전하는 젊은이들과는 다르다. 동료는 원래 호메로스가 썼던 표현으로, 왕궁에서 일어선 그 젊은이들은 유대감을 느꼈고, 명예 그리고 죽음을 불사하는 책임감을 소중하게 여겼다. 호메로스의 작품들 속에서 이들 동료들은 오디세우스와 함께 노를 젓고, 트로이에서 아가멤논과 함께 목숨을 바쳐 싸웠다. 그리고 한 동료가 세상을 떠날 때, 다른 동료들은 그를 위해 영웅으로서 장례를 치러주고, 무덤가를 지켰다. 동료를 잃었을 때, 알렉산드로스는 아킬레스가 파트로클루스를 위해 눈물을 흘렸듯이 크게 슬퍼했다. 바로 여기에 중요한 메시지가 있다. 알렉산드로스는 동료들을 떠올리면서, 그들을 위해 목숨을 바칠 수 있다고 맹세했다. 그리고 모두가 그의 맹세를 믿었다.

앞에서 이끄는
리더십

기원전 335년 알렉산드로스가 페르시아를 침략하기 위해 다르다넬스 해협을 건널 때, 그는 60척의 전함을 이끌고 있었다. 알렉산드로스는 그 선단의 맨 마지막 혹은 중간에서 안전하게 몸을 숨길 수 있었을 것이다. 그러나 알렉산드로스는 굳이 맨 앞에 있는 전함에 올랐고, 포세이돈에게 제물을 바친 후, 아킬레스가 헥터에 맞서 싸웠던 해안을 향해 진격했다. 갑옷으로 무장한 알렉산드로스는 배에서 내려오자마자 병사들과 함께 창을 들고 돌격을 했고, 그리스 신들의 이름으로 그 땅을 정복했다. 알렉산드로스를 묘사한 그림들을 보면 그는 언제나 맨 앞에 서 있다. 특히 뭄바이에서 발굴된 유명한 작품 '알렉산드로스 모자이크' 속에서 알렉산드로스는 페르시아의 왕 다리우스를 쫓고 있다. 이들 작품들은 몇몇 예술가들이 후원자들에게 잘 보이기 위해 그린 그러한 그림이 아니다. 그 외에 모든 역사적인 자료들 역시 이와 비슷한 방식으로 알렉산드로스의 초상을 그리고 있다. 누군가 자신의 진정성을 의심하는 자가 있었다면, 그는 이렇게 맞받아쳤을 것이다.

"누구라도 옷을 벗고 내게 상처를 보여라. 그러면 나도 내 상처를 보여주겠다 …… 나는 칼에 찔리고, 화살을 맞고, 투석기에 찍혔다."[18]

알렉산드로스는 머리에도 큰 상처를 입었다. 물론 그는 신이 아니었기에, 전쟁에서 입은 상처들로 고통스러워했다. 한마디 덧붙이자면, 알렉산드로스는 그리스 의식을 거행하기 위해 종종 옷을 벗었다. 가령 트로이에서 승리를 거두고 나서는 동료들과 함께 온몸에 성유를 뿌리고 옷을 벗은 채 아킬레스의 묘비 주위를 뛰어다녔다.

정복국을 존중함으로써 얻는 충성심

알렉산드로스는 전쟁 사령관으로서 마을을 약탈하거나 주민들을 욕보이지 않았다(때로 병사들에게 그렇게 하도록 허락하기는 했지만). 다른 나라의 영토를 점령했을 때에도 그는 그곳 사람들의 신을 존중했고, 그들의 사원에 기도를 올리고, 겸손한 마음으로 함께 경기를 벌이거나 축제에 참여했다. 그가 바빌론에서 페르시아 군대를 무찔렀을 때에도 그 지역의 여성과 아이들은 그를 해방군으로 맞아들였고, 그의 발에 헌화했다. 또한 알렉산드로스는 정복지 주민들에게 자신의 신을 강요하지 않았다. 그는 부하들에게 약탈자를 잡아들이도록 했고, 페르시아 군대가 짓밟았던 바빌론의 사원들을 복원시켰다. 이집트 나일강 지역에서 페르시아 군을 몰아내고 나서, 알렉산드로스는 멤피스로 이동하여 피라미드에 경의를 표하고 다음으로 이집트 신 프타를 모시는 사원으로 달려갔다. 이집트 전통에 따르면 프타를 숭배하기 위해서는 아피스 황소라고 하는 특별한 황소를 제물로 바쳐야 한다. 순례자들은 그 동물에게서 축복을 얻는다. 그러나 지난 세기에 페르시아 왕은 그 황소를 함부로 도륙함으로써 이집트인들을 모욕했다. 알렉산드로스는 그러한 불경스러운 행동을 금했고, 그 희생양을 프타의 사원으로 데리고 갔다. 그 이후로 이집트 사람들은 그를 경배하고 파라오라 불렀다. 알렉산드로스는 또한 알렉산드리아에 거대한 항구를 건설했으며, 이곳에는 나중에 도서관이 들어서게 되었다. 로마 역사가 요세푸스는 알렉산드로스가 예루살렘으로 순례를 떠났으며, 그곳에서 높은 히브리 사제들을 만나고, 그들의 사원에 경배했다고 전한다.[19]

　알렉산드로스는 오랜 정복의 과정에서 가장 전파력이 강력한 상징이 동전이라는 사실을 깨달았다. 그의 군대가 지역의 화폐 주조국을 장악했을 때, 기술자들은 알렉산드로스의 이미지를 지역의 유명 인사들 및 그리스 신들의 이미지와 함께 사용하여 동전을 찍어냈다. 상인들이 그들의 상품과 알렉산드로스 동전을 함께 들고 돌아다니기 시작하면서, 그의 명성은 생선시장에서 매음굴에 이르기까지 널리 알려졌다. 26개에 이르는 공식 화폐 주조국들 중 한 곳에서 만들어낸 일반적인 동전을 보면 한쪽 면에 헤라클레스가, 반대편에는 제우스가 왕좌에 앉아있다. 헤라클레스는 사자의 가죽을 걸치고 있으며, 이는 그가 맨손으로 때려잡았던 네메아의 사자를 상징한다. 알렉산드로스는 스스로 헤라클레스의 후손이라 믿었고, 그래서 전투 중에 사자 가죽을 종종 걸치곤 했다. 그보다 동쪽 지역에서 만들어진 동전의 경우, 제우스는 셈족의 신인 바알신의 모습을 하고 있다. 그리고 이집트에서 제조된 동전 속에서 알렉산드로스는 코끼리를 타고 있거나 이집트 신 아몬의 뿔을 달고 있다.

동과 서의 만남,
문화적 포용

전쟁의 위기를 넘긴 알렉산드로스는 까다로운 과제에 직면하게 된다.

다양한 문화들을 앞으로 어떻게 통합할 것인가? 바보들은 두 가지 방식 중 하나를 선택할 것이다. (1) 속국과 동맹국 사람들 모두 그의 언어와 신, 문화에 경배하도록 한다. (2) 다원주의 사회에서 모두가 분열되어있게 하고, 사람들을 끌어모으는 어떠한 세력이나 주제가 등장하지 않는지 면밀히 감시한다. 한편에서 이민을 전면 차단하고 전통에 충성을 강요하는 집단 그리고 다른 한편에서 레게나 룸바 혹은 링고나 진 크루파의 음악에 맞춰 저마다 서로 다르게 춤을 춘다고 하더라도 얼마든지 함께 뭉칠 수 있다고 생각하는 낭만주의 집단 사이에서 벌어지는 치열한 논쟁을 우리는 지금도 쉽게 찾아볼 수 있다. 물론 알렉산드로스는 바보가 아니었다. 그는 야심차고 현명한 리더였으며, 혁신적이면서 동시에 긴장감이 맴도는 '균형 잡힌 헬레니즘'이라고 하는 제 3의 길을 창조했다. 알렉산드로스는 자신의 얼굴이 새겨진 동전과 그리스어를 널리 퍼뜨렸고, 그의 기술자들이 활용한 도로 건설법은 고전적인 방식으로 널리 알려졌다. 하지만 알렉산드로스는 마케도니아와 그리스 사람들만으로는 그가 정복한 세상을 다스릴 수 없다는 사실을 잘 알고 있었다. 그래서 이집트, 인도, 페르시아 사람들을 선발하고 등용하여 행정 업무를 맡겼다. 알렉산드로스는 또한 지역에 따라 자신에 대한 호칭을 달리 했다. 가령 마케도니아에서는 '왕'으로, 아라비아에서는 '영주'로 불렸다. 그리고 페르세폴리스에서는 지역 주민들에게 익숙한 페르시아의 장식과 보석이 박힌 왕관을 썼다. 다음으로 수만 명의 페르시아 인들을 마케도니아 병사들과 똑같은 방식으로 훈련시켰다. 마지막으로 그는 다양한 지역에서 아내를 맞아들임으로써 제국의 궁전을 통합의 상징으로 만들었다(당시의 일부다처제를 용인한다면). 다리우스 대왕을 물리치고 나서(그는 가까스로 달아났다), 알렉산드로스는 그 왕의 어머니와 아내, 딸과 아들들을 지켜주었으며, 딸들이 결혼할 나이가 되면 지참금을 주겠노라고 약속했다. 그는 그 왕의 아들을 사랑했고 왕대비에게 보석을 하사하면서 그녀를 '어머니'라고 부르기까지 했다. 알렉산드로스는 살인과 약탈 대신에 가족과도 같은 편안한 관계를 선택했다.

여기서 우리는 알렉산드로스가 바빌론에서 받았던 환대와 그의 정책을 지금의 바빌론에 해당하는 이라크와 시리아에 각각 2003년과 2015년에 들어왔던 미군과 유럽군의 경우와 비교해볼 수 있겠다. 가장 먼저, 2003년에 딕 체니Dick Cheney 부통령은 언론과의 인터뷰에서 이라크 주민들이 미국의 군대를 '해방군'으로 맞이해주었다고 했다. 하지만 알렉산드로스 대왕은 미국의 공군이나 연합군들보다 더욱 열렬한 환영을 받았을 것이다. 그 이유는 뭘까? 당시 지역 주민들은 알렉산드로스가 들어오기 이전의 통치자를 후세인보다 훨씬 더 잔인한 독재자로 생각하고 있었기 때문이다. 혹은 오늘날 미 공군이 보여주었던 '충격과 공포'에 비해, 알렉산드로스 군대를 보다 자연스럽게 받아들였기 때문이다. 다음으로, 오늘날 많은 군사 전문가들은 미 국방부가 끔찍한 실수를 저질렀다고 평가한다. 2003년 5월에 미국이 이라크 군대를 해산했을 때, 25만 명에 달하는 분노한 청년들은 아무 할 일 없이 거리로 내몰리면서, 알카에다나 IS와 같은 테러 집단의 유혹에 쉽게 넘어가고 말았다. 그것은 임시연합체Coalition Provisional Authority, CPA의 두 번째 명령에 따른 것이었다. 그보다 하루 전에 발표된 CPA의 첫 번째 명령은 후세인의 바트당 인사들이 정부의 하급 직위를 제외하고, 공직에 오르지 못하도록 제한하는 것이었다.[20] 이와 관련하여 부시 대통령은 자신의 실수를 인정했다.

"우리의 정책은 (이라크) 군대를 그대로 유지하는 것이었습니다. 하지만 그렇게 되지 않았습니다."[21]

오바마 대통령 역시 크게 다르지 않았다. 2015년 1월에 오바마 행정부는 수백 명의 미군을 시리아로 파견해서, 저항군들을 모집하여 군사 훈련을 실시하도록 했다. 미 국방부는 그렇게 첫해에 5,000명의 병사를 훈련시킨다는 목표를 세워두고 있었다. 하지만 2015년 9월에 의회에 출석한 국방부 차관은 IS에 맞서 싸우도록 시리아 군인들을 훈련하는 과정에 5억 달러의 돈을 투자했지만, 실제로 전투에 투입된 인원은 '4~5명'에 불과했다고 수줍게 털어놓았다. 4,000~5,000명이 아니라 4~5명이었던 것이다. 그로부터 몇 주가 지난 어느 나른한 금요일 오후, 그 차관은 아무런 말 없이 그 훈련 프로그램을 중단해버렸다.[22] 하지만 알렉산드로스는 그러한 실수를 저지르지 않았다. 그는 점령 지역에서 유능한 병사들을 끌어모아 자신의 통솔하에 두었으며, 이들에게 지역의 치안을 맡겼다. 사실 알렉산드로스는 하나의 깃발 아래 다양한 문화를 통합하겠다는 이상주의적 도전에서 지나치게 멀리 나아간 면이 없지 않아 있다. 실제로 마케도니아 병사들은 알렉산드로스가 너무 많은 페르시아 군사들을 양산하고 있다고 걱정했고, 자칫 새롭게 훈련을 받은 외국인 용병들에게 자리를 빼앗길까봐 두려워했다. 이후

마케도니아 병사들은 이러한 정책에 대해 불만을 제기했고 알렉산드로스는 이를 무마하기 위해 연금을 지급하고, 봉급을 인상하고, 휴가를 주는 등 다양한 대책을 제시했다.

문화적 우월감과
결속력

알렉산드로스는 다른 문화를 존중하면서도 마케도니아와 그리스 문화의 우월성을 내세우는 데 주저함이 없었다. 호메로스의 작품을 전쟁터에까지 들고 다녔던 알렉산드로스는 영웅주의와 학식을 강조했다. 5장에서 살펴보았던 것처럼, 자신이 속한 집단이 특별하다는 느낌(혹은 우월함)은 내부적으로 결속과 응집을 만들어낸다. 최고의 라이벌이었던 다리우스를 쫓아 시리아 사막을 건너는 동안, 알렉산드로스는 다리우스가 마케도니아인들을 모욕하는 서한을 거짓으로 만들어냈다. 알렉산드로스가 위조한 서한을 의회에서 낭독했을 때, 사람들은 모두 일어나 보복을 다짐했다. 이에 알렉산드로스는 쫓겨날 날이 멀지 않은 그 대왕에게 편지를 썼다. 여기서 그는 상대에 대한 호칭을 생략한 채 이렇게 글을 시작했다. '알렉산드로스 왕이 다리우스에게'. 알렉산드로스는 다리우스 대왕이 용병을 돈으로 사들이고, 그리스인들 사이에서 폭동을 조장하고, 자객을 고용하여 자신의 아버지 필리포스를 살해했다고 비난했다. 그리고는 이렇게 자랑을 늘어놓았다.

"나는 전쟁터에서 당신의 장군과 총독을 무찔렀으며, 이제는 당신과 당신의 군사들을 물리칠 것이다 …… 우리에게 투항한 군사들의 안위에 대해 책임감을 느낀다 …… 그들은 자유로운 선택에 따라 우리에게로 넘어온 것이다."

마지막에서 알렉산드로스는 다리우스 대왕에게 그의 가족과 그가 소유했던 모든 재산을 되돌려줄 것을 약속하며, 한 가지 조건을 제시한다.

"나와 이야기를 하려거든 나를 모든 아시아의 왕으로 칭하라. 내게 동등한 자격으로 편지를 쓰지 말지어다."[23]

앞서 우리는 힘든 시절에 집단을 결집시키기 위해서는 우월감이 필요하다는 사실을 살펴보았다. 집단의 구성원들은 우월감을 통해 자부심을 회복하고 빼앗긴 영토를 만회할 수 있다고 믿는다. 알렉산드로스의 군대가 힌두쿠시에서 전쟁을 벌이고 있을 때 그들은 바로 그러한 순간을 맞이하고 있었다. 알렉산드로스의 군사들은 소그디아나라고 하는 지역으로 들어서면서 조직화된 페르시아 군사들 대신에 말을 타고 달리는 겁 없는 게릴라 전사들과 맞닥뜨리게 되었다. 게다가 알렉산드로스가 다리에 화살을 맞으면서 병사들은 며칠 동안 그를 들고 행군을 해야만 했다. 알렉산드로스와 그의 부하들이 사이로폴리스(키루스 2세Cyrus 2의 이름을 땄음)로 진격했을 때, 그들은 전투를 위해 집을 떠나 달려나온 수천 명의 전사들과 싸워야 했다. 한번은 알렉산드로스가 도심의 성벽 아래에 서있었을 때, 그 위에 있던 한 소그디아나 병사가 돌을 던졌고, 정확하게 머리에 맞은 알렉산드로스는 그 자리에서 정신을 잃고 쓰러졌다. 그러나 죽은 듯 보였던 알렉산드로스는 다행스럽게도 비틀거리며 다시 일어섰다.

이후 북쪽의 스키타이 부족이 소그디아나 군대와 합류를 했고, 그 둘을 합치면 마케도니아의 병사들을 훌쩍 넘어섰다. 설상가상으로 마케도니아 군사들은 마실 물이 부족했고, 40도를 넘어서는 무더운 날씨가 수개월 이어지면서 이질이 퍼졌다. 알렉산드로스마저 병상에 드러누우면서 자칫 목숨을 잃을 위기에 처하고 말았다. 결국 퇴각을 결정한 알렉산드로스는 정복 사업을 시작한 이후로 가장 힘든 순간을 맞이하게 되었다. 알렉산드로스는 소그디아나와 스키타이 전사들의 손에 수천 명의 병사들을 잃었다. 더군다나 마케도니아 병사들의 피 냄새를 맡은 스피타메네 부족까지 전쟁터로 달려와 화살과 돌멩이를 마구 퍼부었다. 알렉산드로스의 정복이 막을 내릴 위기의 순간이었다. 그러나 그는 과거의 영광을 떠올리며 결연한 의지로 병상에서 일어나, 기동성이 뛰어난 기병들을 이끌고 3일 만에 300킬로미터를 달려 소그디아나 한복판으로 진격했다.

이후 알렉산드로스는 지원군을 요청했지만 얼마나 많은 병사들이 달려와줄 것인지는 알 수 없었다. 다행스럽게도 2만 1,000명의 지원 병력이 도착했다. 알렉산드로스 기병대의 말발굽 소리는 게릴라 전사들을 불안하게 만들었고, 거대한 공격이 시작될 것이라고 겁을 먹은 적군들은 기수를 돌려 머나 먼 벌판으로 달아났다. 죽은 줄로만 알았던 알렉산드로스가 그의 동료들과 적들의 눈앞에 다시 살아났다. **동료들은 물론 적들마저 우월함에 대한 알렉산드로스의 주장과 이를 뒷**

받침하는 행동에 대해 익히 알고 있었기에, 그의 부활을 충분히 일어날 수 있는 일로 받아들였다.

전쟁과 평화 시에 나타나는
창조성과 기동성

오늘날 정치인들은 '골치 아픈' 문제들을 그저 한탄하며 바라만보고 있다. 그들은 연금 개혁에 주저한다.

"사회보장 제도를 언급하는 것은 미국 정치에서 금기시된 일이다. 건드리는 순간, 살아남지 못한다."

40년 전에 지미 카터는 미국 세법을 일컬어 '인류에 대한 모욕'이라 불렀다. 그럼에도 그 세법은 지금 수천 페이지나 더 두꺼워졌다. 오늘날 미 의원들은 GDP 대비 부채 비율이 몇 년 뒤에 100퍼센트에 이를 것이라고 경고의 목소리를 높이고 있다. 그리고 미국 정부는 이라크와 시리아의 IS 조직과 어떻게 싸워나갈 것인지에 대해 새롭고 현실 가능한 아이디어를 제시하지 못하고 있다(반면 푸틴은 리더십 진공 상태를 절묘하게 활용함으로써 국제적 부랑자에서 지정학적 체스 명인으로 떠오르고 있다). 알렉산드로스는 당대의 사회적 상황에 압도되지 않았고, 만병통치약에 집착하지 않았다. 오늘날 우리는 알렉산드로스의 삶으로부터 고르디우스 매듭 일화와 문제의 틀을 바꿈으로써 진퇴양난의 상황에서 해결책을 만들어냈던 생생한 사례들을 확인할 수 있다.

고르디우스 매듭의 일화는 아서 왕의 신화보다 1,000년을 앞서 그와 비슷한 메시지를 전했다. 영국과 웨일스, 혹은 콘월의 신화는 아서 왕이 마법의 힘으로 엑스칼리버를 바위에서 뽑아내어 왕국을 물려받았다고 말하고 있다. 그러나 알렉산드로스는 인간의 눈으로 매듭을 보았다. 그는 마법의 힘이 아니라 기지를 발휘하여 문제를 해결했다. 즉 칼을 빼어 들고는 과감하게 매듭을 잘라내버렸다.[24] 이 이야기는 전설이다. 그러나 그 전설로부터 교훈을 이해하기 위해서는 매듭 그 자체가 아니라 이야기 속 은유에 주목해야 한다. **전설 속에서 알렉산드로스는 기존의 방식이 효과가 없을 때, 리더와 국가는 획기적인 해결책을 창조해야 한다는 사실을 말해준다.**

아서 왕에게는 마법의 힘이 있었다. 하지만 알렉산드로스는 마법에 의존하지 않았다. 다만 매듭을 풀기 위해 고민했던 많은 사람들과는 다른 접근방식을 선택했을 뿐이다. 많은 기업의 회의실에는 이런 격언들이 붙어있다.

'틀을 벗어나 생각하라.' 혹은 '안락한 지대에서 벗어나라.'

문제는 매듭이 아니라, 매듭이 묶여있는 말뚝이라고 생각했을 때 알렉산드로스는 획기적인 대답을 찾을 수 있었다. 알렉산드로스가 중요하게 생각했던 것은 매듭을 푸는 것이 아니라 마차를 움직이게 만드는 것이었다.

고대 페니키아의 강력한 도시들 중 하나인 티루스는 오늘날 레바논 해안가 지역에 해당한다. 티루스의 중심지는 해안에서 600미터 정도 떨어진 섬으로, 이곳은 험한 바람과 거친 파도 그리고 높은 성벽에 의해 보호받고 있었다. 높은 파도를 헤치고 나아가는 법을 알지 못했던 사람들은 그 섬으로 가는 도중에 모두 난파를 당하고 말았다. 호메로스는 티루스 주변을 어슬렁거렸던 피에 굶주린 해적과 납치범들의 이야기를 글로 옮겼다. 알렉산드로스는 티루스 해군이 무역의 경로를 혼란에 빠뜨리고 있다고 생각했다. 그래서 자신의 해군 사령관들에게 티루스를 공격할 계획을 세우도록 했다. 하지만 그건 위험천만한 일이었다.

사령관들은 알렉산드로스에게 그 섬이 난공불락의 요새라고 보고했다. 이에 알렉산드로스는 영화 〈조스〉에 등장하는 겁먹은 보안관처럼 더 큰 배를 만들라고 지시하거나, 아니면 더 노련한 선장을 찾을 수 있었을 것이다. 하지만 알렉산드로스는 그 섬을 바라보며 사령관들에게 그게 섬이 아니라고 상상해보라고 했다. 말과 투석기, 사다리를 이용해서 티루스를 향해 진격하는 장면을 떠올려보라고 했다. 그건 말 그대로 공상이었다. 하지만 알렉산드로스는 꼭 그렇게만 보지는 않았다. 그는 기술자들을 불러, 그 섬을 향해 걸어갈 수 있도록 인공의 길을 만들라고 명령했다. 그 공사는 몇 달이 걸렸고, 알렉산드로스도 직접 바위를 나르는 일에 동참했다.

처음에 티루스 사람들은 바보 같은 생각이라며 비웃었다. 그러나 공사가 실제로 진척되는 모습을 보이자, 그들은 불에 잘 타는 나뭇조각과 유황 그리고 톱밥을 가득 실은 낡은 배를 공사 중인 둑길을 향해 흘려보냈다. 이로 인해 큰 불이 일었고, 길의 일부가 파손되었다. 그러나 마케도니아 병사들은 작업을 멈추지 않았다. 점차 섬에 가까워지자, 티루스 사람들은 불화살을 쏘고, 유리 공장에서 실어온 실리콘을 퍼부었다. 그러나 알렉산드로스 군대는 결국 공성퇴를 사용하여 성벽을 부수었고, 티루스의 요새는 함락되고 말았다. 그 모든 일이 가능했던 것은 알렉산드로스가 아무도 보지 못했던 길을 보았기 때문이었다.

여기서 중요한 것은 알렉산드로스의 지적인 성취가 군사적 승리로 이어졌다는 사실이다. 그리고 **그의 지적인 성취는 역사 공부로부터 비롯되었다.** 알렉산드로스보다 400년 앞서, 디오니소스는 머나먼 원정 전투에서 마찬가지로 둑길을 쌓았다. 알렉산드로스는 또한 트리발리 부족과의 전투에서 그들을 다뉴브 강 위의 섬으로 몰았다. 그러나 그때 알렉산드로스에게는 강을 건널 수 있는 배도, 둑길을 쌓기 위한 기술자도 없었다. 트리발리 전투는 티루스를 포위 공격했을 때보다 훨씬 더 규모가 작았다. 알렉산드로스는 역사의 기록들을 떠올려보다가, 70년 전 메소포타미아에서 벌어진 전투에서 크세노폰이 썼던 전술을 기억해냈다. 그리고 병사들을 시켜 천막 안에 건초를 가득 채워 넣고, 그 끝을 꿰매어 구명기구나 작은 뗏목처럼 물에 띄웠다. 많은 이들이 그 방법이 효과가 있을지 행여나 물에 빠져죽지나 않을지 걱정했지만 몇몇 병사들이 이를 타고 다뉴브 강을 건너면서 재봉사들의 훌륭한 실력을 입증해보였다.

퇴직 연금이나 낮은 노동 참여율 등 오늘날 부유한 국가들이 직면하고 있는 골치 아픈 숙제들을 생각해볼 때, 나는 문제의 틀을 전환하고 더 많은 용기와 혁신을 보여주어야 한다는 생각을 하게 된다.

그리고 그 역시
몰락할 수 있었다

도시를 둘러싼 잔인한 포위공격을 용서할 수 있다고 하더라도, 용서하기 힘든 알렉산드로스의 가장 큰 잘못은 그의 죽음이었다. 그가 정복하고 조화로운 헬레니즘 문화를 바탕으로 다스리고자 했던 방대한 영토는 이제 누가 물려받아야 할 것인가? 그는 후계자를 위한 지시사항을 어디에 숨겨 놓았던가? 그는 상속자를 정해 두었던가? 그건 아무도 알지 못했다. 알렉산드로스는 분명히 장기적인 계획을 수립해놓고 있었으며, 기술자와 과학자들이 혁신적인 방식으로 교각을 건설하고 무기를 개선하도록 했다. 그리고 병사들에게 휴가를 주어, 그들이 고향으로 돌아가 아내와 잠자리를 가짐으로써 미래 세대의 군인들을 만들도록 했다. 게다가 아라비아 고리대금업자들을 불러들여 병사들의 부채를 대신 갚아주기도 했다.

하지만 그는 더 철저하게 준비했어야만 했다. 알렉산드로스는 자신을 향한 찬사의 말을 그대로 믿었고 정말로 영생을 누릴 것이라 생각했다. 마음 한구석에서, 알렉산드로스는 자신이 헤라클레스와 제우스의 피를 물려받았다고 진심으로 믿었다. 그러나 이러한 자만과 헛된 기대가 그를 곤경에 빠뜨리고 말았다. 그리고 이는 단테가 왜 그를 끓어오르는 피바다에 던져넣었는지 설명해준다.

아리스토텔레스에게는 칼리스테네스라는 조카가 있었고, 그는 알렉산드로스와 가까운 친구로 지냈다. 학식이 높았던 칼리스테네스는 검과 펜을 모두 지닌 궁정 역사가로 활동했다. 그 역시 알렉산드로스와 마찬가지로 호메로스와 그리스 문학을 숭배했다. 하지만 페르시아의 관습에 대한 알렉산드로스의 애착과 페르시아의 통치자로서 그 나라의 공식적인 인사(프로스키네시스라는 것으로 중국의 절과 비슷하다)를 받고자 했던 그의 집착은 못 마땅하게 여겼다. 칼리스테네스는 그러한 인사법이 마케도니아와 그리스의 관습과는 맞지 않다고 주장했다. 그러나 자신에게 공식적인 절을 올리지 않는 것에 화가 난 알렉산드로스는 칼리스테네스가 역모에 가담했다고 주장했다. 그러고는 곧장 사형에 처했다(아마도 십자가형). 이러한 처사에 대해 아리스토텔레스의 측근들은 알렉산드로스에게 강한 원한을 품게 되었다.

이후 아리스토텔레스의 가르침은 알렉산드리아와 코르도바 그리고 바빌론의 도서관에 보존이 되었고, 또한 북유럽과 중부유럽으로도 퍼져나갔다. 단테는 아리스토텔레스를 "현자 중의 현자"라며 존경했고, 소크라테스와 플라톤도 아리스토텔레스를 우러러보는 것으로 묘사했다.[25] 바로 그러한 현자의 후손인 칼리스테네스를 죽였다는 이유로, 단테는 알렉산드로스를 절대 용서받지 못할 폭군들의 지옥 속으로 처넣었던 것이다.[26]

단테가 알렉산드로스를 피의 강물에 던져 넣기 오래전에, 알렉산드로스는 32세의 나이에 열병으로 세상을 떠나고 말았다. 모든 정복을 마치고 그는 영원한 침묵에 빠졌다. 후계자가 누구인지 묻는 사람들의 질문에, 알렉산드로스는 마지막으로 이러한 말을 남겼다.

"Toi kratistoi(가장 강한 자)."

그가 죽고 나자, '알려진 세계known world'는 분열을 시작했다. 이제 우리는 이렇게 묻는다.

"다음 세기까지 살아남을 만큼 내적으로, 외적으로 강력한 국가는 어디인가?"

7장
서쪽으로 달리는 오리엔트 특급, 아타튀르크

아타튀르크의 사명

- 종교를 과학과 지식으로 대체하기
- 여성을 내세워 노동력을 구축하기
- 새로운 알파벳으로 애국심에 불을 붙이기
- 민족적 모멸감을 국가적 자부심으로 전환하기

이스탄불 현대미술관은 보스포루스 해협 인근에 자리하고 있다. 내가 좋아하는 미술관들 중 하나인 이곳은 원래 창고로 사용되던 곳이었다고 한다. 이 미술관의 첫 번째 특징은 규모가 그리 크지 않다는 점이다. 1~2시간이면 둘러보기에 충분하다. 그리고 두 번째는 치마를 뽐내는 여인, 풍선을 들고 있는 아이들 그리고 지팡이를 짚고 산책하는 남성들의 모습을 담은 피크레트 무알라Fikret Mualla의 화려한 그림들을 감상할 수 있다는 것이다. 사실 터키에서 이러한 그림을 볼 수 있다는 것은 정치적으로, 문화적으로 기적과 같은 일이다. 1920년대에 아타튀르크가 새로운 법령을 공포하지 않았더라면, 터키에서 남자와 여자들이 함께 즐거운 시간을 보내는 그림을 공공장소에 전시하는 일은 지금도 금지되고 있을지 모른다. 아타튀르크 이전에 터키의 예술은 기하학 무늬나 캘리그래피 위주로만 이루어지고 있었으며, 이슬람 제국의 최고 통치자인 칼리프의 마음에 들어야만 했다.[1] 이스탄불 내 유명 사원들의 내부는 주로 직선과 곡선 그리고 아라비아 문자들의 화려한 배열로 이루어져 있었다. 코란의 하디스(마호메트 언행록)와 파트와(이슬람 율법에 따른 명령)는 사람들의 세속적인 활동을 소재로 한 그림을 금했다. 술탄들은 자신의 모습을 그리는 것조차 금지했다. 암살자들에게 정보를 제공할 수 있기 때문이다. 아타튀르크는 예술가가 아니었고, 나는 그가 붓을 든 적이 있는지 알지 못한다. 하지만 아타튀르크는 당시 터키 예술가들을 억압했던 종교적인 바리케이드를 제거하는 과정에서 큰 역할을 했다. 하지만 사실 그것은 아타튀르크가 터키 사회로부터 제거했던 장애물들 중 비교적 가벼운 것에 불과했다.

무스타파 케말 아타튀르크Mustafa Kemal Atatürk는 1881년 5월 19일에 그리스 살로니카에서 태어났다. 하지만 이 말에는 보충설명이 필요하다. '터키의 아버지'를 뜻하는 아타튀르크의 이름에서 '케말'과 '아타튀르크'는 나중에 추가한 것이다. 게다가 그의 생일 5월 19일 역시 그 스스로 선택한 날로, 1919년의 그날에 아타튀르크는 흑해의 어촌 마을인

삼순에서 터키의 독립 운동을 시작했다. 1881년에 살로니카는 그리스 도시가 아니라, 몰락해가고 있던 오스만 제국의 일부였다. 모든 의혹과 속설에도 불구하고, 아타튀르크는 분명히 대담하고 직설적인 정치 지도자였다. 물론 미국이나 유럽의 젊은이들은 그를 잘 알지 못할 것이다. 내 딸이 공부하는 925쪽짜리 대학 선수과목 세계사 교과서를 보면, 아타튀르크는 아르헨티나의 대통령 후안 페론의 부인인 '에비타' 페론 정도의 분량으로 소개되어있다. 거꾸로 보자면, 앤드루 로이드 웨버와 마돈나가 진지한 역사가들에게 많은 영향을 미쳤다는 뜻이기도 하다.[2] 아타튀르크는 유럽과 아시아에 양다리를 걸치고 있는 국가를 통치했고, 국가의 문화와 민족성을 서북쪽으로 3,000킬로미터 끌어올려, 그들의 나라가 바빌론 시장보다는 파리 전람회와 더 비슷하도록 만들었다. 술탄이자 동시에 칼리프였던 통치자의 지배하에서 오스만 제국은 하나의 국가를 건설하기보다 이슬람을 강화하고 지키고자 했다. 그들에게 민족주의는 이교도의 상징이자 분열을 조장하는 미신의 대상이었고, 국가의 깃발은 경전이 금하는 우상에 불과했다. 하디스의 한 구절은 충격적인 이야기를 하고 있다.

"아사비이Asabiyyh(민족주의/부족주의)를 주장하는 것은 자신의 아버지의 성기를 때리는 것과 같다."[3]

그러나 아타튀르크는 그의 조상과 과거에 관심을 기울이지 않았다. 대신 그는 미래의 모든 터키인들의 아버지가 되고자 했다. 아타튀르크가 정치적 여정을 시작했을 때, 터키 여성들의 권리는 황소의 것과 다르지 않았고 성직자들은 왕처럼 행세하고 있었다. 아타튀르크는 아주 짧은 기간 동안에 술탄과 칼리프를 사원으로 쫓아버리고 여성들을 국회로 불러들였으며, 터키인들이 지금까지 보지 못한 알파벳으로 글을 쓰게 하고 대학을 설립하여 국민들이 베토벤과 스윙 재즈의 대부 카운트 베이시Count Basie의 음악에 맞춰 춤을 추도록 했다. 그러나 터키 공화국은 그 과정에서 우리가 지금까지 살펴본 골치 아픈 패러독스들, 즉 인구의 이동, 자유 무역에 대한 간섭, 문화적 분열, 관료제의 비대화와 같은 문제에 직면하게 되었다. 안타깝게도 아타튀르크는 57세의 나이로 세상을 떠났기 때문에 그러한 모든 문제를 해결할 시간적 여유가 없었다. 그래도 57년 세월의 절박한 노력이 있었기에 터키는 700년 된 오스만 제국의 잔해들 속에서 하나의 국가로 거듭날 수 있었다.

아타튀르크는 장군의 지위로 군사를 일으켜 제1차 세계대전 당시의 유럽 제국들, 그리스, 불가리아, 미국 그리고 오스만 제국의 술탄에 맞서 싸웠다. 그리고 포탄으로 인한 부상과 수감 생활, 암살 시도로부터 살아남았다. 하지만 그에게 가장 힘든 과제는 새로운 국가를 건설하고 다스리는 일이었다. 그는 우리에게 다음과 같은 질문을 던지고 있다. 과학과 서양의 문화를 받아들임으로써 국민들을 하나로 끌어모을 수 있는 강력한 구심점을 마련할 수 있을까? 이 장에서 우리는 오스만 제국의 몰락 과정을 개략적으로 다루고, 하급 관리의 불만 많은 아들에서 새로운 공화국의 아버지로 떠오른 아타튀르크의 인생을 자세히 살펴볼 것이다. 그리고 다음으로 터키의 초대 대통령으로서 그가 남긴 유용한 교훈들을 확인해볼 것이다.

살로니카에서 온
소년

알렉산드로스 대왕은 스스로 올림포스 신들의 후손이라 믿었다. 그러나 아타튀르크에게는 그러한 환상은 없었다. 그의 아버지 알리 리자는 세관 공무원으로 주요 삼림 지대에서 벌목한 목재들을 통관하는 업무를 맡았다. 그가 태어났을 때, 그의 어머니 주베이데는 이미 세 아이를 낳았지만 모두 어린 시절을 넘기지 못하고 죽었다. 그것은 분명 가족의 큰 슬픔이었다. 그만큼 부모의 관심은 홀로 살아남은 아들에게 집중되었고, 아타튀르크는 언제나 부모의 사랑을 듬뿍 받았다. 당시 살로니카(마케도니아 영토)[4]는 오스만 제국의 통치를 받고 있었지만, 무슬림들은 소수에 불과했다. 당시에 여행자가 살로니카를 돌아다녔더라면, 그는 아마도 아르메니아 굴라시, 불가리아 카바르마Kavarma(냄비에 육류와 채소를 넣고 끓여낸 스튜), 러시아 비프스트로가노프beef stroganov(볶은 쇠고기에 러시아식 사워크림 스메나타를 올린 요리), 터키 귀베치Güveç(육류와 채소, 올리브, 토마토 소스를 부어 끓여내는 요리), 그리스 스티파도Stifado(쇠고기에 토마토 소스와 적포도주, 허브를 넣고 졸인 국물 요리) 등 다양한 음식들을 맛볼 수 있었을 것이다. 어린 시절 그의 사진을 본다면, 여러분은 아마도 그가 어느 나라 사람인지 쉽게 짐작하지 못할 것이다. 푸른 눈에 밝은 머릿결을 한 터키인들의 '아버지'는 언뜻 슬라브인처럼 보이기도 한다.

당시 살로니카 지역에서는 유대인이 무슬림보다 더 많았고 많은 유대인들이 박해를 피하기 위해 이슬람으로 개종했기 때문에(그들은 돈메스Donmes라 불렸다)[5], 일부 학자들은 아타튀르크가 유대인 혈통일지 모른 다는 추측을 내놓고 있다. 하지만 그의 아버지가 살로니카에서 태어났 다는 점에서 그건 별로 가능성이 없어 보인다(그의 친할아버지는 알바니아 출신이다). 살로니카는 번영을 누렸던 복잡한 도시였지만, 경제의 근간 을 이루는 인구는 무슬림이 아니었으며 그러한 현실은 오스만 방식의 근로 윤리에 심각한 질문을 제기하고 있었다. 러시아인들은 주로 농사 를 지었고 마케도니아인들은 목화와 양모 산업에 종사했으며, 아르메 니아인과 그리스인들은 고기를 잡거나 식당에서 일했다. 반면 13만 명 의 인구 중 거의 절반을 차지하고 있던 유대인들은 부두에서 짐을 싣고 나르는 항만 노동자로 일했다. 1907년 당시 살로니카의 부두는 오스만 제국에서 세 번째로 분주한 곳이었고, 바그다드나 알렉산드리아의 두 배에 달하는 교역량을 자랑하고 있었다. 20세기로 넘어갈 무렵에 살로 니카는 콘스탄티노플(이스탄불) 다음으로 오스만 제국에서 가장 중요한 무역 중심지였으며 담배와 목화를 포함한 원재료 교역량에서 전체 오 스만 제국의 40퍼센트를 차지했다.[6]

아타튀르크는 철도 산업이 살로니카 경제에 박차를 가하고 사람과 화물을 아주 먼 곳까지 빠른 시간에 날라다 주는 광경을 지켜보면서 자 라났다. 기차는 배보다 훨씬 빨랐고, 상인들의 마차 행렬은 어느덧 시 대에 뒤떨어진 유물이 되고 말았다. 미래의 군사 지도자로서, 아타튀 르크는 철도 시설에 대한 통제권을 빼앗기게 될 경우 적국이 병사를 실어나르는 용도로 사용할 수 있다는 위험성도 깨달았다. 미국은 이미 1869년에 대륙을 횡단하는 철도 사업을 마무리했다. 아타튀르크는 철도를 국가의 번영을 나타내는 상징으로 보았다. 그가 관심을 갖고 있었던 것은 알레포로 이어지는 철도가 아니었다. 아타튀르크는 빈 혹은 그 너머로까지 이어지는 철도를 원했다. 1960년대 제트족들이 등장하기 이전에, 상류층 승객들은 오리엔트 특급을 이용했다. 1900년 당시 유럽인들은 파리에서 오페라를 보고 나서, 열차를 타고 61시간을 달려 유명한 이스탄불 시르케지 역으로 들어서면서 미끄러지듯 부드러운 소리, 혹은 날카로운 비명 같은 소리(유지보수 상태에 따라)를 들은 뒤, 터키의 진한 커피를 맛볼 수 있었다. 그 비용은 69달러였고, 침대칸을 이용하려면 18달러의 추가 요금을 지불해야 했다.[7] 오리엔트 특급의 이름을 널리 알리는 데 기여한 애거사 크리스티는 그 열차에 탑승했던 경험을 호들갑스럽게 들려주었다.

"이 열차에 올랐다! 지금 그 안에 있다! 칼레-이스탄불 표지가 붙어있는 그 전설적인 열차의 푸른색 의자에 내가 정말로 앉아있는 것이다."[8]

톱카피 궁정 바로 옆에 자리 잡은 시르케지 역은 1890년에 문을 열었다. 오늘날 여러분이 그 기차역을 방문한다면, 오리엔트 특급 박물관을 둘러볼 수 있다. 그리고 거기서 특별한 식기용 도자기와 다양한 공예품들, 멋진 제복을 입은 마네킹을 구경할 수 있다. 오리엔트 특급은 유럽 국가로서 도약하는 터키의 위상을 나타내는 상징물이 되었다. 아타튀르크는 터키 공화국의 대통령 자격으로 철도 사업에 적극적으로 예산을 지원했다.

아타튀르크가 자란 곳은 평화로운 다문화 세상이 아니었다. 사실

1982년에 개장한 올랜도의 월트디즈니 엡콧 테마파크를 제외하고, 지금까지 다문화 낙원이 존재한 적은 없다. 그렇긴 하지만 100년 전 살로니카에서는 다양한 민족들이 서로를 죽이지 않고 함께 어울려 살아가고 있었다. 물론 기업들은 기독교인과 이슬람인 그리고 유대인들이 함께 일을 하다 보니 종종 혼란이 발생한다고 투덜거렸다. 그러나 그것은 이들이 서로를 적대시해서가 아니라, 저마다 종교 기념일이 달랐기 때문이다. 게다가 각 종교마다 서로 다른 달력을 사용하고 있었기에, 휴일 일정을 미리 조율하기도 불가능했다. 그래도 어떤 점에서는 종교적 평등이 이루어지고 있었다. 종교를 떠나 저소득 계층의 사람들은 악취가 진동하는 빈민가에서 부대끼며 살았다. 물론 부자들은 그렇지 않았다. 한 콧대 높은 영국인은 살로니카의 가난한 사람들이 인종차별과 적대감을 노골적으로 드러내는 반면, 상류 계층 사람들은 서로 잘 어울려 지내며, "그리스 상류층과 이슬람 관료들은 …… 유대인 교육 시설을 후원하고 있다."고 보고했다. 그는 또한 학교를 위한 자선 행사를 설명하면서, 밝은 조명을 받은 정원의 나무들, 춤과 담배 연기 그리고 사람들이 카드놀이를 하는 장면을 묘사하고 있다. 터키 고관인 데르비시 파샤와 그의 아들이 무희들과 번갈아가며 춤을 추는 동안, "높은 원통 모자와 검은 예복 차림의 그리스인 대주교는 놀랍게도 …… 흑백의 터번을 두른 최고 랍비와 나란히 앉아있다."[9]

조용하면서도 확신에 가득 찬 아타튀르크는 어린 시절에 분홍색으로 페인트를 칠한 집에서 살았다. 그 경험은 아마도 그의 패션 감각에도 영향을 미친 것 같다. 사진 속 그의 모습은 언제나 말끔하다. 성인이

된 이후의 아타튀르크를 그린 초상화들 속에서, 그는 대부분 연미복과 흰색 나비넥타이 차림에 V자형 이마를 하고 있다. 이러한 그의 모습은 1930년대에서 1950년대에 이르는 고전 영화들 속에서 드라큘라 역을 맡았던 헝가리 출신 배우 벨라 루고시Bela Lugosi와 놀랍게도 닮았다. 어릴 적 그는 자부심이 강한 소년이었고, 말타기 놀이 같은 것은 절대 하지 않았다. 다른 아이들이 자신을 넘어가는 것을 끔찍하게도 싫어했기 때문이다. 그는 때로 카페에서 주사위놀이를 즐기기도 했다. 이후 국회 의장을 맡게 된 그의 학교 동료는 이렇게 그를 떠올린다.

"무스타파 케말이 지는 걸 무척이나 싫어했다는 것은 누구든 알고 있는 사실이었죠."[10]

그러한 점을 미리 알고 있었더라면, 아타튀르크의 많은 경쟁자들은 곤란한 상황을 피해갈 수 있었을 것이다.

빙 빙 돌 것 인 가
아 니 면 왈 츠 를 출 것 인 가 ?

무스타파의 부모님은 때로 의견대립을 보였다. 특히 무스타파의 교육에 대해서는 더욱 그랬다. 그의 어머니는 다분히 전통적인 무슬림이었고, 아들을 인근의 이슬람 학교에 보냈다. 무스타파의 학창 시절은 그렇게 가슴팍에 코란을 매고, 다른 아이들과 함께 행진을 하는 것으로 시작되었다. 그리고 그 행진 뒤에는 경건한 기도로 이어지는 종교 의식이 따랐다. 무스타파의 아버지는 며칠 동안 참았지만, 곧 아들을 이슬람 학교에서 데리고 나와 셈시 에펜디Semsi Efendi라고 하는, 한 개종자가 운영하는 일반 학교에 집어넣었다. 그러나 그의 아버지는 그로부터 몇 년 뒤 세상을 떠나고 말았고 그는 어머니와 함께 농장으로 돌아가야 했다. 거기서 무스타파는 처음에 그리스 학교에 입학했다가, 나중에 알바니아 가정교사에게 배웠고, 마지막으로 다시 살로니카로 돌아가 사립학교를 다녔다. 하지만 무스타파는 학교생활이 마음에 들지 않았다. 그는 터키 특유의 헐렁한 교복 대신, 총과 칼을 차고 행진하는 군사학교 소년들을 부러운 마음으로 바라보았다. 나중에 그는 말했다.

"군사학교에 입학해서 제복을 입었을 때 뭔가 강인한 느낌을 받았다. 내가 나 자신의 주인이 된 듯한 느낌이 들었다."[11]

그는 아마도 새로운 환경으로 들어가면서 아버지가 세상을 떠났을 때 잃어버렸던 남성성을 다시 회복했던 것 같다. 무스타파는 고등학교 내내 군복을 입었고, 졸업 후에는 육군사관학교에 진학했다. 젊은 시절 그는 고상하고 당당했다. 동료들에게 인기가 많고 수학을 잘 했지만 달리기는 신통치 않았다. 그리고 왈츠 수업도 들었다. 당시 왈츠는 여성들과 함께 춤을 추는 것이 금지되어있었던 젊은 이슬람 남성들에게 하나의 딜레마였다.

"빙빙 돌 것인가, 아니면 왈츠를 출 것인가?" 이 질문은 그 딜레마에 대한 아타튀르크의 갈등을 잘 요약하고 있다. 여기서 빙빙 돈다는 말은 주술적인 기도에 심취한 수도승의 무리 속으로 들어간다는 뜻이다. 반대로 왈츠를 춘다는 말은 빈과 파리의 사교 세상으로 들어간다는 뜻이다. 방학 동안에 그는 그 두 가지를 모두 시도했다. 하지만 결국 그의 마음이 기운 쪽은 서양의 왈츠였다.

제국의
상실

지는 것을 참지 못했던 무스타파에게 오스만 제국은 자신이 바라는 국가가 아니었다. 역사가들의 공통된 의견에 따르면, 무스타파 케말 아타튀르크가 태어났을 무렵에 오스만 제국은 영토와 시장 그리고 희망의 끈을 계속해서 잃어가고 있었다. 1860년대와 1870년내를 거치는 동안, 세르비아와 불가리아, 몰다비아(오늘날 몰도바), 몬테네그로는 오스만 제국의 통치권에서 조금씩 벗어나고 있었고, 결국 지금으로부터 몇십 년 전에 그리스의 일부가 되었다. 유럽에 걸친 많은 영토를 빼앗기고 난민들이 몰려오면서 오스만 제국의 전체 인구에서 무슬림의 비중은 더욱 높아졌다. 차르 니콜라이 1세는 오스만 제국이 "쇠락의 단계로 떨어졌다."고 말했고, 이 말은 터키에 '유럽의 병자'라는 꼬리표를 달아주었다. 이후로 그 꼬리표는 마치 관광버스처럼 유럽 대륙을 이리저리 돌아다니다가, 1970년대에는 영국에 잠시 머물렀다. 그리고 최근에 포르투갈과 그리스로 넘어갔다.[12] 오스만 제국이 500년의 세월에 걸쳐 영광의 시절을 누렸다는 것은 부정할 수 없는 사실이다. 1500년대에 술레이만 대제Suleiman the Magnificent

는 군대를 이끌고 지중해를 건너 헝가리 영토를 침략했으며, 빈의 성벽을 두고 전투를 벌였다. 오스만 제국은 동과 남으로도 진격하여 바그다드와 카이로, 소말리아를 포함하여 조지아 서부와 아르메니아까지 침공했다. 오스만 제국의 영토는 유프라테스 강에서 다뉴브 강 그리고 나일 강까지 뻗어나갔다. 그렇게 슐레이만 대제는 메카와 메디나를 모두 장악함으로써 신과 맞먹을 만큼의 자리에 올랐다.

> 신의 권능과 무하마드의 기적이 언제나 나와 함께 하노라 …… 나는 바그다드의 국왕이자 비잔틴의 황제 그리고 이집트의 술탄으로서 유럽과 아프리카, 인도로 진격한다. 나는 헝가리의 왕관과 왕좌를 가진 술탄이로다. 페트루 군주는 반란을 일으켰지만, 나의 말발굽은 그를 짓밟아 먼지로 만들어버렸고, 그렇게 몰도바의 땅을 정복했도다.[13]

알렉산드로스 대왕도 울고 갈 놀라운 허세다. 사람들은 그러한 술탄에게 충성을 바쳤다. 그 자신이 모든 신성한 존재의 수호자였기 때문이다.

술탄에게 국가는 아무런 의미가 없었다. 그는 스스로를 '터키인'이라 생각하지 않았다. 1800년대 후반에 '청년 투르크당'이 반란을 일으킬 때까지 터키인이라는 말은 촌스러운 유목민을 떠올리게 만드는 경멸 섞인 용어였다. 그러나 아타튀르크는 오랫동안 이어져 내려오던 경멸의 이미지를 고상함과 명예의 이미지로 바꿔놓았다.

날카로운 칼과 빨리 나아가는 배 말고도, 오스만 제국의 경제는 농업과 길드 조직을 기반으로 돌아가고 있었다. 그러나 이러한 경제는 산업혁명과 쉽게 조화를 이루지 못했다. 증기선이나 철도와 같은 진보된 발명품들이 유럽에서 건너왔지만, 새로운 기술이 자리를 잡는 과정에서 기존의 원시적인 접근방식과 상당한 마찰을 빚었다. 터키의 수도 앙카라에 기차가 도착했을 때 이를 맞이한 것은 수천 마리의 낙타들이었다. 1800년대에 영국과 프랑스를 중심으로 글을 읽고 쓸 줄 아는 인구의 비중이 급증하면서 많은 근로자들이 증기기관과 같은 새로운 기계들을 다룰 수 있게 되었던 반면, 오스만 제국에서 사람들이 글을 읽고 계산을 하는 능력은 더디게 발전했다. 하지만 그렇다고 해서 술탄이 지배했던 마지막 50년 동안 오스만 제국의 경제가 추락하거나 위축되고 있었던 것은 아니다. 나는 높아진 생활수준이 이들에게 몰락을 가져온 것이 아니라, 다만 사회적 분열을 초래했다고 생각한다. 비록 그 속도가 영국이나 프랑스, 미국에 비해 떨어지기는 했지만, 경제 성장은 오스만 제국의 영토 전반에서 이루어졌다. 그리고 베틀에서 수확기에 이르는 많은 기구들이 새로운 장비를 들여오면서 생산성 또한 급증했다. 농작물 수출량은 1876년에서 1908년 사이에 45퍼센트나 증가했다.[14] 비단 및 양탄자의 수출 또한 몇 배로 늘었다. 지금의 이라크에 해당하는 지역과의 교역량은 1860년에서 1900년 사이에 네 배로 증가했다.[15] 1853~1856년 크림 전쟁 동안에 오스만 제국의 부채가 늘어나기는 했지만, 그 나라의 부채 수준이 심각하게 증가한 것은 19세기 후반에 국가 경제가 더욱 성장하기 시작하면서부터였다.

당시 오스만 제국은 유럽의 경쟁자들에 비해 몇 가지 불리한 상황에

처해 있었다. 가장 먼저, 유럽 국가들은 풍부한 강과 지류를 이용해 물레방아를 돌려서 밀가루와 종이, 직물을 생산하고 있었다. 그러나 영토 내에 배를 운항할 수로가 부족했던 오스만 제국에서는 교통비의 하락이 유럽 국가들만큼 극적으로 이루어지지 못했다. 낙타는 물을 먹기 위해 가끔씩 쉬어야 하고, 라인 강을 따라 흘러가는 배와 비교해서 대단히 느렸다. 지금도 사람들은 배를 타고 암스테르담에서 출발해서 루마니아 수도인 부쿠레슈티로 가지만, 낙타를 타고 앙카라에서 터키 남서부 도시인 물라로 이동하는 모습은 찾아보기 힘들다. 각각의 부족들이 요구하는 통행세 역시 신속한 이동의 장애물이었다. 둘째, 이슬람 수호자로서 술탄은 돈을 빌려주고 이자를 받는 상업 거래를 허용하지 않았다. 반면 기독교 국가들은 돈을 빌려주는 것을 금하는 성경의 말씀을 우회하는 방법을 아주 오래 전부터 알고 있었다.[16] 터키 은행들은 최근에 들어서야 상업 거래를 뒷받침하는 금융 상품들을 율법에 저촉되지 않는 형태로 개발하기 시작했다. 셋째, 오스만 제국의 행정관료들은 방대한 영토와 서로 전쟁을 벌이는 다양한 부족들을 통합해야 한다는 실현 불가능한 과제에 직면해 있었다. 그리고 전쟁이 벌어졌을 때(실제로 많은 전쟁이 있었다), 개인적으로 혹은 사진이나 그림으로도 모습을 드러내지 않았던 술탄의 이름으로 군사를 끌어모으기는 점점 더 힘들어졌다.

압뒬하미트 2세Abdülhamid II는 괴물도, 바보도 아니었다. 1876년 그는 자신의 전임자인 마흐무드 2세Mahmud II 그리고 압뒬메시드 1세Abdülmecid I와 더불어 시작되었던 근대화의 흐름에 박차를 가했다. 압뒬

메시드 1세는 탄지마트Tanzimat라고 하는 개혁 사업을 바탕으로 학교와 군대를 현대적인 방식으로 개선해 나갔다. 탄지마트 사업은 또한 노예 거래를 금지하고 동성애를 처벌 대상에서 제외하며 비 무슬림이 군대에 들어가는 것을 허용하고 비 무슬림에게 동등한 법적 지위를 부여했다. 하지만 소득 증가와 시민권의 실질적인 확대에도 불구하고, 오스만 제국은 1876년에 시작된 최초의 헌법 시대를 정점으로 내리막길을 걷기 시작했다. 115명의 의원들 중 46명이 비 무슬림이었으며, 그중에는 아르메니아인, 아랍인, 유대인, 그리스인이 포함되어있었다. 그러나 안타깝게도 의회가 구성되자마자 오스만 제국은 러시아와 전쟁을 시작했고, 영국 해군으로부터 포위 공격을 받았다. 게다가 많은 아랍인들은 그들에게 주어진 새로운 법률적 권리를 인정하지 않았고, 그러한 변화를 다만 세속적 음란함을 부추기는 악으로 바라보았다.

게다가 담배와 아편, 보드카를 밀수하는 상인들은 그들에게 새로운 권리가 주어졌다고 확신했다. 새로운 헌법에 반대했던 사람들은 대마초를 피우는 요상한 옷차림의 매춘부들을 거론하면서, 그 모든 일이 다 프리메이슨의 음모라고 주장했다. 그들은 콘스탄티노플을 "비잔틴의 창녀"라고 부르기까지 했다. 터키 현대시의 창시자 테브피크 피크레트Tevfik Fikret는 그 도시를 "남자 1,000명과 어울리는 미망인 처녀"라고 불렀다.[17] 러시아와 영국의 총, 그리고 아랍의 칼의 위협에, 압될하미트는 결국 공식적으로 새로운 헌법을 철회했다. 그럼에도 오스만 제국에서 자유주의 물결은 더욱 거세졌다. 이디즈 궁전의 술탄이 겉으로 위압적이고 불만으로 가득한 냉소적인 표정을 짓고 있을 동안,

이즈미르에 있는 한 학교 교장은 이렇게 사실상의 자유를 칭송했다.

불가리아 사람들이 터키를 방문할 때 가장 놀라게 되는 것은 무엇보다
자유의 공기다. 이론적으로 전제적인 국가에서 사람들은 헌법을 기반으
로 하는 나라에서보다 더 많은 자유를 누리고 있다 …… 사람들은 정부
의 존재를 의식하지 못한다 …… 성가신 경찰, 무거운 세금, 시민으로서
과도한 의무가 없다.[18]

새롭게 떠오르는 자유의 물결을 타고 다양한 민족주의자들이 혼잡
한 시장 골목에 모여 일을 꾸미며 그들의 제국을 아랍, 아르메니아, 쿠
르드, 알바니아 사람들의 고향으로 분열시키려는 계획을 세우기 시작
했다. 그리고 터키인들 역시 똑같은 생각을 하고 있었다. '왜 터키인들
은 너무도 얇고 넓게 퍼져 있는 제국의 오랜 청동 접시를 포기해서는
안 되는가?' '그 제국은 터키인들에게 무엇인가?' 게다가 그 제국은 지
금 전쟁에서 패하면서 영토를 빼앗기고 있다.

우월감을 주제로 다루었던 5장의 이야기를 다시 떠올려보자. 오스만
제국이 지속가능하고, 보편적이고, 열정적인 집단적 우월감을 창조하
지 못하고 있는 동안(종교에 호소하는 것 말고), 산업혁명은 무역의 확산과
경제적 발전을 가속화하고 있었다. 터키 사람들이 기차에서 술탄의 인
장인 투그라Tughra 대신에 '메이드 인 독일MADE IN GERMANY' 마크를 볼 때
나 최신식 방직 기계의 영어로 된 설명서를 볼 때, 그들은 우울감에 빠
졌다(기차와 방직 기계가 소득을 높여주었음에도). 제국이 전쟁에서 패하고 영

토를 빼앗기기 시작하면서 터키 사람들의 사기는 떨어졌고, 이를 다시 회복할 방안은 보이지 않았다. 그들의 제국이 다른 나라들보다 우월하다고 (평화로울 때나 전쟁을 치를 때나)믿는 사람은 거의 없었고, 또한 패배를 딛고 다시 일어설 수 있다고 생각하는 사람은 더욱 드물었다.

아타튀르크는 충성스런 지휘관으로서 훈장까지 받았지만, 1908년 혁명을 통해 1876년의 헌법과 선거를 부활시키고자 했던 '청년 투르크당'과 뜻을 함께했고, 그 조직에 입당했다. 전기를 통해 아타튀르크에 대한 광범위한 이야기로 다룬 앤드루 망고Andrew Mango는 이들 저항 조직의 입단식에 대해 자세하게 묘사했다. 그 광경은 마치 대학 신입생 환영회나 영화 〈대부〉 속의 '정회원' 입회식을 연상케 한다.

> 눈을 가린 신입 회원들이 어떤 건물 안으로 들어가, 한 손은 코란에 올리고 다른 손은 권총을 쥐고서 충성 맹세를 한다. 그 권총은 맹세를 저버릴 때 그들을 처단하기 위한 것이다 …… 입단을 신청한 후보자들은 빨간색 망토를 입고 …… 그리고 나머지 사람들은 검은 베일로 얼굴을 가린다.[19]

그러나 다시 한번, 다민족 의회의 발판이 되었던 헌법 혁명은 더 많은 분쟁을 낳았다. 가장 먼저, 헌법 반대주의자들이 콘스탄티노플에서 군사 반란을 자극하면서 내부적인 분쟁이 일었다. 그때 술탄 압뒬하미트는 기차를 타고 살로니카로 숨어들었고(아타튀르크 동료의 호위 아래), 그의 형제인 메흐메드 5세Mehmed V가 그 자리를 이어받았다. 그러나 메흐메드의 통치 기간 역시 평탄하지 못했다. 이후 1911년에 이탈리아는 트리폴리타니아(지금의 리비아)에 전쟁을 선포했고, 1년 뒤에는 발칸 동맹 Balkan League(그리스, 몬테네그로, 세르비아, 불가리아)이 오스만 제국을 침공하면서 알바니아는 독립을 맞이했다. 그 과정에서 마케도니아와 크레타 섬도 함께 사라졌고, 실질적으로 오스만 제국의 대부분이 유럽의 지도상에서 없어지고 말았다.

그 밖에 또 무슨 일이 있었던가? 콘스탄티노플에서 1,000킬로미터 떨어진 사라예보에서는 가브릴로 프린치프 Gavrilo Princip라고 하는 작고 마른 세르비아인이 오스트리아의 대공 프란츠 페르디난드와 그의 아내를 향해 총격을 가했다. 이 사건은 결국 1,600만 명의 사상자를 낸 제1차 세계대전으로 이어지고 말았다. 그리고 그 전쟁은 오스만 제국을 영원히 해체시켜버렸으며, 또한 무스타파 케말 아타튀르크가 터키의 탄생을 선포하는 계기가 되었다.

그리고
전쟁의 시작

2014년 제1차 세계대전 발발 100주년 기념일에 나는 딸들을 데리고 워싱턴에 있는 스미소니언 미국 역사박물관을 향했다. 그날 특별전이 한층 전체에서 열리고 있었다. 전시회의 제목은 '자유의 대가 : 전쟁 속 미국인들 The Price of Freedom : Americans at War'이었으며, 1754년 이후로 벌어진 모든 중요한 분쟁과 전투에 대한 자료와 해설을 소개하고 있었다. 우리는 남북전쟁 당시에 군인들이 사용했던 소총, 7대 대통령 앤드루 잭슨이 뉴올리언스 전투에서 입었던 코트 그리고 제2차 세계대전 당시의 적십자 제복을 볼 수 있었다. 그런데 제1차 세계대전과 관련하여 나의 관심을 끌었던 것은 무엇이었을까? 그것은 어둠침침한 구석에 처박혀있었다.[20] 처음에 나는 그게 뭔지 몰랐다. 자세히 보니, 제1차 세계대전 당시 대포와 소총, 질병으로 인해 사망한 군인과 시민들에 관한 무시무시한 통계 자료였다. 그때 나는 스미소니언박물관이 제1차 세계대전 100주년을 기념하기 위해 할애한 공간이 지나치게 협소하다는 생각이 들었다. 그건 아마도 스미소니언 관계자들조차 그 전쟁이 일어난 이유에 대한 이해가 부족했기 때문일 것이다. 그들은 협력과 의사소통의 실패 그리고 조지 5세, 빌헬름 2세, 니콜라이 2세 등 여러 왕들 사이에 얽혀있었던 복잡한 이해관계에 대해 장황하게 설명하느니, 그냥 대충 얼버무리고 넘어가기를 선택했던 것이다. 가엾은 메흐메드 5세는 어떤 여름밤 파티에도 초대받지 못하고, 제1차 세계대전 속에서 자신의 자리를 지키기 위해 안간힘을 써야 했던 이방인에 불과했다.

나는 오스만 제국이 독일에 합류했고, 전쟁에서 패하면서 멸망하고 말았다는 식으로 이야기를 끝내고 싶지는 않다. 제1차 세계대전에 앞서 술탄들은 수십 년 동안 독일과 긴밀한 관계를 맺었고, 독일은 오스만 제국의 군대와 대학에 자문을 파견했다. 독일은 또한 동맹국들의 분노를 자극하고자 했다. 빌헬름 황제Kaiser Wilhelm는 자신의 사촌인 영국 왕

조지를 무시했고, 측근들에게 "영국의 얼굴을 감추고 있는 기독교적 평온함의 가면을 벗겨라."라고 공개적으로 명령하기도 했다. 그리고 터키와 인도에 있는 자신의 사람들에게 "증오하고, 거짓말을 일삼고, 양심을 저버린 가게 주인들에 맞서 이슬람 세상 전체가 일어나도록 불을 지필 것"을 지시했다.[21] 이러한 독일의 자극 및 지원 외에도, 오스만 제국이 제1차 세계대전에 뛰어들도록 만들었던 결정적인 이유는 따로 있었다. 그것은 오스만 제국의 최대의 적이자 당시 영국 편에 섰던 러시아를 격파할 수 있는 기회였다.

오스만 제국은 300년 동안에 열세 번이나 러시아와 전쟁을 벌였다. 오스만 제국의 수병들은 다르다넬스 해협과 마르마라 해를 거쳐 흑해에 이르기까지 독일 전함들을 보호했고, 그들이 터키 깃발을 휘날리도록 허락했다. 이후 독일 황제의 전함들이 오데사를 폭격하기 시작했을 때, 러시아는 오스만 제국에 전쟁을 선포했다. 그러나 전투의 흐름은 술탄의 병사들에게 유리한 쪽으로 흘러가지 않았다. 1914년 12월에 오스만 제국의 병사 8만 명은 거센 눈보라를 뚫고 알라후에크베르_{Allahuekber}('알라는 위대하다')라고 하는 험준하고 가파른 산악 지대를 넘어 러시아로 진격했다. 그러나 그 전투에서 살아 돌아온 병력은 1만 명에 불과했고, 게다가 그들 중 많은 이들은 동상에 걸려 다시 전쟁을 치를 수 없을 정도였다. 이집트 전선에서는 1만 8,000명의 병사가 시나이 사막을 지나 수에즈 운하를 건너고자 했지만, 영국에 일격을 당하고 말았다. 당시 오스만 제국은 3,000명의 군사들을 잃어버렸다. 그리고 이집트 무슬림들은 백인 이교도를 격퇴하기 위한 오스만 제국의 싸움에 동참하지 않았다.

리비아에서 벌어졌던 이탈리아와의 전쟁 초반에, 아타튀르크는 변덕스러운 아랍 부족민들을 조직화하여 정찰 임무를 수행하고, 광범위한 북아프리카 사막 지역에서 경계를 서도록 했다. 그를 단지 젊은 군인으로만 생각했던 한 동료는 친구에게 보내는 편지에서 이렇게 쓰고 있다.

"넌 무스타파 케말이 (요리사를 위해서) 말린 콩을 골라내는 모습을 꼭 봐야 해."[22]

아타튀르크는 아랍의 족장들이 겉으로는 오스만 제국을 지지하고 있지만, 실상은 전쟁을 질질 끌면서 그들에게 주어질 이익에만 관심이 있다고 불만을 토로했다.

갈리폴리
전투

1915년 아타튀르크 군대는 피가 강물이 되어 흐르는 전장을 뚫고 진격을 시작했다. 갈리폴리Gallipoli라고 하는 지명은 가장 치열했던 전투들 중 하나를 떠올리게 한다. 갈리폴리 전투에서 대영제국은 크게 패했고, 아타튀르크 군대는 용맹을 떨쳤다. 당시 영국의 전시 내각은 다르다넬스 해협을 장악할 수만 있다면, 콘스탄티노플과 술탄이 지배하는 영토를 완전히 차지할 수 있을 거라 생각했다. 그리고 그해 3월, 영국 전함이 에게 해를 통해 진격해 들어왔다. 아타튀르크와 그가 지휘하는 사단이 동쪽 해안 지대를 지키는 동안, 오스만의 해군과 육군은 영국 함대를 향해 포를 쏘았고, 3월 18일 하루에만 세 대의 전투함을 침몰시키는 등 전체 함대의 1/3을 격파했다. 이에 영국은 작전을 변경했다. 영국군은 호주와 뉴질랜드 군대(앤잭스ANZACs), 인도의 보병여단, 네팔의 구르카 연대 그리고 뉴펀들랜드의 병력과 더불어 갈리폴리 반도에 상륙정을 보내고 총과 검, 육탄전까지 동원하여 그 지역을 차지했다. 호주 국민들은 자국의 병사들을 응원했고, 고향땅에 남아있던 사람들은 화려한 전쟁 지도와 함께 애국심을 기리는 도자기들을 전시했다. 그때까지만 하더라도 그들은 앞으로 무슨 일이 벌어질지 예상하지 못했다. 4월 25일 오전 6시, 호주 병사 4,000명이 노를 저어 해안가로 다가갔지만, 험준한 협곡과 절벽에 막혀 상륙을 하지 못하고 있었다. 그때 아타튀르크는 기관총으로 무장한 포병대를 배치하고는 사격을 명령했고, 호주 병사들은 이에 맞서 싸웠다. 그리고 오전 8시 경, 호주군 후발대 8,000명이 다시 그 해안가에 도착했다. 그러나 그들 눈앞에 펼쳐진 것은 앞서 도착했던 동료 병사들 650구의 사체와 널브러진 사지들뿐이었다. 그것은 그날 아침 먼저 그곳에 도착한 동료들의 주검이었다. 하지만 오스만 병력들 중 일부는 탄약이 떨어지는 바람에 퇴각을 준비하고 있었다. 그때 아타튀르크가 나서서 병사들에게 이렇게 외쳤다.

"총알은 떨어졌지만 총검은 남아있다."

또한 그는 병사들에게 총검을 쥐고 누워있으라고 명령했다.

"우리가 그렇게 했을 때, 적군도 똑같이 누워있었다. 그렇게 우리는 시간을 벌었다."

이후로 참호전이 재개되었다. 그러나 그때 아타튀르크 사단은 크게 허물어진 상황이었다. 그는 말했다.

"나의 명령은 공격이 아니다. 나의 명령은 죽음이다. 우리가 죽고 나면, 동료 부대와 지휘관들이 우리의 자리를 이어받을 것이다."[23]

그리고 얼마 후 새로운 사단이 그곳에 도착했고, 오스만 군사들은 그렇게 8개월 동안 영국과 앤잭스의 상륙을 저지할 수 있었다. 이들 연합군은 결국 1916년 1월에 철수했고, 빌헬름 황제는 아타튀르크에게 철십자 훈장을 수여했다.

갈리폴리 작전이 피와 살로 얼룩진 대실패로 돌아가면서, 그 전투의 사령관이었던 이언 해밀턴Ian Hamilton 장군은 알렉산드로스 대왕도 솔깃할 질문을 던졌다.

"천상의 신들은 우리의 새로운 일리아스에게 슬픔을 안겨다 주었는가? 우리가 겪었던 무력하고 절망적인 상황에 대해, 역사는 누구에게 책임을 물을 것인가?"

호주 정부는 예전의 적장이었던 아타튀르크에 대해 이렇게 공식적인 설명을 내놓은 바 있다.

"전략에 대한 탁월한 이해와 병사들에게 용기를 불어넣는 뛰어난 능력으로 터키군의 사기를 높였고, 연합군의 작전을 저지하는 과정에서 결정적인 역할을 했다."[24]

아타튀르크는 뛰어난 용맹으로 사령관의 자리에 올랐고, 더욱 중요하게도 새로운 공화국의 대통령이 되기 위한 명성을 얻었다.

전쟁이 끝난 후, 아타튀르크는 연설을 통해서 호주와 영국 사람들에게 자신의 존재를 널리 알렸다. 연설 속에서 아타튀르크는 호주인들의 영웅적 자질을 칭송하고, 국가 간 형제애를 약속했다. 오늘날 그의 연설문은 캔버라의 앤잭 퍼레이드에 있는 아타튀르크 기념비에 새겨져있다. 그 문장이 아타튀르크의 연설을 있는 그대로 옮긴 것인지에 대해서는 논란의 여지가 있지만, 기념비 속 그의 메시지는 사람들의 마음을 울린다. 영국 군대가 그들의 병사들을 격려하고 응원했던 것처럼 터키 역시 살아남고 죽었던 그들의 병사들을 환영하고 기념할 수 있었다.

피를 뿌리고 목숨을 바쳤던 영웅들이여 …… 여러분은 지금 친구의 나라에 잠들어있다. 그러니 편히 쉬도록 하라. 이 땅에 잠든 모든 조니Johnnies 와 메흐메트Mehmet들은 우리에게 똑같은 존재다 …… 머나먼 나라로 아들을 떠나보낸 어머니들이여, 눈물을 닦아라. 당신의 아들들은 이제 우리의 가슴속에 평화롭게 잠들어있으니. 이 땅에서 목숨을 바친 그들은 이제 우리의 아들이 되었다.[25]

그의 메시지는 5장에서 인용했던 루퍼트 브룩Rupert Brooke의 시 '병사'의 한 구절을 떠올리게 한다. 브룩은 갈리폴리 전투에 참전하기 위해 이동하던 도중에 사망했다. 선견지명이 돋보이는 자신의 시를 통해서, 브룩은 군인에게는 묻힌 곳이 곧 고향이라는 이야기를 들려주었다. 그리고 아타튀르크는 한발 더 나아가, 이국의 땅에 잠들 때 군인은 머나 먼 대지의 아들이 된다는 감동적인 결말을 덧붙이고 있다.

그러나 갈리폴리에서 아타튀르크가 보여준 용맹도 오스만 제국의 운명을 되돌리지는 못했다. 그의 뜨거운 열정과 설득에도 불구하고, 그의 휘하에 있지 않았던 30만 명의 오스만 전사들은 도망을 쳤다. 그리고 이슬람 머리 장식을 하고 사람들을 최면 상태로 몰아넣는 영국인 T. E. 로런스T. E. Lawrence로부터 강한 영향을 받았던 아랍의 부족들은 오스만 제국을 배신하고 철도 시설을 파괴하기 시작했다. 이후 러시아의 진격은 계속되었고, 오스만 제국은 아르메니아, 그리스, 아시리아 출신의 수상한 사람들을 모조리 추방했다. 그리고 결국 인종청소를 자행하고, 150만 명의 무고한 시민들을 죽이고도 죄책감이나 수치심도 느끼지 않았던 집단학살의 광신자들에게 제국의 운명을 넘겨버리고 말았다.

『일리아스』와 『오디세이아』의 메아리를 완성이라도 하듯, 1918년 10월 30일 오스만 제국은 '아가멤논' 호 선상에서 항복을 선언했다. 여러분은 아마도 다르다넬스 해협에서 자신의 군대와 함께 오랜 싸움을 벌였던 왕의 이야기를 기억할 것이다. 그러나 그는 결국 죽음을 맞이하고 말았다. 이 이야기는 술탄 메흐메드 5세에게 결코 긍정적인 암시는 되지 못했을 것이다.

분할이

시작되다

나이 많은 술탄은 아가멤논보다는 조금 나았다. 민족주의자들에 의해 시달리고, 마치 JC페니 백화점 재고할인 행사장에 몰려든 소비자들처럼 이스탄불로 진격했던 연합군 승리자들로부터 치욕을 당했음에도, 술탄은 자신의 왕국을 떠나지 않고 몇 년 더 머물렀다. 어느 날 문득 창밖을 내다보았을 때 술탄의 눈에 이상한 광경이 들어왔다. 루이 프랑셰 데스페레Louis Franchet d'Esperey 프랑스 장군이 백마를 타고 의기양양하게 콘스탄티노플로 들어오고 있었던 것이다. 그건 그야말로 우스꽝스런 장면이었다. 이미 하루 전에 에드먼드 앨런비Edmund Allenby 영국 장군이 똑같이 백마를 타고 입성을 했기 때문이다. 영국의 한 관리는 이를 이렇게 비꼬았다.

"프리마돈나 두 사람이 한 무대에 나란히 섰다. 한 명은 그냥 드레스룸에 있었더라면 훨씬 더 좋았을 공연이었다."²⁶

오래전 미국의 연예인 지미 듀란트Jimmy Durante는 이렇게 말했다.

"모두들 그 무대에 서고 싶어 안달이었다."

그리스의 왕 알렉산드로스 1세 역시 수천 명의 병사를 거느리고 앙카라와 콘스탄티노플을 향해 행진을 했었다. 그는 프리츠라는 이름의 자신의 셰퍼드와 산책을 하던 중, 그 개가 애완용 원숭이와 싸우는 모습을 목격하게 된다. 그 왕은 아마도 전쟁에 신물이 났던 탓인지 평화 중재자의 역할을 하려고 했다. 그러나 그만 원숭이에게 다리를 물려 감염이 되고 말았다. 그러고는 혼수상태에서 어머니를 부르다 세상을 떠났다(개는 큰 부상을 입지 않았다). 이후 그 왕의 자리를 물려받은 자는 터키와 전쟁을 벌였다. 이에 대해 처칠은 이렇게 논평했다.

"원숭이 한 마리가 25만 명을 죽음으로 몰아넣었다."[27]

그런데 그리스 왕의 그 개는 왜 프리츠라는 독일식 이름을 갖고 있었을까? 그렇다. 인척 관계 때문이다. 알렉산드로스 1세의 어머니는 독일의 프리드리히 3세의 딸이자 빌헬름 황제의 누이였던 것이다.

연합군은 칼과 펜을 들고서 오스만 제국의 드넓은 영토에 다가섰다. 오늘날 중동 지도나 UN 회원국 명부를 들여다보면 시리아, 요르단, 이라크, 이스라엘 등의 국가 이름들을 확인할 수 있다. 그런데 이러한 국가들과 이들 사이의 경계가 100년 전만 하더라도 존재하지 않았다는 사실은 상상하기 힘들다. 오늘날 외교 정책 전문가들은 이스라엘의 국경을 1967년 이전으로 되돌려야 한다거나, 혹은 그 국가 자체를 인정하지 않을지 모르지만, 그들은 과연 제1차 세계대전 이전에 이들 국가들을 구분하는 실질적인 경계가 아예 존재하지 않았다는 사실을 알고 있을까? 제1차 세계대전이 끝나고, 영국과 프랑스는 펜을 잉크병에 깊숙이 담그고서 지도 위에 경계를 그리기 시작했고, 1916년 사이크스피코 협정Sykes-Picot Agreement에 따라 각각의 영토들을 다양한 부족 지도자들에게 할당했다. 어떤 경우에는 특정 지역을 힘센 아랍 가문에 넘겨주기도 했다. 요르단과 사우디아라비아를 나누는 국경을 살펴보자.

일부 지리학자들은 요르단 쪽으로 튀어나온 이상하게 생긴 지그재 그 형태의 국경이 '윈스턴의 딸꾹질' 때문에 만들어졌다고 말한다. 당시 식민부 장관이었던 처칠이 1921년 지도에 선을 그리다가 위스키를 마시고 딸꾹질을 하는 바람에 펜이 흔들렸다는 것이다.[28] 하지만 그 잉크 자국은 지워지지 않았고, 결국 중동 지역의 인위적인 경계로 남았다. 그 무렵에 메카(지금의 사우디아라비아)에서 태어나 콘스탄티노플에서 성장한 파이살Faisal은 이라크의 왕이 되었다. 그것은 그가 영국의 신뢰를 얻었고 아라비아의 로런스와 함께 낙타 여행을 했기 때문에 가능한 일이었다. 영국 총리 데이비드 로이드 조지David Lloyd George와 프랑스 총리 조르주 클레망소Georges Clemenceau가 지도 앞에서 수백만 명의 사람들의 운명을 놓고 얼마나 편안하게 이야기를 주고받았는지 일기들은 말해주고 있다.

런던에 있는 프랑스 대사관에서 함께 산책을 거닐다가 클레망소는 로이드 조지에게 이렇게 말한다. "원하는 바를 말씀해보시죠."

영국 총리는 이렇게 대답했다. "우린 모술을 원해요."

클레망소는 말했다. "그러시죠. 뭐 다른 건?"[29]

두 사람은 오스만 제국을 하나씩 조각내는 과정에서 사우디아라비아를 아라비아 사막에 오랜 뿌리를 내리고 있으며 오스만과의 전쟁에서 영국을 지원했던 사우드 가문The House of Saud에 맡기자는 데 합의를 보았다. 당시 협상에서 영국 측 대표는 공교롭게도 이름이 윌리엄 셰익스피어라는 인물이었다. 국가의 이름을 특정 가문을 따서 지었다는 것은 한 편의 코미디처럼 들린다. 그렇다면 힙합 가수 '알리 G'로 분장한 영국 배우 사챠 바론 코헨Sacha Baron Cohen이 UN 직원과의 인터뷰에서 따져 물었던 것은 그리 말이 안 되는 질문은 아니었던 셈이다.

> 알리 G: ('Jordan'이라고 적힌 좌석을 가리키며) "아무리 슈퍼스타라고 해
> 도 운동선수에게 한 좌석을 배정하는 것은 어리석은 짓 아닌가요?"
> UN 직원: "마이클 조던이 아니라…… 나라 이름state of Jordan입니다."
> 알리 G: "그렇다면 개인에게 국가의 지위를 부여하는 것도 웃긴 일 아
> 닌가요?"[30]

다시 한번 전선으로, 이번엔 어디?

아타튀르크의 등장은 우연이 아니었다. 그는 전쟁 중에도 홍보 전략
에 치밀하고 능숙했다. 영국과 프랑스, 이탈리아가 콘스탄티노플을 통
치하는 동안, 아타튀르크는 오리엔트 특급을 이용하는 승객들이 주로
이용하는 페라 팰리스 호텔에 묵었다. 그는 호텔 관리자에게 아가멤
논의 땅에 도착한 런던 데일리 메일 기자와 회의를 잡아달라고 요청했
다. 당시 그 기자는 기다란 코트에 터키 모자를 쓰고 나타난 아타튀르
크를 "훤칠하고 남성적인 외모에, 차분한 인상과 낮고 진중한 목소리"
라고 회상했다. 아타튀르크는 그에게 자신은 프랑스보다 영국을 더 좋
아하며, 그들이 정복한 영토를 재건하는 사업에 참여하고 싶다는 뜻을
밝혔다. 페라 팰리스 호텔에 관한 흥미진진한 이야기를 썼던 찰스 킹

Charles King은 아타튀르크에 대해 이렇게 말했다.

"자신을 환영해줄 모든 인사들과 접촉했다. 군 관계자, 각료, 불만이 가득한 의원들 그리고 네 번에 걸친 자리에서 술탄 메흐메드 6세까지."[31]

연합군이 지도를 그리는 과제에서 놀라운 창의성을 발휘하는 동안, 아르메니아와 그리스는 오스만 제국의 사체를 뜯어먹으려 했고, 그 과정에서 또 다른 전쟁이 시작되었다. 아타튀르크는 다른 지휘관들과 함께 이들을 물리치기 위해 여단을 이끌고 나갔다. 그는 또 한 번 놀라운 능력을 보여 주었지만, 그의 가슴은 찢어졌다. 나는 도대체 누구를 위해 싸웠단 말인가? 표면적으로는 오스만 제국을 위해 싸우고 제국의 명령을 받들고 있었지만, 다른 한편에서 그는 술탄을 왕좌에서 끌어내리고자 하는 터키 민족주의자들의 편에 서서 오스만 제국을 상대로 싸우고 있었던 것이다. 그 무렵 갈리폴리에서 보여준 아타튀르크의 용맹이 전설이 되어 널리 퍼져나갔다. 이제 그는 터키 민족주의의 상징이 되었고, 결국 앙카라에서 새로운 국회와 정부를 수립했다. 그는 생각했다. 술탄이 백마를 타고 거드름을 피우며 들어왔던 유럽 멋쟁이들로부터 콘스탄티노플을 지키지 못했다면, 이제 그 도시는 더 이상 우리의 수도가 될 수 없다. 아타튀르크는 자문했다. '나는 오스만 제국의 잔존을 위해 싸워야 하는가? 아니면 민족을 비하하는 호칭인 터키the Turks를 위해 싸워야 하는가?' 그 대답은 자명했다. 아타튀르크는 먼저 아르메니아와 그리스의 공격을 막아내야 했고, 다음으로 새로운 국가인 터키를 위해 싸워야 했다. 사실 터키라는 이름은 아가멤논에서 휴전 협정이 이루어질 때까지 공식적으로 사용되지 못했다.

오스만 제국과 민족주의자들 사이에 벌어진 내전에서 얼마나 많은 사람들이 죽었을까? 아랍과 세르비아, 불가리아를 비롯한 많은 나라들은 누구의 편에 섰는가? 스미르나에서는 그리스의 침공에 화가 난 무슬림들이 그리스 대주교에게 린치를 가했다. 당시 스물세 살의 '토론토 스타'의 특파원이었던 어니스트 헤밍웨이는 그 도시를 이렇게 걱정하고 있었다.

"한 번도 침략을 당하지 않았던 콘스탄티노플의 사람들이 상상하기 힘든 팽팽한 긴장감이 그 도시에 서려있다."

헤밍웨이는 기사에서 이렇게 말했다.

"외국인들은 긴장해 있다 …… 그리고 몇 주 앞당겨 빠져나가기 위해 기차 예약을 서두르고있다."

그리고 아타튀르크를 이렇게 묘사했다.

"키가 작고 구릿빛 얼굴에 금발의 남자이자 30만 명의 숙련된 병사를 거느리고 있는 터키인".

이후 헤밍웨이는 콘스탄티노플에서 아타튀르크 측근을 만나 이렇게 인터뷰 기사를 썼다.

나는 말했다.

"케말이 콘스탄티노플로 들어갈 때, 기독교인들에 대한 대규모 학살이 일어나지 않을지 캐나다 정부는 염려하고 있습니다."[32]

그러자 그는 물었다.

"기독교인들이 걱정할 게 뭐가 있습니까? 그들은 무기를 갖고 있고, 터키인들은 무장 해제를 당했습니다. 대학살이 일어날 일은 없습니다."

그러나 1922년에 술탄 메흐메드 6세(1918년 형의 사망으로 술탄의 자리를 물려받음)는 헤밍웨이만큼이나 걱정이 깊었다. 그는 아타튀르크가 교묘한 방법을 동원하여 자신을 체포하고, 재판하고, 반역죄로 교수형에 처할 것이라 두려워했다. 아니면 약탈을 일삼는 무정부주의자들이 토파키 왕궁으로 쳐들어와 자신을 목매달아 죽일 것이라 불안에 떨었다. 그래서 그 술탄은 안전하면서도 합리적인 방법을 선택했다. 그는 영국 군인들이 자신을 납치해서 국외로 데리고 가도록 일을 꾸몄다. 실제로 그가 아들과 함께 산책을 하는 동안, 군인들이 나타나 두 사람을 구급차에 태우고 항구로 차를 몰았다. 그리고 영국 군함이 그들을 태우고 몰타로 갔고, 거기서 그들은 다시 배를 타고 이탈리아 리비에라 해안의 사랑스러운 산레모로 갔다. 하지만 그는 자신의 다섯 아내들은 그대로 내버려두고 달아났다. 술탄이 콘스탄티노플에서 매주 금요일마다 올리는 종교 예식에 모습을 드러내지 않았을 때, 영국은 술탄의 왕궁이 이제는 비어있노라고 발표했다. 이후 의회는 메흐메드의 사촌을 칼리프로 임명했지만, 술탄 칭호는 부여하지 않았다. 오스만 제국의 왕궁이 비어버린 것은 1299년 이후로 처음 있는 일이었다.

그 무렵 국제연맹League of Nations은 그리스와 오스만 제국의 남겨진 영토 간의 인구 교환을 논의했다. 그리스와 터키는 상호 협약에 서명을 했고, 이를 통해 약 150만 명에 달하는 그리스 정교 신자들을 아나톨리아에서 그리스로, 50만 명의 이슬람 신자들을 그리스에서 터키의 땅으로 이주시키게 되었다.

아타튀르크는 새로운 터키 공화국의 대통령이 되었다. 오이디푸스 이야기를 떠올리게 하듯, 그는 오스만 제국의 술탄이자 아버지를 폐위했고, 그 스스로를 국가의 새로운 리더이자 아버지로 내세웠다. 이후 그의 개혁 프로그램은 예전에 독일로부터 배웠던 방식보다 훨씬 더 빠른 속도로 진행되었다.

종교를 대신한
과학과 지식

아타튀르크는 칼을 휘둘러대는 군사들의 행렬을 선망의 눈길로 바라다보며 자랐다. 그러나 1923년 대통령 자리에 오른 이후로, 그는 마치 이웃 국가들에 비둘기를 내미는 사람처럼 터키를 통치했다. 터키 군대가 그리스를 압도할 수 있다는 사실을 입증해 보였음에도, 아타튀르크는 자신이 태어난 살로니카 땅(지금은 테살로니키)을 회복하려는 시도를 하지 않았다. 또한 이탈리아의 리비아 지배에 대한 저항이나, 혹은 아라비아 반도에 걸친 정치적 혼란을 이용하여 군대를 파견하여 유정油井을 독차지하려는 시도도 하지 않았다. 그에게서 제국주의는 끝이 난 것이다. 내 생각에, 이러한 변화야말로 지난 200년 동안 정치적 역사 속에서 찾아볼 수 있는 가장 중요한 성취들 중 하나가 아닐까 한다.

아타튀르크는 애국심과 민족주의를 근간으로 국가를 이끌어가고자 했다. 그리고 약한 이웃 국가들에 대해 제국주의 정복자로서의 모습을 드러내려 하지 않았다. 물론 민족주의 비평가들은 그러한 이상적인 정치인들이 국경을 넘어 이웃 나라를 침략하는 쪽으로 쉽게 변질되고 만다는 일반론을 펴고 있다. 분명하게도 1930년대의 나치 독일과 파시스트 일본이 그랬다. 하지만 그것은 법률의 힘인가, 아니면 인간의 선택인가? 아타튀르크는 그것은 인간의 선택이며, 전쟁이라고 하는 미친개의 목줄을 꼭 붙잡고서도 얼마든지 국민의 사기를 높일 수 있다는 희망을 보여주었다.

아타튀르크가 최고의 자리에 올랐을 때, 그의 나이 42세였다. 그는 국가의 최대 도전과제가 사회 내부에 있다는 사실을 알고 있었다. 터키에 지난 12년은 잔인한 세월이었다. 모든 것이 1/3이나 떨어졌다. 물론 그건 소비자 가격을 말하는 것이 아니다. 오스만 제국 시절에 비해 국제 무역과 인구 그리고 영토가 1/3이나 줄어들었다. 아타튀르크는 터키를 이끌어가기로 결심을 했지만, 정작 국민들은 그를 따라갈 여력이 없었다. 그들은 터키라는 이름에 대해 수치심을 느끼고 있었다. 그런 국민들이 국가에 자부심과 믿음을 갖도록 어떻게 설득할 수 있을까? 그에게 언론은 그리 많은 도움이 되지 않을 것으로 보였다. 그것은 글을 읽고 쓰는 인구의 비중이 너무 낮았기 때문이다. 당시 남성의 경우는 10퍼센트 정도였고 여성은 5퍼센트도 되지 않았다. 그리고 대도시 콘스탄티노플에서는 신문들 대부분이 외국어로 간행되고 있었다.[33] 무슬림이 소유한 최초의 인쇄기는 1727년에 헝가리에서 들어온 것이었다. 반면 콘스탄티노플에 살았던 세파르디Sephardi(스페인 및 북 아프리카계 유대인 - 옮긴이)와 아르메니아 사람들은 각각 1494년과 1567년부터 인쇄기를 사용하고 있었다.[34]

손으로 쓴 캘리그래피를 인쇄보다 높게 평가했던 시절, 무슬림들은 셰익스피어와 뉴턴 그리고 갈릴레오를 인정하지 않았다. 이슬람 학자들은 아타튀르크에게 대수와 광학 기술을 포함하여 초기 이슬람의 수학과 과학의 역사적인 성취를 상기시켜 주었다. 일부 이슬람 사진가들은 아인슈타인의 상대성 이론이 코란과 누르nur(빛)라고 하는 용어로부터 비롯되었다고 주장하기까지 했다. 하지만 아타튀르크는 역사적 교훈이나 망상적인 종교적 열광에 귀를 기울일 만한 참을성이 없었다. 그는 터키인들이 당당하고 용감하게 미래를 향해 뛰어들도록 만들어야 했다. 그때의 달력은 1923년을 말하고 있었지만, 아타튀르크의 눈은 1299년의 영광을 바라보고 있었다. 사실 그 말도 정확한 표현은 아니다. 오스만 제국은 태양을 기준으로 하지만 서양과는 다른 루미 역법Rumi calendar을 사용하고 있었으며, 그 역법은 무함마드가 메카에서 메디나로 떠났던 622년부터 시작되었다. 1923년은 루미 역법으로 1339년이었다. 아타튀르크가 보기에, 정확한 시간을 말하기가 거의 불가능한 그의 나라에서 더 이상 시간을 낭비할 여유가 없었다. 그리고 기도 시보원이 하루에 다섯 번 알리는 알람으로 만족할 수 없었다. 그 시각은 마을의 위도와 경도에 따라 서로 달랐기 때문이다.

결론적으로 아타튀르크는 대단히 중요한 두 가지 도전과제를 해결해야 했다.

- 첫째, 터키인들이 자부심을 느낄 수 있는 나라를 만들 것.
- 둘째, 사람들이 과학을 받아들이고 서구 문명을 배우도록 격려할 것.

세속적인 학교들이 널리 퍼지고 대학들이 생겨나면서, 아타튀르크는 영국과 프랑스, 독일로부터 과학자들을 초청하여 강의를 하도록 했다. 그리고 나치가 권력을 잡았던 1930년대에는 유대인을 포함한 학식 있는 망명자들을 불러들여 후학을 양성하고 연구를 추진하도록 했다.

당시 아타튀르크는 우리가 2장에서 살펴보았던 딜레마의 뿔을 들이받기 일보직전이었다. 그는 정통 이슬람과 보수적인 사고방식이 터키의 경제 발전을 가로막고 있다고 보았다. 서점과 도서관에서 아랍어로 쓰인 책을 발견하기 위해서는 아주 자세히 살펴보아야 했다. 서구 국가들의 언어로 출간된 책들의 수가 훨씬 더 많았다. 또한 딜레마의 두 번째 뿔 역시 그를 향해 다가오고 있었다. 앞서 2장에서 우리는 세계화된 경제와 국제 무역이 사회를 하나로 묶어주는 전통과 유대감을 어떻게 허물어뜨리는지 살펴보았다. 그렇다면 아타튀르크와 터키는 어떻게 그 치명적인 딜레마를 피할 수 있었을까? **그는 전통적인 믿음을 해체하면서, 동시에 새로운 국가를 건설하기 위해 사회의 결속력을 높여줄 신화와 이야기, 주제를 발견해야 했다.**

터키 공화국의 출범은 101발의 축포로 시작되었다. 그리고 그 다음으로 발사된 것은 칼리프를 향한 언어적인 총알이었다. 아타튀르크는 즉각 그를 퇴위시켰고, 부채에서 이혼에 이르기까지 모든 법률적 사안들을 담당하고 있었던 기존 이슬람 법정을 해산시켰다. 그리고 스위스 시민법을 토대로 한 새로운 법률을 공표했다. 칼리프는 즉시 오리엔트 특급을 타고 불가리아로 쫓겨나야 했다. 기차가 역에 도착했을 때, 콘스탄티노플의 새로운 통치자는 현금으로 가득한 봉투를 칼리프에게 슬쩍 건네며, 그와 그의 두 아내에게 작별의 손을 흔들어 주었다. 그러나 아타튀르크는 오리엔트 특급에 모든 성직자들을 태울 자리가 없음을 아쉬워했다. 종교에 대한 그의 입장은 단호했다. 그는 이슬람이 터키인들의 자존심과 책임감 그리고 과학 발전을 가로막고 있다고 믿었다. 그는 한 인터뷰에서 이렇게 밝혔다.

"모든 종교를 저 바다 깊숙이 빠뜨리고 싶습니다. 이제 우리 국민들은 민주주의 원리와 진리의 가르침 그리고 과학의 지혜를 배울 것입니다."[35]

그러나 그렇다고 해서 사람들이 종교를 필요로 한다는 사실 자체를 부정하지는 않았다. 다만 종교적 믿음으로 인해 사람들이 새로운 국가 건설이라고 하는 힘든 과업을 외면하지 말기를 바랐다. 그는 이렇게 덧붙였다.

"미신은 사라져야 합니다."

아타튀르크에게 전통적인 이슬람은 독을 품은 구름과도 같아서, 자유 의지에 따른 책임감을 좀먹는 것이었다.

"죽은 자들이 자신을 도울 것이라는 기대는 문명화된 사회의 수치다."[36]

그는 국민들에게 스스로를 도우라고 촉구했다. 하지만 동시에 아타튀르크는 종교가 사람들에게 놀라운 열정을 선사한다는 사실도 잘 알고 있었다. 전쟁의 참호 속에서, 아타튀르크는 충성스런 병사들이 스스로를 적들보다 더욱 강하게 만들어주는 초자연적인 영감을 갈망하고, 목숨을 잃게 될지 모르는 상황에서 기꺼이 명령을 따르고자 하는 모습들을 직접 목격했다.

> 병사들은 두 가지 초자연적인 결과만을 생각하고 있었습니다. 믿음을 통한 승리, 혹은 순교. 그 중에서 순교가 무엇을 의미하는지 알고 있습니까? 그건 천국행을 뜻합니다. 그곳에서 신의 가장 아름다운 여인들인 후리houris(천상의 처녀들)가 그들을 맞이하고, 영원히 그들의 욕망을 충족시켜 줄 것이라 믿습니다.[37]

그 세속적인 지도자에게 한 가지 중요한 질문이 있었다. '신성한 존재를 들먹이지 않고서도 어떻게 사람들을 움직일 수 있을까?' 불가지론자이자 무신론자인 아타튀르크는 병사들에게 천상의 처녀를 약속할 수 없다. 그는 전쟁터에서 매독에 걸린 병사들을 위해 비소가 든 약병보다 더 숭고한 무언가를 약속해야 했다.[38]

또한 아타튀르크는 종교와 정치를 분리하는 과정에서도 신중을 기해야 했다. 이슬람 극단주의자들을 자극했다가는 이제 막 새롭게 모습을 드러낸 위태로운 국가를 향해 성전을 선포하는 사태가 발생할 수 있었기 때문이다. 교묘한 수사적인 포장을 동원하여, 그는 세속적이고 서구적인 교육 방식이 궁극적으로 무슬림들의 학습에 도움이 될 것이라고 주장했다. 그리고 프랑스와 독일 신학자들이 연장자와 감히 논쟁을 벌

이지 못하는 이슬람 성직자보다 이슬람 신학에 대해 더 깊이 있게 연구
했다고 설명했다. 실제로 유럽 대학들은 이슬람 경전을 보존하고 연구
하는 데 많은 투자를 하고 있었다. 2014년 버밍엄 대학에서 1370년 이
전에 제작되어 (정말로 그렇다면) 무하마드가 살아있을 당시에 쓰였을 코
란 경전의 일부를 서고 안에서 발견했다는 소식을 들었더라면, 그도 틀
림없이 무척 기뻐했을 것이다.[39]

여성 교육을 통한
노동력 구축

1장에서 우리는 국가의 번영이 어떻게 출산율을 떨어뜨리는지 살펴보
았다. 출산율 하락은 곧 국가 노동력의 위축을 의미한다. 비록 아타튀
르크는 출산 문제로 고민하지는 않았지만, 당시 터키의 노동력이 두
가지 문제로 어려움을 겪고 있다는 사실을 이해했다. (1) 성실한 터키
근로자들의 부족, (2) 남성들의 낮은 교육 수준. 이에 그는 즉각적으로
해결책을 강구했다. 우선 교육과 해방을 통해 여성 인구를 노동력으로
편입시키고자 했다. 1923년만 하더라도 아타튀르크는 여성 인권의 옹
호자를 자처하지는 않았다. 그동안 그는 남자 학교에서 공부를 했고,
전쟁터에서도 남성 전우들과 함께 했다. 아타튀르크가 새로운 터키의
대통령으로서 취임 선서를 했을 때 그의 나이는 42세였고, 결혼을 한
지 얼마 지나지 않았다. 어머니와의 관계는 좋았지만, 아무런 말없이

군사학교 입학시험을 쳤을 때 그는 이미 품 안의 자식이 아니었던 것이다. 아타튀르크의 어머니는 그가 대통령이 되기 몇 달 전에 세상을 떠났다. 어머니의 무덤을 찾았을 때, 그는 술탄의 '비밀 요원과 스파이 그리고 독재자의 교수형 집행인들'을 비난했다. 그는 터키 여성들이 술탄과 성직자, 전통이 오랫동안 쌓아놓은 장애물을 넘어서도록 용기를 불어넣었다. 이는 그가 오랜 시간에 걸쳐 구상한 계획을 실행에 옮긴 것이었다. 1916년 일기에서 그는 이렇게 썼다.

"여성 문제와 관련하여 과감해져야 한다 …… 그들의 머릿속을 진지한 지식과 과학으로 채워야 한다."

그의 여성 해방 정책은 과감하고 현명한 시도였으며 장기적으로 영향을 미쳤다. 전쟁으로 인한 수백만 명의 사망, 대규모 이주, 그리고 영토 상실로 인해, 터키는 노동 현장에서 더 많은 인력을 필요로 하고 있었다. 그는 일련의 개혁을 통해 일부다처제를 금하고, 이슬람 율법의 위배 여성의 이혼 및 동등한 상속 자격, 공립학교 입학을 허락했다. 이후 여성에게 선거의 권리가 주어졌고, 터키 의회는 초기 몇 년 동안 서구 유럽에 비해 두 배나 더 많은 여성 정치인들을 받아들였다.[40] 개혁에 박차를 가하는 가운데, 아타튀르크는 여성들에게 주목했고, 애국적인 차원에서 여성과 남성들에게 따로 당부의 말을 남겼다.

여성들에게: "교육 전쟁에서 승리한다면, 여러분은 우리가 지금까지 했던 것보다 더 많은 일을 국가를 위해 할 수 있을 겁니다."

남성들에게: "앞으로 여성이 국가적 삶에 동참하지 않는다면, 우리는 완

전한 발전을 이룩할 수 없을 것입니다. 그리고 회복이 불가능할 정도로 뒤처지고 말 것이며, 서구 문명과 어깨를 나란히 할 수 없을 겁니다."[41]

어머니의 무덤 앞에 선 아타튀르크는 향후 개혁 사업을 앞두고 이렇게 말했다.

"나의 어머니를 잃은 것은 슬픔이지만, 그래도 우리의 어머니(국가)는 자유를 찾았고, 발전하고 있으며, 이는 제 마음속 아픔을 덜어주고 있습니다."[42]

몇 년 전 나는 터키 가란티 은행Garanti Bank의 경영위원회에 참석할 기회가 있었다. 그때 나는 내가 미국이나 영국 기업들의 이사회 모임에서 보았던 것보다 훨씬 더 많은 여성들을 보고 강한 인상을 받았다. 그런데 그들 중 일부는 오늘날 에르도안 행정부가 아타튀르크의 개혁을 옛날로 되돌리려 하고 있다며 우려를 표했다. 현재 터키 대통령 에르도안은 이슬람주의자를 주축으로 하는 정의개발당Justice and Development Party을 대표하는 인물이다. 에르도안은 언론 통제와 세속주의자 및 아타튀르크 지지자들로 알려진 판사들에 대한 해임으로 거센 사회적 비난을 받고 있다.[43] 그리고 이러한 흐름이 터키의 남쪽 국경을 넘어 시리아와 이라크로 확산되면서, 상황은 점점 더 심각해지고 있다. 터키 여성 전문직 종사자들은 바로 그 국경 너머에 IS 조직이 마을을 다스리고 있다는 사실을 두려워하고 있다.

여성들이 교육을 받고, 높은 직급으로 노동력에 합류할 수 있도록 격려했던 아타튀르크의 노력은 터키의 인구 구성에 많은 변화를 가져왔고, 출산율을 떨어뜨렸다. 터키에서 소수를 차지하고 어릴 적에 일찍 학교를 그만두는 쿠르드족 여성들은 터키의 다른 여성들에 비해 출산율이 두 배나 더 높다. 더욱 강력한 번영을 보여준 터키의 서부 지역의 출산율은 1.5퍼센트로 대체율을 한참 밑도는 수치다. 아타튀르크의 개혁은 터키에 거대한 부를 가져다 주었지만, 동시에 인구통계적 차원에서 국가의 생존을 위협하게 되었다.

터키의
모자 이야기

오늘날 사람들은 모자의 힘을 제대로 인식하지 못한다. 아타튀르크가 살았던 시대에 브로드웨이 극장 좌석 등받이에는 신사들의 모자를 걸 수 있도록 항상 고리가 달려있었다. 1923년 양키 스타디움 개막일 장면을 찍은 사진을 보면, 모자를 손에 들고 있는 몇몇 사람들만 제외하고는 여성과 남성들 모두 모자를 쓰고 있다.[44]

내 아버지는 내게 스테이튼 아일랜드 페리 호의 전통에 관한 이야기를 들려주셨다. 그 유람선을 타고 여행하던 사람들은 여름의 마지막 날에 모두 모자를 벗어 항구 쪽을 향해 던진다고 한다. 모자 착용에 관한 규율은 성경에도 나와 있으며, 독실한 유대인들은 아직까지도 이를 지키고 있다. 가톨릭 추기경과 주교들은 스컬캡skullcap이라고 하는 테두리 없는 모자를 쓴다. 이슬람 역시 남성과 여성 모두 모자를 착용함으로써 겸손을 드러내야 한다고 가르친다[이는 머리에 두르는 스카프, 카피에kaffiyeh(아랍 남성들이 사용하는 두건 - 옮긴이) 그리고 여성의 경우 히잡을 착용해야 한다는 뜻이다]. 전 세계적으로 모자는 단지 패션 아이템이 아니다. 모자는 사회적 지위와 종교, 성별 그리고 군사적 계급을 상징한다. 모로코 도시를 따서 이름 붙인 '페즈fez'라고 하는 원통형 모자는 1800년대 초부터 터키의 필수적인 의복으로 자리를 잡았다. 대개 스컬캡 위에 쓰는 페즈는 패션으로서의 매력 외에도, 종교적인 차원에서 실용적인 목적도 있다. 페즈는 테두리가 없어서 예배 의식에 방해가 되지 않는다. 기도를 올리는 자의 겸손함을 드러내면서, 동시에 사원 바닥에 이마를 자연스럽게 댈 수 있도록 해준다.

그러나 아타튀르크에게 페즈란 또 다른 형태의 굴욕, 즉 시대에 뒤떨어진 '오리엔탈리즘'에 대한 순종을 의미하는 것이었다. 그는 문명화된 서구인들이 페즈를 쓴 터키인을 종이우산을 든 '중국인'이나 창을 든 아프리카 사람들을 바라보듯 무시한다고 생각했다. 여기서 다시 한 번, 아타튀르크는 자신의 주장을 뒷받침하기 위해 창조적인 논리를 내놓았다. 그는 페즈가 나라 경제를 어렵게 만든다고 설명했다.

"스컬캡과 페즈 그리고 터번. 이런 것들에 지불하는 돈은 모두 외국으로 빠져나간다."[45]

하지만 그는 홈부르크나 파나마 모자에 지출하는 돈은 왜 외국으로 흘러나가지 않는지에 대해서는 설명하지 않았다. 어쨌거나 아타튀르크는 페즈를 없애고, 사람들 모두 챙이 달린 서구식 모자를 착용하도록 했다.

서양의 악덕과
서양 음악의 미덕

서구화를 향한 아타튀르크의 도전은 매춘이나 술처럼 사회적 논란을 자극하는 다양한 상징적인 것들도 가지고 왔다. 그 역시 말년에는 한두 잔 술을 마신 것으로 알려져있다. 어떤 사람들은 매춘을 공식적으로 인정한다는 생각에 크게 반발했던 반면, 이와 관련하여 아타튀르크는 "우리나라 사람들 대부분이 문화적인 차원에서 아직 원시적인 상태에 머물러있다."고 말했다. 그는 틀림없이 사람들의 원시적인 충동을 국가가 해결해 주어야 한다고 생각했을 것이다.[46] 프랑스가 지배하던 동안, 콘스탄티노플에서는 매춘을 허가제로 관리했으며, 매주 위생검사까지 실시했다. 당시 매춘업자들은 '평등'의 개념을 무시하고 고위 관리들을 위한 최고의 룸을 따로 마련해 두고 있었다. 홍등가를 찾는 사람들 대부분은 선원이나 관광객이었다. 이후 공화국이 들어서면서, 터키 정부는 담당 관청을 신설하여 매춘을 관리했으며, 재즈가 유행하던 시절에 이들 관리들은 특히 나이트클럽들을 집중적으로 단속했다. 터키 정부는 재즈와 술, 섹스에 모두 발을 걸치고 있는 인물들을 골라 추방하기도 했다. 그렇게 추방을 당했던 한 사람의 공식적인 직업은 '피아니스트/매춘 알선업자'로 표기되어있었다.

아타튀르크 스스로 재즈의 광팬은 아니었지만, 앞서 살펴본 것처럼 그는 빙빙 도는 수도승들의 춤 대신에 빈의 왈츠를 선택했다. 당시 많은 가구들이 집안에 바이올린을 들여놓기 시작했다. 아타튀르크는 교향곡을 좋아했고, 해외의 유명 피아니스트와 작곡가를 초청하여 순회 공연을 마련하기도 했다. 그리고 그 중에는 독일 작곡가 파울 힌데미트Paul Hindemith도 들어 있었다. 아타튀르크가 힌데미트를 선택했다는 사실은 그가 고전 음악에 대해 어느 정도 진지한 관심이 있었음을 말해준다. 사실 아타튀르크는 괴테나 몰리에르의 양장본을 서가에 잔뜩 꽂아두고는 한 번도 펼쳐보지 않는 가식적인 인물은 아니었다. 당시 힌데미트는 쉬운 멜로디와 조성 음악을 사랑하는 일반 청중들을 어리둥절하게 만드는 아르놀트 쇤베르크나 안톤 베베른과 같은 아방가르드 작곡가들의 곡을 주로 연주하는 것으로 알려져 있었다. 그러나 이후 나치는 힌데미트의 현대적인 작품들을 '타락한' 음악으로 비난했고, 나치 선전장관인 요제프 괴벨스Joseph Goebbels는 그를 '조성을 무시한 채 소음을 만들어내는 인간'으로 경멸했다.[47] 힌데미트는 쇤베르크와 마찬가지로 새로운 작곡법에 도전했고, 부조화와 조화 사이의 긴장을 인위적인 기법이 아니라 자연스러운 특성으로 보았다. 힌데미트는 자신만의 독특한 방법으로 조화로운 구조를 창조해냈다. 그리고 아타튀르크는 그런 힌데미트를 인정함으로써, 터키가 단지 서구 문화를 숭배하는 것이 아니라, 서구 문화의 발전에 얼마든지 기여할 수 있다는 가능성을 보여주었다.

새로운 알파벳과
애국심 고취

아타튀르크는 힌데미트처럼 전통에 도전하고자 했던 사람들에게 형제
애를 느꼈다. 1930년대 힌데미트가 터키를 돌며 공연을 하고 있었을
무렵, 아타튀르크는 터키인들에게 완전히 새로운 알파벳을 소개했다.
그는 그 알파벳이 터키인들 중에서 글을 읽고 쓸 줄 아는 인구의 비중
을 크게 높여줄 것이라 믿었다. 앞으로 터키 아이들은 아랍 문자가 아
니라, 라틴(서구) 문자를 가지고 터키의 언어를 배우게 될 것이었다. 그
리고 사람들은 새로운 문자를 가지고 터키어에 있는 다양한 모음들을
보다 편리하게 표기할 수 있을 것이었다. 아타튀르크는 새로운 알파벳
을 '라틴어'가 아니라 '터키어Turkish'라고 불렀으며, 이를 애국심의 상징
으로 삼았다. 이를 위해 아타튀르크는 교사들에게만 의존하지는 않았
다. 그는 전국을 돌아다닐 때마다 칠판을 함께 들고다녔고, 글을 읽고
쓰는 능력을 주제로 한 전국적인 토론회에 참석했다. 그 결과, 1923년
에서 1938년 사이에 터키인들 중에서 글을 읽고 쓰는 인구의 비중은
두 배로 높아졌다.[48] 하지만 한 가지 문제가 남아있었다. 아직까지 서
구 언어들과 '용어격차word gap'가 존재하고 있었던 것이다. 터키어 사전
에 수록된 단어의 수는 4만개 정도였지만, 프랑스와 독일의 사전들은
그보다 두 배가 넘는 단어들을 수록하고 있었다(다양한 기원으로부터 비롯
된 영어는 이보다 훨씬 더 많았다). 터키어는 더 많은 단어를 필요로 하고 있
었고, 아타튀르크는 이 문제를 그저 손 놓고 바라보고만 있지는 않았

다. 그는 집안 응접실에 칠판을 걸어놓고, 손님들에게 새로운 단어를 쓰도록 권했다. 지난 90년 동안 터키어의 용어격차는 크게 줄어들었고, 그 과정에서 아타튀르크의 칠판도 어느 정도 기여를 했다.

민족적 모멸감을
국가적 자부심으로

여성 인권, 세속적인 공공 교육, 새로운 알파벳. 아타튀르크는 이러한 것들을 가지고 터키의 근간을 마련할 수 있었는가? 오스만 제국을 밀어내고 새로운 미래를 국민들의 가슴속에 각인시키는 노력과 더불어, 아타튀르크는 터키인들이 그들의 과거에 대해 애착을 느낄 수 있도록 만들어야 한다고 믿었다. 오스만 제국에 술탄이 등장하기 전, 터키인들은 과연 어떤 존재였는가? 아타튀르크는 역사가들과 함께 '터키 역사의 개요'를 연구했고, 이를 통해 오늘날 터키인들이 선사시대의 고귀한 유목민 부족의 후예라는 사실을 밝혀내고자 했다. 동시에 그 옛날의 유목민들이 어떻게 번성하여 오늘날 세상의 많은 영토를 정복했는지 보여주고자 했다. 그 과정은 분명 일종의 신화 창조 작업이었다. 아타튀르크가 터키라고 하는 이름 속에 자부심을 심어 넣기 위한 역사적인 모험을 시도하는 동안, 그는 프랑스와 오스트리아의 언어학자들로부터 뜻밖의 선물을 얻었다. 이들 학자들이 초기 터키어가 모든 언어의 근원이라는 사실을 밝혀냈던 것이다. 게다가 그 발표는 아타튀르크가 신화를 창조하기 위해 노력하고 있던 바로 그 시점에 이루어졌다. 이들 학자들의 태양어 이론Sun Language Theory에 따를 때, 원시 터키인들은 '태양ag'을 숭배했고, 이로부터 후두음 'agh'는 인류의 기본적인 발성 단위가 되었다. 그러나 나중에 그 이론은 유사과학인 것으로 밝혀졌지만, 그래도 아타튀르크는 노력을 멈추지 않았다.

과거와 미래를 밝히고 새로운 알파벳과 언어 이론을 도입한 후에도 아타튀르크에게는 여전히 현대의 터키를 새롭게 정의해야 한다는 과제가 남겨져 있었다. 그는 '착한 터키인good Turk'이라는 표현을 종종 사용했다. 그가 말하는 착한 터키인이란 자부심이 강하고, 성실하고, 자신감이 넘치는 국민을 뜻한다. 냉소적인 사람들은 보이스카우트 선서에나 나오는 말이라고 비웃을지 모른다. 하지만 상징과 표현은 대단히 중요하다. '착한 터키인'은 예술가는 물론 벽돌공에도 해당되는 말이다. 착한 터키인은 고된 연습으로 악기를 익히고, 혹은 하루도 빠짐없이 제시간에 출근한다.[49] 아타튀르크는 국민들에게 터키라는 말이 강인함을 뜻하는 '투르카turka'에서 왔다고 설명했다. 많은 사람들의 가슴속에 강한 인상을 남겼던, 하지만 터키 관광안내소와 인연이 있는 사람이라면 결코 반가워하지 않을 영화 〈미드나잇 익스프레스Midnight Express〉를 보면, 교도소에서 한 미국인 죄수가 대부분 제정신이 아닌 동료들을 따라 돌로 만든 거대한 바퀴 주위를 시계방향으로 하루 종일 걷는다. 그러던 어느 날 그 미국인은 반항을 결심한다. 그러고는 갑자기 시계 반대 방향으로 돌기 시작한다. 다른 동료들은 그를 말리거나, 혹은 똑바로 걸으라며 몸을 밀친다. 급기야 한 동료가 그를 붙잡고는 이렇게 말한다.

"착한 터키인은 언제나 우측 통행을 한다고."[50]

여기서 중요한 것은 걷는 방향이나 이에 반항하는 죄수의 행동이 아니라, 터키에서는 죄수들조차 '착한 터키인'이 되고자 열망했다는 사실이다.

그런데 그 말은 어떤 효과가 있었을까? 서구의 과학, 그리고 터키의 민족주의적 유사 과학으로 국가를 통합할 수 있었는가? 당시 터키 경제는 1920년대의 바이마르 공화국의 하이퍼인플레이션, 혹은 1930년대 파시즘의 등장을 재촉했던 끔찍한 대공황의 위험과는 거리가 멀었다. 터키는 다른 제1차 세계대전 패전국들보다 더욱 강력한 경제 성장을 보여주었고, 또한 파시즘과 공산주의, 사회적 분열, 그리고 학살의 위험성을 누구보다 경계하고 있었다. 그 네 가지는 당시 터키 상황에서 얼마든지 현실적으로 일어날 수 있는 재앙이었다.

오늘날 터키는 쿠르드 분리주의자들과의 갈등으로 많은 어려움을 겪고 있다. 2015년 10월에 터키는 현대 역사 속에서 가장 끔찍한 테러 참사를 경험했다. 당시 IS 조직과 연계된 자살폭탄 테러범이 97명의 사람들을 죽였고, 사망자들 중 많은 사람이 쿠르드족을 지지하는 평화 시위에 참석한 이들이었다. 많은 쿠르드족 사람들은 테러범을 막지 못한 것과 분리주의자들을 공격한 것에 대해 에르도안 대통령을 거세게 비난했다. 아타튀르크 역시 쿠르드족의 독립을 환영하지는 않았지만, 많은 쿠르드족 사람들에게(그리고 아시리아인들에게) 그들 또한 터키의 합법적인 국민들이며, 그러한 신분에 따른 모든 특권을 평등하게 누릴 수 있다는 믿음을 주었다. 아타튀르크는 쿠르드족 지도자들에게 서한을 보내어 그들이 '신성한 단일체를 함께 이루고 살아가는 진정한 형제들'임을 강조했다.[51] 아타튀르크는 쿠르드족의 분리 요구를 무시하지는 않았지만, 극단주의자들의 폭력적인 행동을 묵인하지는 않았으며, 이들이 터키의 경제 발전에서 중요한 역할을 담당하도록 설득했다.

우리는 여기서 '아타튀르코노믹스Atatürkonomics'에 대해 평가를 내릴 수는 없다. 그것은 아타튀르크의 경제 정책이 지극히 절충주의적이었기 때문에, 다시 말해 여러 가지 접근방식이 혼합되어있었기 때문이다. 당시 터키의 야당인 자유공화당은 아타튀르크의 이러한 경제 노선에 강한 반대 입장을 표명하고는 자유방임 체제를 내세웠다. 터키는 한동안 자유시장 체제를 유지했지만, 그 이후에 뉴딜 정책과 같은 정부 규제 시스템으로 넘어갔다. 어쨌든 터키 경제는 1920년대에 이어, 대공황의 거센 폭풍 속에서도 30년대에 이르기까지 5퍼센트에 달하는 높은 성장률을 보여주었다.

아타튀르크가
남긴 것

아타튀르크는 많은 국민들로부터 사랑을 받았고, 외국의 지도자들로부터도 박수를 받았다. 하지만 일부 평론가들은 그를 독재자라 불렀고, 실제로 그는 독재자로서의 면모를 종종 드러냈다. 다당제 민주주의는 아타튀르크가 물러나고 한참 후에야 터키 정치판에 모습을 드러냈다. 그는 쿠르드와 아르메니아 사람들의 어려움을 외면했다. 하지만 어떤 개인이나 단체 혹은 패거리가 아타튀르크보다 당시 터키를 더 잘 통치할 수 있었을까? 얼마 전 나는 터키 정치학자와 함께 이야기를 나눈 적이 있었다. 그는 아타튀르크가 개혁 과정에서 "지나치게 빠른 행보를 보였다."고 평가했다. 그는 아타튀르크가 좀 더 장기적인 관점에서 개혁을 추진했어야 했다고 말했다. 하지만 나는 좀 생각이 다르다. 터키 공화국이 위원회, 혹은 하위 위원회를 신설하여 개혁 정책을 추진했더라면, 여성들에게 평등한 권리를 부여할 것인지, 혹은 전국의 학교에서 과학을 가르치도록 할 것인지를 결정하기 전에 개혁 작업은 좌초되고 말았을 것이다. 물론 여러 가지 측면에서 아타튀르크는 극단주의자였다. 하지만 그는 무엇을 위한 극단주의자였는가? 1964년 미 공화당 대통령 후보 배리 골드워터Barry Goldwater의 도발적인 선언이 떠오른다.

"자유 수호를 위한 극단주의는 악덕이 아니다. 그리고 …… 정의 실현을 위한 온건주의는 미덕이 아니다."

아타튀르크는 성인이 아니었고, 그의 숭고한 사명도 이기심에 의해 오염될 수 있었다. 그럼에도 그는 전쟁에서 패배한, 다양한 언어가 공존하는 제국의 방향을 서구의 문명화 쪽으로 전환했고, 그 과정에서 국민의 자존심을 회복할 수 있었다. 그리고 그 자부심은 신의 뜻이 아니라, 터키의 모든 국민들의 땀방울로부터 비롯된 것이었다.

아타튀르크는 용감하고 낙관적인 인물이었다. 1926년에 그를 암살하고자 공모했던 사람들이 체포되었다. 아타튀르크가 지켜보는 가운데, 경찰은 그들 중 한 명을 끌어내어 심문을 했다. 그때 그는 앞에 서 있는 사람이 아타튀르크라는 사실을 알지 못했다. 그는 자신이 아타튀르크의 암살 임무를 맡았으며, 그 이유는 지도자가 나라에 피해를 입히고 있기 때문이라고 했다. 아타튀르크는 물었다.

"그런데 한 번도 보지 못한 사람을 어떻게 죽이려고 했는가? 다른 사람으로 착각할 수도 있을 텐데."

그러자 그는 총을 쏘기 전에 다른 동료가 아타튀르크를 지목해주기로 되어있었다고 했다. 그러자 아타튀르크는 자신의 권총을 뽑아서 암살자에게 건네고는 이렇게 말했다.

"내가 바로 무스타파 케말이다. 어서 이 권총으로 나를 쏴라."[52]

하지만 암살자는 바닥에 주저앉아 흐느껴 울 뿐이었다.

그러나 아타튀르크는 문명화된 공화국의 지속가능성에 대해서만큼은 낙관적이지 말았어야 했다. 그는 이렇게 말했다.

"문명은 이를 무시하는 자들에게 희생을 요구하는 무서운 불길이다."[53]

그의 '무서운 불길'이라는 표현은 얼핏 성경의 한 구절처럼 들리기도 한다. 오늘날 우리는 전 세계적으로 급격한 퇴보의 흐름을 목격하고 있다. 그리고 탈레반이나 IS와 같은 테러 단체들은 종교적인 열병을 이용하여 말 그대로 도시를 불바다로 만들고 있다. 그들은 통제되지 않는 젊은이들의 무모한 분노를 자극한다. 이러한 현실은 아타튀르크의 낙관주의가 잘못되었음을 말해준다. 세상을 파괴하고자 하는 반문명 세력은 더욱 쉽게 힘을 끌어모을 수 있고, 더욱 쉽게 사람들의 열광을 자극할 수 있다. 문명화된 세상에서 사람들은 밤에 가족끼리 둘러앉아 먹고 마시며 TV를 본다. 혹은 여름날 밤에 밖으로 나가서 '1812 서곡'에서 터져 나오는 실감나는 대포 소리를 듣는다. 반면 문명화되지 않은 세상의 사람들은 밤에 나가서 실제 대포 소리를 듣는다.

1938년 아타튀르크의 건강 상태가 악화되었고, 간경변증으로 진단을 받았다. 그리고 얼마 지나지 않아 세상을 떠났다. 그의 정적들은 어쩌면 당연하게도 알코올을 사망의 원인으로 꼽았다. 돌마바흐제 궁전 침실에 걸린 시계는 여전히 그가 사망한 오전 9시 5분에 그대로 멈춰 있다. 이는 또한 승리의 상징이다. 과거의 오스만 시계는 오래되고 혼란스러운 오스만 숫자를 사용했고, 거기서 '5'는 곧 '0'을 의미하기도 했다. 아타튀르크는 죽음을 맞이하면서까지 현대화에 기여했던 것이다.

아타튀르크는 모든 일에서 성공을 거두지는 못했다. 그의 결혼 생활은 2년밖에 가질 못했다. 그러나 그는 오랜 기간에 걸쳐 7명의 양녀와 한 명의 양자를 맞아들였다. 그리고 그의 딸들 중 하나는 세계 최초 여성 전투기 조종사가 되었다. 아타튀르크는 여덟 자녀의 아버지이자 공화국 전체의 아버지였다.

8장

동양과 서양의 만남, 메이지 유신

메이지 시대 유신론자들의 사명

- 봉건 막부체제를 무너뜨리기
- 강력한 사무라이 계급 철폐하기
- 조합을 폐지하고, 사회적 유동성과 글을 읽고 쓰는 능력을 높이기
- 전통을 유지하면서 미래로 도약하기

흔히들 일본인이 미국이나 유럽인들보다 더 잘 협동한다고 말한다. 영광스런 1980년대에 토요타와 혼다, 닛산은 포드와 크라이슬러, GM을 압도했다. 경영 전문가들은 일본의 '품질관리 조직quality circle(품질 향상을 위해 의견을 나누는 기업 내 조직 – 옮긴이)'을 칭송했다. 그리고 미국의 공장 근로자들도 매일 아침 일찍 출근해서, 사가를 제창하고, 일사불란

하게 움직이는 일본의 방식을 따라야 한다고 주장했다. 당시 일본은 절대 실패할 것처럼 보이지 않았다. 1987년에 출간된 일본을 하나의 기업으로 바라보았던 책의 제목은 『실수 없는 경영의 기술The Art of Fumble Management』이었다.[1] 그러나 비상하던 일본 경제가 25년간의 장기 정체로 접어들 무렵, 1990년대 일본을 향한 세계적인 열광은 점차 식어가기 시작했다. 일부 사회 심리학자들은 일본의 '집단주의 정신'을 비판했고, 다른 학자들은 일본인들이 서구인들에 비해 단지 집단의식이 높을 뿐이라고 하는 연구 보고서를 내놓았다.[2] 그럼에도 세계 역사에서 가장 극적인 혁명들 중 하나인 메이지 유신을 들여다볼 때, 우리는 일본인들의 협력에 관한 많은 사례들을 만나게 된다. 이 장에서는 한 명의 영웅이 아니라, 수많은 용맹한 지도자들이 이룩한 성취에 초점을 맞추고 있다. 그들은 200만 명에 이르는 무시무시한 사무라이에 맞서 낡은 체제를 허물어뜨리는 방법을 알고 있었다.

단단히 붙잡지 않으면
허물어진다

밤이 깊었다. 사카모토 료마坂本龍馬는 잠들어있다. 그리고 그의 곁에 검이 놓여있다. 그는 검을 잘 쓰는 사람이다. 그리고 다다미 방 건너편에는 동료가 누워있다. 그 역시 검을 잘 다룬다. 어젯밤 두 사람은 촛불을 불어 끄고는 문을 닫고 잠을 청했다. 료마와 그의 동료는 20대 젊은이였지만 성숙했고 사방에 적들이 우글대고 있었다. 그들은 경쟁과 질투로 가득한 스포츠 세상의 경쟁자가 아니라, 무시무시한 실제의 적이었다. 그중에는 그 나라에서 가장 악명 높은 사무라이도 있었다. 료마와 그의 동료는 한밤중에도 초병처럼 깨어 주변을 살펴야 했다. 하지만 무척이나 피곤했던 어제 하루 때문에, 두 사람은 의지와는 달리 잠이 들고 말았다. 그렇게 두 사람은 1866년 교토 외곽의 데라다야寺田屋라고 하는 숙소에서 위험에 빠져들고 말았다.[3]

이미 20명가량의 사무라이들이 그 숙소를 둘러싸고 있었다. 그들은 매복이 들켰을 때를 대비하여 탈출 가능한 모든 통로를 막고 있었다. 당시 그곳에서 일하고 있던 젊은 여인인 오료는 료마와 그의 호위 무사의 얼굴을 보았다. 두 사람이 숙소에 도착했을 때, 오료는 그들의 검은 눈동자 속에서 극도의 긴장과 피로를 확인했다. 그들이 잠자리에 들고 나서, 오료는 뜨거운 목욕물에 몸을 담갔다. 그리고 편안하게 고개를 뒤로 젖혔을 때, 갑자기 문이 열리는 소리가 들렸다. 그리고 저편에서 촛불에 비친 창의 번쩍임을 보았다. 오료는 벽에 걸어놓은 옷으로 손을 뻗었지만 닿지 않았다. 어쩔 수 없이 벗은 몸으로 뒤쪽의 의자를 넘어 료마의 방으로 달려가 위험을 알려주었다. 료마와 그의 친구는 방을 빠져나와 오료에게 이불을 덮어주고는 비밀 계단 쪽으로 그녀를 내려보냈다. 그리고 서둘러 바지를 꿰어 입고는 검을 쥐었다. 료마는 다른 한 손으로 검이 아닌 다른 것을 잡았다. 그것은 '스미스 앤드 웨슨' 권총이었다. 황량한 서부의 결투를 벌이기라도 하듯 료마는 완전히 장전을 해두었다. 그는 미국이 이 모든 미친 것들을 만들어냈다고 생각했다.

료마와 동료는 구석에서 몸을 웅크리고는 암살자들이 계단으로 올라와 옆방으로 들어가는 소리를 들었다. 사무라이들은 칼을 휘두르며 료마가 숨어있던 방으로 곧장 들이닥쳤다. 료마는 가구 뒤로 몸을 날리며 권총을 발사했다. 6발 모두 적중했고, 6명이 쓰러졌다. 하지만 사무라이들은 멈추지 않았다. 총알을 다시 장전하는 동안 그들의 검은 이미 가까이 다가왔다. 한 젊은 사무라이가 료마를 덮쳤고, 그의 검이 료마의 왼팔을 베었다. 권총이 바닥으로 떨어졌다. 료마와 동료는 칼을 휘둘렀고, 적들의 손에서 몇 개의 검이 떨어져 나갔다. 대체 사무라이들은 몇 명인 것일까? 그들은 압도적인 수로 두 사람을 포위해 들어왔다. 그때 료마의 눈에 창문 하나가 들어왔다. 두 사람은 선반을 잡고는 창문을 통해 안 마당으로 뛰어내렸다. 하지만 거기에는 출구가 없었다. 두 사람은 사무라이들보다 몇 걸음 앞서 다시 건물 안으로 들어갔고, 방과 방 사이에 놓인 장지문을 뚫고 달아났다. 한 침실에서 자고 있던 젊은 남녀가 허겁지겁 도망치는 2명의 칼잡이를 보고는 소스라치게 놀랐다. 두 사람은 결국 건물의 틈을 발견했고, 검과 물건을 버려둔 채 도망을 쳤다. 그러나 그 사무라이들은 포기하지 않을 터였다. 그들은 또 다시 료마를 찾아올 것이었다. 다음에는 어떻게 대처해야 할 것인가?

료마의 강인함과 용맹함은 많은 일본인들에게 영감을 주어, 7편의 TV 드라마와 6편의 소설 그리고 5편의 영화와 다양한 비디오 게임으로 나왔으며, 긴 머리의 무사가 다양한 형태의 피규어나 심지어 라테아트 장식으로 선을 보였다. 하지만 료마가 일본 역사책에 그의 이름을 남길 수 있었던 것은 화려한 검 실력 때문이 아니라, 영웅적이고 치밀한 정치적 행보 때문이었다. 일본의 한 유명 방송국에서 실시한 설문 조사는 일본인들이 나폴레옹을 제치고 료마를 세상에서 가장 영향력 있는 역사적 인물로 꼽았다는 사실을 보여주었다. 그 설문 결과에서 월트 디즈니는 40위, 셰익스피어는 87위를 차지했으며, 퀸의 프레디 머큐리는 셰익스피어보다도 앞선 52위에 이름을 올렸다.[4] 그리고 목록의 맨 마지막에 매튜 페리Matthew Perry의 이름이 보인다. 여기서 매튜 페리는 TV시리즈 〈프렌즈Friends〉에 나왔던 배우가 아니라, 1853년 도쿄 항에 증기선을 타고 들어왔던 미국의 제독을 말한다. 료마와 페리 두 사람은 일본의 정치와 문화 속에서 혁명을 통해 일본을 보다 개방적이고, 근대적이고, 자유로운 국가로 만든 인물이다. 이후로 일본은 어딜 가나 비슷비슷한 작은 촌락의 문화에서 철을 근간으로 건설된, 외국과의 무역에 크게 의존하는 번잡한 도시의 문화로 변화했다. 이 장에서 우리는 에도 막부의 몰락과 메이지 유신의 탄생을 살펴볼 것이다. 그들의 역사 속에서 우리는 왕족 가문을 즉결심판으로 처단하거나(1917년 러시아), 왕을 단두대로 보낸(1789년 프랑스) 무시무시한 내전이나 유혈이 낭자한 혁명 없이, 전통적인 체제를 완전히 뒤엎는 데 성공했던 드문 사례를 확인할 수 있다.

료마가 데라다야에서 탈출했던 이야기는 우리에게 두 가지 중요한 논의 주제를 가져다준다. 첫째 사무라이의 역할과 내부적인 분열. 둘째 스미스 앤드 웨슨 권총이다. 미국 서부시대의 산물인 권총과 그 사촌격인 소총이 없었더라면 메이지 유신은 성공을 거두지 못했을 것이다. 이제 그들의 이야기가 오늘날 우리에게 어떤 의미가 있는지 살펴보도록 하자.

양날의 검,
봉건주의 막부 체제

도쿠가와 가문은 1603년 이후로 일본을 지배했다. 물론 일본에서 명목상 천황이 쇼군보다 높았지만, 그 존재는 장검의 손잡이에 달린 보석과 같은 것으로, 화려하게 빛나지만 쓸모가 없었다. 도쿠가와 가문의 쇼군은 일본의 네 섬을 지배하는 막강한 봉건 체제의 맨 꼭대기에 앉아있었다. 쇼군은 천황에게 충성을 맹세했지만, 천황은 쇼군의 허락 없이 함부로 교토를 떠날 수 없었다. 다시 말해, 천황이 군사를 모아 독자적인 세력을 만들거나, 자신의 처우에 대해 불만을 제기하지 못하도록 막을 힘이 쇼군에게 있었다. 1900년에 미국에서는 '그녀는 그저 새장에 갇힌 새일 뿐She's only a Bird in a Gilded Cage'이라는 제목의 노래가 많은 인기를 끌었었다. 이는 화려하지만 갇혀서 살아야 하는 당시 일본 천황의 운명을 묘사하기에 적절한 노래가 될 수 있었을 것이다.

도쿠가와 가문이 지배했던 에도막부 시절의 봉건적인 계급 구조에 대해 잠시 살펴보는 시간을 갖자. 가장 먼저, 봉건시대의 영주에 해당하는 270개 지역의 다이묘들이 있다. 이들은 자신이 다스리는 지역에서 생산되는 농작물(주로 쌀)에 대한 권리를 갖고 있다. 다이묘는 그들만의 고유한 법률 및 징수 체제를 부여할 수 있었고, 동시에 수입의 일부를 쇼군에게 '공물'로 바쳐야 했다. 쇼군은 다이묘들이 반역을 꾸미지 못하도록, 그리고 지역의 생산물을 몰래 빼돌리지 못하도록, 그들이 고향과 에도를 번갈아가면서 살도록 했고(루이 14세 역시 귀족들을 베르사유 궁전에 머물도록 했다), 여러 채의 집에 거주하기 위한 비용을 직접 부담하도록 했다. 그리고 한 발 더 나아가, 다이묘들이 고향에 거주하는 동안에는 아내와 자식들이 대신 에도에 올라와 있도록 했다. 이들은 쇼군의 확실한 인질이었다. 사무라이 계급에서 가장 높은 자들인 다이묘는 연간 약 쌀 5만 부셸bushels(약 1,350톤에 해당한다 – 옮긴이)을 거두어들였다.[5] 유교적 사고방식은 수직 체계와 질서정연한 계급 구조를 중요시한다(영국의 엘리자베스 시대에는 천사에서 국왕, 노동자 그리고 짐승까지 포괄하는 계급 구조인 '존재의 거대한 고리Great chain of being'를 주창했다). 다음으로 영주인 다이묘 아래에는 일반 사무라이들이 존재했고, 이들은 정부 관리나 명예로운 군인으로서의 역할을 했다. 당시 사무라이 계급의 규모는 그 가족들까지 합쳐 전체 3,000만 명의 인구 중 약 200만 명에 달했다. 막부는 사무라이들의 충성심을 유지하기 위해 이들 모두에게 봉급을 지급했다. 그리고 사무라이 밑에는 전시에만 전쟁터에 나서는 농부들이 있었다.

가장 흥미로우면서, 어떤 점에서 사무라이 계급 중 가장 불쌍한 로닌浪人들이 있었다. 이들은 영주를 잃고 방랑하는 사무라이들을 말한다. 영주가 죽거나, 혹은 영주로부터 버림을 받을 경우, 사무라이들은 거리를 떠돌게 된다. 로닌이란 '방랑자'라는 뜻이며, 그들은 바다를 표류하듯 일본 전역을 떠돌아다녔다. 원래 영주가 사망한 경우, 그를 따랐던 사무라이들은 죽음에 대한 책임으로 할복 의식을 수행하도록 되어있었다. 그럼에도 할복을 하지 않은 로닌들은 치욕스럽게 도망다니는 삶을 살아야 했다. 이 장 후반부에서는 다시 사카모토 료마의 이야기로 돌아가서, 그가 어떻게 명예로운 사무라이들을 로닌으로 전락시켜버렸는지 확인해볼 것이다.

사무라이 밑에 있는 평민 계급에는 촌장에서 시작해서 농부 그리고 사무라이들의 칼을 만들고 다듬는 장인들이 있었다. 그리고 계급 구조의 맨 아래에는 비참한 삶을 살아가는 더러운 거지인 히닌非人과 불가촉천민으로서 시체를 처리하고 사형을 집행했던 에타穢多가 있었다.[6] 당시 인구 조사원들은 이들을 합계에 넣지 않았다. 그들은 동물로 분류되었고, 나병 환자들처럼 격리된 지역에서 살았다. 1871년 일본 정부는 히닌과 에타의 용어 사용을 공식적으로 금지했지만, 그 의미는 여전히 남아있다.

누가 사무라이를 죽였나?
상인들의 복수

히닌과 에타의 바로 위에는 조닌町人이라는 상인 및 수공업자 계급이 있었다. 에도 막부가 무너진 이유를 이해하기 위해서 우리는 이 계급을 주의 깊게 살펴볼 필요가 있다. 사무라이들은 명예를 모르고, 예의범절을 지키지 않으며, 오로지 돈만 밝히는 상인들을 경멸했다. 상인들은 물리적인 공격으로부터 스스로를 지킬 힘이 없었다. 검을 차고 다닐 수 있는 것은 오로지 사무라이들뿐이었다. 1500년대 말 도요토미 히데요시는 농부들이 가지고 있던 무기를 반납하도록 했다. 상인들은 불가촉천민이 아니었음에도 사회적 기생충 취급을 받았고, 문명사회의 어두운 구석에서 살아야 했다.

사무라이와 상인들 간의 사회적 격차는 대단히 컸고, 이러한 현상은 에도 막부의 내부적 분열을 가속화했다. 사무라이들은 상인들에게 점점 더 많은 빚을 지게 되었다. 그리고 당시 상인들은 천민 계급에 속했기 때문에, 그러한 사실은 사무라이들에게 굴욕감을 주었다. **사회적 사다리에서 아래 칸의 사람들이 위 칸의 사람들을 나무랄 수 있다는 사실은 사회의 근간을 흔들기 시작했다.**

여배우 페이 레이Fay Wray와 토끼털로 뒤덮인 66센티미터 고무 인형이 출연했던 오리지널 〈킹콩〉 영화의 결말에서 남자 주인공은 이렇게 말한다.

"야수를 죽인 것은 미녀였어."

무시무시한 사무라이들은 고층 빌딩에서 떨어지지도, 비행기를 건드리지도 않았다. 1800년대 후반에 그들을 죽인 것은 오늘날 우리가 아름답고 가치 있게 생각하는 것, 즉 평화와 번영이었다. 스파르타 전사들을 떠올리게 만드는 사무라이들의 규율(나중에 '무사도'라고 불리는)은 자기절제와 자기희생, 용기를 강조했고, 물질적인 이익을 좇는 자들을 무시했다. 사무라이는 적에게 달려들어 그들의 배를 가르거나, 혹은 주어진 임무를 완수하지 못했을 때 자신의 배를 갈랐다. 그들은 언제나 전쟁에 나갈 준비를 하고 있었다. 그런데 여기에 문제가 있다. 사무라이가 하는 일의 대부분은 그렇게 가만히 서서 대기를 하는 것이었다. 다시말해, 그들은 대부분의 시간을 빈둥거리며 돌아다녔다. 그건 그들의 잘

못은 아니었다. 적들이 모두 사라졌을 때, 쇼군이 반란을 진압하고 외국의 군대를 항구에서 물리쳤을 때, 대체 사무라이들의 할 일이 무엇이란 말인가? 반면 나라와 마을이 평화로울 때, 상인들은 활발하게 교역을 하고 상업 문화를 발전시켰으며 이로 인해 점점 더 많은 부를 쌓아갔다. 이제 상인들은 사회의 기생충이 아니라, 도심과 오지를 오가며 쌀과 신발 그리고 비단 기모노를 사고파는 일꾼이었다. 그러나 사무라이들은 안타깝게도 상인들과 잘 지내지 못했다. 사무라이들은 사회적 존경을 받았지만, 실업자 신세를 면치 못했다. 그들의 임무는 사람을 죽이는 일이었고, 너무도 많은 시간을 기다려야만 했다. 당시 사무라이들의 고통은 4장에서 살펴보았던 오스트리아 마을 마리엔탈의 이야기를 떠올리게 한다. 지역 공장이 갑자기 문을 닫자, 마리엔탈 마을 주민들은 모두 우울증에 빠지고 말았다. 사무라이들 역시 비슷한 감정을 느꼈을 것이다. 당대를 살았던 한 사람은 이렇게 말했다. "사무라이 행세는 쉽지만, 사무라이 정신을 지키기란 어렵다. 그들은 자존감을 잃어버렸다. 마치 수레가 언덕 아래로 굴러떨어지는 것처럼, 사무라이 정신도 끝없이 추락하고 있다."[7]

사무라이의 빚
그리고 죽음의 소용돌이

일반 사무라이는 물론 다이묘들까지 품위 유지를 위해 상인들에게 돈을 빌리기 시작하면서, 언덕을 향해 내리닫는 수레는 통제가 불가능해지고 말았다. 쇼군이 막대한 부를 과시하면서, 다이묘들 역시 에도에 있는 쇼군을 찾아가면서, 다시 고향 땅으로 돌아오면서 사치스런 의복과 패물을 자랑했다. 그런데 어디서 돈을 구해야 할까? 이를 위해 그들은 더 많은 농작물들을 상인들을 통해 내다 팔았다. 덕분에 상인들은 그들의 경멸을 받으면서도 점점 더 강력해져갔다. 마찬가지로 사무라이들 역시 비단이나 번쩍이는 칼처럼 19세기에 어울리는 부를 드러내 보였다.

에도 시대의 경제는 성장을 거듭했고, 모두들 부를 과시하기 위해 난리였다. 이러한 흐름은 가정의 식탁에서도 나타났다. 간단한 예를 하나 들어보자. 에도 막부 초기에 사람들은 일반적으로 다른 집을 방문할 때 자신이 먹을 것을 가지고 갔다. 그리고 집주인은 대개 차가운 국만 내어주었다. 1816년 당시의 한 사람은 이렇게 설명했다.

"사람들은 술과 음식을 엄청나게 많이 먹고 마셨으며, 그들이 만든 과자 속에는 온갖 맛난 음식들이 들어 있었다."

세월이 흘러 집주인들은 더 이상 차가운 국만으로 손님들을 대접할 수 없게 되었다.

"예를 들어 품격 있는 식사 1인분의 가격은 쌀 두세 가마니, 혹은 네다섯 가마니에까지 이른다 …… 이제 시골 마을이나 뒷골목에 사는 하층민들조차 차가운 국을 먹기 싫어한다."[8]

그 관찰자가 식사의 가격을 어떻게 쌀로 환산했는지 생각해보자. 당시 쌀은 교환의 매개체였다. 에도 막부의 경제가 복잡하게 성장하면서 화폐와 신용이 필요하게 되었고, 교토와 오사카에서 쌀 창고와 시장을 운영하는 은행가와 중개인들이 그 관리를 맡게 되었다. 물론 다이묘와 사무라이들은 당장 상인들을 쫓아내거나 혹은 머리를 베어버리고픈 유혹을 느꼈을 것이다. 어떤 다이묘는 1년에 30만 부셸(약 8,100톤에 해당한다 ─ 옮긴이)의 쌀을 거두어 들였지만 그 50~60배에 달하는 빚을 지고 말았다.[9] 과도한 차입은 2008년 미국 부동산 시장의 전유물이 아니었던 것이다. 사무라이들은 부채를 갚지 않고, 물건을 훔치고, 혹은 상인들을 그냥 죽일 수도 있었다.[10] 하지만 그렇게 죽은 상인들은 무덤 속에서도 보복을 할 수 있었다. 죽음을 당한 동료의 소식을 전해들은 살아있는 상인들은 게으름뱅이 다이묘나 부도덕한 사무라이에게 더 이상 돈을 빌려주지 않았다. 이제 상인들은 사무라이 신발 속 성가신 돌멩이에서 그들의 발을 더욱 단단히 옥죄는 신발 끈과 같은 존재가 되었다.[11]

에도 막부 체제가 무너진 것은 모든 것이 잘못되어서가 아니다. 시대의 전반적인 어려움은 소득 감소와 무역 경로의 붕괴, 전염병, 혹은 외세의 침략으로부터 비롯되지 않았다. 오히려 그 반대였다. 에도 막부가 무너진 것은 소득 증가, 무역 확대, 수명 연장, 상대적인 평화의 시대를 감당할 수 있는 사회적 통합 시스템을 마련하지 못했기 때문이었다. 농부들은 때로 부패한 관리들에게 저항을 하고, 흉작에도 불구하고 곡물을 강제로 빼앗아간 상인들에 맞서 싸우기도 했다. 하지만 그건 예외적인 경우에 불과했다.

당시의 징수 시스템이 경제 발전을 심각하게 가로막았던 것도 아니었다. 오히려 농민들이 생산량을 더욱 늘리도록 자극하는 기능을 했다. 그 이야기는 이렇다. 농부들이 기존의 인구 조사 및 토지 생산량을 기준으로 연간 세금을 지불하고 나면, 추가적으로 생산한 벼와 콩, 밀에 대해서는 아주 적은 세금밖에 부과되지 않았다. 그랬기 때문에 농부들은 품질이 향상된 비료와 쟁기 등 신기술을 적극적으로 받아들였다. 추가적으로 더 많은 작물을 생산할수록, 이에 대한 세율은 0퍼센트까지 떨어졌다. 또한 더 적은 일손으로 더 많은 농작물을 생산하게 되면서, 인구는 도시로 몰려들었다. 특히 오사카 지역에서는 면방직 산업이 번성했다. 글을 읽고 쓰는 인구의 비중도 크게 증가하여, 남성들의 경우 거의 절반 정도가 가능했다(여성의 경우는 15퍼센트 정도에 불과했다).[12]

그리고 그동안 천박하고 어리석다고 무시를 받아왔던 상인들은 화가나 극작가들을 후원함으로써 도시를 기반으로 그들의 예술적 지평을 넓혀 나갔다. 드가와 마네에게도 영감을 주었던 일본의 목판화 작품들은 1800년대 일본 도시의 삶을 잘 묘사하고 있었고, 에로틱한 여성과 스모 선수 그리고 가부키 배우 등이 그러한 작품의 소재가 되었다. 이러한 목판화 작품들은 우키요에浮世繪라는 이름으로 불렸으며, 그 의미는 '표류하는 세상', 즉 도시의 덧없는 쾌락적 삶을 뜻한다. 하지만 나는 이름 속에서 두 번째 의미를 발견한다. 그것은 에도 막부 시대의 엄격한 사회적 질서가 균열을 드러내기 시작했으며, 계급을 구분하는 경계가 이동하고, 흐려지고, 궁극적으로 바다로 둥둥 떠내려가기 시작했음을 의미하는 것이다.

나는 아직 에도 막부의 몰락을 초래했던 또 한 가지 중요한 요인을 언급하지 않았다. 그 시절 일본의 애국자들은 바다 저편에서 깜빡이는 불빛을 발견했다. 그리고 그 불빛들이 점차 가까워지면서, 일본 초병들은 거기에 달린 깃발을 확인할 수 있었다. 그것은 다름 아닌 성조기였다. 그 광경은 일본인들에게 마냥 즐거운 것만은 아니었다. 표류하던 세상이 더욱 무서운 소용돌이 속으로 빠져들지 모를 일이었다.

서양의 승리와
쇼군의 패배

일본인들이 높은 코에 커다란 눈을 한 서양인들을 처음으로 본 것은 그로부터 200년 전이었다. 셰익스피어가 『폭풍우The Tempest』를 집필하기 반세기 전인 1542년, 포르투갈 탐험가들의 배가 거대한 폭풍우를 만나 규슈 지역으로 떠밀려오게 되었다. 그때 창을 든 일본인들이 난파의 현장으로 몰려와 낯선 이들을 경계의 눈빛으로 쳐다보았다. 얼마 후 그 배에 탔던 선원들은 허기를 느꼈고, 쇠로 만든 기다란 막대기를 가지고 나와 하늘을 향해 쏘았다. 그러자 오리가 떨어졌다. 이를 지켜본 일본인들은 모두 창을 떨어뜨렸다. 그 이후의 100년은 다음 두 문장으로 요약이 가능하다. **외국의 상인들이 일본으로 건너와 도자기, 칠기, 구리, 은을 거래하기 시작했다. 그리고 다음으로 기독교 선교사들이 넘어왔다.** 1600년대에도 막부가 들어섰을 때, 쇼군은 그 선교사들이 점차 신경이 쓰이기 시작했고, 외국의 무역 상인들에게 이용을 당하고 있다는 느낌이 들었다. 그래서 쇼군은 은유적으로 말해서 도개교를 들어올리기로 결심했다. 다시 말해, 선교사와 개종자들을 박해하고, 향후 200년 동안 무역 상인들이 일본 땅에 발을 붙이지 못하게 했다. '모비딕'에서 허먼 멜빌은 일본을 가리켜 "이중으로 문을 걸어 잠근 땅"이라고 표현했다. 때로 새로운 지성의 물결이 그 섬으로 밀려오긴 했지만, 그때마다 일본은 고립의 끈을 더욱 옥죄었다. 이후 1720년이 되어서야 일본은 의학, 군사, 지리 분야의 책들에 대한 수입을 허용했다. 그때 일본인들은 중국 의학에 기반을 둔 그들의 의료 기술이 유럽인들의 해부학적 접근방식에 비해 한참 뒤떨어져있다는 사실을 깨닫고 충격에 빠졌다.

1853년 미국의 제독 매튜 페리가 배를 타고 에도만으로 들어왔을 때, 일본은 쉽게 무시할 수 없는 거대한 세력과 마주하게 되었다. 당시 페리 제독은 밀러드 필모어Millard Fillmore 대통령과 대니얼 웹스터Daniel Webster 국무장관 그리고 미 의회의 결의에 따라 일본으로 건너왔다. 저널리스트 호레이스 그릴리Horace Greeley가 "젊은이들이여 서부로 가라"고 말했을 때, 이는 오리건이나 캘리포니아와 같은 지역을 언급한 것이었다. 그러나 1850년 무렵에 이들 서부 지역은 이미 개척된 땅이었다. 당시 백악관이 페리에게 전한 것은 이런 메시지였다.

"진정한 서부로 가라."

그리고 그는 그렇게 했다. 영국이 중국의 문호를 성공적으로 개방시켰듯이, 페리 제독은 일본의 문을 열겠다는 사명을 안고서, 검은 연기를 내뿜는 네 척의 배를 몰고 일본으로 향했다. 또한 당시 미국은 포경

선의 원료 공급을 위한 안전한 항구를 물색하고 있던 중이었다(당시 고래잡이는 미국에서 다섯 번째로 큰 산업이었다). 일본인들은 예전에 그러한 해군력을 한 번도 본 일이 없었다. 16세기 섬마을 사람들이 포르투갈인들의 소총을 보고 깜짝 놀랐던 것처럼, 일본의 엘리트들은 두려움을 느끼고, 진실을 외면한 채 아무런 대응을 하지 못했다. 페리 제독은 필모어의 서한만을 전하고는 그대로 떠났고, 6개월이 지나서 다시 돌아왔다. 이번에는 일곱 척의 증기선에 장난감 열차 세트까지 선물로 싣고 왔다. 그때까지만 하더라도 일본인들은 장난감 기차는 물론 진짜 기차도 본 일이 없었다. 그리고 머지않아 그들은 그 야만인들이 얼마나 앞선 문명인지를 깨닫게 되었다.

이에 일본은 '야만인들의 책을 연구하기 위한 기관'을 설립했다. 그런데 그 기관은 무엇을 연구했을까? 그것은 전투용 도끼나 약탈 그리고 훈족의 아틸라 등 '야만인'과 관련된 것들이 아니었다. 대신에 그 연구원들은 기차와 전차 그리고 인력거를 연구했다. 그때까지만 하더라도 대부분의 일본인들은 바퀴를 구경한 적이 없었다. 그 이유는 반란 세력이 에도로 대포를 실어나를 수 있다는 두려움을 느낀 에도 막부가 바퀴가 달린 장치를 엄격하게 금지했기 때문이었다. 바퀴와 증기기관이 없었던 1853년의 일본은 군사적으로, 상업적으로 어떻게 미국과 경쟁할 수 있었을까? 그건 지극히 현실적인 질문이었다. 또한 일본인들이 그들의 사회적 구조와 경제를 다시 생각하게 만들고, 이를 완전히 뒤엎도록 자극했던 놀라운 철학적인 질문도 있었다.

"고약한 냄새를 풍기고 온 몸이 털로 덮여있는 이 야만인들이 어떻게 신성한 황제의 아들과 딸들을 앞지를 수 있었단 말인가?"

대구경 권총과 대포 그리고 우월한 기술력에 맞닥뜨린 일본인들은 세상에서 그들이 차지하고 있는 위상과 관련하여 지금까지 큰 착각에 빠져 있었다는 사실을 깨닫게 되었다. 그렇다면 일본 내부의 계급 구조는 어떠한가? 일본의 지도자들은 사회 내부적인 계급 구조에 대해서도 착각을 하고 있었던 것이 아닐까? 왜 천민이 사무라이 위에 군림할 수 없단 말인가? 그리고 실제로 그러한 일이 벌어진다면, 사무라이들은 할복을 해야만 하는가?

에도 막부는 몇 년 동안 이러한 질문들을 외면한 채 미국인들의 요구를 일부만 들어주고자 했다. 그러나 이러한 접근방식은 때로 우스꽝스러운 결과를 낳았다. 일본 정부는 첫 번째 미국인 영사인 타운센드 해리스Townsend Harris를 쓰나미로 폐허가 된 외딴 항구 도시인 시모다下田로 내려보냈다. 그리고 14개월 동안 해리스를 찾아와 식량이나 생필품을 가져다주었던 미국인은 한 사람도 없었으며, 일본 주민들은 그에게 질겨서 먹지도 못할 수탉을 팔았다. 게다가 그는 사원 안에서만 생활해야 했으며, 그곳은 너무도 심심한데다가 들쥐로 우글대기까지 했다.[13] 그동안 자기 몸에서 부영사관 한 사람이 빠져나간 것 같다고 말할 정도로 그는 살이 많이 빠졌다. 그럼에도 해리스는 유능한 외교관임을 증명해 보였다. 그는 결국 러시아, 네덜란드, 프랑스, 영국 영사들을 위한 청사진이 될 첫 번째 조약에 쇼군의 서명을 받아냈다. 그 조약으로 인해 일본은 더 많은 항구를 개방하고, 관세를 철폐하고 아편 거래를 단속해야만 했다. 미국인이 일본의 법을 어겼다고 하더라도, 그들은 미국 법정에서 재판을 받았다. 이에 사카모토 료마를 포함한 많은 사무라이들은 불만을 품었다. 예전에 미토_{水戶} 지역을 지배했던 한 유명한 다이묘는 미국인들이 허가도 받지 않고 조사를 하는 것은 물론이거니와, 증기선이 에도만으로 들어오면서 총포를 쏘아대는 광경만 보아도 신물이 난다고 했다. 그는 말했다.

"역사가 시작된 이래로 일본이 겪은 최대의 수모다."[14]

쇼군의 결정에 항의를 하기 위해, 로닌들은 해리스를 찾아가 통역사를 죽였다.[15]

이제 일본은 딜레마에 직면했다. 첫 번째 선택은 굴욕적이라고 하더라도 서양에 문호를 개방하고 그들의 기술을 배우는 것이었다. 그리고 두 번째 선택은 서양인들을 몽땅 몰아내버리는 것이었다. 이러한 중요한 선택의 기로에 선 쇼군의 나이는 겨우 스물아홉이었다. 게다가 그는 병약했고, 상속자도 없었다. 그래도 그는 결정을 내려야 했고, 결국 우호와 통상에 관한 해리스의 조약에 서명을 했다. 미국의 해상력을 상대로 전쟁을 벌인다면, 굴욕적인 패배를 할 것이라 걱정했기 때문이다. 분노한 사무라이들의 항의로 자신의 입지가 불안해진 것을 깨달은 쇼군은 천황의 누이와의 결혼을 제안함으로써 상징적인 존재인 천황으로부터 지지를 얻고자 했다.

많은 다이묘들이 해리스 조약에 반대했고, 쇄국 정책의 철폐를 받아들이지 않았다. 그들은 쇼군을 비난했고, 에도 막부의 불안을 눈치채고는 그 권력을 막다른 길로 몰았다. 또한 "천황을 보위하고 오랑캐를 몰아내자."라는 존왕양이_{尊王攘夷}의 기치 아래 행진을 함으로써 천황을 설득하고자 했다.

막부 체제를 무너뜨리다, 료마의 반란

사쓰마薩摩와 조슈長州 그리고 도사土佐 지역에서는 서양과 에도 막부에 대한 저항의 움직임이 일었다. 게다가 사쓰마 지역의 사무라이들이 요코하마를 찾은 영국인 관광객을 죽이는 일이 벌어졌다. 이에 미국과 영국은 다이묘들의 요새를 폭파함으로써 보복을 했다. 조슈 지역의 다이묘들은 전함을 출격시켜, 남북전쟁 시절의 소총을 가지고 서양의 배를 향해 사격을 가했다. 그러나 사무라이들이 정말로 분노했던 사건은 그 다음에 벌어졌다. 폭격을 당한 서양의 배들을 일본의 조선소에서 수리할 수 있도록 쇼군이 허락을 해주었던 것이다. 그때 사무라이들은 외쳤다. 전쟁이다!

이제 이 장을 시작하면서 소개했던 사카모토 료마의 이야기로 다시 돌아가 보자. 때는 료마를 암살하라는 명령을 받은 쇼군의 자객들이 데라야다 숙소에 침입했던 때로부터 몇 년을 거슬러 올라간다. 료마는 최고의 검객으로 도사 지역의 다이묘를 모시고 있었다. 그곳에서는 약 200명의 사무라이들이 존왕양이를 외치고 있었다. 그들은 자신과 같이 숭고한 뜻을 품은 사람을 가리켜 '시시志士'라고 불렀다. 료마는 당시 그 지역을 다스리고 있던 통치자를 암살하고자 했던 급진적인 집단에 들어갔다. 동시에 료마는 암살의 대상이 지역의 관료가 아니라, 에도에 있는 쇼군이 되어야 한다고 믿었다. 그리고 살인에 능한 방랑자인 로닌의 길을 스스로 선택했다. 그의 첫 번째 목표는 쇼군의 최고 군사 및 정책 자문인 가쓰 가이슈勝海舟라는 인물이었다. 그때만 하더라도 료마는 학문과는 거리가 멀었다. 그는 감자를 키우는 가난한 농촌에서 태어났고, 공부에는 아무런 뜻이 없었다. 어린 시절에는 학교에서 괴롭힘을 당했고, 그건 아마도 그가 허약하게 생겨서, 혹은 그의 아버지가 술을 파는 하급 사무라이였기 때문이었을 것이다. 운동장에서 괴롭힘을 당하는 많은 아이들이 그러하듯이, 료마도 스스로를 지킬 수 있는 힘을 원했다. 그래서 그는 검술과 살인의 기술을 배웠다. 그리고 그 이후로 아이들의 괴롭힘은 멈췄다. 하지만 어른이 되어서는 쇼군과 외국인 침략자들의 괴롭힘에 분개했다.

첫 번째 암살 목표인 가쓰와 맞닥뜨렸을 때, 료마의 검술은 놀라운 경지에 이르러있었다. 그러나 그는 얼떨결에 가쓰와 함께 일본의 미래에 대해 이야기를 나누기 시작했고, 그때 자신의 지적 수준이 아이의 것과 다를 바 없다는 사실을 알게 되었다. 그는 더 많은 공부가 필요하다는 것을 깨달았다. 가쓰는 료마에게 쇼군을 무너뜨리거나 야만인들을 쫓아내는 것만으로는 충분치 않다고 말했다. 야만인들이 바다를 장악할 수 있었던 무기와 기술을 일본은 배워야 했다. 암살 대상이었던 가쓰는 이제 료마의 스승이 되었다. 그는 료마에게 군사 전략과 사회 구조 그리고 미국의 권리장전에 대해 가르쳤다. 료마는 존왕양이를 뛰어넘어야 한다는 것을 배웠다. 일본은 외국인들을 죽일 것이 아니라, 그들의 지식을 배워야 한다. 이후 일본의 전함을 타고 항해를 하는 동안, 료마는 쇼군의 통치를 끝내고, 천황을 옹립하고, 양원제 의회를 설립하고, 현대적인 형태의 해군을 창립함으로써 새로운 일본의 미래를 열어나가기 위한 선중팔책船中八策을 완성했다. 그것은 그가 반드시 이루어내야 할 과제였다. 그리고 그 어떤 것보다 시급한 숙제였다. 정치적 상황이 무르익을 때까지 현대식 해군 창립을 미룰 수만은 없었다. 그래서 료마는 그 스스로 해군 조직(미쓰비시의 전신)을 설립했다. 그의 해군의 첫 번째 사명은 쇼군의 군대를 격파하는 것이었다. 그 이후로 오늘날에 이르기까지 료마는 '일본 해군의 아버지'로 불리고 있다.

그러나 정처 없이 떠도는 로닌이었던 료마는 그 과제들은 혼자서 해결할 수 없으며, 가쓰의 도움으로도 충분치 않다는 사실을 알고 있었다. 그래서 그는 다이묘를 설득하기로 했다. 하지만 다이묘는 이미 다른 다이묘들과 군사적 마찰을 빚고 있었다. 당시 조슈와 사쓰마 지역은 오랜 경쟁 관계를 이어오고 있었다. 그러나 이제 두 지역의 다이묘들은 미국 전투함들을 에도의 조선소에서 수리를 하도록 허락한 쇼군의 결정에 대해 똑같이 분노를 느끼고 있었다. 이러한 상황에서 료마는 검술이 아닌 설득의 기술을 발휘하여 조슈와 사쓰마 사이에 군사적 연합을 이끌어냈다. 에도 막부의 지도자들은 료마의 협상에 관한 이야기를 전해 들었고, 충성스런 암살자를 보내 그를 죽이려 했다. 물론 불만을 품고 있었던 다이묘들 사이에서 합의를 이끌어내기란 결코 쉬운 일이 아니었다. 협상의 대화가 오가던 과정에서 료마는 동료와 함께 데라야다를 찾았지만, 쇼군이 보낸 암살자들 때문에 잠을 깨고 말았다. 료마가 스미스 앤드 웨슨 권총을 꺼내들었던 데라다야의 상황을 다시 떠올려보자. 처음에 "야만인을 몰아내자."고 주장했던 료마가 야만인의 침략을 물리치고자 했던 동포들의 공격으로부터 야만인의 무기를 사용하여 탈출했다는 것은 참으로 아이러니한 이야기가 아닐 수 없다. 하지만 동료 사무라이들을 향해 발사했던 권총을 포함하여 외국으로부터 첨단 기술을 가져오겠다는 료마의 정치적 전략에 비추어볼 때, 그날 저녁의 일은 그에게 아이러니한 사건만은 아니었다.

료마는 스스로 전함을 지휘하면서, 조슈 지역의 농민들로 구성된 민병대가 시모노세키 지역에서 쇼군의 해군을 물리치는 싸움에 힘을 보탰다. 사쓰마 지역 역시 전투를 준비하고 있었다. 미국이 남북전쟁을 치르는 동안, 일본 역시 내전 국면으로 접어들고 있었다. 사쓰마와 조슈 지역은 합심하여 기발하고 대담한 계획을 세웠다. 그건 천황을 납치해서 천황 통치체제로의 복귀를 선언하는 것이었다. 반란군들이 갑자기 진정한 애국자를 자처했다. 이후 료마의 선중팔책은 자신의 군사들이 도륙을 당했던 장면을 지켜보았던 쇼군에게 전해졌다. 200년하고도 반세기 동안 일본을 통치했던 도쿠가와 가문은 료마의 선중팔책을 자신들이 내놓은 것이라 선포했다. 그러나 마지막 쇼군은 결국 1867년 11월에 최고의 자리에서 물러나면서, "자신의 모든 권리는 천황의 손에 달려있다."고 말했다. 이제 모든 선택은 천황에게로 넘어갔다. 그때 천황의 나이는 열넷이었다.

성공적으로 임무를 완수하고 나서 몇 주가 흘러 료마는 교토에 있는 또 다른 여관에 묵게 되었다. 이번에는 그의 동료와 전직 스모 선수였던 호위병과 함께였다. 그날 밤에도 암살자들이 들이닥쳤다. 료마는 또다시 칼을 잡았지만, 이번에는 탈출구를 찾지 못했다. 결국 그는 동료와 스모 선수 호위병과 함께 최후를 맞이하고 말았다. 이 사건으로 폐위된 쇼군의 특별경찰대의 전직 대장은 처형을 당했지만, 그의 암살에 관한 확실한 증거는 밝혀지지 않았다. 비록 료마의 칼과 교묘한 전략 그리고 특히 그의 외교술이 막부 체제를 허물어뜨렸지만, 그 혼자서 그 일을 해낸 것은 아니었다.

오늘날 일본의 많은 정치인들은 어설프게 료마의 이미지에 다가서려 하고 있다. 몇 년 전 일본의 전 법무부 장관은 '스스로 사카모토 료마의 역할을 맡기 위해' 여당인 자민당을 탈퇴했다. 하지만 야당의 한 지도자는 그들이 이미 "료마의 역할을 맡고 있다"고 주장했다. 스스로 료마의 대단한 팬이었던 그 전직 장관은 나중에 "대단히 기분이 나빴다"고 밝혔다.[16] 마치 일본의 모든 정치인들이 료마의 팬인 듯 보인다. 일본 정부가 료마의 근엄하면서 우아한 얼굴을 1,000엔짜리 동전에 새겨 넣었을 때, 동전 수집가들은 액면가의 몇 배를 주고서라도 그 주화를 사들이고자 했다.

메이지 복권인가, 메이지 혁명인가?

그 천황의 이름은 무쓰히토睦仁였지만, 사람들은 그를 메이지明治라 불

렀다. 천황은 검을 다루고, 총을 쏘고, 말을 달리는 법을 알지 못했다. 막부 체제는 무너졌지만, 다음에 어떤 시대가 올 것인가? 일본의 엄격한 사회는 공자의 가르침 없이, 총검과 수치심이 강요하는 계급 제도 없이 잘 돌아갈 것인가? 1980년대 초반에 나온 영화 〈에에자나이카ぇ えじゃないか〉는 혼돈의 시대를 재현해 보이고 있다. 거기에는 농부, 창녀, 매춘업자 그리고 거리에서, 홍등가에서, 술집에서 시끄럽게 노래를 불러대는 전직 사무라이가 등장한다. 그들은 새로운 민주주의의 권리와 양원제 기반의 의회를 환영하지 않았다. 다만 중세시대의 속박이 사라졌다는 사실에 열광했다. 영화의 한 장면에서 기모노를 입고 격렬하게 춤을 추던 여성들이 경찰관을 향해 엉덩이를 내보인다. 이 영화의 영어 제목은 〈Why not?〉이었다. 더 좋든 더 나쁘든 간에 당시 일본인들에게 미래는 활짝 열려있었다.

나는 '메이지 복권Meiji Restoration'이라는 명칭에 동의하지 않는다. '복권'은 천황을 중심으로 대중적 지지를 끌어모으고자 했던 선동가들의 슬로건이었다. 그러나 천황은 12세기 이후로 실질적인 통치를 하지 않았다. 메이지 천황은 반역자로부터 왕좌를 다시 되찾기 위해 숨어서 기다렸던 왕족, 혹은 햄릿과 같은 인물이 아니었다. 막부 체제가 해체되고 난 이후로, 천황은 꼭두각시를 조종하는 사람보다 꼭두각시에 더욱 가까워졌다. 그가 왕좌에 앉아 지켜본 광경은 왕정 체제로의 복고가 아니라 하나의 사회적 혁명이었다.

메이지 유신은 중세의 장벽을 무너뜨리고, 국민의 권리를 위한 헌법을 제정하고, 서구 문명을 숭배했으며, 또한 사무라이를 군인으로 대체해버렸다. 새로운 메이지 체제는 '5개조 서문'을 발표하였으며, 그 안에는 열린 토론을 보장하고, '과거의 악습'을 철폐한다는 내용이 담겨있었다. 혁명의 전반적인 과정은 프랑스나 미국, 혹은 러시아의 경우보다 훨씬 더 평화롭게 진행되었다. 나는 사망자의 수가 너무 적었기 때문에, 역사가들은 메이지 유신을 혁명으로 인정하지 않는다고 생각한다.[17] 그러나 적은 사상자로 혁명을 성취한 것에 대해 일본은 인정을 받아 마땅하다.

메이지 유신과 관련하여 오늘날 우리는 이러한 질문을 던지게 된다. **국가는 (1) 애국심을 유지하면서, (2) 동시에 모든 것들을 뜯어고칠 수 있는가? 그리고 많은 인구가(200만 명의 사무라이) 오랫동안 게으르고, 비생산적이고, 의욕 없이 살아왔다는 사실을 알면서도 어떻게 사회적 통합을 이룩할 수 있을까?** 이러한 질문에 본격적으로 대답을 시작하기에 앞서, 그 어린 천황이 자신의 이름으로 진행된 혁명 속에서 무엇을 보았는지 생각해보도록 하자.

여기서는 천황이라고 하는 인물 자체에 대해서는 자세히 다루지 않을 것이다. 그에 대해 더 많은 정보를 알고 싶다면, 컬럼비아 대학 도널드 킨Donald Keene 교수가 집필한 두꺼운 학술서를 추천한다. 간략하게 말해서, 천황은 일반적인 어린 시절을 보내지 못했다. 그는 궁전에서 멀리 떨어진 작고 평범한 집에서 태어났다. 당시 왕실의 관습은 출산이 부정을 몰고 온다고 생각했기 때문이다. 어릴 적 그는 생모가 아닌 왕비의 손에서 자라났다. 그것은 자신을 낳아준 어머니가 출산 과정에서 사망했기 때문이 아니었다. 그의 생모는 첩의 신분이었기에 자신의 아기를

"우리 아들"이라 부르지 못하고 "폐하"라 불러야 했다. 무쓰히토는 자라서 왕비는 찾았지만, "자신을 낳아준 어머니의 집에는 한 번도 발을 들이지 않았다."[18] 이 증언은 무쓰히토의 독일인 의사로부터 나온 것이다.[19] 여기에 중요한 사실이 있다. 메이지 천황은 한의학을 배운 의사가 아니라, 서양 의술을 배운 의사를 선택했다는 것이다.

서쪽으로 향하다, 이와쿠라 사절단

메이지 천황이 권좌에 올랐을 때, 존왕양이 대신에 '문명개화文明開化'가 국가의 슬로건이 되었다. 료마의 선중팔책에서 부분적으로 영감을 얻은 5개조 서문은 사람들이 '부조리한 관습'을 떨쳐버리고, '세상이 인정한 관습'을 받아들이도록 촉구했다. 드디어 서구 문명을 향한 열망이 시작되었다. 이러한 흐름은 때로는 피상적으로, 때로는 깊이 있게 이루어졌다. 전직 사무라이들은 상투를 잘라버리고, 이발소에서 서구식으로 머리를 잘랐다. "이발소에서 자른 머리를 때리면 '문명개화'라는 소리가 난다."라는 노랫말이 크게 울려 퍼지기까지 했다. 결혼한 여성이나 귀족들은 눈썹을 밀어버리고 치아를 검게 만드는 화장법을 중단했다. 양치질은 일상적인 습관으로 자리 잡았다. 서양인들처럼 불교 신자도 소고기를 먹었다. 그리고 에도 시대에 일반적으로 자행되었던 유아 살해와 낙태를 금지했다.

이와쿠라라는 관료는 일본이 서구로 나아가기 위해 보다 직접적인 경험이 필요하다고 생각했다. 그래서 그는 길이가 110미터에 이르고, 건조에 100만 달러 이상이 들었던 새롭고 멋진 증기선을 타고 여행을 떠나기로 결심했다. 그 배는 미국 드라마 〈사랑의 유람선The Love Boat〉에 등장하는 배처럼 30개의 1등실과 16개의 2등실을 갖추고 있었다. 그 이름도 인상적인 '아메리카 호SS America'는 브루클린에서 만들어졌다. 이와쿠라는 48명의 관료 및 학자들과 함께 2년 동안 사절단을 이끌고 샌프란시스코, 워싱턴 등 미국 도시와 영국, 프랑스 그리고 유럽 전역의 항구도시들을 방문했으며, 돌아오는 길에 이집트와 인도, 중국까지 거쳤다. 워싱턴에 도착한 이와쿠라는 율리시스 그랜트Ulysses S. Grant 장군에게 천황과 총리의 서명이 든 서한을 전했다. 그 내용은 일본이 '개혁과 개선'을 통해서 '계몽된 국가들과 어깨를 나란히 할 것'이라는 다짐으로 이루어져 있었다.[20] 영어가 유창하고, 키가 작고, 정장 모자에 연미복까지 차려입은 일본인들이 회의실에서 편안한 옷차림의 미국인들을 만났던 장면은 참으로 놀라운 광경이었을 것이다.[21] 그들보다 먼저 워싱턴을 방문했던 한 일본인은 의원들이 '서로에게 고함을 치고' '일본의 수산시장'에서 일하는 노동자 차림이었다고 전했다.[22]

빅토리아 시대에 런던을 방문했던 이와쿠라 사절단은 크리스털 팰리스와 마담 투소Madame Tussaud의 밀랍 인형 박물관을 관람했다. 그리고 세계 최초의 지하철을 구경했다. 역사가는 이렇게 기록했다.

"열차가 호텔 앞 도로 밑을 달린다. 그럴 때면 천둥소리가 들려온다."

그는 열차를 이렇게 묘사했다. 승객들은 "벌처럼 기차에 오르고, 내린 사람들은 개미처럼 뿔뿔이 흩어졌다."[23] 사절단들은 그 모습을 보고 많은 것을 배웠다. 그로부터 100년의 세월이 흘러, 도쿄의 지하철은 오시야ぉしゃ(혼잡한 시간대에 승객들을 차량 안으로 억지로 밀어 넣는 사람)로 유명해졌으니 말이다. 사절단은 또한 양탄자와 염색 공장, 강철 및 목화 공장을 견학했다. 그 일본인들은 어떻게 근대화를 이룩할 수 있을지, 무역 시장에서 어떻게 선진국들에 먹히지 않고 살아남을 수 있을지 알아내고자 했다. 한 일본 관리는 글래스고 대학 교수에게 이렇게 물었다.

"랭킨 교수님, 권총을 생산하려면 어떻게 공장을 세워야 합니까?" 이 질문에 교수는 "일본 젊은이들을 공학자로 키워내기 위해 우선 대학부터 설립해야 합니다."라고 대답했다.[24]

그러나 모든 만남이 다 호의적인 것은 아니었다. 워싱턴에서 미 국무장관 해밀턴 피시Hamilton Fish와 가졌던 회의에서, 일본 사절단은 긴장된 분위기에서 종교의 자유에 대해 이야기를 나누었다. 회의가 끝나고 일본의 부대사는 기분이 상했고, "참을 수 없었다."고 말했다. 하지만 그는 고향으로 돌아가는 길에 생각을 바꾸어 이렇게 말했다고 한다. 일본이 기독교와 다른 종교들을 탄압하는 법률을 철폐하지 않는 이상, "(외국인들은 언제나) 우리를 야만 국가로 대할 것이다."[25]

이와쿠라 사절단은 성공적인 모험으로 드러났다. 그들은 일본 경제를 혁신하고, 사회적 우선순위를 새롭게 설정해야 한다는 아이디어를 얻어가지고 돌아왔다. 그리고 몇 년 뒤, 아메리카 호의 뒤를 이을 새로운 유람선이 등장했다. 그 새로운 유람선의 이름은 '일본 호ss Japan'였다. 마크 트웨인은 이를 "완벽한 선상의 궁전"이라 불렀다.[26]

오늘날 일본의 1만 엔 지폐에는 많은 책들을 집필했던 지식인 후쿠자와 유키치福澤諭吉의 초상이 실려있다. 료마가 에도 시대의 배를 가른 검이었다면, 후쿠자와는 새로운 깨달음을 일본 전역에 퍼뜨린 펜이었다. 유키치 역시 하층 사무라이 집안에서 태어났다. 그럼에도 이와쿠라 사절단에 앞서서 서구 나라를 여행했고, 돌아와서는『서양사정西洋事情』이라는 책을 펴내고, 대학을 설립하고, 신문을 창간했다. 그의 또 다른 저서『학문의 권장學問のすすめ』은 학교에서 교과서로 사용되기도 했다. 그는 여성도 가족 재산에서 동등한 권리를 누려야 하며, 똑같이 교육을 받고, 특히 법률과 회계를 배워야 한다고 주장했다.

"이는 문명사회의 여성들에게 자신을 지키기 위한 휴대용 단검을 쥐어주는 것과 같다."[27]

무엇보다 중요한 것으로, 유키치는 독립적인 정신을 강조했다. 그는 학교와 공장은 돈으로 얼마든지 살 수 있지만, 문화는 그럴 수 없다고 믿었다. 문화는 쟁취해서 얻어내야 하는 것이다.

"사람들의 마음속에 독립 정신을 심어주지 못한다면, 문화적 과시는 헛된 노력에 불과하다."[28]

애덤 스미스와 밀턴 프리드먼 그리고 로널드 레이건을 한데 섞어놓은 것처럼, 유키치는 정부 조직이 상업에서 문학에 이르기까지 모든 분야에 간섭을 하고, 국민들을 기생충처럼 취급한다며 비판했다. 서구 국가들을 돌아다니는 동안, 유키치는 깨달음을 얻었다.

"상업과 산업에서 이루어진 발명들 중에서 정부가 만들어낸 것은 하나도 없다. 모든 가치 있는 창조는 위대한 정신의 산물이었다 …… 증기 기관은 제임스 와트가, 철도는 로버트와 존 스티븐스가 창조해낸 것이었다."

그러나 메이지 정권은 처음에 유키치의 경제 정책에 관한 조언에 별로 귀를 기울이지 않았고, 비단 및 면직 공장은 물론 조선소까지 사들이기에 바빴다. 그리고 그 대금을 지불하기 위해 국채를 발행했다. 하지만 1870년대 말에 부채가 급증하면서, 결국 그들은 기존의 방향에서 벗어나 이들 공장들을 모두 민간 투자자들에게 매각하거나 사업권을 이양했다.

서양의 방식을 배우고자 했던 일본의 용감한 도전에 대해 좀 더 살펴보자. 그들의 목적은 토머스 제퍼슨과 에드먼드 버크의 민주주의 이론을 따르는 것이 아니라 강한 일본을 만드는 것이었다. 그들의 '문명 개화'는 언제나 '부국강병' 슬로건과 함께 했다. 일본은 도덕 철학자들로부터 박수를 받기보다, 궁극적으로 경제 발전과 군사력 강화에 더 많은 관심을 기울였다. 메이지 시대의 정치인들이 주목했던 인물은 미국 사상가 랠프 왈도 에머슨Ralph Waldo Emerson이 아니라, 록펠러와 카네기였다. 그들은 서양의 방식을 배우고, 이를 일본의 전통적인 유산과 혼합함으로써 강력하고 자유로운 국가를 세우고자 했다. 그렇다면 그들의 도전은 성공했을까? 그 과제는 무려 200년 동안이나 장지문과 뚱뚱한 스모 선수 그리고 사무라이의 칼에 가려져 있었던 나라에는 불가능한 일처럼 보였다.

사무라이 계급의
철폐

이와쿠라를 포함하여 약 100명에 이르는 현명한 사람들(그다지 현명하지 않은 자들도 몇몇 있었지만)은 메이지 천황을 보필하여 국정을 이끌었다. 물론 일부는 탐욕과 오만 그리고 과거에 대한 복수심에 사로잡혀 있기는 했지만, 전반적으로 이들의 생각과 선택은 일본의 발전에 분명한 기여를 했다. 그들 중 많은 이들이 젊은 사람들이었고, 대부분이 중간 및 하층 사무라이 계급 출신들이었다. 이미 5개조 서문을 통해 초기 민주주의 시스템의 발판을 마련해 놓았지만, 그것만으로 충분하지는 못했다.

메이지 정권은 혁명의 초창기에 화폐의 형태로 세금을 거둘 시스템을 갖추지 못하고 있었다. 심지어 당시 일본에는 표준화된 화폐도 없었다. 메이지 유신 이전에는 쌀가마니를 단위로 세금을 거두어 들였다. 그리고 토지에 대한 권리 대부분은 다이묘들에게 주어져 있었고, 200만 명에 달하는 사무라이 계급에게는 봉급까지 지급해야 했다. 전체적으로 체계를 갖춘 헌법(독일의 헌법에 기초한)은 1889년이 되어서야 모습을 드러냈다. 5개조 서문이 밝히고 있는 "상원과 하원의 합의하에 의결한다."는 규정은 한 가지 사실을 분명히 말해주고 있었다. 그것은 봉건적인 정치 체제를 완전히 철폐하겠다는 것이다. 메이지 시대의 지도자들은 용감했다. 한때 급진주의자로서 5개조 서문의 초안 작성에 참여하기도 했던 기도 다카요시木戶孝允는 일본 전역을 돌아다니면서 다이묘들을 만나 토지권을 천황에게 반납하고, 그 대가로 새로운 나라의 국채와 정치적 발언권을 얻을 것을 설득했다. 다카요시의 노력은 성공을 거두었고, 실제로 많은 다이묘들이 도쿄로 거주지를 옮기면서 그들의 충성스런 군사를 천황의 군대로 넘겨주었다.

그러나 최대의 난제는 다음과 같은 것이었다. 200만 명에 달하는 사무라이 계급을 어떻게 해야 할 것인가? 자존심 강한 사무라이들은 평화로운 200년의 세월 동안 불안한 마음을 부여잡고, 이미 녹슬어버린 칼을 곁에 둔 채 기다리고만 있었다. 증기선과 철도를 도입하고, 여성들도 교육을 받는 시대에 그들의 자리는 어디였던가? 메이지 시대의 새로운 지도자들은 천황의 이름으로 모든 계급의 종말을 선언했다. 일본인들은 이제 누구나 자신이 원하는 직업을 가질 수 있었다. 평생 쓰레기를 치우던 천민도 의학과 법률을 공부할 수 있는 동등한 권리를 갖게 되었다.

다음으로 그 지도자들은 말 그대로 죽음을 불사하고서 진정으로 영웅적인 결단을 내렸다. 사무라이 계급을 없애기로 한 것이다. 메이지 정권은 사무라이들의 세습적인 봉급을 절반으로 줄였다(나중에 다시 국채로 전환했다). 국가는 그 구성원들에게 세 가지 가치를 부여할 수 있다. 그것은 권력과 부 그리고 명예다. 그러나 메이지 정권은 이제 그 세 가지 모두를 사무라이들로부터 빼앗기로 결정했다. 이후 사무라이의 이름은 시조쿠士族로 바뀌었지만, 그것은 모든 기득권이 허공으로 사라져버린 상실감으로 가득한 공허한 직함에 불과했다. 게다가 1876년부터는 시조쿠들도 칼을 차고 다니는 것을 금지했다. 어떤 이들은 규제를 피하기 위해 검을 손에 들고 다니기도 했다(물론 그러한 편법은 통하지 않았다).[29] 메이지 정권이 새로운 법률을 공표했을 때, 다카요시는 이렇게 말했다.

"사무라이들은 나를 극단적으로 위험한 인물로 생각하고 있다. 한 번도 내게 원한을 품었던 적이 없는 이들도 내게 화를 내고 있다. 세상의 모든 분노가 나를 향해 있는 것 같다 …… 나는 죽음을 각오해야만 했다."[30]

이후 분노한 사무라이들은 저항을 시작했고, 조직을 결성하여 도쿄와 더불어, 이와쿠라나 다카요시와 같은 특정 인사들을 공격했다. 하지만 메이지 시대의 새로운 지도자들은 다시 한 번 과감하고도 현명한 대응을 보여주었다. 그들은 사무라이 계급을 철폐한 뒤, 평민들을 대상으로 새로운 천황의 군대를 창설한다는 발표를 했다. 그리고 그렇게 조직한 군대를 통해 사무라이들의 반란과 외세의 침입을 제압했다. 이들 군대의 한 지휘관은 러시아 표트르 1세가 상트페테르부르크에 전함을 구축하고 있으며, 수백만 명의 군사들을 양성하고 있다고 주장했다. 그는 이런 글을 남겼다.

"우리는 훈련받은 장교와 병사들이 필요하고 …… 무기를 생산하고 비축해야 한다."[31]

새롭게 창설된 군대로 러시아에 맞설 계획을 세우기 전에, 메이지 정권은 사쓰마에 집결한 2만 명의 성난 사무라이들을 상대해야 했다. 결국 새로운 천황의 군대가 저항군들을 물리쳤고, 반란을 이끌었던 사이고 다카모리西郷隆盛는 사무라이의 전통대로 할복을 했다.[32] 그리고 마지막으로 남은 사무라이들은 검을 들고 천황의 군대를 향해 죽음의 진격을 감행했다. 오늘날 우리는 다양한 신화와 영화 그리고 책 속에서 사무라이들을 만난다. 그러나 실제의 전쟁터에서 두 번 다시 그들의 모습을 찾아볼 수는 없을 것이다. 사이고가 죽고 12년이 흘러 새로운 헌법을 제정한 바로 그해에, 메이지 천황은 역사에 대한 관용과 경의의 자세로 그에 대한 사면을 결정했다.

사무라이들은 목숨을 걸고 반란을 일으켰다. 그래도 메이지 시대 지도자들은 봉건 체제를 완전히 철폐하는 과감한 결정을 내렸다. 그들은 위험을 감수하고 무사들의 집단을 자극했다. 하지만 오늘날 너무도 많은 관료들이 수혜자들의 심기를 불편하게 만들까봐 복지 정책을 개혁하거나 정부 사업을 재검토하는 일에 엄두를 내지 못하고 있다. 미국을 비롯한 다양한 국가의 정치인들은 일본의 사무라이 사례를 눈여겨볼 필요가 있다. 그들은 그 이야기로부터 용기를 발견할 수 있을 것이다. 메이지 시대의 지도자들은 힘들고 어쩌면 아무도 고마워하지 않을 결정을 과감하게 내림으로써 위대한 애국심을 드러내었다.

메이지 경제의 도약

이 장을 시작하면서 나는 에도 시대의 경제 상황이 나쁘지 않았으며, 붕괴 직전의 위기 상황과는 거리가 멀었다는 이야기를 했다. 그리고 경제 기반은 농업이었지만, 미국 남부처럼 노예제를 근간으로 삼지는 않았다. 또한 징수 제도는 농부들이 적극적으로 투자를 해서 생산성을 끌어올리도록 자극하는 기능을 했다. 하지만 메이지 시대의 일본은 산업혁명의 필요성을 절감하고 있었다. 이를 위해서는 무엇보다 유동성을 높여야 했다. 여기서 말하는 유동성이란 기차나 배를 통해 물건을 운반하는 것뿐만이 아니라, 지리적·직업적·정신적으로 인구를 이동시키는 상위의 개념을 뜻한다. 메이지 유신의 계급 철폐는 많은 사람들이 직업을 바꾸고, 다른 지역으로 건너가서 새로운 일자리를 발견할 수 있도록 해방시켜 주었다는 점에서 대단히 중요한 개혁의 첫 번째 단계였다.

이후로 사무라이들 중 일부는 검을 내려놓고, 대신에 괭이와 망치, 못을 쥐었다. 또한 많은 사람들이 농촌을 떠나 도시로 향했다. 그리고 통행요금을 없애버렸으며, 덕분에 사회 내부적으로 보다 자유로운 시장이 형성되었다. 페리 제독이 340미터의 철로와 함께 1/4 크기의 열차 모형을 선물로 주고 나서 채 20년이 지나지 않아, 일본은 도쿄와 요코하마를 잇는 실제 기차를 가동했다. 다음으로 메이지 정권은 젊은이들이 시장에 뛰어들지 못하도록 가로막고 가격 인상을 주도했던 조합 제도를 폐지했다.

여기서 우리는 개혁을 추진하는 지도자들이 기존의 강력한 기득권 세력을 해체했던 또 하나의 사례를 발견하게 된다. 오늘날 복잡한 이해관계에 얽혀 꼼짝할 수 없다는 불평만 늘어놓고 있는 정치인들은 물론, 공공 정책 결정자들 역시 이 사례에 주목할 필요가 있다. 메이지 시대에 농업 생산성이 에도 시대를 크게 앞질러 성장하면서, 식량 수

급을 위한 해외 의존도를 크게 낮출 수 있었다. 이러한 변화는 빈곤이 시작되었음을 말해주는 조짐이 아니라, 일본 농부들이 더 적은 일손으로 더 많은 농작물을 생산하는 방법을 발견했음을 알려주는 신호였다.

　농업 분야의 생산성 향상은 많은 자원을 해방시켜 주었고, 기업가들은 쉽게 확보한 자원을 각각의 산업에 투자했다.[33] 이제 일본은 쌀을 포함하여 다양한 원재료를 수입하는 나라로부터 완성된 양질의 직물 상품을 수출하는 나라로 도약했다. 일본 경제의 성공은 또한 벌레들의 성실한 노동에 부분적으로 힘을 입었다. 즉 일본은 누에를 적극적으로 활용함으로써 최고의 비단 수출국이 되었다. 많은 방직공장들이 들어섰고, 특히 메이지 시대의 첫 10년 동안 방직 기계의 수가 몇 배로 증가했다. 면화 제품에 대한 관세의 협상을 담당했던 영국의 한 전문가는 맨체스터와 오사카의 공장들을 비교하고는, 일본의 경쟁 우위가 '값싼 노동력과 오랜 근로시간'에 따른 착취에 기반을 두고 있는 것이 아니라, "오사카 지역의 공장들이 대량 생산의 가치와 경제를 실현했기 때문"이라고 결론을 내렸다.[34]

　일본을 집중적으로 연구했던 한 저명한 경제학자는 일본의 경쟁력을 "놀랍다"는 말로 표현했다.[35] 1889년에 목화 생산량은 세 배 가까이 증가했고, 1890년대에 이르러서는 열 배 이상 증가했다. 임금 역시 큰 폭으로 상승하여 많은 노동자들이 도시로 몰려들었고, 이러한 흐름은 20세기 이후에까지 계속해서 이어지게 되었다.[36] 기업가 정신에 대한 유키치의 주장을 입증하듯, 카네기 멜론 대학 연구원들이 기업 간 실질적인 데이터를 기반으로 추진했던 획기적이고 흥미진진한 연구 결과는 최

고의 성장세를 기록했던 기업들이 정부의 자금이나 지원을 전혀 받지 않았다는 사실을 보여주었다.[37]

일본 기업들은 많은 성공을 거두면서 회사 지분을 시장에 매각했고, 그렇게 해서 주주가 된 사람들의 수는 1886년 10만 8,000명에서 1898년 68만 4,000명으로 급증했다. 기업가 수도 크게 늘어났으며, 이들 대부분 귀족 가문 출신이 아니었다. 대략 3/4 정도가 평민 집안 출신들이었다.[38] 더 중요한 사실은 많은 사람들이 고등교육을 받기 시작하면서 점점 더 똑똑해지고 있었다는 점이다. 5개조 서문은 "나라 전체에서 단 한 가정도, 가정 내에서 단 한 사람도 무지하거나 문맹으로 남아있지 않도록 할 것"이라고 선언했다. 1900년에는 소녀들을 포함하여 거의 모든 일본 아이들이 학교를 다녔다. 다른 한편에서 정부는 대학을 설립하고, 똑똑한 학생들을 해외로 유학을 보냈다. 가령 경영학을 전공하는 학생들은 미국으로, 과학은 독일로, 법학은 프랑스로 그리고 해양학은 영국으로 보냈다.

전통 유지와
발전의 지속

이제 일본의 방직 기계들은 영국보다 더 빠른 속도로 돌아가고, 소년과 소녀들은 열심히 과학을 공부하고, 정부 관료들은 정장 모자와 연미복 차림으로 거리를 돌아다니고 있었다. 그러나 이러한 발전에는 반드시 역풍이 따르기 마련이다.

나의 연구에 따르면, 일본인들의 삶의 수준이 높아지면서 출산율이 하락하고 관료 조직이 비대해지기 시작했다. 또한 이러한 흐름은 정신적, 문화적 차원에서도 나타났다. 당시 일본은 어떤 나라를 지향하고 있었을까? 미국? 독일? 혹은 겉으로만 화려한 나라? 아니면 다른 나라들이 꿈꾸던 이상향? 일본인들은 단결과 질서의 문화에 대해 스스로 자긍심이 높았다.

당시 일본 사회는 엄격한 개인주의자, 신흥 부자, 혹은 이미 사라져버린 사무라이의 영혼이 들어설 자리가 있었던가? 좋은 것이든, 나쁜 것이든 오랫동안 이어져내려온 전통이 들어설 자리는? 그리고 문화적 차별, 특히 여성에 대한 차별을 그대로 인정하면서도 다른 선진국들과 편안한 관계를 유지할 수 있었던가? 또한 국민들이 서양으로부터 많은 것들을 배우도록 격려하면서, 동시에 일본의 고유한 특성을 보존하고 사회를 하나로 묶을 수 있었던가? 당시 일본은 목화를 재배하고, 생산 기계를 가동하고, 쓰나미에도 쓰러지지 않게 집을 짓고, 전염병을 물리치기 위해서 서양의 진보된 기술을 필요로 하고 있었다. 하지만 도쿄를 출발하여 후지산의 그림자를 뚫고 교토를 향하는 열차는 일본의 정신과 조화를 이루고 있었던가? 메이지 시대의 유명한 소설가 나쓰메 소세키夏目漱石는 아직도 많은 이들의 기억 속에 남아있는『마음こころ』이라고 하는 책을 통해, 콘크리트 도시를 돌아다니는 전차 안에서 부대끼며 살아가는 사람들의 외로움에 관한 이야기를 풀어놓았다. 이야기 속에서 한 노인이 이렇게 말한다.

"그러니까 외로움이란 자유와 독립 그리고 이기적인 자아로 넘쳐나는 오늘날의 세상에 태어나기 위해서 우리가 지불해야 할 대가인 셈이지."[39]

그 비슷한 시기에 푸치니는 〈나비부인〉을 작곡했다. 이 오페라는 전통을 저버리고 서양의 덧없는 삶의 방식을 받아들이는 위험에 관한 가슴 아픈 이야기다. 푸치니는 이탈리아 사람이었지만, 그 시나리오는 일본인 선교사들로부터 전해들은 실화를 바탕으로 한 것이다. '별이 빛나는 깃발The Star Spangled Banner'에서 가져온 몇몇 시구가 흘러나오고 나서, 젊은 미국 해군 중위인 벤저민 프랭클린 핀커톤이 열다섯 나이의 게이샤인 초초를 신부로 맞이하기 위해 찾아온다. 그는 결혼을 위해 나가사키 항구가 내려다 보이는 집을 999년의 계약기간으로 임대를 한다. 그러나 그 계약은 한 달 전에 통지하고 해지할 수 있다. 이는 일본의 방식이다. 핀커톤은 일본에서라면 결혼도 한 달 전에 통지하고 이혼할 수 있을 거라 생각한다.

1막에서 핀커톤은 "날개를 부러트릴지언정 나비와 함께 놀겠다."는 의미심장한 경고의 말을 남긴다.[40] 결혼과 함께 초초는 불교를 버리고 기독교로 개종한다. 그러나 남편은 다시 미국으로 돌아가버리고, 그녀는 아들을 키우며 3년의 세월을 기다린다. 그러던 어느 날, 대포 소리가 울린다. 나비부인의 아리아 '어떤 개인 날Un bel di'은 점점 고조되다가 '기다릴게요L'aspetto'에서 관객들의 가슴을 찢으며 절정에 이른다. 그리고 핀커톤이 탄 에이브러햄 링컨 호가 항구에 도착한다. 나비부인은 집 안을 정돈하고 꽃으로 장식을 한다. 그리고 결혼 드레스를 꺼내

입는다. 그러나 핀커튼은 일본에 두 번째 결혼식 밤을 보내기 위해 온 것이 아니었다. 그가 온 것은 새로운 미국인 아내와 키울 자신의 아들을 데려가기 위해서였다. 그리고 오페라의 가장 가슴 아픈 장면에서, 나비부인은 아이의 눈을 가리고 자그마한 손에 성조기를 쥐어주고는 단검을 꺼내들어 자결한다. 그녀는 일본의 모든 전통을 저버렸지만 한 가지만큼은 잊지 않았던 것이다.

"명예롭게 살 수 없다면 명예롭게 죽어라."

메이지 정권은 일본인들이 전차를 탄 외로운 승객과 초초의 신세로 전락하는 것을 막기 위해 고심을 했다. 그리고 시간을 거슬러 올라가 신도神道와 일본의 신화적 뿌리를 되살려내기로 했다. 메이지 유신 이전에 일본의 신도는 불교와 유교에 밀려 제대로 대접을 받지 못했다. 그러나 중국에서 건너온 불교나 유교에 비해, 신도는 용기를 북돋워주는 고유한 철학을 일본인들에게 들려줄 수 있었다.

8세기에 쓰인 『고지키古事記』라고 하는 책은 수천 년 전의 일본 신화에 대해 말하고 있다. 하늘에 떠 있는 다리 위에서 남신 이자나기와 여신 이자나미가 '보석이 달린 천상의 창'을 들어올려 이를 대양에 담그고 휘저었다. 이자나기가 창을 들어올리자 소금 네 방울이 바다로 떨어져 각각 일본의 네 섬을 이루었다. 이는 일본 땅이 신의 행위에 의해 탄생되었음을 의미하는 것이다. 이후 메이지 정권은 신도와 태양의 여신을 모시는 신전을 널리 퍼뜨렸다. 그리고 신도의 행사를 담당하는 관청과 의식을 집행하는 부서를 신설했다.

그렇다면 태양의 여신이 낳은 아들은 누구일까? 그는 바로 메이지 천황이었다. 그 가냘픈 젊은 남성은 이제 세 어머니를 두게 되었다. 바로 생모와 왕비 그리고 태양의 여신이었다. 물론 천황에게 무거운 짐이었을 테지만, 당시 그가 정말로 여신의 아들이라고 믿는 사람은 거의 없었다. 하지만 천황의 해군이 1905년 러시아를 무찌르면서 상황은 달라졌다. 그 이후로 일본인들은 천황의 신성한 통치에 관한 이야기를 보다 진지하게 받아들이게 되었다.

메이지 지도자들은 네 가지 힘든 결정을 내렸다. 첫째, 높아진 생활수준을 유지하기 위해 국가의 문호를 개방했다. 둘째, 계급제와 조합, 그리고 사회적 유동성을 가로막는 장벽으로부터 이익을 보고 있었던 기득권층을 굴복시켰다. 셋째, 오랜 세월에 걸쳐 경제적, 사회적 발전에 기여하지 않았던 무인 집단인 사무라이 계급을 없애버렸다. 메이지 시대 정치인들은 돈과 유전적 특성만으로는 국가를 유지할 수 없다는 사실을 깨달았다. 네 섬을 하나로 묶기 위해서는 구성원들 모두를 단결시키는 일본 고유의 정신을 제시해야 했다.

1912년에 메이지 천황이 당뇨와 장염으로 세상을 떠나면서 결국 하나의 인간이었음을 증명했을 때, 일본인들은 그가 권좌에 오르기 전보다 훨씬 더 부유하면서도 혼란스런 삶을 살아가게 되었다. 계급 제도는 이미 허물어졌고, 오늘날 젊은이들은 일본의 전통과 서구의 스타일을 왔다 갔다 하고 있다. 우리는 지금도 도쿄의 젊은이들에게서 그러한 갈등을 느낄 수 있다. 그들은 조상에게 절을 올리고 나서, 스케이트보드를 타고 헤드폰으로 힙합을 들으며 "요yo!"를 외친다.

9장

변명 따윈 모르는 용맹한 리더들, 돈 페페와 골다 메이어

1848년 독일, 이탈리아, 프랑스, 헝가리, 스리랑카 등지에서 혁명가들이 왕의 궁전을 거세게 몰아치는 동안, 마르크스와 엥겔스는 그들의 불같은 「공산당 선언Communist Manifesto」을 발표했다. 하지만 초등학생들을 위한 '세계역사 백과사전'은 1948년에 대해 두 가지 사건만을 언급하고 있다. 첫째, 피터 골드마크Peter Goldmark가 오랜 시간 재생이 가능한 레코드를 최초로 발명했다. 둘째, 조금 덜 중요한 것으로 세계교회협의회World Council of Churches가 설립되었다는 소식이었다.[1] 그러나 사실 1948년은 우리에게 더 많은 교훈을 남겼다.

이 장에서는 1948년과 관련된 역사적 인물 두 사람을 살펴보고자 한다. 하지만 두 사람은 사회적인 대혼란 속에서 권력의 자리에 올랐다는 사실 말고는 별로 공통점이 없다. 게다가 두 사람은 많은 정치인들이 정책 실패에 대해 내세우는 일반적인 변명으로부터 유혹을 느끼고 있었다.

우리가 만나볼 첫 번째 인물은 '돈 페페'라는 애칭으로도 잘 알려진 코스타리카의 호세 피게레스 페레르Jose Figueres Ferrer다. 그는 부패한 정권에 맞서 싸웠고, 혁명을 일으켜 중앙아메리카의 이웃 나라들보다 40년 앞서 지속가능한 평화와 민주주의를 일궈낸 인물이다.

하지만 놀랍게도 우리는 돈 페페가 권력에 오르는 과정에서 손을 더럽힌 장면들을 목격할 수 있다. 그리고 혹자는 테러 행위에 가담한 것에 대해 그를 비난할 것이다. 그렇다면 그러한 오점은 이후의 그의 위대한 업적들을 모두 무효화시켜버리는가? 이에 대해 돈 페페는 또한 이렇게 두 번째 변명거리를 늘어놓을 수 있었을 것이다.

"코스타리카 국민들은 총을 쏘고 폭탄을 던졌던 지도자에 대해 자부심을 느끼지 못할 것이다."

하지만 돈 페페는 건국의 아버지가 성인과 거리가 멀다고 하더라도, 얼마든지 국민들의 가슴에 자부심과 애국심을 심어줄 수 있다는 사실을 입증해 보였다.

우리가 다음으로 만나볼 인물은 골다 메이어다. 그녀는 팔레스타인으로 이주해 밭을 일구고 포도나무를 심었다. 그리고 어디를 가거나 거대한 바위와 심각한 가뭄 그리고 극단적인 성차별주의자들을 만나야 했다. 우리는 풍요로운 천연자원으로 축복을 받은 나라들의 이야기를 종종 듣는다. 가령 베네수엘라는 석유를, 에티오피아는 금을, 아이티는 구리를 선물로 받았다. 그러나 팔레스타인은 아무것도 받지 못했다. 골다는 팔레스타인의 유일한 자원이 모래라는 농담을 종종 했었다. 초기 시온주의 지도자이자 이스라엘의 총리로서, 메이어 또한 케케묵은 변명의 바구니에 손을 집어넣고서 이렇게 말할 수 있었다.

"우리나라에는 천연자원이 하나도 없다."

그러나 메이어는 끊임없이 사람들을 모으고 씨를 뿌렸다. 그리고 그렇게 일구어낸 땅은 불과 몇십 년 만에 과일과 채소를 전 세계로 수출하기 시작했다. 또한 그녀가 농담으로 말했던 모래는 최근에 실리콘이라는 새로운 자원으로 탈바꿈했고, 이스라엘의 실리콘밸리라 할 수 있는 '실리콘와디Silicon Wadi'는 전 세계 어느 나라들보다 더 많은 1인당 신생 IT 기업을 배출하고 있다.

오랜 시간 재생이 가능한 레코드를 세계 최초로 개발했던 발명가보다 1948년을 역사적으로 더욱 주목할 만한 해로 만들어주었던 두 인물, 돈 페페와 골다 메이어의 삶을 지금부터 자세히 들여다보도록 하자.

돈 페페,
누가 테러리스트이고 누가 애국자인가?

돈 페페의 사명

- 부패한 군대를 청산하기
- 지속가능한 민주주의 구축하기

- 흑인 이민자들의 자녀를 시민으로 받아들이고 여성에게 참정권 부여
  하기
- 권력에 집착하지 않고 과감하게 물러나기

돈 페페의 어깨는 좁고, 코는 길게 늘어져있다. 키도 작고 까무잡잡한 피부에 머리숱이 듬성한 모습은 전형적인 지도자 외모는 아니다. 한 FBI 요원은 그가 동네 구멍가게 주인처럼 생겼다고 했다. 하지만 1971년 돈 페페가 들고 있었던 것은 초콜릿 상자가 아니었다. 그는 소형 기관총을 들고 영웅처럼 활약하고 있었다. 한 항공기가 마이애미에서 이륙하고 얼마 지나지 않아서 니카라과 테러리스트들이 조종석으로 쳐들어왔고, 파일럿들에게 총을 겨누고는 아바나에 착륙할 것을 명령했다. 한 승객이 저항을 시도했지만, 그들은 그에게 총을 쏘았다. 조종사들은 테러범들에게 아바나로 가려면 코스타리카 산호세에서 급유를 해야만 한다고 설명했다. 당시 두 번째 대통령 임기(첫 번째는 1950년대)를 보내고 있던 돈 페페는 그 소식을 듣고 즉각 경찰 병력을 동원하여 공항으로 달려갔다. 그리고 직접 기관총을 들고서 테러리스트들의 동태를 면밀히 관찰했다. 그는 경찰들과 함께 비행기 엔진을 향해 총을 발사하고, 타이어를 터뜨렸다. 그는 당시를 이렇게 설명했다.

"비행기 안을 들여다보니 납치범들 중 하나가 스튜어디스에게 총을 겨누고 있더군요. 그 순간 기체 안으로 최루탄을 발사하라고 명령했습니다."[2]

경찰의 총격으로 납치범들 중 2명은 사망했고, 한 명은 부상을 입었

다. 그리고 나머지 승객들은 무사히 빠져나왔다.

코스타리카를 1990년대까지 중앙아메리카에서 유일하게 평화로운 민주주의 국가로 바꾸어놓았던 돈 페페는 왜 자신이 직접 기관총을 들고 테러 현장으로 달려갔던 것일까? 오늘날 그의 추종자들, 특히 평화주의자들은 그의 과거를 잘 기억하지 못한다. 사실 돈 페페는 오래전 건물을 폭파하고 시민들을 두려움에 떨게 만들었던 인물이다. 그런 그가 공항의 테러리스트를 향해 총을 발사할 수 있었던 도덕적 근거는 무엇이었을까? 법률가들은 아마도 그에게 '깨끗한 손' 원칙을 갖다 대었을 것이다. 그리고 문학 교수들은 맥베스 부인이 씻어내지 못했던 피의 얼룩을 들먹였을 것이다. 돈 페페의 삶은 우리에게 다음과 같은 질문을 던진다. 국가의 지도자가 테러리스트처럼 파괴를 일삼았던 인물이라고 하더라도, 국민들에게 자부심을 심어주고, 민주주의와 경제 발전을 이룩할 수 있을까?

호세 마리아 피게레스 페레르는 엄밀히 말해서 귀족 집안 출신은 아니었지만, 스페인 카탈루냐 출신의 이민자 의사인 아버지 덕분에 비교적 부유한 삶을 살았다. 교사인 어머니 역시 스페인 출신이었다. 그가 태어났던 1906년에 코스타리카는 대단히 낙후된 나라였으며, 이후 50년 동안에도 이렇다 할 발전을 보여주지 못했다. 거리는 지저분하고, 파리가 들끓고, 화장실은 찾아볼 수 없고, 아이들은 벌거벗고 뛰어놀았으며, 물이 부족해서 농부들은 배급제에 의존해야 했다. 호세 마리아는 똑똑한 소년이었고 특히 수학과 물리학을 잘했으며, 미국 펜실베이니아 스크랜튼에 있는 학교에서 제공하는 통신강좌를 듣기도 했다. 그는 틀림없이 통신강좌에서 들었던 미국에 관한 이야기를 무척 마음에 들어했을 것이다. 그로부터 몇 년 뒤, 그는 아버지의 뜻을 어기고 배를 타고 미국으로 건너가, 매사추세츠 공과대학에 입학하여 공학과 수력전기에 관한 학문을 공부하면서 동시에 차 회사에서 통역가로도 일을 했다. 얼마 후 그는 학교를 중퇴했지만, 보스턴 공립 도서관Boston Public Library, BPL에서 혼자서 공부를 이어나갔다. 거기서 그는 공학 전공서는 물론, 세르반테스와 쿠바의 문학가 호세 마르티 그리고 칸트의 책을 읽었다. 학교를 중퇴했음에도 대학은 지금도 돈 페페를 그들이 배출한 인재라고 주장하고 있다.[3] 하지만 그는 아마도 그 말에 동의하지 않을 것이다. 그는 예전에 자신의 모교가 'MIT'가 아니라 'BPL'이라고 했었다.

사랑과

전쟁

1928년 돈 페페는 다시 코스타리카로 돌아왔고 몇 년 후 산호세에서 말을 타고 7시간 거리에 있는 시골에 삶의 터전을 잡았다. 거기서 그는 원두와 마, 알로에 농장을 꾸려나갔고, 특히 용설란 섬유를 추출해서 밧줄과 마대를 생산했다. 아마도 그 과정에서 MIT에서 배웠던 지식이 큰 도움이 되었을 것이다. 그리고 1940년 한 보기 드문 커플이 탄생했다. 앨라배마 주 몽고메리 출신의 장로교 신자이자 그에 딱 어울리는 이름인 헨리에타 보그스Henrietta Boggs라는 스물두 살의 여인이 산호세에 있는 친척 집을 방문했다. 당시 그녀는 스페인어를 거의 할 줄 몰랐다.

한번은 친척 집에서 저녁을 먹는데, 그 자리에 돈 페페도 초대를 받아 참석했다. 그 자리에서 헨리에타의 친척은 두 가지 예언을 내놓았다. 첫째, 두 젊은이는 결혼을 하게 될 것이다. 그리고 둘째, 돈 페페는 대통령이 될 것이다. 나중에 헨리에타는 그 친척 어른이 참으로 많은 것들에 대해(가령 허리케인이나 가뭄) 예언을 했지만, 한 번도 맞힌 적이 없었다고 했다. 하지만 돈 페페에 대한 예언만큼은 적중했다. 헨리에타의 회상에 따르면 그 친척은 그에 대해 이렇게 말했다.

"뒤통수 곡선이 그리스 조각상처럼 아름답구나. 대통령이 될 재목임을 말해주는 게지."[4]

얼마 후 헨리에타는 돈 페페의 청혼을 받아들였고, 이국적이면서도 매력적인 시골에서 두상의 곡선이 우아하고 순박한 남미 남자와 함께 유유자적한 삶을 살게 될 것이라 기대했다. 하지만 그녀의 삶은 기대대로 흘러가지 않았다.

조만간 돈 페페에게는 잠 못 드는 밤이 시작되었다. 제2차 세계대전이 발발하면서 나치의 U보트가 대서양 전역을 돌아다니며 스파이를 잠입시키고 그리고 멕시코만과 대서양 서부 지역을 공격하기 시작했다. 오늘날 미국인들은 독일 잠수함이 파나마 해협의 초입에서 롱아일랜드 해협에 이르는 수로를 따라 침투했었다는 사실을 잘 알지 못한다. 1942년 7월 30일에 U보트는 미시시피 해안에서 70킬로미터밖에 떨어지지 않은 해역에서 406명의 승객들을 태운 로버트 리_{Robert E. Lee} 호를 격침시켰다.[5]

그리고 그보다 몇 주 앞서 U-161이라고 밝혀진 U보트는 코스타리카 최대 항구인 푸에르토 리몬에 몰래 숨어들었다. 그 잠수함 안에서 독일 해군 사령관은 잠망경으로 증기선 산파블로 호에서 하역 작업을 하고 있는 선원들을 염탐했다. 그러고는 병사들에게 그 배를 향하여 어뢰 두 발을 발사하라고 명령했다. 산파블로 호에서 즉각 폭발이 일었고, 불길이 갑판을 온통 뒤덮었다. 그 공격으로 23명의 코스타리카 시민과 한 명의 선원이 목숨을 잃었다.[6] 그해만 해도 멕시코만 지역에서 20척의 U보트가 70척이 넘는 배들을 침몰시켰다. 당시의 공격은 나치가 '북 치기 작전_{Operation Drumbeat}', 혹은 '두 번째 행복한 시간_{Second Happy Time}'이라고 이름 붙인 작전의 일환이었다.

산파블로 호가 폭발했을 때, 코스타리카 사회도 함께 폭발했다. 7월 4일에 2만 명의 코스타리카 시민들은 이번 독일의 침공에 대한 라파엘 칼데론 대통령의 입장을 듣기 위해 광장으로 몰려들었다. 하지만 칼데론은 모습을 드러내지 않았다. 이에 시위대로 돌변한 군중들은 폭동을 일으켰고, 비평가들 역시 칼데론이 악의 세력으로부터 국민들을 지키지 못했다며 거세게 비난을 퍼부었다. 시위대는 건물에 돌을 집어던지고, 그 틈을 타고 약탈자들은 독일인과 이탈리아인 그리고 스페인인들이 운영하는 매장 123곳을 습격했다. 한 남성이 독일인이 소유한 카메라 매장에 자전거를 집어던지자 약탈자들이 몰려들어 매장 내 모든 것

들을 쓸어가버렸다.[7]

경찰은 100명의 독일인과 이탈리아인을 체포했으며, 이들 대부분은 코스타리카로 넘어와서 설탕과 커피, 바나나 농장을 경영했던 1세대 이민자들의 자손들이었다(1930년대 당시 독일은 코스타리카에서 생산되는 커피 원료의 40퍼센트를 수입하고 있었다). 진주만 공격이 터지고 4일 후, 코스타리카 정부는 루스벨트 행정부의 요청으로 수상한 외국인들과 이민자 가족들을 감금하기 위한 수용소를 수도에 짓기 시작했다. 「라 트리부나La Tribuna」신문은 400명을 수용할 수 있는 그 건물을 '집단 포로수용소campo de concentracion'라고 불렀다.[8]

추 방 과
무 기 밀 반 입

도시에서는 혼란이 이어지고 있었다. 사람들의 지탄을 한 몸에 받고 있었던 칼데론 대통령은 이번 시위에 대해 "대단히 만족스러웠다."는 발언을 했다. 그는 이번 사태가 자신의 권력에 대한 저항이 아니라 독일인들의 매장에 대한 공격이라고 생각했다. 주변의 많은 동료들이 폭동으로 삶의 터전을 잃어버렸을 때, 돈 페페는 지역의 라디오 방송국에서 일을 하고 있었다. 거기서 그는 칼데론 정권의 무능함과 약탈자들이 시민들의 재산을 파괴하도록 눈감아준 것에 대해 비난을 했다. 돈 페페의 연설이 길게 이어졌을 때, 경찰이 방송국 문을 부수고 들어와 마이크를 끄고는 그를 경찰서로 연행해갔다. 그리고 반역 및 군사기밀을 나치에게 넘긴 혐의로 그를 기소했다. 남편의 면회를 갔던 헨리에타의 설명에 따르면, 온통 피 범벅이 된 돈 페페는 감방의 쇠창살을 잡고서도 일어서지 못할 만큼 쇠약한 상태였다. 그러나 돈 페페는 갑작스럽게 국민의 영웅으로 떠올랐고, 그러자 정부도 그를 마음대로 처리해버릴 수 없었다. 칼데론은 결국 돈 페페를 엘살바도르로 추방했고, 그는 거기서 과테말라를 거쳐 멕시코로 넘어갔다. 나중에 헨리에타도 갓난아기 딸과 어린 아들과 함께 남편과 합류하여 힘든 여정을 함께했다. 추방을 당했던 2년의 세월 동안 돈 페페의 가족들은 제대로 먹지 못했고, 산속에서 저항군과 게릴라 전사들과 함께 지내야 했다. 헨리에타는 이렇게 한탄했다.

"세상에, 내가 지금 여기서 무얼 하고 있는 걸까? 브링엄으로 돌아가 신문사에서 일을 하고, 컨트리클럽을 다니면서 남부 여성들의 평범한 삶을 살아야만 했어. 지금 나는 산속을 헤매면서 머리에 총을 맞을까봐 떨고 있어."

하지만 그녀는 끝내 살아남았고, 2011년에 93세의 나이로 자신이 겪었던 끔찍한 시간들을 흥미진진한 이야기로 들려주었다.[9]

판초 아래에 기관총 탄약 벨트를 숨기고 돌아다녀야 한다고 하더라도, 돈 페페는 어떻게든 고국으로 돌아가고 싶었다. 그는 코스타리카로 몰래 무기를 반입하고 야밤의 회합에 참석하며 헨리에타까지 동원해서 소총들이 든 짐을 싣고 몰래 도망치기도 했다. 돈 페페는 이런 말을 했다.

"카카오(무기) 없이는 초콜릿(저항)을 만들 수 없다."[10]

다른 한편에서 산호세의 칼데론은 공산당, 파시스트 경찰, 가톨릭 대주교 그리고 커피 농장을 운영하는 봉건 영주들과 함께 다소 이상하고 불안정한 연합전선을 형성하고 있었다.[11] 1944년 돈 페페는 망명 생활을 청산하고 고국으로 돌아와, 사회민주당을 설립하고 정식 허가를 얻었다. 그는 이후로 이 정당을 기반으로 칼데론과 그의 후계자 테오도로 피카도Teodoro Picado를 횡령으로 고발할 수 있었다.

그 이후로 중앙아메리카 전역이 불길에 휩싸였고, 각국의 저항 세력들이 당파를 초월하여 소총을 공유하고, 영화 〈특공대작전The Dirty Dozen〉처럼 군사조직을 형성했다. 그리고 여기에는 스물한 살의 피델 카스트로Fidel Castro도 포함되어있었다. 당시 그는 동료들로부터 공산주의자라기보다 이기주의자로서 더 많은 평가를 받았다. 기자들은 그 조직을 일컬어 "캐리비언 리그Caribbean League"라 불렀다. 쿠바 대통령의 은밀한 지원을 얻어 도미니카 공화국을 침투하는 과정에서 카스트로는 해군함정에 체포되었지만, 바다로 뛰어내려 헤엄을 쳐서 도망을 쳤다.[12] 돈 페페는 제2차 세계대전 참전 용사들과 함께 군사훈련을 받았고, 1945년과 1946년에는 칼데론·피카도 정부를 전복시키기 위해서 일부 토지소유자 및 학생들과 함께 혁명의 시나리오를 세웠다. 돈 페페의 병사들은 'La Lucha Sin Fin(끝없는 투쟁)'이라고 하는 그의 농장에서 훈련을 받았다. 한 동료는 돈 페페를 가리켜 '전쟁 지도자' 혹은 '기관차'라고 불렀다. 그들은 전술적인 차원에서 테러 공격까지도 고려하고 있었다.

1948년 대선에서 칼데론은 또 한 번의 임기에 도전했지만 근소한 차이로 패배했다. 이후 거리에서는 폭동이 일어나고, 투표용지를 보관하고 있던 건물이 불에 탔으며, 급기야 여당은 선거를 무효로 선언하기에 이른다. 그러자 다시 한 번 약탈자들이 거리로 쏟아져 나왔다. 돈 페페 군대는 공습으로 인해 가로막혀있었던 수도로 침투했다.[13] 그리고 그 여세를 몰아 카르타고와 푸에르토 리몬을 장악했다. 그들은 거기서 멈추지 않았다. 그들의 목표는 칼데론의 군대와 파시스트로부터 어깨에 담요를 두른 저지대 출신의 공산주의 성향이 강한 바나나 농장 근로자에 이르는 그의 '오합지졸 무리'들이었다.

40일간의 내전에서 2,000명이 목숨을 잃었고, 이들 대부분은 민간인이었다. 내전은 칼데론이 물러나고 나서야 중단되었다. 그리고 그 이후로 돈 페페는 '코스타리카의 두 번째 공화국을 설립한 군사 정부'의 수장으로서 최고의 자리에 올랐다. 그의 손에 핏자국이 남아있지 않았더라면, 아마도 화약으로 얼룩져 있었을 것이다. 돈 페페는 이제 농부에서 게릴라 전사, 그리고 무기 밀매를 하는 대중선동가를 거쳐서 어떤 인물이 될 것인가? 그리고 코스타리카 국민들은 그 업적에 상관없이, 기관총 탄약 벨트를 차고 전투를 벌였던 그들의 지도자에 대해 자부심을 느낄 수 있을 것인가?

3단계

개혁 작업

1948년 돈 페페가 권력을 잡았을 당시, 미래를 이끌어갈 라틴 아메리카의 지도자들은 점점 위장술의 대가가 되어가고 있었다(대표적으로 피델 카스트로). 그들은 스스로를 총통으로 칭하거나, 민주주의 정치인보다 호텔 도어맨처럼 옷을 차려 입었다. 돈 페페도 견장과 별칭 그리고 권총을 차고 최고의 자리에 올랐다. 하지만 그가 국가 지도자가 되고 나서 가장 먼저 한 일은 군대를 없애는 것이었다. 그는 상징적인 차원에서 벨라비스타 항구에 있는 장벽을 허물고, 교육부 장관으로 하여금 박물관을 건설하도록 했다. 그날 이후로 지금에 이르기까지 코스타리카 사람들은 돈 페페를 자랑스럽게 이야기하고, 그들 나라에 군인보다 교사가 더 많이 있다는 사실을 자랑스럽게 여긴다.

돈 페페가 국민들에게 군대(실제로 그 규모가 크지는 않았지만)를 없앨 것이라는 발표를 했을 때, 헨리에타는 공공사업부 장관에게 왜 사람들이 박수를 보내지 않는지 물었다. 그 장관은 그녀에게 라틴 아메리카의 다른 모든 지도자들이 자신의 목숨을 지키기 위해 군대를 더욱 강화하고 있기 때문에, 사람들은 그녀의 남편이 머리가 잘못된 것이 아닌지 의심하고 있다고 대답했다. 그렇다고 해서 돈 페페의 선택이 순수한 평화주의로부터 비롯된 것은 아니었다. 그는 군대가 자신을 위해 봉사할 수 있는 만큼 그를 더욱 쉽게 죽일 수도 있다는 사실을 잘 알고 있었다. 군대를 해산함으로써, 그는 어쩌면 자신의 입지를 더욱 군건히 다졌던 것일지도 모른다. 이어진 돈 페페의 개혁들은 마찬가지로 놀라웠다. 그는 취임 후 18개월 동안 흑인 이민자 자녀들에게 시민권을 부여했고, 여성들을 투표에 참여하도록 했으며, 공교육 시스템을 마련하고 공산당을 불법으로 규정하며 쉬운 언어로 쓴 헌법을 내놓았다. 그의 정치 행보에서 가장 인상적이었던 장면은 적법하게 선출된 다음 대통령을 집무실로 직접 안내하고는 시골에 있는 자신의 집으로 돌아갔을 때였다.

권력을
과감히 내려놓다

절대권력의 자리에서 내려온다는 것. 그것은 고대 로마의 킨키나투스로부터 시작해서 놀랍도록 자신감 넘치는 통치자들만이 통과할 수 있었던 관문이었다. 기원전 458년에 킨키나투스는 로마에서 밭을 갈고 있었다. 그때 겁에 질린 원로원 의원들이 달려와 그에게 공화국을 맡아달라고 사정을 했다. 당시 로마 군대는 말을 타고 달리던 이웃 나라와의 전투에서 크게 밀리고 있었다. 그 의원들은 킨키나투스에게 '집정관'이라는 칭호를 주었다. 킨키나투스는 결국 제안을 받아들였고, 몸소 전쟁터에 뛰어들어 보병들과 함께 적들에 맞서 싸웠고 승리를 거두었다. 그리고 나서는 군대를 해산했고, 자신이 쓰고 있던 왕관도 내려놓았다. 킨키나투스는 단 14일 동안 집정관을 지냈던 것이다. 마음만 먹었더라면 수십 년이라도 그 자리에 머무를 수 있었을 것이다. 그리고 약 20년의 세월이 흘러, 로마의 의원들이 다시 한 번 그를 찾았다. 킨키나투스는 또 한 번 집정관을 맡아 반란 세력을 토벌한 뒤, 다시 자신의 농장으로 돌아갔다. 그와 마찬가지로 조지 워싱턴 역시 절대 권력을 두 번이나 내려놓았다. 한 번은 독립전쟁에서 승리를 거두고 나서, 두 번째는 대통령을 사임하면서였다. 바이런은 그러한 워싱턴을 "서쪽의 킨키나투스"라며 칭송했고, 미국 시인 필립 프리노Philip Freneau는 워싱턴을 기리는 서사시를 헌정했다.

"로마의 자랑스러운 군대를 호령했던 그는 이제 숲의 그늘을 찾아 떠났도다."[14]

두 시인이 어깨가 좁은 돈 페페를 만났더라면, 그와 비슷한 시를 그에게도 바쳤을 것이다.

여기에 중요한 질문이 있다. 돈 페페가 추진한 개혁은 권력을 차지하고, 대통령 집무실에 머무는 동안 그의 동지들과 함께 무사히 살아남기 위한 치밀하고 단기적인 전략이었던가? 아니면 코스타리카 문화 속에 안정적인 민주주의 체제를 영구적으로 심어놓기 위한 노력이었는가? 분명히 역사적 증거들은 후자를 지목하고 있다. 1950년대에서 90년대에 이르기까지 코스타리카는 지리적으로 위험한 상황에 놓여있었다. 1950년대에 니카라과는 코스타리카를 침공하기 위해 호시탐탐 기회를 노리고 있었다. 그리고 30년이 흘러, 니카라과 사회주의 무장 단체인 산디니스타Sandinista는 소련제 칼라슈니코프 소총 AK-47을 들고 정권을 차지했고, 멋진 벽화 속에다가 그 소총을 화려하게 그려넣었다.[15] 그리고 엘살바도르 국민들은 한편에서 암살단으로부터,

다른 한편에서 무자비한 피델 카스트로의 집단으로부터 두려움에 떨고 있었다. 또한 파나마의 독재자 마누엘 노리에가Manuel Noriega는 나라를 마치 프랜차이즈 편의점을 운영하듯 다스리고 있었다. 돈 페페의 개혁 이후 수십 년의 세월이 흐르는 동안, 코스타리카 사람들은 다시 나라의 군대를 일으키기 위한 수많은 그럴 듯한 근거를 발견할 수 있었을 것이다. 하지만 양쪽에서 밀려오는 압박에도 불구하고, 그들은 돈 페페가 절대로 방향을 바꾸어서는 안 되는 국가의 여정을 이미 마련해 두었다고 진심으로 믿었다. 실제로 오늘날에 이르기까지 코스타리카는 남미 대륙의 대부분의 국가들보다 국방비로 훨씬 적은 예산을 지출하고 있다. 돈 페페가 권력을 잡고 10년이 지나지 않아서 코스타리카의 교육비 지출은 예산의 약 3퍼센트에서 20퍼센트 정도로 크게 증가했다.[16] 돈 페페는 새로운 사업을 시작하면서 이렇게 물었다.

"왜 바이올린은 놔두고 트랙터에만 매달리는가?"

십대 시절 나는 뉴욕 타임스에 '당신의 테러리스트, 혹은 우리의 자유 수호자?'라는 제목으로 글을 기고했었다(이후 뉴욕 타임스로부터는 별다른 답변을 듣지 못했지만, 그 글은 기사로 실릴 만한 충분한 가치가 있었다고 확신한다). 그 글 속에서 나는 권력을 잡기 전까지 우리는 어떤 정치인을 테러리스트나 자유의 수호자라고 확실하게 구분할 수는 없다고 말했다. 그는 무슨 일을 했는가? 병원과 학교를 지었는가? 아니면 더 많은 탱크와 기관총을 사들였는가? 평화의 기틀을 마련하기 위해 노력했는가, 아니면 내부적·대외적으로 전쟁을 확산하기에 바빴는가? 조지 워싱턴이나 이스라엘 사회주의 정치가 데이비드 벤 구리온David Ben Gurion 그리고 무스타파 아타튀르크처럼, 돈 페페는 명예를 중요하게 생각한다고 말했다. 하지만 폭탄의 폭발이 멈추기 전까지, 우리는 정치인들의 말을 믿을 수 없다. 우리는 다음번의 거대한 폭발음이 학교와 병원, 음악당을 짓는 소리인지 참을성 있게 귀를 기울이고 있어야 한다. 그렇다. 돈 페페는 권력을 잡기까지 손에 화약을 묻혔다. 하지만 1998년에 그의 자랑스러운 유권자들은 1948년 그가 장벽을 허물어버렸던 벨라비스타 요새 인근에 그의 동상을 세웠다. 그 동상에서 돈 페페는 평범한 옷을 입고 있다. 그리고 그 손은 아주 깨끗해 보인다.

위기에 등판한 리더, 골다 메이어

메이어의 사명

- 열심히 땀 흘려 땅을 개간하기
- 과학기술을 받아들이되 유대감을 보존하기
- 유동성이 높은 국가 창조하기
- 극단적인 애국 세력 몰아내기

메이어는 밀워키에서 편안한 삶을 살 수 있었다. 친한 친구가 있었고, 졸업식에서 학교 대표로 인사를 했고, 열한 살 때인 1909년에는 가난한 이민자 아이들에게 책을 사주기 위한 기금 조달 모임을 조직하기도 했다. 한참 세월이 흘러, 닉슨 대통령은 비록 밀워키가 야구팀 브레이브스를 잃었지만, 대신에 메이어가 있어서 다행이라고 농담을 건네기도 했다. 닉슨은 이렇게 덧붙였다.

"브레이브스는 지금 당장 당신을 대타로 기용해도 좋을 겁니다."[17]

골다 메이어가 야구를 했더라면, 라커룸을 어슬렁거리다가 경기 후반 안타가 꼭 필요한 시점에 대타로 등장하는 그러한 선수였을 것이다. 실제로 메이어는 이스라엘 건국 초반의 위기에 등장하여 해결사 노릇을 했다. 가뭄이 심각해서 농부들이 기우제까지 올렸을 때, 총격 사건의 현장에서 옆자리 운전사가 죽었을 때, 그리고 영국군들이 학살을 피해 도망 온 유대인들을 배에서 내리지 못하게 하고, 그들을 다시 수용소로 돌려보냈을 때, 그녀는 모습을 드러냈다. 메이어의 축 처진 눈 아래 주름은 그녀가 무엇을 목격했는지 말해준다. 1969년 이스라엘 총리로 취임 선서를 했을 때, 그녀의 모습은 백악관에서 막 물러난 린든 존슨의 모습과 흡사했다. 다만 키가 45센티미터 더 작았다는 것 말고는.

위도가 아니라
태도

여기서 나는 이스라엘의 수많은 전쟁이나 오늘날 팔레스타인과의 긴장 관계와 관련된 논란거리를 집중적으로 살펴보지는 않을 것이다. 다만 골다 메이어의 삶을 통해서 국가가 겪는 어려움에 대한 흔한 핑곗거리, 즉 "우리에겐 천연 자원이 없다."라는 주장에 대해 생각해보고자 한다. 골다는 그러한 핑계를 종종 비웃었다. 다만 사막에서 40년 동안 유대인들을 끌고 다니다가 결국 도착한 곳이 석유 한 방울 나지 않는 중동 지역이라는 사실에 모세를 용서하기는 힘들 것 같다는 말을 했을 뿐이다. 물론 그건 리더십 전략에 관한 이야기가 아니라 그냥 웃자고 한 소리다. 하루에 4시간 자고, 체스터필드 담배를 매일 한 갑이나 피워댔던 골다는 배짱이 두둑하고, 좀처럼 주눅 들지 않으며 한번 물면 절대 놓지 않는 스타일이었다. 일반인들은 물론, 역사가와 경제학자들 또한 국가의 천연자원에 대해 많은 걱정을 한다. 어릴 적 나는 지도책을 뒤적거리면서 소련이 미국보다 좀 더 영토가 넓고, 금과 보크사이트 매장량도 많다는 사실에 조금은 부러움을 느꼈다. 그때는 보크사이트가 뭔지도 몰랐지만 랜드 맥널리Rand-McNally사의 지도책에서 표기해두었다면 좋은 것임에 틀림없었다. 경제학 교과서들은 '부존자원factor endowment'에 대해 언급하면서, 땅 밑에 묻혀있는 자원이 국가의 경제 발전을 가름한다는 메시지를 넌지시 전한다. 제러드 다이아몬드Jared Diamond의 베스트셀러 작품들은 우리에게 국가의 흥망성쇠와 관련하여 생태학적인 설명을 들려준다. 유라시아는 온순한 말들이 넘쳐나는 축복받은 땅인 반면, 아프리카에는 성질 고약한 얼룩말들밖에 없다. 칠레 지역에는 알파카가 많지만, 안데스 지방은 산세가 험난하기 때문에 아즈텍 사람들은 가축들을 이용해 양털과 짐을 나르는 호사를 누리지 못했다. 유럽인들이 아메리카 대륙을 침략했을 때, 캐리비언 사람들은 북미 지역보다 훨씬 더 부유해 보였다. 쿠바와 바베이도스의 1인당 GDP는 당시 아메리카 식민지들보다 적어도 50퍼센트 이상 더 높았다.[18] 볼테르는 1750년대에 프랑스가 왜 굳이 인도와 마찰을 빚었는지 이해하지 못했다. 캐나다는 '야만인과 곰, 비버들'의 서식지에 불과했다. 볼테르는 자신의 저서 '캉디드Candide'에서 유럽인들이 "얼마 되지도 않는 눈밭을 놓고 우아한 전쟁을 벌이고 있다."며 비웃었다.[19] 어떤 전문가들은 국가를 마치 모델하우스처럼 살펴보면서, 오로지 위치만이 중요한 요소인 것처럼 "위치, 위치, 위치"를 외쳐댔다. 가령 그들은 "호주는 너무 멀다."거나 혹은 "보라, 베네수엘라에서는 석유가 난다."고 말했다. 하지만 로스앤젤레스 공항에서 환승을 하고 12시간이나 더 가야 하는데다, 애초에 추방당한 범죄자들이 정착한 영토임에도 불구하고, 호주는 분명히 부패한 베네수엘라보다 훨씬 더 잘 산다. 그렇다면 경제 발전에서 가장 중요한 요소는 무엇일까? 그건 위도latitude가 아니라 태도attitude다.

골다 메이어를 비롯한 이스라엘의 건국자들은 성실한 태도를 갖추고 있었다. 그리고 땅 속에 뭐가 묻혀있는지, 모래와 바위에서 뭐가 자랄 수 있는지에 대해 걱정하지 않았다. 마크 트웨인은 팔레스타인을 다녀와서 그곳의 절망스런 황무지를 이렇게 묘사했다.

세상에는 절망의 땅들이 있다. 나는 그 중에서도 팔레스타인이 으뜸이라 생각한다. 언덕은 황량하고, 그 빛은 흐리멍덩하고, 전체적인 광경은 하나도 멋스럽지 않다. 사막 같은 계곡에서 듬성듬성 자라는 볼품없는 채소들은 애환과 슬픔을 자아낸다. 어디에도 눈을 둘 곳 없고, 특별한 볼거리도 없고, 은은한 물안개가 피어나거나 구름의 그림자로 채색된 부드러운 풍경이라고는 찾아볼 수 없는 언덕과 평야의 가운데 사해와 갈릴리 호수가 잠들어있다. 모든 선은 거칠고, 모든 사물은 조화롭지 못하다. 멀리서 바라본다고 해도 별로 나아질 바 없다. 그야말로 절망적이고, 황량하고, 쓸쓸한 땅이다.[20]

골다 메이어의
성장기

골다 메이어는 그 전에 더 힘들고 절망적인 삶을 살았다. 그녀는 러시아 핀스크(지금은 우크라이나)에서 태어났다. 당시 핀스크는 유대인들을 강제로 이주시켰던, 악취가 진동하는 특별 구역이자 차르의 군대와 그들을 따르던 약탈자들을 피해 유대인들이 몰려들었던 곳이었다. 어릴 적 골다가 친구와 함께 거리를 걷고 있을 때, 술 취한 농부가 그들의 머리를 붙잡고 서로 부딪히고는 이렇게 말했다.

"너희 유대인들 이렇게 만들어 줄 거야."

골다의 아버지가 가족을 지키기 위해 가지고 있던 유일한 무기는 못을 박아서 붙인 몇 장의 판자뿐이었다. 모세 마보비치Moshe Mabovitch는 목수였고, 누가 봐도 크게 성공한 인물은 아니었다. 그의 부엌 찬장들은 항상 텅 비어 있었고, 저녁은 죽 몇 스푼으로 때우곤 했다. 짧고 비참했던 키예프 시절 이후에 모셰는 놀라운 성취를 일구어냈다. 그는 러시아를 탈출하는 방법과 어머니와 골다와 형제들을 밀워키로 데려갈 수 있는 방법을 알아냈다. 그러나 여행길은 위험했고, 무엇보다 비자가 필요했다. 하지만 비자를 신청하는 것만으로도 위험을 초래할 수 있었고(그 가족에게 뭔가를 빼앗을 게 있다는 사실을 알리는 것이었기에), 특히 여자 아이를 유괴당할 위험이 있었다. 모셰의 가족이 밀워키에 도착했을 때, 그들은 혼자가 아니었다. 러시아, 독일, 이탈리아, 가톨릭, 그리스 정교 등 수십만 명에 이르는 다양한 이민자들이 이미 그곳에 자리를 잡고 있었다. 슐리츠 브루잉 컴퍼니Schlitz Brewing Company에서 증기 목욕탕 시설을 무료로 사용하게 해주고 있었지만, 여러 생필품은 대단히 부족한 상황이었다. 이민자들은 마치 누가 더 양키와 비슷하게 보이는지 경쟁이라도 하듯, 미국 노래를 배우고 애국자들의 행렬에 동참했다. 성경이 11월의 네 번째 목요일을 특별한 날로 지정하지 않았음에도, 골다가 다니던 유대교 예배당은 추수감사절에 맞춰 특별 예배를 드렸다. 그러나 당연하게도 러시아에서 받았던 고통의 상처는 오래 남았다. 골다는 길가에서 노동절 행진을 지켜보면서 박수를 쳤던 기억을 이렇게 떠올렸다.

"브라스 밴드와 꽃마차, 팝콘과 핫도그의 냄새. 이 모든 것은 미국의 자유를 상징하는 것이었다."

그러나 말을 탄 경찰이 다가왔을 때, 골다의 어린 여동생은 그만 겁을 집어먹고는 이렇게 외쳤다.

"기병이다! 기병이 오고 있어!"

골다는 회고했다.

"하지만 내가 아는 미국은 말을 탄 사람들이 시위에 참여한 근로자들을 지켜주는 그런 나라였다. 반면 내가 아는 러시아는 말을 탄 사람들이 시위자들을 마구잡이로 죽이는 그런 나라였다."[21]

그날 골다는 동생이 너무도 크게 우는 바람에 할 수 없이 집으로 돌아와 재워야 했다. 그리고 다시 행진을 보러 나갔다.

골다는 고집이 셌다. 골다의 어머니는 그녀가 말이 너무 많다고 했고, 냄비를 젓는 국자에 자신의 딸을 비유하곤 했다. 실제로 골다는 언니인 셰이나를 따라 때로는 너무 심하게 이리저리 휘젓고 다녔다. 아홉 살이 더 많은 셰이나는 마치 자신이 마르크스나 엥겔스인 것처럼 골다의 귀에 이야기를 속삭여 주었다. 골다의 부모님은 유토피아적 사회주의를 인정하지 않았다. 그러나 골다와 셰이나는 더 많은 교육을 원했고, 이는 부모님의 옛날 가치관과는 맞지 않는 것이었다. 골다는 집안에서 시위를 벌여 간신히 고등학교에 입학할 수 있었다. 그러나 골다의 아버지는 그녀가 여성스러운 옷을 입고 조신하게 행동하길 원했다. 그러고는 이렇게 말했다.

"남자들은 똑똑한 여자를 좋아하지 않는다."

골다의 부모는 그녀가 모자 가게에서 일을 하거나 비서 학교에 입학하라고 했다.[22] 하지만 부모가 이미 자신의 결혼 상대자로 한참 연상인 남자(골다의 회상에 따르면 '삼십대 초반')를 점찍어 두었다는 사실을 알게 되었을 때, 골다의 '밀워키 강변의 핀스크' 기질이 발동했고, 결국 반항 기질이 다분한 언니를 따라 덴버로 넘어갔다.

왜 셰이나가 사회주의를 꿈꾸는 사람들의 지역으로 덴버를 지목했는지 정확하게 밝혀지지는 않았지만, 어쨌든 로키산맥의 신선한 공기는 골다의 결핵을 치유해 주었다. 골다는 그곳의 분위기가 부모님과 함께 살았던 목조 주택들로 가득한 조그마한 마을보다는 더욱 진보적이라고 느꼈다. 셰이나가 동료들과 함께 레닌과 트로츠키, 이스라엘 건국의 아버지 테오도로 헤르츨Theodore Herzl의 사상을 따르는 초기 시온주의자들에 대해 토론을 나눌 때, 골다는 곁에서 주의 깊게 들었다. 나중에 골다의 어머니는 덴버에서 데리고 온 셰이나의 남자친구에 대해 "거창한 사상에 빠진, 하지만 주머니에는 한 푼도 없는 인간"이라고 평가했다. 어머니의 평가는 골다의 남자친구 모리스 메이어슨에 대해서도 다르지 않았다. 그는 간판을 그리는 일을 했지만, 대부분의 시간은 할 일 없이 빈둥거리는, 감수성 예민한 바이런과 워즈워스 숭배자였다. 골다는 밀워키에 사는 친한 친구에게 이렇게 털어놓았다.

"미남은 아니지만 영혼이 아름다운 남자야!"

모리스는 골다에게 낭만적인 청혼을 했고, 열여섯의 골다는 싫지 않았다. 하지만 골다는 모리스가 그리던 것과는 많이 다른 인생 계획을 설계해놓고 있었다. 그때 골다는 축음기에서 브람스 자장가가 흘러나오는 둘만의 편안한 삶을 떠올려보았다. 그리고 다음으로 팔레스타인에 서 있는 자신들을 떠올려보았다. 낮에는 참호를 파고, 밤에는 키부츠 막사에서 동료들이 둘을 바라보는 가운데 잠이 드는 장면을 상상해보았다. 그리고 얼마 후, 골다는 모리스의 청혼을 받아들였지만, 한 가지 조건을 내걸었다. 그것은 자신을 따라서 팔레스타인으로 같이 가자는 것이었다. 그렇게 두 사람의 결혼 생활은 모리스가 세상을 떠났던 1951년까지 이어졌다. 하지만 그들의 결혼은 많은 사람들, 심지어 그들의 자녀들도 쉽게 받아들이기 힘든 결정이었다.

황 야 로 의
탈 출

시온주의자들은 오랜 시간에 걸쳐 러시아와 유럽을 떠나 신성한 땅을 향하고 있었다. 골다는 이제 그들을 도울 준비가 되어있었다. 그곳에 이르기까지 오랜 시간이 걸렸다. 골다와 모리스는 제1차 세계대전에 미 해군 수송함으로 활약하게 될 유람선에 올랐다. 그 배의 이름은 유명한 여성 영웅의 이름을 딴 '포카혼타스 호SS Pocahontas'였다. 당시 나폴리로 떠났던 험난한 한 달간의 여정은 마피아 소설을 방불케 했다. 뉴욕타임스 기사에 따르면, 그 배는 보스턴에서 부두와 충돌했다고 한다. 그리고 이틀 뒤 기관실에 물이 들어찼고, 한 선원이 다른 배에 방화를 한 혐의로 족쇄를 찼다.[23] 그리고 다음날에는 발전기에 불이 났고, 전기 기술자도 수갑을 찼다. 그는 배에 탑승한 의사로부터 신경과민 증세가 있으니 밖으로 나오지 말고 승무원실에 남아있으라는 지시를 들었다. 그러나 나중에 그의 시신은 바다에서 발견되었고, 굵은 밧줄에 손이 묶여 수영도 할 수 없는 상태였다. 그리고 같은 날, 한 승무원의 사체가 도난을 당한 은제품 200점과 함께 발견되었다. 그리고 다음으로 일등 기관사, 사등 기관사와 함께 족쇄에 묶여있었던 보일러 기술자의 사체도 발견되었다. 마침내 배가 나폴리에 도착했을 때, 갑판 아래에는 2미터가 넘는 물이 차올라 있었다. 그 광경을 본 골다와 모리스는 아마도 팔레스타인이 더 편안하고 안전할 거라 생각했을 것이다. 두 사람은 불안한 마음을 진정시키며 나폴리 항구에 내렸지만, 하이파 항구로 가는 배의 아랍 선원들은 유대인을 태우려 하지 않았다. 결국 골다와 모리스는 다른 배를 타고 이집트의 알렉산드리아로 가서 지프와 기차 그리고 낙타를 갈아타고 팔레스타인에 도착할 수 있었다.

마지막으로 두 사람이 텔아비브 기차역에 내려섰을 때, 그들이 발을 디딘 곳은 발목까지 잠기는 모래밭이었다. 주변에는 아무것도 보이지 않았다. 텔아비브 거리는 듬성듬성 포장되어있었고, 당나귀들의 냄새가 진동하고, 화장실 문들은 열려있고, 먼지가 흩날리고, 시장은 백마를 타고 달렸다.[24] 나무는 단 한 그루밖에 보이질 않았다. 흐르는 물은 없었고, 옥외 공중변소를 사용하기 위해 40명의 사람들과 함께 노력을 해야 했다. 그나마 그곳은 두 사람이 나중에 넘어가게 될 키부츠보다는 개인 생활이 어느 정도 보장되는 지역이었다. 나는 여기서 '노력'이라는 단어를 사용했다. 그것은 처음에는 두 사람에게 화장실 사용이 허락되지 않았기 때문이었다. 키부츠 남자들은 자신들의 인상이 부드럽다고 생각하는 듯했다. 그리고 유부녀보다는 처녀를 더 환대했다. 또한 일부 열정적인 사회주의자들은 결혼이 억압적인 법률 제도라고 생각했다. 골다는 이후 아랍 사람들이 죽음의 늪이라고 부르는 곳에서 일을 하게 되었다. 칸막이 없이 땅에 구덩이 4개만 파놓은 간이 화장실은 그나마 막사에서 400미터나 걸어가야 했다. 그들의 주요 임무는 나무를 심는 일이었다. 그러나 주변은 온통 습지와 바위투성이였다. 여름철이면 새벽 4시부터 노동이 시작되었다. 오후가 되면 날파리들의 습격이 시작되기 때문이었다. 그곳의 노동자들은 피부를 보호하기 위해 바세린을 두껍게 발랐지만, 그래도 벌레들은 눈과 귀, 코로 들어왔다.[25] 골다는 닭장에서도 일했다. 그래도 금요일 저녁이면 품위를 지키기 위해 드레스를 입고 스타킹을 챙겨 신었다. 그러나 다른 여자들은 그녀가 멋을 부린다며 이맛살을 찌푸렸다.

땀으로
땅을 일구다

골다 메이어와 지금의 우리를 위해 노동과 땅이라고 하는 서로 얽혀있는 두 가지 주제에 대해 잠시 이야기를 나누어 보도록 하자. 4장에서 살펴보았던 것처럼, 노동은 인간에게 존엄성을 부여하고, 개인과 공동체의 삶의 기준을 높여준다. 그리고 골다와 시온주의자들에게 노동은 또 다른 역할을 했다. 그것은 민족의 문화를 창조하고, 그들의 삶과 땅을 하나로 묶어주었다는 것이다. 초기 시온주의자인 A.D. 고든A.D. Gordon은 유대인이 "국가, 국가의 현대 언어 그리고 문화가 없는 민족"이라고 했다. 그래서 그는 유대인들이 소매를 걷어붙이고, 토지에서

땀을 흘리고, "문화 창조에 정신이 팔려서 이반과 존, 혹은 무스타파가 일을 하도록 내버려두어서는 안 된다."라고 주장했다.[26] 노동의 땀은 문화의 핵심이 되어야 한다. 나중에 이스라엘의 초대 총리가 된 데이비드 벤 구리온은 1934년에 팔레스타인 지도자에게 이렇게 말했다.

"우리는 남아프리카 공화국과 같은 상황을 원치 않습니다. 거기서는 백인들이 모든 것을 소유하고 통치하며, 노동은 오로지 흑인들의 몫입니다. 쉽든 어렵든, 기술이 필요하든 단순하든 모든 종류의 일을 마다하고 오로지 주인 행세만 하려 해서는 그곳이 우리의 고향이 될 수 없습니다."[27]

이러한 생각의 기원은 존 로크John Locke에게로까지 거슬러 올라갈 수 있다. 그는 소유를 주제로 한 자신의 논문을 다윗의 말에 대한 인용으로 시작하면서, 천연자원에다가 "스스로 노동을 투자하고, 자신이 가지고 있는 것을 집어넣어야 …… 자신의 재산이 되는 것"이라고 주장했다.[28] 시온주의자들은 씨앗을 심고, 밭을 일구고, 수확을 하는 일련의 과정이 오랫동안 동정, 혹은 경멸을 받아왔던 떠돌이 유대인들에게 뿌리를 선사할 것이라고 믿었다. 1901년 유대민족기금Jewish National Fund은 전 세계적으로 한 세기를 이어온, 나무를 심고 저수지를 만드는 운동을 이스라엘 땅에서 시작함으로써 바로 그러한 믿음을 현실로 구현해 나갔다. 벤 구리온은 이렇게 말했다.

"우리는 모든 산을 나무로 뒤덮어야 한다. 경작이 어려운 모든 언덕과 바위투성이의 땅, 해안가의 모래 언덕 그리고 네게브 사막까지도."[29] 아이가 이스라엘 밖에서 태어날 때, 그 부모와 친척들은 나무를 심어야 하고, 그렇게 해서 받은 인증서는 아이와 나무가 오랫동안 인연의 고리로 연결되어있을 것임을 말해준다. 영국 역사가 사이먼 샤마Simon Schama는 자신의 저서『풍경과 추억Landscape and Memory』에서 6펜스 동전을 기부함에 넣고, 그 행동을 벽에 붙여놓은 종이 나무에 작은 이파리를 붙여서 기념했던 어릴 적 추억을 들려준다.

그 나무가 잎으로 무성해지면 기부 상자를 보내서 처음에 약속했던 대로 갈릴리 땅에다 묘목을 심었다. 그리고 그 나무의 가지에 우리 학급의 명패를 달아놓았다. 런던의 북부 전역에 걸쳐 종이 나무들은 6펜스 동전을 집어넣는 딸그랑 소리와 함께 잎을 피웠고, 그만큼 행복한 시온의 숲은 더욱 푸르러졌다.[30]

모든 국가와 그 문화는 궁극적으로 그들의 땅으로 이어져있다. 예전에 조지 H.W 부시 행정부는 10억 그루의 나무를 심는 정부 사업을 발표했다. 이후 1991년에 퀸엘리자베스 2세가 백악관을 방문했을 때, 부시 대통령은 그녀가 직접 작은 보리수를 심을 수 있도록 행사에 초대를 했다. 밝혀진 바에 따르면, 백악관은 1937년에 그녀의 아버지인 조지 6세의 대관식을 기념하기 위해서 두 그루의 보리수를 심은 바 있었다. 그리고 얼마 전 태풍으로 인해 둘 중 하나가 뿌리째 뽑히는 일이 벌어지기도 했다. 부시 대통령은 말했다

"우리의 우정을 과시하고, 양국의 어린 세대에게 보리수를 심으라고 권장하기에 이보다 더 좋은 방법을 떠올릴 수 없군요."[31]

나는 여왕이 참석한 행사를 잔디밭에서 지켜보았다. 그런데 그 행사는 사소한 오점을 남기고 말았다. 행사 담당자가 여왕이 연단 뒤에서 딛고 올라설 수 있도록 상자를 가져다 놓는 것을 깜빡했던 것이다. 여왕의 키는 부시 대통령보다 30센티미터나 작았다. 그래서 여왕이 연설을 시작했을 때, 청중들이 볼 수 있었던 것은 그녀의 보라색 모자뿐이었다. 퓰리처상을 노리는 사진기자들은 여왕 폐하 앞에서 감히 꺼내서는 안 될 험한 저주의 말을 퍼붓기 시작했다. 그밖에도 왕실 의전에 관한 에피소드가 한 가지 더 있었다. 그 행사의 주최를 맡았던, 뉴햄프셔 출신의 멋지고 생기발랄한 내 친구 에밀리 메드는 여왕이 정말로 손수 삽을 뜰 생각이 있는지 확인하기 위해 버킹검 궁에 전화를 걸었다. 전화기 저편에서 들려온 대답은 이랬다. "잠시만요." 그리고 얼마 후 최고 의전 책임자가 나타나 그 중차대한 사안에 대해 자신의 의견을 전했다.

"네, 여왕께서는 삽을 드실 겁니다. 두 번."

대지의 부름은 연어가 알을 낳기 위해 고향을 찾아가는 것처럼 근원적인 본능이며, 이는 고도로 발달한 문화와 원시적인 문화 모두에게서 찾아볼 수 있다. 문학사에서 가장 극적이고 인상적인 장면들은 인간을 토지에 종속시키는 영적인 연결 고리를 떠올리게 만든다. 리어왕은 어리석게도 포기해버렸던 자신의 권리에 대해 쓸쓸하고 황량한 영혼으로 울부짖는다. 그리고 스칼렛 오하라는 타라로 돌아가 그 땅의 덤불 속에서 시든 무를 집어들며 이렇게 말한다.

"다시는 배고플 일 없어! 절대로. 우리들 중 누구도 …… 신이 나의 증인이니."

드라큘라마저도 관 속에서 잠들기 위해 트란실바니아의 토양이 필요했다. 특히 시온주의자들에게는 더욱 분명했다. 2000년을 흩어져 사는 동안 그들은 서로 이렇게 인사를 나누었다.

"내년에는 예루살렘에서 봅시다."

히브리, 아랍 그리고 고대 시리아의 언어에서 시온Zion이란 예루살렘을 뜻한다. 그들은 2,000년을 기다려왔던 바로 그 땅으로 돌아가고자 했다. 비록 그 땅이 로마와 십자군, 오스만 그리고 베두인들에 의해 짓밟히고 지배를 당했다고 하더라도 말이다.

시온과
캘리포니아 이야기

골다의 남편 모리스는 영국 시인들에게 땅과 우화 그리고 국가의 문화를 연결짓는 강한 전통이 있음을 알고 있었다. 시온주의자들은 영국이 그들의 확고한 우방이며, 오래된 고향을 향한 수천 년 동안의 동경을 더욱 열정적으로 느낀다고 믿었다. 땅과 사람 그리고 영국과 시온주의자들의 문학을 이어주는 표현들을 살펴보도록 하자. 워즈워스는 '틴턴 애비Tintern Abbey'에서 우리는 변하지 않고 오래토록 남아있는 곳을 향한 떨쳐버릴 수 없는 기억을 인정해야 한다고 말한다.

다섯 번의 기나긴 겨울을! 그리고 나는 또다시 듣는다/ 산 속 옹달샘에서 시작된 물이/ 나긋한 평야를 흐르는 재잘거림과 함께.

다음으로 셰익스피어는 '리처드 2세'에서 말한다.

왕좌의 섬이여, 황제의 땅이여 …… 이곳은 또 다른 에덴이자 낙원의 일
부 …… 은빛 바다에 놓인 보석이여 …… 이 땅이여, 영국이여.

이 문구는 너무도 감동적이어서, 몇 년 전 영국 관광청은 한 미국 TV
광고에서 이 시구를 내레이션으로 사용했다. 이와 관련된 흥미로운 글
귀들은 무궁무진하다. 존 오브 곤트John of Gaunt(잉글랜드의 왕 헨리 4세의 아
버지 - 옮긴이)는 이렇게 강조했다.

"이 땅의 사람들은 고향에서 멀리 떨어진 그들의 행적과 종교적 헌신
그리고 진정한 기사도로 유명하도다."

제1차 세계대전이 끝나고, 영국이 머나 먼 팔레스타인을 위임통치했
었다는 사실도 떠올릴 필요가 있겠다. 곤트의 표현인 '고향에서 멀리 떨
어진'을 되뇌며, 영국의 군인과 관료들은 복잡하고 어지러운 그 땅을 다
스리라는 부름을 받았던 것이다. 처음에 시온주의자들은 이들을 환영
하며 강한 유대감을 느꼈다. 1917년 영국은 유대인의 고향을 '우호적
으로 바라보는' 밸푸어 선언Balfour Declaration을 발표했다(비유대인들의 시민
권을 그대로 인정하면서). 영국인들은 제1차 세계대전에서 영웅적인 모습
을 보여주었다. 그리고 다음으로 런던 도심에 폭탄이 떨어지던 제2차
세계대전 와중에도, 그들의 땅은 역사상 가장 용맹하고 기사도로 빛나

는 섬임을 증명해 보였다(1565년 대규모 공성 당시의 몰타 섬을 예외로 하고). 벤 구리온은 말했다.

"이 아름다운 나라의 내면에서 뿜어져나오는 자신감에 강한 인상을 받았다."[32]

골다는 미국인들에게 이스라엘에 대한 지지를 호소하면서, 처칠의 감동적인 연설 '우리는 해변에서 싸울 것이다'를 극적인 방식으로 써먹었다. 골다는 국민들에게 이렇게 약속했다.

"우리는 갈릴리에서 끝까지 싸울 것이다. 예루살렘의 끝에서 싸울 것이다."

『리처드 2세』에 등장하는 '고집스러운 유대인들 가운데 무덤처럼'이라는 표현은 다소 충격적이다. 하지만 이는 유대인에 대한 모욕이 아니다(이미 출애굽기와 신명기에서 이스라엘 사람들을 "오만하다."고 말하고 있다. 그 말씀을 그대로 가져다 썼다고 해서 셰익스피어를 비난할 수는 없을 것이다). 하지만 셰익스피어의 말 속에는 아이러니가 숨어있다. 시온주의자들은 그들의 섬을 향한 시들지 않는 열정과 용맹함과 성실함에 대해 영국인들을 존경했다. 그리고 대부분이 1917년 밸푸어 선언을 철석같이 믿었다. 그랬기 때문에 벤 구리온과 골다는 수백만 명의 유대인들이 학살을 당했던 제2차 세계대전이 끝나고 나서, 영국 정부가 뿔뿔이 흩어졌던 유대인 피난민들이 팔레스타인으로 가지 못하도록 막았다는 사실에 충격을 받았다. 영국 군인들은 굶주린 생존자들을 강제수용소에 가두거나, 출애굽기에서와 같이 4,500명의 가엾은 영혼들을 배에 강제로 싣고 독일로 되돌려 보냈다. 특히 영국 외무장관 어니스트 베빈Ernest Bevin

의 발언은 유대인들을 분노케 했다. 대학살이 자행되는 동안 런던의 식민청은 팔레스타인 땅이 유럽의 유대인들을 수용하기에 충분히 넓지 않다고 주장했다. 600만 유대인들의 목숨을 앗아간 전쟁이 모두 끝나고 나서도 베빈은 여전히 그곳이 적절한 장소가 아니라고 생각했고, 10만 명의 피난민의 이주에 관한 트루먼 대통령의 요청도 거절했다(반면 1938년에 도미니카 공화국은 10만 명의 수용을 약속했다). 베빈은 유대인들이 하나의 국가를 이룰 수 없다고 믿었으며, 그들은 다만 또 하나의 종교 집단에 불과하다고 생각했다. 베빈의 동료인 리처드 크로스먼Richard Crossman 하원 의원은 그의 입장에 반대하면서 "이들은 하나의 국가로서 싸울 것이다."라고 강조했다. 그러나 베빈의 대답은 이랬다.

"그러면 그들은 유대인이 아니다."[33]

하지만 유대인들은 역사와 경전, 이야기와 개간 사업을 기반으로 지속가능한 나라를 건설하는 데 성공했다. 골다 메이어와 키부츠 사람들이 참호를 파고 나무를 심었던 1920년대와 1930년대에, 유럽의 여러 외교 전문가들은 유대인들이 잘못된 땅을 선택했다고 지적했다. 그리고 차라리 우간다나 아르헨티나 대초원, 혹은 캐나다의 매니토바가 새로운 고향으로 적격일 것이라고 제안했다.[34] 다른 한편에서, 1934년 소련에서는 중국으로부터 그리 멀지 않은 비로비잔이라고 하는 시베리아의 척박한 땅에 또 다른 유대인 거주지가 생겨나고 있었다. 키예프나 오데사와 같은 도시에서 자행된 끔찍한 학살을 피해, 수천 명의 유대인들이 1만 킬로미터에 달하는 소련의 영토를 가로질러 머나먼 땅으로 이동하고 있었던 것이다. 그곳은 마치 치명적인 재난을 피해

도망을 친 종들의 동물원을 연상케 했다. 오늘날 그곳에는 영화 〈지붕 위의 바이올린Fiddler on the Roof〉에 나왔던 촛대와 조각상이 여전히 남아 있다. 최근의 한 방문자는 그 곳을 '쥐라기 공원'에 비유하기도 했다.[35]

1920년대에서 30년대에 이르기까지 시온주의자들은 심고, 갈고, 트랙터를 몰았으며, 경제는 빠른 성장세를 보였다. 골다가 팔레스타인 땅에 도착해서 처음으로 본 광경은 아랍 농장에서 쟁기를 끌고 있던 두 존재였다. 하나는 여자였고 다른 하나는 황소였다. 골다는 지치고 병든 두 존재(인간과 가축)의 자리를 트랙터와 수확기로 대체하면서 낭만적인 시골 정경을 망쳐놓은 것에 대해 아쉬워하지 않았다. 10세기의 자원을 20세기 자원으로 대체함으로써, 골다는 엄청난 성과를 일궈냈다.

1922년에서 1935년 사이에 1인당 실질 소득은 160퍼센트 증가했으며, 전화 회선의 수는 1931년에서 1933년 사이에 네 배로 증가했다. 그리고 유대인이 소유한 땅에서 이루어진 농업 및 제조업 분야의 생산량은 1921년에서 1939년 사이에 다섯 배로 늘었다. 과잉은 긍정적인 형태로 일어났다. 팔레스타인에서 아랍인이 소유하고 있던 시설의 생산량은 두 배로 증가했다. 경제 발전이 이처럼 극적으로 이루어지면서, 이집트를 비롯한 다양한 지역의 아랍인들이 비옥한 토양으로 변화된 그 땅으로 넘어오기 시작했다.[36] 개척자와 키부츠 사람들은 혁신을 창조하고, 천연자원을 보존하는 수밖에 다른 방법이 없었다. 살구나 아몬드의 생산량을 늘리는 획기적인 방법이 개발된 경우, 사람들은 즉각적으로 신기술을 받아들였다.

1948년에 이스라엘State of Israel을 정식 국가로 선포한 이후로, 혁신의 속도는 더욱 빨라졌다. 농업용수의 공급이 여의치 않았기 때문에, 이스라엘인들은 관개시설을 구축하고, 비닐로 토양을 덮어 습도를 유지하고, 새로운 종자 개발에 박차를 가했다. 특히 겨울을 중심으로 유럽에 수출 시장을 확대해 나갔다. 자파 오렌지는 이후 이스라엘의 상징이 되었고, 뉴욕의 애칭 빅애플을 따라서 텔아비브는 빅오렌지가 되었다.[37] 지난 몇 년간 캘리포니아 지역은 가뭄으로 많은 어려움을 겪었으며, 정부는 주민들에게 잔디밭에 물을 뿌리지 말고, 샤워할 때에는 타이머를 이용할 것을 권고했다. 2015년에는 샌디에이고 북단 칼즈배드에 위치한 담수화 공장이 가동을 시작했다. 수십억 달러를 들여 만든 이 공장은 매일 5,000만 갤런의 식수를 생산하도록 설계되었으며, 이는 올림픽 규격의 수영장 세 곳을 1시간 안에 물로 채울 수 있는 양에 해당한다.[38] 또한 캘리포니아 주는 현재 이러한 공장을 17개 지역에 세우고 있다. 그리고 그 과정에서 이스라엘 기업인 IDE가 오래 전 이스라엘 사막에서 개발했던 원천 기술을 바탕으로 캘리포니아 담수화 프로젝트를 이끌어나가고 있다.

국가의
유동성 높이기

골다는 오래 되었으면서도 새로운 국가의 건설을 위한 자금을 마련하기 위해, 팔레스타인을 떠나 외국을 돌아다니기 시작했다. 미국 외교관들 및 시민들과의 만남에서, 골다는 나무를 심는 것이 다만 하나의 식물을 심는 것이 아님을 강조했다. 그것은 또한 국가를 건설하고 자유를 실현하기 위한 노력이다. 좀 이상한 말처럼 들릴 수 있지만, 실제로 나무는 국가의 유동성을 높인다. 1935년 뉴욕에서 가진 연설에서 골다는 이렇게 말했다. 젊은 "이상주의자들이 이스라엘 북부 도시 하데라로 몰려와 습지를 메우고 …… 유칼립투스 나무를 심었습니다. 이제 그 나무들이 자라 유대인들의 배를 만드는 목재로 쓰이고 있습니다."[39]

그 이름에서부터 혁명의 향기가 풍기는 포카혼타스 호에 올라 항해를 하고, 조그마한 배를 타고 이집트로 들어갔다가, 다시 팔레스타인으로 몰래 들어와야만 했던 골다의 여정을 떠올려보자. 골다에게 하이파에서 지중해의 거친 파도 속으로 띄워 보낸 '유대인의 배'는 필라델피아의 건국의 아버지들에게 자유의 종과도 같은 것이었다. 자신감과 자유를 안겨다준 유대인의 배는 결국 사막의 묘목들로부터 시작되었던 것이다.

광신적 애국주의
남성들에 대한 무시

물론 모든 사막에 꽃이 핀 것은 아니었다. 그래도 골다는 척박한 땅을 보면 여전히 힘이 솟았다. 1946년에 골다는 네게브 지역의 키부츠에 살고 있는 자신의 딸을 찾았다. 딸은 엄마에게 이렇게 하소연을 늘어놓았다.

"정말 죽을 거 같아요. 주변에 아무것도 없어요. 나무도, 풀도, 새도 없어요. 모래와 뜨거운 태양밖에는."[40]

남성 시온주의자들 중에는 권위적이고 광신적인 애국자들도 많았다. 하지만 그들 역시 여성들의 힘을 필요로 하기는 마찬가지였다. 포도 농장을 일구기 위해 땅을 파고 돌을 골라내기 위한, 혹은 작열하는 태양 아래서 도로를 깔기 위한 충분한 힘이 없는 여성들은 여성 단체에서 묘목을 심고 관리하는 임무를 맡고 있었다.[41] 하지만 골다는 특정한 과제를 여성에게 종속시키는 방식에 반대했다. 그 누구도 개척자와 정치인들이 만들어놓은 성 차별의 장벽을 핑계로 인간의 정신적, 신체적 역량을 지속적으로 과소평가해서는 안 될 일이었다. 코미디언 재키 메이슨 Jackie Mason이 처음으로 이스라엘을 방문했을 때, 그곳 남자들이 너무도 시커멓고 강인해 보여서 푸에르토리코 사람들인 줄 알았다는 농담을 했다. 당시 골다는 벤 구리온의 핵심 자문 역할을 맡고 있었다. 나중에 벤 구리온은 골다를 "우리 내각의 최고의 인재"라고 불렀다. 그녀는 남성을 대하는 데 거침이 없었다. 골다와의 회의를 앞둔 한 영국 장관은 동료로부터 이런 조언을 들었다고 했다.

"메이어슨 여사는 아주 공격적인 사람입니다. 부디 조심하세요!"[42]

1948년 이스라엘이 독립을 선언했을 때, 골다는 그 24명 서명자들 중 한 사람이었다. 그녀는 핀스크와 밀워키에서 온 소녀가 그토록 중요한 역사적 순간에 서 있을 수 있다는 믿기 힘든 사실에 감격의 눈물을 흘렸다고 털어놓았다. 벤 구리온은 내각의 구성원들에게 히브리식 이름을 만들고, 원래 이름과 조합해서 사용할 것을 권했다. 벤 구리온의 원래 성은 그린이었다. 그리고 골다도 성을 메이어슨에서 메이어로 바꾸었다. 다음으로 벤 구리온은 이스라엘의 독립선언문과 관련하여 미묘한 선택을 내려야 했다. 미국 독립선언문과는 달리 이스라엘 선언문은 특별히 신을 언급하지 않는다. 반면 미국의 독립선언문은 '조물주'를 찬양하는 말로 시작해서, '신의 섭리'가 지켜줄 것을 기원하며 끝을 맺는다. 그런데 생각해보자. 2,000년의 세월동안 새로운 땅을 찾아 헤매게 하고, 믿는 자들을 통곡의 벽을 쌓은 돌멩이 사이로 밀어 넣고 나서, 독립선언문에서 신에 대해 한마디도 언급하지 않았다고? 벤 구리온은 이스라엘이 신을 믿지 않는 자들 그리고 명백한 세속주의자들까지 모두 포용하는 나라가 되어야 한다고 주장했다(골다 역시 동의했다). 이스라엘의 건국자들은 '신' '권능' 대신에, '이스라엘의 반석The Rock of Israe'이라는 표현을 썼다. 우리는 '영원한 반석'이라는 표현을 유대교와 기독교 찬송가에서 모두 발견할 수 있다(그리고 2009년 브로드웨이 뮤지컬에서도). 그들의 독립선언문에서 언급했던 '이스라엘의 반석'이란 성경을 의미하는 것일 수도, 혹은 신의 약속을 의미하는 것일 수도 있다. 아니면 벤 구리온과 골다가 뿌리고, 일구고, 수확했던 그들의 땅을 의미하는 것일 수도 있다.

그러나 독립을 선언한 그들에게 축하 파티를 열 시간적 여유는 없었다. 아랍 국가들이 즉각적으로 전쟁을 선포했기 때문이다. 벤 구리온은 골다에게 예루살렘의 방어를 맡겼다. 이를 위해서는 그녀는 무기를 구하고, 식량을 배급해야 했다. 우선 골다는 1일 배급량을 말린 생선과 렌즈콩, 마카로니 그리고 콩 3온스(약 85그램)로 정했다. 그동안 그녀는 사실상 거의 잠을 자지 않고 지냈다. 그리고 예루살렘에서 텔아비브로 가는 길에 총알 세례를 받은 적도 있었다. 한번은 타고 있던 버스로 총알이 날아들었을 때, 골다는 자신의 눈을 가렸다. 이를 본 동료가 물었다.

"뭘 하시는 겁니까?"

그녀는 말했다.

"죽는 건 겁나지 않아요. 모두가 죽으니까요. 하지만 눈을 잃고 어떻게 살아가겠어요? 어떻게 일을 하겠어요?" 그리고 며칠 후 그녀가 탄 버스가 예루살렘을 막 벗어나 커브를 도는 순간, 매복해 있던 적들이 공격을 시작했다. 그때 그녀의 옆에 앉았던 남자는 총을 맞았고, 골다의 무릎 위에서 숨을 거두었다.[43]

닉슨과
요르단 왕들

강하고 현명한 남성들은 골다의 대담하고 강인한 태도에서 매력을 발견했다. 심리적인 콤플렉스를 지닌 리처드 닉슨도 골드를 존경했고, 좀처럼 드러내 보이지 않는 인간적인 면모를 그녀에게는 보여주었다. 총리로 재직할 당시 골다가 군사적인 문제로 고민하고 있을 때, 닉슨은 헨리 키신저 국무장관의 조언을 무시하고 골다의 요청을 받아들이도록 지시했다. 1973년 욤키푸르Yom Kippur 공습이 시작되면서 이집트 군대가 소련의 신형 방공포와 대전차포를 가지고 이스라엘 전투기들을 무력화시켰을 때, 키신저는 망설이고 있었다. 그리고 결국 닉슨이 나서서 이렇게 지시했다.

"이보게, 헨리. 3대를 보내도 30대나 100대를 보낸 것과 똑같이 비난을 받게 될 걸세. 그러니 날아다니는 것이면 모두 출격시키게."

닉슨과의 관계보다 더 흥미로운 것은 요르단 국왕 압둘라와 그의 아들인 후세인과의 친밀한 관계였다. 골다는 그들과 은밀하게 만나서 솔직하고 친근한 대화를 나누었다. 이스라엘이 독립을 선언하기 직전, 골다는 검은 드레스와 베일의 차림으로 국왕의 운전사의 차를 타고는 몰래 요르단 국경을 넘어 언덕 위의 은신처로 향했다. 왕은 이렇게 물었다.

"유대인들은 왜 그렇게 서둘러 나라를 세우려 합니까?"

그러자 그녀가 답했다.

"우리는 2,000년을 기다려 왔습니다. 제 생각엔 전혀 서두르는 게 아닙니다."[44]

이후 총리 재임 시절에 골다는 압둘라의 아들 후세인 국왕과도 개인적인 관계를 발전시켜 나갔다. 1970년에 후세인은 이스라엘 공군이 요르단의 국경에 밀집해 있는 시리아 탱크들을 공격해줄 것을 요청했다. 후세인 역시 때로 자신의 헬리콥터를 타고 몰래 이스라엘 국경을 넘어 사해의 한 비밀 장소에서 골다를 만나곤 했다. 그리고 1973년 욤키푸르

공습이 있기 며칠 전, 후세인은 자신의 벨 헬리콥터를 타고 이스라엘 비밀 정보기관인 모사드Mossad 내 은신처로 날아와서는 조만간 대대적인 공격이 있을 것임을 귀띔해 주었다.[45] 자신의 군대를 파견하여 시리아 군대와 합류하도록 허락했음에도, 그는 골다에게 그 정보를 알려주었고, 그의 병사들이 천천히 걸을 것임을 약속했다.[46] 골다와 후세인 모두 광범위한 이스라엘 – 아랍 평화협약을 타결하기 위해 충분히 노력하지 않았던 점을 아쉬워했다. 골다는 1973년 전쟁으로 입은 거대한 피해에 대한 책임을 지고 총리직에서 물러났다. 그리고 4년이 지난 1977년에 이집트 대통령 안와르 사다트Anwar Sadat가 용감하게도 이스라엘을 방문하여 자신을 환영하는 의회를 향해 "여러분과 함께 평화롭게 살 수 있기를 진정으로 소망합니다."라고 연설을 했을 때, 골다는 사다트의 방문이 자신이 총리로 있을 때 이루어지지 않았음을 아쉬워하는 마음으로 그와 인사를 나누기 위한 대기 줄에 서있었다.

사다트가 이스라엘을 방문하고 다시 1년의 세월이 흘러, 80세의 골다 메이어는 림프암으로 세상을 떠났다. 그녀는 사막을 꽃이 만개한 평원으로 바꾸었고, 국가의 경쟁력은 땅 속에 묻혀있는 자원에 달려있다는 생각을 역사의 쓰레기통 속으로 던져넣어버렸다. 그보다 더 중요한 것은 국민들의 마음속에 묻혀있는 자원이다.

이처럼 1948년은 서로 다른 두 나라의 수장이 손쉬운 변명을 거부하고, 그 대신에 총알과 가난, 배고픔, 무시무시한 이웃 나라를 겁내고 있었던 국민들의 마음속에 자부심과 애국심을 새롭게 심어주고자 결단을 내렸던 기념비적인 한 해였다.

10장
결론 :
운명에 순응하지 말라

2004년 인도양의 쓰나미가 안다만 제도를 덮쳤을 때, 그녀 나이는 여든이었다. 작은 키에 검은 피부, 밝은색 머리의 그녀는 부족 어른들의 말이 떠올랐다.

"땅이 갈라질 때 절대 달아나거나 움직여서는 안 된다."[1]

하지만 파도가 마을을 덮쳤을 때, 그녀는 재빨리 나무로 기어올라가 간신히 목숨을 건질 수 있었다. 그녀의 이름은 보아. 2010년 2월 마을 주민들이 그녀를 땅에 묻었을 때, 그들은 또한 오래된 언어와 법, 전래 동요와 장례 의식 그리고 부족민들의 꿈도 함께 묻어버렸다. 보아는 '보'라고 하는 고대 부족 언어를 쓰는 마지막 사람이었으며, 6만 5,000년의 오랜 문화를 이어주는 마지막 연결 통로였다. 하지만 그 언어가 지구상에서 완전히 사라졌다는 사실을 알고 있는 사람은 거의 없다. 나는 조문의 편지를 보낼 수 없었다. 보낸다고 누가 열어보겠는가?

보아의 부족 어른들의 말은 틀렸다. 땅이 갈라지는 일은 벌어지지 않았지만, 보아의 부족은 외세에 흡수되고 말았다. 유럽의 정착민들이 가져온 질병, 제2차 세계대전 당시의 일본 침략자들과 안다만 젊은이들을 유혹하여 오랜 전통으로부터 벗어나게 만들었던 서구 문명이 그들을 사라지게 만들었다. 하지만 오늘날 우리의 국가들 역시 다음 100년, 혹은 1,000년의 세월 동안 보의 언어와 운명을 같이 하게 될지도 모른다.

한 가지 질문이 있다. 가장 약한 곳을 발견하여 무자비하게 찢고 해체해버리는 강력한 '국가적 엔트로피'의 흐름을 막기 위해 우리는 어떤 노력을 기울여야 하는가? 오늘날 모든 국가들은 이 질문에 대해 대답을 내놓아야 한다. 그리고 번영의 대가에 어떻게 대처할 것인지 결정해야 한다. 물론 나는 미국인으로서 지금 내가 살아가고 있는 이 땅에 제일 관심이 많다. 앞서 우리는 출산율 하락과 세계화의 확대, 일자리 감소, 그리고 부채와 관료 조직의 폭발적 증가가 어떻게 국가의 약점을 더욱 위태롭게 만드는지 살펴보았다. 또한 나는 이러한 위기가 나타나는 이유가 경제적·환경적 재앙 때문이 아니라, 전반적으로 경제적 번영에 따른 것이라 주장했다.

하지만 부디 내 말을 오해하지 말길 바란다. 물론 번영은 좋은 것이다. 당연하게도 우리 모두는 길고 건강한 삶, 효과 좋은 약을 기대하고 어디를 가나 풍성한 과일과 채소, 꽃, 최신형 TV의 호사를 누릴 수 있기를 바란다. 그러나 우리는 번영의 빈틈을 메울 것인지, 아니면 무시무시한 힘이 빈틈을 비집고 들어와 사회를 분열시키도록 내버려둘 것인지 선택해야 한다. 오랜 이야기에 따르면, 베치 로스Betsy Ross는 스스로 바느질을 해서 성조기를 만들었다고 한다. 그러나 오늘날 우리에겐 다시 한번 바느질로 미국 사회를 봉합하기 위해 그녀에게 맡길 새로운 천이 없다. 앞서 우리는 알렉산드로스와 아타튀르크를 비롯한 많은 지도자들이 국가를 건설하고 사회를 통합하기 위해 어떻게 싸웠는지 살펴보았다. 물론 그건 힘든 과제지만 불가능한 일은 아니다. 레이건 대통령은 1989년 퇴임식 연설에서 미국의 경제적 재건에 대한 강한 자신감을 드러내면서도, 사회 문제가 날로 심각해져가고 있음을 인정했다. 그는 말했다.

"미국에는 대통령 퇴임식에서 경고의 메시지를 전하는 훌륭한 전통이 있습니다. 그 동안 제 마음속에 떠올랐던 한 가지 이야기가 있습니다."

그보다 훨씬 이전에, 조지 워싱턴은 퇴임식에서 멀리 있는 외국의 세력과 우리의 평화를 '얽히게' 해서는 안 된다고 경고했다. 아이젠하워는 '군산복합체military-industrial complex'의 위험성을 거론했다. 이후 레이건은 B−52 폭격기보다 더욱 미묘하고, 거시적이고, 중대한 문제를 제기했다. 그것은 미국 사회에서 애국심이 점점 사라지고 있다는 것이었다.

"아이러니하게도 그러한 현상은 지난 8년간 가장 자랑스럽게 생각했던 것들 중 한 가지, 즉 새로운 애국심이라 불렀던 국가에 대한 자긍심의 부활과 더불어 시작되었습니다. 애국심은 좋은 것이지만, 사회에 뿌리를 내리지 못할 때 사람들의 관심을 받지 못하고 오래 지속되지 못할 것입니다."[2]

두 번의 대통령 임기를 보내는 동안, 레이건의 얼굴은 오래 전 포스터 속 엉클 샘의 모습으로 변했다(머리칼은 좀 더 검지만). 2004년 그가 세상을 떠났을 때, 그의 이념적 정적이었던 전 프랑스 대통령 미테랑은 레이건은 미국의 일부였다고 말했다. 어쨌든 레이건은 애국자들이 아무런 노력을 하지 않을 때 국가가 분열된다는 사실을 잘 알고 있었다.

레이건은 단순한 애국자patriot는 아니었다. 그는 내가 정의하는 애국주의자patriotist였다. 애국자가 단지 국가에 사랑과 애착을 느끼는 사람이라면, 애국주의자는 국가에 대한 사랑과 애착이 '좋은 것'이라 믿는 사람이다. 가령 아기는 본능적으로 엄마를 사랑하지만, 철학적인 차원에서 아기가 엄마를 사랑하는 일이 좋은 것이라고 말하는 것은 또 다른 이야기다. 이제 이 모든 논의에서 경고의 목소리가 모습을 드러낸다. 물론 우리는 엄마와 국가 모두 사랑을 받을 충분한 자격이 있다고 생각한다. 하지만 아이를 학대하는 엄마나 국민들을 억압하는 국가는 그렇지 않다. 우리는 이론적인 차원에서 애국주의자이면서, 동시에 폴 포트를 뜨겁게 지지했던 캄보디아 국민들을 비판할 수 있다. 바로 여기에 미국과 유럽 국가들이 직면하는 문제가 있다. **앞서 살펴보았던 경제 발전이라고 하는 원동력이 국가의 분열을 초래하는 요인으로 작용하는 동안, 사회의 많은 구성원들은 애국심이 좋은 것이라고 하는 명제를 받아들이려 하지 않는다**는 것이다.

여러분은 어쩌면 내가 지금 TV 토론회에서 소리를 질러대는 비평가들을 떠올리게 만드는 문화 전쟁 속으로 뛰어들고 있다고 생각할지 모른다. 그러나 차이가 있다. 보수 진영은 오늘날 사회 분열에 대해서, 미국 정부에 대한 증오심을 여러 세대에 감염시켰던, 베트남 전쟁 시대가 낳은 좌파 교수들을 비난한다. 그들은 극좌 성향인 빌 아이어스Bill Ayers 교수의 이름을 종종 거론하면서, 오바마 대통령과의 수상한 관계를 지적한다. 반면에 나는 사회적 분열은 시장 자본주의가 선사한 경제적 번영으로부터 비롯된다고 주장한다(때로는 마르크스 저작들을 신랄하게 비판하고, 그의 이념을 따랐던 많은 국가들에 대해 유감을 표명하면서도, 아이러니하게도 나는 그의 '변증법적 유물론'의 개념을 가져다 쓰고 있다).[3]

우리는 이들 '반미' 교수들의 주장에 귀를 기울여야 할까? 베스트셀러 『미국민중사A People's History of the United States』(1980)의 저자 하워드 진Howard Zinn 교수는 7월 4일 메시지에서 이런 글을 남겼다.

"우리는 국가주의와 국기와 맹세, 애국가를 비롯한 모든 상징들을 버려야 한다 …… 대신 인류에 대한 충성을 앞세워야 한다 …… 그리고 우리나라가 역사상 다른 제국주의 세력들과 다르고, 도덕적으로 우월하다는 주장에 맞서야 한다."[4]

진 교수의 주장이 의미가 있는 것은 미국 정부를 비난하면서, 그 역사적 행적을 스탈린이나 폴 포트와 같은 제국주의자들과 나란히 놓아두었기 때문은 아니다. 진과 같은 사상가들이 중요한 이유는 그들이 반애국주의자antipatriotist이기 때문이다. 그들은 국가와 공동체에 대한 사랑을 강요하는 모든 시도를 비난한다. 그리고 이러한 사상가들의 생각은 샌프란시스코 학교 교실로 그대로 이어지고 있다. 오늘날 많은 학생들은 미국에 대한 충성 맹세가 아니라, '세계에 대한 충성 맹세'를 낭독한다.[5] 물론 나도 지구를 사랑한다. 하지만 한 가지 문제가 있다. 행성으로서 지구는 생존을 위해서 애국자를 필요로 하지 않는다. 전쟁이나 전염병 이 일어나 인류를 모두 휩쓸어버린다고 하더라도, 지구는 그대로 자전 을 하고 해는 동쪽에서 뜰 것이다. 그러나 국가는 지구보다 훨씬 취약 하다. 내 말을 믿지 못하겠거든, 크로아티아의 두브로브니크 광장을 걸 으면서 라구사(~1808)나 유고슬라비아(~2003)의 깃발이 휘날리고 있는 지 살펴보라. 혹은 그 기차역 안내소에서 체코슬로바키아(~1992)나 보 헤미아(~1918)행 열차가 언제 오는지 물어보라. 아니면 보아(~2010)와 함께 이야기를 나누어보라.

이 장의 마지막에서는 오늘날 우리가 목격하고 있는 피해를 복원하 기 위한 간단한 방법을 경제적·사회적 정책의 관점에서 살펴보고자 한 다. 그리고 '애국주의자 선언Patriotist Manifesto'을 제시할 것이다.

땅과 피
그리고 용기

나는 제임스 미치너James Michener의 소설들을 즐겨 읽었다. 가령 1930년 대 알래스카 비행기 조종사에 관한 매혹적인 이야기들을 무척 좋아했 다. 미치너의 이야기들은 대개 수백만 년 전 대륙판들이 어떤 형태로 붙 어있었는지와 어떤 대륙이 어떤 경로로 북위 34도에서 북위 64도로 이동했는지에 관한 설명으로부터 시작된다. 그러나 이 책은 그리 먼 시간을 거슬러 올라가지는 않는다. 당연하게도 북아메리카 대륙이 그 주민들에게 특정한 문화나 가치를 받아들이라고 지시하지는 않았다. 다시 말해, 아메리카 원주민들이나 이누이트 족, 혹은 유럽의 정착민들 모두 그들만의 문화를 스스로 창조했다. 물론 대초원과 황무지 그리고 강과 같은 지형적 요소들은 거주민들이 식량을 확보하는 방식과 그들이 숭배하는 신의 형태에 많은 영향을 미쳤겠지만, 그렇다고 해서 그 땅이 그들에게 특정한 가치를 받아들여야 한다고 지시하지는 않았다. 인류는 자유, 일부다처제, 교육, 도박, 여행, 혹은 다리나 겨드랑이의 털을 밀어야 하는지와 관련하여 다양한 기준들을 선택적으로 받아들였다. 또한 어떤 지형도 루터교 개척자들이 사체를 따로 매장하도록, 혹은 다코타 지역 인디언들이 죽은 자를 나무(혹은 특정한 구조물) 위에 놓아두고 그를 사후 세계로 데려가도록 말의 시체를 함께 놓아두라고 강요하지 않았다.[6] 물론 진화의 과정은 나쁜 선택을 내린 개인과 집단들을 가혹하게 처벌함으로써 문화 형성에 중요한 역할을 했다. 가령 무절제한 성생활을 허용했던 부족들은 성병의 위험에 더 많이 노출되었고, 이로 인해 사라지고 말았다.

일반적으로 문화적 취향은 땅에 의해, 혹은 DNA에 의해 결정되지 않는다. 코카서스 사람들은 대부분 잘 익은 김치 냄새를 좋아하지 않지만, 한국에서 자란 코카서스 사람들은 좋아한다. 그리고 베르디의 팬들은 중국의 경극을 징징거린다고 싫어한다. 그러나 밥 딜런의 징징대는 목소리를 좋아하는 사람들은 '리골레토'를 보지 않는다. 또한 루벤스와 보티첼리는 풍만한 여성을 이상형으로 꼽았다. 하지만 오늘날 이 여인들이 그림 속에서 걸어 나와 룰루레몬Lululemon과 같은 스포츠 의류 매장으로 들어간다면, 뚱뚱한 사람으로 취급받을 것이다. 그리고 비만 검사에서 위험군으로 분류될 것이다. 지금도 수백만 명의 여행자들이 매년 유럽을 찾아 우뚝 솟은 고딕 성당을 배경으로 사진을 찍는다. 그러나 초기 낭만주의자들은 '고딕'이라는 말을 모욕으로 받아들였다. 그들에게 고딕이란 추하고, 야만적이고, 중세적이라는 의미였다. 성당과 엉덩이에 대한 취향이 시대에 따라 이렇게 달라질 수 있다면, 우리는 어떻게 소위 미국적 가치에 대한 애착이 변치 않을 거라 확신할 수 있는가? 민주주의와 자유 그리고 자유 시장과 같은 문화적 가치는 계속해서 진화해야 하고, 그렇지 못할 때 언젠가 폐기되거나 다른 것으로 대체될 것이다. 아니면 울워스Woolworth(호주의 대형 유통업체 – 옮긴이) 매장의 마지막 탄산수 판매점 바닥에 깔린 리놀륨 타일처럼 노랗게 변색되고 말 것이다.

신화와
진보의 패러독스

사이버공간, 아웃소싱과 인소싱, 세계화 그리고 세계적인 슈퍼스타들이 세금 회피를 위해 한 곳에 정착하지 않는 시대에, 국가들은 소중한 가치가 사라지고 있다고 느낀다. 20세기의 중반, 모비딕을 좇았던 아하브 선장처럼 위대한 소설가들은 서로 앞다투어 위대한 미국 소설 Great American Novel(이 용어는 1868년에 처음 등장했다)을 썼다. 미국인이 된다는 것은 중요한 일이었다. 아마도 미국 문학 역사상 가장 멋지고 인상적인 첫 문장은 솔 벨로Saul Bellow의 1953년 작품『오기 마치의 모험The Adventures of Augie March』에서 찾아볼 수 있을 것이다.

"나는 음울한 도시 시카고에서 태어난 미국인이다. 여기서 나는 스스로 깨우친 대로 자유롭게 돌아다니며, '처음으로 두드린 자가 처음으로 허락받은 자이다'라는 나만의 방식대로 기록을 남기려 한다."

벨로는 몬트리올에서 태어났지만, 성급하고 과감하다고 생각했던 미국의 가치를 자랑스럽게 받아들였다. 반면 2004년 노먼 메일러Norman Mailer는 위대한 미국 소설은 이제 '더 이상 쓸 수 없는 것'이 되어버렸다고 선언했다.[7] 이후 필립 로스Philip Roth는 아이러니한 방식으로 교묘하게 그 경쟁에서 이탈했다. 그는 자신의 1973년 작품의 제목을 '위대한 미국 소설'이라고 지어버렸던 것이다. 하지만 오늘날 어떤 작가가 과연 미국적 특성이라고 하는 미묘한 개념을 포기하지 않으면서도, 현실적인 등장인물을 창조하고 미국 내에서 벌어지는 엔트로피적인 변화를 제대로 담아낼 수 있겠는가? 메일러에게 이해의 범위를 완전히 넘어서 손에 잡히지 않을 흰고래는 소설이 아니라, 미국적 특성이었다.

메일러와 벨로 그리고 트루먼 커포티Truman Capote가 활약했던 1958년에 레너드 번스타인Leonard Bernstein은 뉴욕 필하모니 오케스트라와 함께 카네기홀 무대에 섰다. 그는 거기서 청소년들을 위한 멋진 공연이자 강연 무대를 TV 방송으로 보여주었다. 번스타인은 종종 관객석에 앉아있는 어린이들을 위해 로시니의 '윌리엄 텔 서곡'으로 공연을 시작하곤 했다. 그러면 아이들은 일제히 이렇게 외쳤다.

"론 레인저!The Lone Ranger!"

그 두 번째 무대에서 번스타인은 공연 제목으로 이렇게 물었다.

"미국 음악이란 무엇인가?"

그 무대에서 번스타인은 위풍당당하고 용감했다. 당시의 흑백 유튜브 영상을 보면, 미국 드라마 〈매드맨Mad Men〉의 분위기를 느낄 수 있다. 번스타인이 오케스트라에 신호를 보내면, 연주자들은 유럽 클래식 특유의 긴장감을 떨쳐버리고 재즈와 미국 원주민 리듬, 흑인의 소울이 한데 섞인 20세기 음악을 짤막하게 연주했다. 그러고는 위대한 서부 개척자들을 상징하는 강렬한 크레센도로 연주를 마무리했다.[8] 이후에 수백만 명의 사람들이 그 CBS 프로그램을 시청할 수 있게 되었을 때, 번스타인은 바통을 에런 코플랜드Aaron Copland에게 넘겨주었다. 그는 팔을 높이 들어올려 자신이 작곡한 '시민을 위한 팡파르Fanfare for the Common Man'를 지휘했다. 그런데 오늘날 누가 과연 '미국 음악이란 무엇인가?'라는 질문을 감히 던질 수 있겠는가? 그리고 자신의 위치를 정규직 근로자에서 컨설턴트로, 그리고 연금 수령자에서 메디케어의 불안한 재정 상태에 목을 매야 하는 노인으로 바꾸어 놓은 경제적 힘을 제대로 이해하지 못하는 오늘날의 미국 시민을 위한 팡파르를 그 누가 작곡할 수 있겠는가?

미국인들은 오늘날 그들의 미국적 가치를 후세에 전할 수 있을까? 이제는 진부한 말처럼 들리지만, 여기서 그들은 또 하나의 문제에 직면하게 된다. 그리고 그 문제는 우리를 다음의 마지막 패러독스로 안내한다.

경제적 번영은 우화와 신화 그리고 마술을 배척하고 과학을 받아들이려는 노력으로부터 시작되었다. 하지만 서로와 국가에 대한 애착을 유지하기 위해서, 우리는 신화를 어느 정도 남겨두어야 한다. 우리는 이제 과학은 존재하고, 마법은 사라진 세상을 살아가고 있다. 감기에 걸렸을 때, 사람들은 주술사가 아니라 의사를 찾는다. 그리고 가뭄이 들었을 때, 농부들은 기우제를 올리지 않고, 농업생물공학 기업인 몬산토 Monsanto에 도움을 요청한다. 프로메테우스는 인류를 위해 올림푸스 산에서 불을 훔쳐 내려왔지만, 미시시피에서 제조된 우리 집 부엌에 있는 바이킹 오븐레인지는 1만 8,000BTUbritish thermal unit(1파운드의 물을 대기압하에서 1℉ 올리는 데 필요한 열량 – 옮긴이)의 열량을 신에게 아무런 제물을 바치지 않고서도 손쉽게 만들어낸다. 또한 해고를 당하거나 승진을 했을 때, 사람들은 칼뱅 교도들처럼 그것이 바로 자신이 '선택된 자들' 중 하나인지를 입증하는 계시인지, 혹은 사후 세상에서 보상을 받을 것인지 묻지 않는다. 우리의 삶을 이성적인 시선으로 바라보는 것은 좋은 일이다. 역사의 대부분의 시간 동안, 인류는 네 발로 기어다니던 시절보다 더 나은 삶을 살지 못했다. 그러나 과학의 발전과 계몽주의 덕분에, 인류는 비로소 경제 성장과 기회로 가득한 새로운 세상을 맞이하게 되었다. 키는 더욱 커지고, 수명은 길어졌으며, 가난에서 벗어나는 방법을 알게 되었다. 앞서 살펴본 것처럼, 엘리자베스 시대에 유행했던 '존재의 거대한 고리Great Chain of Being'와 같은 엄격한 철학적 수직 질서는 허물어졌다. 그러한 질서는 농부들이 그들의 비천한 운명을 묵묵히 받아들이도록 협박하는 기능을 했다. 장 자크 루소가 "인간은 자유롭게 태어났지만, 모든 곳에 얽매여 살아간다."라고 했을 때, 그는 인간의 욕망을 억압하는 모든 철학적, 종교적 속박을 언급했던 것이다.

그러나 속박에서 탈출하려는 시도에는 항상 대가가 따른다. 막스 베버Max Weber가 시인이자 철학자인 프리드리히 실러Friedrich Schiller에게서 빌려온 표현으로 말을 하자면, 현대 과학과 경제 발전은 인류를 '마법에서 풀려나게' 만들어 주었다. 그리고 워즈워스는 자신의 시 '입장전환The Tables Turned'에서 이렇게 한탄하고 있다.

자연이 선사하는 깨달음은 달콤하지만
참견하길 좋아하는 우리의 지성은
사물의 아름다운 형상을 일그러뜨리지:ー
우리는 죽여서 해부해버리지.

소크라테스는 성찰 없는 삶은 살아갈 가치가 없다고 가르쳤다. 하지만 나는 지나친 성찰의 삶 역시 살아갈 가치가 없다고 생각한다. 인간은 심리적 안정을 위해 신화를 필요로 한다. 그러나 지금까지 인류는 삶과 일터로부터 신화와 마술을 몰아냈기 때문에, 오늘날 사람들은 대용품을 찾으려 하고 있다. 그렇기 때문에 논리적이고 최적화된 알고리즘을 바탕으로 한 인터넷 세상에서 모든 데이터와 정보의 조각들을 구할 수 있는 21세기에도, 베스트셀러들은 마법사(『해리 포터』)와 뱀파이어(『트와 일라잇), 혹은 레오나르도 다빈치가 숨겨놓은 비밀(『다빈치 코드』)을 등장시키고 있는 것인지 모른다.

우리는 이러한 역설을 또 다른 시각으로 바라볼 수 있다. 모든 국가는 약간의 마술을 필요로 하지만, 현대 문명은 마술사들의 속임수를 폭로하는 지적인 탐험에 그 뿌리를 두고 있다. 윌리엄 버틀러 예이츠는 이렇게 말했다.

> 문명은
>
> 겹겹이 쌓인 환상으로
>
> 하나의 법칙 아래에 평화로운 모습으로
>
> 연결되어있다. 그러나 인간의 삶은 생각일지니,
>
> 두려운 마음에도
>
> 수백 년 동안 찾아 헤매길 멈추지 못하고,
>
> 구하고, 분노하고, 정처 없이 떠돌다
>
> 결국 황량한 현실로 되돌아온다.[9]

아타튀르크도 바로 이러한 패러독스에 직면했다. 그는 사원에서 성직자들을 내쫓고, 술탄을 끌어내렸으며, 그 자리에 기술자와 과학자들을 앉혔다. 하지만 그는 나중에 시험관과 비커와 같은 과학 도구들로 진공 상태를 메울 수 없으며, '터키의 특성'을 창조해낼 수 없다는 사실을 깨닫게 되었다. 그래서 그는 과감한 도전을 했다. 새로운 알파벳을 공표하고, 미심쩍은 인류학 연구 결과를 크게 칭송했다. 처음으로 팔레스타인에 정착했던 시온주의자들 중에서 히브리어를 쓰는 사람들은 거의 없었고, 대부분 독일어나 러시아어, 이디시어, 혹은 영어로 이야기를 했다. 그리고 그들 중 많은 사람이 과학자였다. 이스라엘 초대 대통령 하임 바이츠만Chaim Weizmann 역시 저명한 영국 생화학자 출신이다. 그럼에도 이들은 신비주의로 가득한 고대 언어를 새롭게 부활시켰다. 그 언어는 기도 속에서나 발견할 수 있을 뿐, 게토의 길거리나 유대인 마을에서는 찾아볼 수 없었다. 그리고 메이지 시대의 명석한 혁명가들은 두려워하는 소년을 왕좌에 앉혀놓고서, 전지전능한 신적 존재인 천황을 지키는 호위병 역할을 자처했다. 플라톤도 거짓말을 했다. 훌륭한 지도자들이 '고귀한 거짓말', 또는 '웅장한 신화'를 통해 사회적 유대감을 창조하도록 했다. 그리고 '국가론'에서는 시민들이 서로에게 더 많은 관심을 갖도록 자극하는 신화의 중요성을 강조했다. 그러나 스나크Snark(미국 최초 대륙간 탄도 미사일 - 옮긴이)가 나라를 지키는 시대에, 실제 뉴스보다 뉴스를 패러디한 코미디 프로그램이 더 많은 시청자들의 눈길을 사로잡는 21세기에, 과연 누가 웅장한 신화를 곧이곧대로 믿을 것인가?

이야기에 관한 이야기

워즈워스는 '서로 다른 것들을 화해시켜 하나의 덩어리로 뭉치게 만드는 알 수 없는 힘'에 대해 언급했다. 서로 다른 사람들로부터 충성심과 애국심을 이끌어내는 것은 결코 쉬운 일이 아니다. 이와 관련하여, 지속적인 노출을 가능하게 한다는 점에서 지리적 근접성은 도움이 된다. 심리학자들은 상대방에게 자신을 더 많이 노출시킬수록, 상대방은 우리에게 더 많은 호감을 갖게 된다고 말한다. 이는 동물에 대해서도 마찬가지다. 여러분이 매일 둥지에 앉아있는 굴뚝새의 사진을 본다면, 굴뚝새와 둥지에 대한 호감도는 높아질 것이다. 하지만 우리 사회는 이러한 근접성의 심리학적 효과에만 매달릴 수는 없다. 더 많은 것들이 필요하다. 물론 사회를 통합한다는 말은 모든 구성원들이 서로를 가족처럼 대하도록 한다는 의미가 아니다. 그것은 현실적으로 가능하지도 않을 뿐더러, 결코 바람직한 일도 아니다. 우리는 낯선 이들과 함께 어울려 지내기 위해서 이상적인, 종교적인, 혹은 형이상학적인 연결 고리를 공유해야 한다.

솔직하게 말해서, 나는 횡단보도에서 마주치는, 혹은 뉴욕의 지하철 안에서 만나게 되는 모든 사람들의 머릿속을 들여다볼 시간도, 용기도 없다. 당연하게도 그들 역시 내 생각에 별로 관심이 없을 것이다. 전작 『러시!Rush』를 통해, 나는 기존의 상식과는 달리, 자유시장의 경쟁 시스템이 구성원들이 서로를 더욱 친절하게 대하도록 자극하는 긍정적인 기능을 한다는 사실을 보여주었다. 실제로 시장경제 속에서 구매자와 판매자는 반복적으로 만나게 된다. 그리고 반복의 법칙은 사람들이 서로 솔직하게 대하도록 만든다. 하지만 지리적 근접성과 마찬가지로 정직함만으로 사회를 유지할 수는 없다.

다른 사람들에게 덕목을 가르치고, 서로 긴밀한 관계를 맺도록 만들어 주는 확실한 방법은 존재하지 않는다. 이와 관련하여 아리스토텔레스는 습관의 문제를 거론했다. 그리고 마크 트웨인은 시나 포커, 혹은 개구리 점프 대회처럼 획득된 취향의 문제라고 보았다. 안타깝게도 오늘날 아이들에게 용기와 도전 정신, 자신감, 애국심과 같은 가치를 심어 주고자 하는 전반적인 시도들이 많은 비판을 받고 있다. 그렇다면 대안은 무엇인가? 그것은 다름아닌 아이들에게 이야기를 들려주는 방식이다. 오늘날 많은 사람들은 21세기로 접어들면서 우리 사회가 이야기와 우화, 그리고 신화를 잃어버렸다고 생각하고 있다. 그리고 동굴을 떠나 경쟁 사회로 뛰어들면서, 사람들은 마을 어른들의 지혜와 작별 인사를 하고, 모든 이야기를 불태워버렸다고 생각한다.

하지만 오늘날 우리는 원시 사회와 크게 다르지 않다. 우리는 지금도 이야기를 말하고 듣는 일을 무척이나 즐긴다. 우리 사회의 위엄 있는 기관들 역시 교훈적인 이야기를 말하고 있다. 대법원은 법복을 차려 입은 어른들이 사회 내부의 갈등에 대해 그들의 이야기를 들려주는 곳이다. 국회의원 선거에서 냉소적인 전문가들은 '이야기'의 힘에 대해 강조한다. 아리스토텔레스는 호모사피엔스를 '두 발로 걷는 털 없는 동물'이라고 정의했다. 나는 여기에 하나를 더 얹어서, 인간을 '이야기를 나누면서 두 발로 걷는 털 없는 동물'이라고 정의를 내리고 싶다. 물론 다른 동물들도 의사소통을 나눈다. 벌들은 방향을 신호로 알리고, 개들은 짖는 소리로 경고의 메시지를 보낸다. 그러나 전체 이야기가 어떻게 시작되는지, 그리고 어떻게 정점으로 치달았다가 결말로 이어지는지 이해할 수 있는 것은 인간뿐이다.

미국의 건국 이후로 교사들은 국가의 가치를 민간 설화와 영웅들의 이야기를 통해 학생들에게 전달해 왔다. 어릴 적 색종이를 가위로 오려서 두껍고 하얀 반죽으로 붙여 만든 모자와 깃발을 휘날리며 학교에서 집으로 뛰어갔었고, 친구들이 달려와 그 반죽을 뜯어 먹으려 했던 기억이 난다. 미국인들은 어떤 기념일을 장식과 이야기로 축하했던가? 콜럼버스 기념일, 추수감사절, 조지 워싱턴의 생일, 밸런타인데이 그리고 전몰장병 추모일(그리고 방학식을 하는 날까지) 등을 말이다.

하지만 오늘날 많은 성인들은 이러한 기념일과 그와 관련된 역사적인 인물들을 추모한다는 생각에 염증을 느끼고 있다. 2015년 추수감사절을 하루 앞두고, 브루클린에 있는 PS 169 초등학교의 젊은 교장이 국기에 대한 맹세와 함께 기념일 행사를 금지했다. 그리고 교감은 전체 교직원들에게 교장의 결정을 지지하는 메모를 보냈고, "우리 가족들의 다양성에 대해 더욱 민감하게 고민할 것"을 지시했다.[10] 콜럼버스와 추수감사절 순례자들은 그들의 역사적 초상화에 지울 수 없는 오점을 남겼다. 그들이 아메리카 대륙에 발을 들여놓았을 때, 인디언 원주민들은 그들이 살고 있던 땅을 약탈당했다. 일부 역사가들의 주장에 따르면, 콜럼버스는 악덕하고, 노예를 부리고, 질병을 몰고 온 인종 차별주의자였다(반면에 그가 스페인 종교재판의 '인종청소'를 피해 달아났던 피해자라고 주장하는 학자도 있다). 워싱턴 장군은 영국의 속박으로부터 미국을 독립시켰지만, 또한 미국인들로 하여금 다른 민족들을 짓밟고 영토를 확장하도록 독려했다.

하지만 솔직하게 말하자면, 그 이후로 벌어진 모든 문제에 대해 콜럼버스와 그 순례자들 그리고 조지 워싱턴을 비난하는 것은 여피족 yuppie(도시에 사는 젊고 세련된 고소득 전문직 종사자-옮긴이)들이 자주 가는 레스토랑에서 링귀네 한 접시에 30달러를 받는 것이 모두 마르코 폴로 때문이라고 비난을 하는 것과 같다.

역사를 바라보는 이와 같은 냉소적 태도는 비단 미국에서만 발견되는 것은 아니며, 또한 일시적인 유행도 아니다. 신화의 상실은 엔트로피의 흐름이며, 경제 발전으로부터 필연적으로 비롯되는 분열적인 힘이다. 그 과정은 어떻게 이루어지는가? 그리고 국가 기념일과 신화는 왜 사람들로부터 무시를 당하는가? 건국의 아버지와 어머니(엘리자베스 1세처럼)에게서 오점을 발견하려는 시도는 왜 끊이질 않는가?

앞서 살펴보았듯이, 번영을 누리는 사회는 외국과의 교역 그리고 궁극적으로 이민자들의 유입을 필요로 한다. 하지만 이는 쉬운 문제가 아니다. 초기 단계에서 기존의 구성원들은 낯선 외국인들을 경멸한다. 이러한 편향은 생물학과 신경과학으로 설명할 수 있는 현상이다(가족이나 이방인에 대한 희생 의지를 측정하고자 했던 윌리엄 해밀튼의 연구를 떠올려보자). 그리고 그 편향은 문화적인 것이기도 하다. 아리스토텔레스는 알렉산드로스 대왕에게 "그리스인들을 친구와 가족으로 대하고, 이방인들은 식물이나 동물처럼 대하라."고 가르쳤다. 수천 년의 역사 속에서 많은 민족들은 이방인을 향한 혐오를 공유함으로써 집단의 결속을 다졌고, 혐오의 근거로서 이방인들에게 귀속된 나쁜 특성들을 꼽았다.

그 일반적인 이야기는 이러하다. 외국인들에게서는 고약한 냄새가

나고, 그들은 돼지와 원숭이의 젖을 먹고 자랐으며, 그러한 짐승들처럼 살아간다. 하지만 국가가 번영을 유지하고자 한다면, 외국인들을 거래의 상대방이나 이민자로 대해야 한다. 이러한 점에서 기존의 건국신화나 영웅들의 이야기는 새로운 다문화 구성원들이 평등한 입장에서 공유하기에는 지나치게 진부하고, 배타적이고, 편협하다. 맬컴 X는 이러한 문제를 인상적인 이야기로 표현했다.

"우리는 플리머스 바위에 상륙하지 않았다. 플리머스 바위가 우리에게 상륙한 것이다(작곡가 콜 포터Cole Porter는 이보다 앞서 1934년 〈애니싱 고즈 Anything Goes〉라는 뮤지컬에서 이를 가사로 썼다)." 일반적으로 이민자들은 내국인들보다 더욱 열악한 일자리를 차지한다. 그들의 근무 환경은 전반적으로 더욱 거칠고 위험하다. 그들은 말했다.

"도로가 금으로 깔려있다는 소문을 듣고 왔지만, 정작 우리가 본 것은 말똥으로 뒤덮인 거리였다. 그러한 도로를 포장해야 할 사람은 바로 우리였다."

다시 한번, 건국신화는 새로운 구성원들에게 별 다른 매력을 주지 못한다. 그렇다면 그들이 재미없고 마음에 와 닿지 않는 이야기를 소중하게 생각할 이유는 무엇이란 말인가?

오늘날 영국인들 중 거의 절반이 자유에 관한 신성한 문헌이라 할 수 있는 마그나카르타의 존재를 모르고 있다.[11] 카디프 대학의 한 교수의 조사에 따르면, 영국 대학생들 중에서 1800년대 총리들 중 단 한 명이라도 이름을 댈 수 있는 사람은 20퍼센트 정도에 불과하다! 이들에게 디즈레일리Disraeli나 글래드스턴Gladstone과 같은 이름들은 아무런 의미가 없다. 미국 대학생들의 경우, 제임스 매디슨James Madison이라는 이름으로부터 헌법을 떠올린 사람은 4명 중 한 명이 되지 않았다. 그러나 낙담하지는 말자. 99퍼센트의 미국인들이 만화 〈비비스와 버트헤드Beavis and Butthead〉는 정확하게 알고 있으니 말이다.

구성원들이 공유하는 신화와 더불어, 기념일 역시 국가적 엔트로피에 맞서 싸우기 위한 강력한 도구가 될 수 있다. 그래서 존 애덤스는 아내 애비게일에게 보내는 편지에서 이렇게 썼던 것이다.

"독립기념일은 해방의 날로서 축하를 해야 해 …… 화려한 의식과 행렬과 함께."

1776년 7월, 물론 애덤스는 불꽃놀이와 무더운 필라델피아의 발효 사과술에 넋이 나간 바보는 아니었다. 같은 편지에서, 그는 독립을 위한 싸움이 우리에게 '피와 땀 그리고 재산'을 요구할 것이라고 경고했다. 그는 그들의 역사에 오점과 상처가 있다는 것을 인정했지만, 그럼에도 미국인들이 독립기념일을 소중하게 기려야 하는 이유는 잔인한 전쟁과 잠재적인 분열의 위협 때문이었다.

모든 아이들에게 건국의 아버지들에 관한 씁쓸한 '진실'을 정확하게 알려야 한다는 비평가들의 주장에 대해, 우리는 또 다른 근거로 반박할 수 있다. 발달심리학자 장 피아제Jean Piaget의 발견에 따르면, 아이들은 성장단계에 따라 서로 다른 도구를 활용하여 정보를 받아들인다. 그렇기 때문에 유능한 교사는 다섯 살 아이들을 열네 살 아이들과 똑같은 방식으로 가르치지 않는다. 이러한 점에서 아이들에게 일부의 오점을 덮어두는 것은 합리적인 접근방식이다. 그러나 더 중요한 사실은, 전통적으로 미국의 초등학교들은 영웅과 국경일을 기념함으로써 아이들이 진실을 탐구하고, 성장하는 과정에서 솔직한 논의에 서서히 관심을 기울이도록 격려했다는 것이다. 바로 이 지점에서 나는 플라톤과 견해를 달리한다. 플라톤은 『국가론』에서 강력한 통치자들은 대중들로부터 중요한 진실(예를 들어, '우리가 지금 살아가고 있는 이 땅은 남들로부터 빼앗은 것이다')을 숨기기 위해 숭고한 거짓말을 내놓아야 한다고 주장했다. 나는 신화와 이야기가, 성인들이 그것을 이루는 요소들을 잘 이해하고 있다는 가정하에 사회 통합에 도움이 될 수 있다고 생각한다. 국가는 시민들이 잠시 불신을 접어두도록 만들 수 있다. 예를 들어, 이집트로부터 탈출을 기념하는 전통적인 유월절 축제에서, 유대인들은 모여서 노예들을 자유의 몸으로 만들어준 모세의 이야기를 읽는다(개구리가 하늘에서 떨어졌는지 묻는 사람도 있다). 출애굽기는 전한다. 노예의 신분으로 당했던 쓰라린 압박의 이야기를 "너희의 자손에게 말할지어다."

하지만 더 많은 이야기가 있다. 탈무드는 이렇게 말한다.

"마치 너희가 이집트 땅을 탈출하고 있는 것처럼 바라보아야 한다."[12]

비록 그 역사적인 사건(이것 역시 논쟁의 여지가 있지만)이 수천 년 전에 일어났고, 유월절 축제에 참여한 사람들 중 누구도 홍해를 통해 탈출했던 선조들과 직접적인 유전적 연결 고리를 가지고 있지 않음에도, 유대인들은 매년 유월절 축제를 통해서 그때의 여정을 재현한다. 여기서 단순한 축제 참여자들을 집단의 구성원으로 만들어주고, 수천 년의 역사를 중심으로 이들을 하나로 묶는 것은 '마치~처럼'으로 바라보는 시선이다.

마찬가지로 미국의 추수감사절 역시 시민들의 뜨거운 관심을 받을 충분한 가치가 있다. 미국인들도 '마치 자신이 순례자와 왐파노아그 Wampanoag 인디언들 사이에 있는 것처럼' 축제를 즐겨야 한다. 실제로 그 옛날의 순례자들은 이집트에서 탈출한 유대인들과 자신을 동일시했다. 그들에게 영국의 제임스 1세는 잔인한 파라오였다. 제임스는 "이탈자들이 복종하도록 만들겠다."고 다짐했다. 혹은 그들이 이 땅을 떠날 때까지 괴롭힐 것이며, 아니면 더 나쁜 일이 벌어질 수도 있다고 경고했다.[13] 나중에 벤저민 프랭클린은 미국의 인장 속에 홍해를 굽어보며 팔을 펼쳐 보이는 모세의 이미지를 넣자고 제안했다. 이는 전차에 탄 파라오로부터 당당하게 걸어 나왔던 그들의 모습을 상징하는 것이다. 토머스 제퍼슨은 한낮의 구름과 한밤의 불기둥을 따라 대자연을 뛰어다니는 아이들의 모습을 그렸다(제퍼슨은 인장의 반대편에 영국에 정착을 했던 전설 속의 헹기스트Hengist와 호르사Horsa 형제의 모습을 그려 넣자고 제안했다. 그의 제안이 거절당한 것에 대해 나는 전혀 애석하지 않다).

전통적인 기념일들은 무엇을 상징하는가? 그리고 국가 정신의 부활에 어떻게 기여할 수 있는가? 콜럼버스 기념일은 제노바의 선원들을 기리는 것이 아니라, 용기와 모험, 끈기, 도전, 자신감과 같은 덕목을 찬양하는 것이다. 그리고 할로윈 축제는 이교도를 기리는 것이 아니라, 호박과 같은 신세계 작물의 발견을 축하함으로써 아이들의 관심을 끈다. 아이들은 핼러윈데이에 함께 동네를 돌면서, 공손한 모습을 보일 때 어른들은 더 관대해진다는 사실을 배운다. 그리고 심리학의 차원에서 아이들은 또한 두려움에 직면하는 법을 배운다(문 뒤에 어떤 괴물이 숨어있을까?). 다음으로 추수감사절은 관용과 감사, 예절과 노동의 덕목을 가르친다. 그리고 워싱턴 탄신일은 허연 가발을 뒤집어 쓴 장군들을 추모하는 것이 아니라, 아이들에게 자유와 용기의 정신을 가르친다. 밸런타인데이는 사랑을 노래하고, 전몰장병 추모일은 희생정신을 기리면서 아이들에게 역사를 가르친다.

아이들이 호박을 들고, 높다란 모자를 쓰고 다니면서 배우게 되는 자유와 모험, 예의, 노동, 용기, 희생, 유산은 살아있는 가르침이다. 하지만 왜곡된 인식을 가진 성인들은 이와 같은 보편적인 덕목을 칭송하고 유산을 공유하려 하기보다, 특정한 민족적 구성에 어울리는 롤모델을 발견하라고 아이들에게 강요한다. 가령, 흑인 아이들은 아인슈타인을 꿈꾸어서는 안 되며, 백인 아이들은 마틴 루터 킹을 흠모해서는 안 된다. 하지만 이러한 접근방식은 공동체를 분열시키고 아이들의 꿈을 좌절시킨다. 어릴 적 나의 영웅은 뉴저지 해안가 출신의 나를 닮은 푸른 눈을 가진 소년이 아니었다. 나의 영웅은 앨라배마에서 온 은퇴한 흑인 야구 선수인 윌리 메이스Willie Mays였다. 어린이 야구단 유니폼을 받았을 때, 나는 어머니에게 등번호 '24'를 달아달라고 했다. 물론 어머니는 유능한 재봉사는 아니었고, 나 역시 가장 빠른 중견수는 아니었다. 그래도 내 피부색과 어울리는 영웅을 찾도록 등번호를 바꾸라고 하지 않은 것에 대해 감독님께 감사를 드린다.

공동체 정신을 되살리는 과정에서, 국가는 이민자들까지 감싸 안아야 한다. 예를 들어, 새롭게 이민을 온 폴란드 사람은 버지니아에서 가장 오래된 와스프wasp('White Anglo-Saxon Protestant'의 약자로 미국의 주류 지배계급을 뜻한다-옮긴이) 가문의 사람들만큼이나 강한 자신감으로 조지 워싱턴을 자신의 선조라고 부를 수 있어야 한다. 그리고 추수감사절에 먹는 칠면조 요리는 킬바사Kielbasa(동유럽 전통의 마늘 소시지-옮긴이)나 김이 모락모락 나는 호이신hoisin(중국요리에서 많이 쓰는 점도 높은 검붉은 소스, 우리에게는 '해선장'으로 알려져 있다-옮긴이) 쇠고기 요리, 혹은 검은 콩과 쌀밥과 함께 조화로운 식사를 이루어야 한다. 바다와 국경 경비대를 뚫고 용감하게 넘어온 이민자들은 그들의 DNA 속에 도전과 용기의 위대한 불꽃을 담아가지고 왔다. 그런 그들에게 이곳에 오래 머물렀던 사람들과 함께 국가적 이야기에 동참하도록 초대하지 않을 때, 그들은 상처를 받을 것이다.

과거가 아닌
현재를 경계하라

우리 사회가 걱정될 정도로 과거를 찬양하게 될 가능성이 있을까? 물론 그럴 위험도 있을 것이다. 하지만 우리는 이러한 위험보다는 자기 자신을 찬양하는 오늘날의 군주와 대통령을 더욱 경계해야 할 것이다. 실제로 많은 독재자와 선동꾼들이 군사를 끌어모으고, 교도소를 정적들을 고문하기 위한 개인용 놀이터 정도로 삼으면서, 자신의 왕궁을 개인숭배의 종교적 장으로 만들고 있다. 심지어 자신의 권력이 신으로부터 받은 것이라고 주장하기까지 한다. 루브르 박물관에 가면, '자파의 페스트 환자를 방문하는 나폴레옹 Bonaparte Visits the Plague Stricken in Jaffa'이라는 제목의 그림을 볼 수 있다. 이는 앙투안 장 그로 Antoine-Jean Gros라고 하는 화가의 작품으로, 그 속에서 나폴레옹은 페스트에 걸린 병사들을 돌보고 있다. 초췌한 모습의 병사들은 겁을 먹은 표정에 피부는 상해 있다. 그리고 한쪽에는 흑인 두 사람이 들것에 시체 한 구를 싣고 왔다. 그러나 전혀 두려움을 느끼지 않는 확신에 찬 모습으로, 나폴레옹은 팔을 뻗어 남자의 겨드랑이 아래에 난 물집을 만져보고 있다. 그런데 이 그림은 무엇이 문제일까? 첫째, 성경의 한 장면을 표절함으로써 나폴레옹을 예수와 같은 반열에 올려놓고 있다. 나병 환자가 비틀거리며 다가와 도움을 요청할 때, 예수는 친히 손을 내밀어 그 남자를 만졌고, 그는 곧 치유가 되었다. 둘째, 그 그림은 나폴레옹이 스스로를 황제라 칭하고 노트르담에서 대관식을 가졌던 1804년에 대중에 공개되었다. 이러한 점에서 이 작품은 권력에 대한 지나친 아첨이라고 볼 수 있다. 나폴레옹은 신도, 성인도 아니었다. 하지만 살아있는 지도자에 대한 찬양은 자칫 죽음을 부를 수 있다. 보다 최근 사례로, 루마니아의 니콜라에 차우셰스쿠 Nicolae Ceaucescu는 1965년에서 1989년에 이르는 악명 높은 통치 기간 동안, 자신과 자신의 아내 엘레나가 신적인 존재라고 국민들에게 강요했다. 그리고 선동가들의 입을 빌려, 엘레나가 중합 반응에 관한 획기적인 연구를 한 세계적으로 유명한 생화학 박사라고 널리 알렸다. 1970년대에 엘레나가 미국을 방문했을 때, 일리노이 과학연구소는 엘레나에게 명예 학위를 수여하겠다고 제안을 했다. 하지만 그것만으로는 거대한 거짓말을 뒷받침할 수 없었다. 나중에 지미 카터가 워싱턴에 기반을 둔 대학의 학위는 보장할 수 없다고 했을 때, 그녀는 거의 발작적인 반응을 보였다.

"말도 안 돼! 미스터 피넛Mr. Peanut(미국 스낵식품 기업인 플랜터스의 마스코트 – 옮긴이)이 내게 일리 뭐라고 하는 데서 학위를 주겠다고 해놓고선, 워싱턴에서는 안 된다니 그게 무슨 소리야. 나는 일리 뭐라고 하는 곳에 절대 가지 않을 거야. 절대!"[14]

1898년 차우셰스쿠 부부가 처형을 당한 후, 엘레나의 어릴 적 한 교사는 그녀의 형편없는 학교 성적표를 공개했는데, 이는 바느질, 노래, 체조를 제외한 모든 과목에서 낙제를 기록한 열등생이었음을 보여주었다.[15]

나는 과거의 인물을 찬양하는 행위에 대해서는 크게 우려하지 않는다. 문제는 현재의 정치인을 떠받드는 것이다. 나는 건물이나 기념물의 이름을 살아있는 지도자의 이름을 따서 짓는 것에 반대한다. 브렌던 번Brendan Byrne은 1970년대와 1980년대에 걸쳐 뉴저지를 다스린 온건한 주지사였다. 그런데 1981년에는 어쩐 일인지, 메도랜즈에 뉴저지 네츠 농구팀을 위해 2만석 규모의 경기장을 지으면서 그 이름을 '브렌던 번 아레나'라고 지었다(나중에 그 이름은 '아이조드 필드Izod Field'로 바뀌었다). 물론 번은 경기장을 짓는 과정에서 개인 자금을 투자하지는 않았을 것이다. 나는 그가 드리블이나 할 수 있는지 의심스럽다. 그러한 위엄을 부리려다가 부패에 얽히고 만다. 다음으로 톰스 강 인근의 저지쇼어 타운에서는, 한 야심찬 교육감이 2004년 새롭게 건설한 3,000석 규모의 경기장의 명칭을 자신의 이름을 따서 짓고는 마룬파이브, 빌 코스비, 켈리 클락슨과 같은 유명인들을 초청해서 행사를 벌였다.[16] 그리고 6년 후, FBI는 그 교육감의 집을 급습하여 뇌물 혐의로 체포를 했다. 그리고 해당 학군은 경기장 앞에 자랑스럽게 걸려있는 그의 거대한 이름을 재빨리 천으로 덮어씌워버렸다.

국가의 신화와 기념일에 대한 존경은 공동체 단결에 기여한다. 나는 오늘날 우리 사회의 중대한 정책에 대한 결정이 보스턴 유명 의류매장인 파일렌스 베이스먼트Filene's Basement의 마지막 세일 행사장에서 마구잡이로 주워 담는 것처럼 이루어지고 있다고 생각한다. 우리나라의 신화와 자손들은 더 나은 대접을 받을 자격이 있다. 어떻게든 우리가 살아가는 국가를 살려내고자 한다면, '여럿pluribus'에 매달릴 것이 아니라, '여럿이 모인 하나e pluribus unum'에 집중해야 한다.

물론 학교에서 추수감사절 모자를 흔들어댄다고 해서 국가적 특성을 창조하고 공동체를 통합할 수 있는 것은 아니다. 나는 다음에서 사회적 분열에 맞서 싸우기 위한 새로운 정책들을 제시하고 있다. 이 아이디어는 미국 사회에 초점을 맞추고 있기는 하지만 다른 나라에도 얼마든지 적용할 수 있을 것이다. 나는 보편적인 관점에서 애국주의자 선언을 썼으며, 이는 미국이라고 하는 특정한 나라에만 국한되는 것은 아니다. 내가 제시하는 정책들은 세법에서 실업자 및 이민자들에 대한 사회적 책임에 이르기까지 모든 사안들을 새로운 방향으로 정렬하고 있다.

일부 정책들은 위협적인 엔트로피 흐름에 비해 지나치게 사소한 시도처럼 보일 수 있다. 그러나 단순하고 상징적인 신호가 때로 거대한 산을 움직이기도 한다. 1963년 6월 케네디 대통령이 베를린을 방문하여 했던 연설을 떠올려보자. 그 젊은 미국 대통령이 베를린에 도착했을 무렵, 서독 사람들은 공산주의 세력에 포위당해 있다며 두려움에 떨고 있었다. 소련의 지도자 흐루셰프는 서 베를린을 "목 안의 가시"라 불렀고, "유럽의 심장으로부터 그 가시를 없애버리겠다."고 장담을 했다. 그리고 서구인들이 서 베를린으로 들어오지 못하도록 차단하는 조약을 동독과 맺겠다고 협박을 했다. 그러한 분위기 속에서 케네디는 수천 명의 베를린 시민들에게 '나는 베를린 사람입니다Ich bin ein Berliner'라는 하나의 문장으로 미국의 강력한 의지를 전했다. 그리고 1987년 레이건 대통령이 베를린을 찾았을 때에는, 미 국무부가 나서서 소련과 동독 지도자들을 자극하는 발언을 하지 말라는 조언을 했다. 하지만 레이건이 외교관들의 조언을 무시하고 직설적으로 "고르바초프, 장벽을 허물어버리세요!"라고 요구했을 때, 그는 자유로운 독일인들과 동독 정부에 볼모로 잡혀있던 베를린 사람들에게 새로운 희망의 불씨를 던진 것이었다. 케네디와 레이건의 두 문장은 합해서 겨우 10단어밖에 되지 않았고, 말을 하는 데 걸리는 시간은 6초도 걸리지 않았다. 그럼에도 베를린 시민들이 스스로와 세상에서 그들이 차지하고 있는 위상을 바라보는 시선을 완전히 바꾸어놓기에 충분했다.

지금부터 나는 몇 가지 아이디어를 제시하고자 한다. 그 중 일부는 실질적인 것이고, 다른 일부는 상징적인 것으로, 두 가지 모두 부유한 나라를 공격하는 엔트로피의 힘에 맞서 싸워나가는 과정에 힘을 실어 줄 것이다.

이민 패러독스
그리고 역사에 대한 무관심

평화를 누리고 있는 많은 국가들은 오늘날 젊은이들에게 군대에 가거나, 혹은 그밖에 다른 사회적 의무를 수행하도록 요구하고 있다. 사람들이 일반적으로 억압적인 나라라고 생각하지 않는(혹독한 겨울철 날씨만 빼놓고) 핀란드는 6개월에서 1년까지 국방의 의무를 부과하고 있다. 그리고 산뜻한 옷차림의 교황 호위대 병력을 제공하는 스위스는 그들의 젊은이들에게 군대에 입대하거나, 아니면 노인을 돌보거나 문화 유적지를 관리하는 등의 대체 복무를 법으로 규정하고 있다. 2013년에는 스위스 유권자들 중 73퍼센트가 의무 복역 폐지 주장에 반대표를 던졌다.[17] 내가 이들 국가의 사례들을 인용하는 것은, 미국도 징병이나 기타 복무제를 도입해야 한다고 주장하기 위해서가 아니다. 다만 나는 이러한 질문을 던지고 싶다. 많은 선진국들이 국민들에게 6개월에서 1년에 이르는 국방의 의무를 요구하고 있다면, 미국 시민권을 원하는 이민자들에게 약간의 부담을 부여해도 괜찮지 않을까? 특히 그러한 부담을 통해서 미국이라고 하는 나라에 대한 이해를 높일 수 있다면? 내 아이디어는 이렇다. 미국의 시민권이나 영주권을 원하는 이민자들에게 다음에 해당하는 역사적 유적지나 박물관, 혹은 도서관들 중 5곳 이상을 방문하여 여권에 도장을 받도록 하는 것이다.

- 폴 리비어 하우스Paul Revere House(보스턴), 미국독립기념관(필라델피아), 게티즈버그 전투지, 마운트버넌Mount Vernon(버지니아), 몬티첼로(버지니아), 자유의 여신상, 엘리스 아일랜드Ellis Island, 앨러모the Alamo
- 국립 제2차 세계대전 박물관(뉴올리언스), 국립 미국사 박물관(워싱턴), 톨러런스 박물관Museum of Tolerance(로스앤젤레스), 진주만 기념관, 멤피스 시민권 박물관
- 미국 대통령 도서관

또한 연방 프로그램을 통해 학자금 대출을 신청하는 미국 학생들에게도 이와 비슷한 의무를 부과할 수 있을 것이다.[18]

- 이스라엘의 출생시민권 프로그램Birthright program(젊은이들을 대상으로 이스라엘로 유적지 여행을 떠나도록 지원하는 민간 기금)을 따라서, 민간 기금으로 미국의 출생시민권 프로그램을 출범시킨다. 그리고 이 프로그램을 통해 자격 요건을 갖춘 십대들이 내가 말하는 '자유의 회랑Freedom Corridor', 즉 보스턴 – 필라델피아 – 워싱턴에 이르는 여정을 체험하도록 한다.
- 미국 이민을 고려하는 사람들을 대상으로, STEM(과학, 기술, 공학, 수학 분야)은 물론, 미국의 역사 및 공민학에서 높은 점수를 받은 이들

을 우대한다.

세대 간 절도의 패러독스와
출산율 하락에 관한 대응

- 사회보장제도로부터 손자 세대보다 훨씬 더 많은 혜택을 보게 될 베이비부머 세대들이 전반적으로 경제가 성장하고 나라의 부채 상황이 호전될 경우에 '한해서' 더 많은 혜택을 얻어갈 수 있도록 해야 한다.
- 기대 수명이 높아지고 노령층 건강이 개선되면서, 정부의 복지 프로그램을 그대로 유지하기 위해서는 은퇴 연령을 상향 조정해야 한다.
- 젊은 부모들에게 세금공제 혜택을 제공하되, 둘째, 혹은 셋째 이상으로 한정한다. 그리고 지원금이 자녀들의 계좌에 자동적으로 불입되도록 한다. 물론 첫째 아이의 출산도 마땅히 박수받아야 할 일이지만, 그 때문에 납세자들에게 추가적인 부담까지 지울 필요는 없다.

잘못된 일자리 분배와
유연성 악화에 대한 대책

비관론자들이 정부가 정책을 개선하지 않는다고 한탄하고 있다면, 공화당이 통과시키고 민주당의 클린턴 대통령이 1996년에 승인했던 기넘비적인 복지 개혁안을 한번 떠올려보자. 비록 그 개혁안에 반발하여 백악관 자문들 몇몇이 사임을 하기는 했지만, 그 방안은 수백만 명의 실업 급여 수령자들이 다시 일자리로 돌아가도록 자극(혹은 강요)하는 역할을 했다. 샌프란시스코 연방준비은행의 보고서는 "이번 개혁을 통해서 취약 계층인 싱글맘들의 경제적 자립도를 높여주었다"는 결론을 내놓았다.[19] 여기서 당시 양당이 합의했던 정책의 내용에 대해 충분한 논의를 할 수는 없지만, 그 사례에서 정부 정책이 때로 개선될 수도, 혹은 악화될 수도 있다는 사실을 확인할 수 있다.

- 구직자들이 다른 주로 넘어가서 일자리를 잡을 때, 고용 유연성을 높이기 위한 융자금을 대출해 준다. 그리고 실업급여 제도를 개선함으로써 구직자들에게 주나 국가의 경계를 벗어나서 취직할 수 있는 동기를 부여한다.

- 실업급여 수령 기간이 끝나기 전에 취직에 성공한 사람들에게 '상여금'을 지급한다. 몇 년 전 나는 워싱턴포스트 일요일자 미래 전망 섹션 1면에 이 아이디어를 제시한 바 있다.[20]

- 미풍양속을 해치지 않는 분야일 경우, 업무 관련 기술을 배우고 익히는 비용을 크게 높이는 자격증 제도를 폐지하도록 한다.

- 장애연금 제도를 개선함으로써, 부분적인 장애가 있는 근로자들이 은퇴가 아니라 안정적인 근로 환경에서 장기적으로 일을 할 수 있도록 보장한다.

- 청년들이 적극적으로 업무 기술을 익힐 수 있도록 인센티브를 제공한

다. 예를 들어, 21세 이전에 일을 시작하는 사람들에게 퇴직연금을 재원으로 하여 추가적인 사회복지 상여금을 지급한다.

번영의 대가에 대처하기 위해서는 두뇌와 함께 체력이 필요하다. 즉 신중한 사고와 더불어 성실한 노력이 요구된다. 또한 합의된 원칙에 대한 존중도 필요하다. 그러한 원칙들 중 으뜸은 국가가 지켜내야 할 가치가 있다는 믿음이다. 우리는 역사로부터 거의 모든 국가들이 피로하고, 소극적이고, 분열되는 단계로 나아가게 된다는 사실을 배웠다. 하지만 사회적 통합은 완전히 불가능한 과제만은 아니다. 다음에 제시하는 애국주의자 선언은 국가를 기반으로 세상에 더 많은 자유와 정의를 선사할 수 있다고 믿는 사람들에 대한 외침이자 신호다.

애국주의자
선언

자유주의 국가들에 유령이 떠돌고 있다. 그런데 이 눈에 보이지 않는 유령은 질병이나 폭력 혹은 빈곤을 먹고 자라지 않는다. 대신에 현대의 번영과 교육받은 시민들을 뭉치게 하는 신화와 마술, 경외 그리고 매혹을 저버리고 외면하며 경멸하도록 만드는 힘을 먹고 자란다. 어쩌면 우리 인류에게는 한때 강력했으나 이제는 시들해져버린 통합의 에너지를 다시금 불러일으킬 힘이 없는지 모르지만, 그럼에도 자유와 정의 그리고 상호 보호 속에서 우리를 하나로 뭉치게 만들 새로운 원칙을 세워야만 한다. 그러므로 이제 이렇게 선언하는 바이다.

1. 애국심을 갖는다는 것, 즉 국가에 강한 애정을 느끼고, 국가의 성공에 기뻐하고, 국가의 실패에 슬퍼하는 것은 자유와 정의를 수호한다는 차원에서 바람직한 일이다.

2. 국가의 고유한 가치는 바위와 토양으로부터, 혹은 유전자 집합으로부터 오는 것이 아니다. 그 구성원들이 지켜내고자 하는 그들만의 특성과 규범으로부터 오는 것이다.

3. 모든 국민은 국가의 고유한 특성을 파괴할 수 있는 외세의 공격과 침략, 혹은 위협적인 문화 유입으로부터 스스로를 지키기 위한 도덕적·법률적 권리를 가지고 있다.

4. 국가는 국민들에게 '탈출'하고 '의견을 제시'할 수 있는 통로를 개방해 놓아야 한다. 다시 말해, 국민들이 자유로운 선택에 따라 국가를 떠나고, 사회 속에서 불만의 목소리를 낼 수 있도록 보장해야 한다.

5. 이민자들은 새로운 고향의 역사를 이해하고 받아들일 의무가 있다. 그리고 그 땅에 처음으로 배를 타고 들어온, 혹은 처음으로 마차를 타고 달려온 이들을 직접적인 조상으로 거슬러 올라갈 수 있는 내국인들은 이민자들이 국가의 기념일과 전통을 축하해야 할 도덕적인 권리를 갖고 있다고 느낄 수 있도록 만들어야 한다.

6. 문화는 정체해 있어서는 안 되며, 국가의 원칙에 대한 국민들의 관심과 사랑을 높일 수 있는 새로운 이야기들을 끊임없이 만들어내야 한다.

7. 국가는 후손들에게 그들이 물려받아야 할 부채와 부담에 대해서 설명해줄 공식적인 제도와 통로를 마련해야 한다.

8. 국가는 그들의 가치와 원칙을 공유하지 않는 다른 집단과 안보와 무역에 대해 협력할 수 있지만, 적대적인 집단과 우정과 박애를 공유할 수 없다.

이러한 믿음을 가슴에 품고 미래를 향해 달려 나가면서, 단지 경제적인 번영이 아니라 강력하고, 견고하고, 자유로운 발전을 성취하기 위해 국가를 유지하고 혁신해 나가야 한다.

2막 너머로
나아가야 할 때

"미국인의 삶에 2막이란 없다."

격동의 시대인 1920년대에 활동을 했고, 경제적 성공이 한 인간의 영혼과 친구 및 애인과의 관계를 어떻게 망가뜨릴 수 있는지를 목격했던 스콧 피츠제럴드는 그렇게 말했다. 어떤 이들은 피츠제럴드의 이 말을 두 번째 기회가 없다는 의미로 해석하기도 한다. 하지만 피츠제럴드가 언급한 것은 연극의 2막이다. 거기서 주인공의 세상은 분열한다. 안락했던 삶은 조각나고 친구는 배신한다. 얼룩진 피로 앞이 잘 보이지 않는 권투 선수는 로프를 붙잡고 링에서 일어나야 한다. 남편은 순진하기만 했던 아내를 속이고 달아나고, 남겨진 여인은 홀로 아이들을 학교에 보내기 위해 졸린 눈을 부비며 밤늦게까지 일을 한다. 그 속에서 등장인물들은 내면의 악마와 마주하고, 힘든 고난과 비열한 악당들과 날아오는 돌멩이와 화살 그리고 세금 징수원에 맞서 싸워야 한다. 그들의 옛날을 회상하며, 좋은 시절에 게걸스럽게 마셔댔던 위스키나 과일 음료수들 속에서 지혜의 조각을 발견하기 위해 애를 쓴다. 피츠제럴드는 미국의 용기가 실질적인 덕목인지 확신하지 못했다. 그리고 빚과 술에 빠져 스스로를 의심했다.

어쩌면 미국과 미국적 특성이라고 하는 것들 모두 하나의 신화일지 모른다. 그러나 정말로 그렇다고 하더라도, 우리는 그것을 꽉 부여잡고, 역사와 이상으로 국가적 분열이 남긴 심연의 공백을 메워야 한다. 그렇다. 미래는 물론 우리 자신의 손에 달려있지만, 그렇다고 해서 함부로 선조들의 용기를 비웃는 우를 범해서는 안 될 것이다. 과거는 유령이면서 또한 우리의 친구다. 미국 문학사에서 가장 멋지고, 가장 많은 논란을 불러일으킨 작품들 중 하나인 『위대한 개츠비』의 마지막 문장은 '우리'로 시작한다. '닉'은 마지막으로 이렇게 말한다.

"우리는 그렇게 물살을 거슬러 올라가는 배처럼 끊임없이 과거로 밀려나면서도 앞으로 나아간다."

그러니 모두 노를 저어라. 앞으로 나아가자.

감사의 글

내가 경제와 역사에 대한 연구에 뛰어들었을 때, 우리 가족들은 끈기 있고 넉넉한 웃음으로 나를 지켜봐주었다. 2부에서 소개했던 여러 세계 지도자들을 연구하는 동안, 나는 이들의 삶에 완전히 녹아들고자 했다. 그리고 이를 위해 수많은 일기와 기사, 책, 오래된 영화 자료들 그리고 진한 커피에 매달렸다. 그 동안 동네 커피숍에서 커피를 주문할 때면, 나는 점원에게 가령 알렉산드로스 대왕의 이름을 따서 내 이름을 알렉스라고 말해주곤 했다. 그러면 그들은 종이컵에다가 그 이름을 적어주었다. 그런 식으로 나는 때로 터키인이 되었다가, 혹은 돈 페페가 되기도 했다. 하지만 차마 골다라고는 할 수 없어서, 발음을 약간 얼버무려 '고아'라고 하기도 했다. 그러면 어떤 점원들은 인도의 마을 이름이 아니냐고 물었다. 다소 바보 같은 장난이기는 했지만, 이를 통해 나는 어떤 에너지를 얻을 수 있었다.

나의 아내 데비와 우리 딸들 빅토리아, 캐서린, 알렉시아는 모두 아름답고 총명하다. 딸들은 나를 항상 웃게 만들어주고, 낯선 사람들 앞에서 그들을 당황하게 만드는 아버지의 악 취미에 대단히 관대하다. 우리 어머니 조안은 항상 특유의 위트와 에너지로 내게 많은 영감을 준다.

믿음직하고 똑똑한 나의 에이전트 수전 긴스버그에게 감사의 말을 전한다. 수전 덕분에 박식하면서도 친절한 편집자, 홀리스 하임바우치를 알게 되었다. 다음으로 메이지 유신과 아타튀르크를 다룬 장에서 예리한 지적을 해주었던 사이토 진과 존 캐러객에게 감사를 드린다.

마지막으로, 어릴 적 나는 운 좋게도 훌륭한 학교 선생님들로부터 많은 것들을 배울 수 있었다. 지금은 고등학교에서 영어를 가르치고 있는 마틴 메스자로스 선생님에게는 아직도 내 논평의 초안을 보내드리고 있다. 마틴 선생님은 아마도 헤밍웨이나 피츠제럴드의 가족 모임에 참석했던 그 누구보다 '잃어버린 세대'에 대해 잘 알고 있는 사람일 것이다. 그리고 데이비드 코렐 선생님은 내게 역사 수업에 대한 흥미를 가져다 주셨고, 또한 매년 호르몬 왕성한 청소년들 집단을 애국적인 고등학생 공동체로 변모시키고 있다. 샐리 하우, 빈스 헤켈, 재닛 겔저, 잭 밀코비치 선생님들은 내게 쉽게 A학점을 주지는 않았지만, 내가 좀 더 열심히 공부하고, 좀 더 많은 것을 성취할 수 있도록 격려해주었다. 내가 정말로 좋아했던 선생님들 두 분은 아쉽게도 지금 우리 곁에 있지 않다. 나는 전작『러시』에서 엄한 아프리카계 미국인 여성인 마리 클락 선생님을 소개한 적이 있다. 다음으로 5학년 시절 담임이었던 레이먼드 스네든 선생님은 내게 스포츠 수학의 비밀을 알려주셨다. 그해 가을, 우리 반 학생들은 NFL 경기에서 점수 차를 맞히는 내기를 종종 했었다. 선생님이 교실에서 도박 수업을 허락할 것이라고는 생각하지 못했지만, 그 경험은 내게 참으로 많은 도움이 되었다. 당시 스네든 선생님의 열정에 영감을 받았던 나는, 그로부터 수십 년의 세월이 흘러 아이들에게 쉽게 수학을 가르칠 수 있는 새로운 교육법인 '매스 애로'를 개발하게 되었다.[1] 그린베이 패커스가 예상 점수차를 넘어설 것이라고 예측했던 스네든 선생님 덕분에 오늘날 아이들이 대수를 더 쉽게 배울 수 있게 되었다고 생각을 하면 저절로 웃음이 난다. 그리고 이 책에서 나는 그보다 더 진지한 문제에 직면했다. 미국을 포함한 선진국들은 확률을 이기고 살아남을 수 있을 것인가?

머리말 : 저지쇼어의 어느 따뜻한 여름날 밤

1. U.S. Department of State, "Schedule of Fees for Consular Services, Department of State and Overseas Embassies and Consulates?Passport and Citizenship Services Fee Changes," Federal Register, September 8, 2015, https://www.federalregister. gov/articles/2015/09/08/2015-22054/schedule-of-fees-for-consular-services- department-of-state-and-overseas-embassies-and#h-26.

2. 스탈린 시절 수용소 관리국은 1960년에 문을 닫았지만, 펌-36(Perm-36)과 같은 강제수용소는 1980년대까지도 계속 남아있었다.

3. John Maynard Keynes, "Economic Possibilities for Our Grandchildren," in Essays in Persuasion (New York: W. W. Norton, 1963), pp. 358-73.

4. Joseph A. Schumpeter, Capitalism, Socialism, and Democracy (New York: Harper and Row, 1976), p. 61.

5. Karl Marx, Capital (Chicago: Charles Kerr, 1906), vol. 1, p. 836.

6. Kalgoorlie Brothel, Register of Heritage Places, Heritage Council of Western Australia, data base no. 2991 (1999), http://inherit.stateheritage.wa.gov.au/Public/ Content/PdfLoader.aspx?id=9a73338e-5b7d-489e-9aff-becbcc87909c.

프롤로그 : 번영의 패러독스

1. John Della Volpe, "Survey of Young Americans' Attitudes Toward Politics and Public Service," Harvard University Institute of Politics(December 10, 2015), p. 8, http://www.iop.harvard.edu/sites/default/files_new/pictures/151208_Harvard%20 IOP%20Fall%202015%20Report.pdf; Art Swift, "Smaller Majority 'Extremely Proud' to Be an American," Gallup July 2, 2015.

2. Theodore Roosevelt, The Letters of Theodore Roosevelt (Cambridge, MA: Harvard University Press, 1951), p. 279.

3. Neel Ahuja, "Abu Zubaydah and the Caterpillar," Social Text 106, no. 29.1 (Spring 2011): 143. The author laments the use of caterpillars in the interrogation of suspected terrorists.

4. Deborah Haynes and Fiona Hamilton, "Hundreds More UK Muslims Choose Jihad Than Army," Times (London), August 22, 2014, http://www.thetimes.co.uk/tto/news/uk/defence/article4183684.ece.

5. Cass R. Sunstein, Republic.com 2.0 (Princeton, NJ: Princeton University Press, 2009).

6. The Age of Whatever is the title of an album of songs about Millennials, https://www.reverbnation.com/victoriabeachwood.

7. Rustam I. Aminov, "A Brief History of the Antibiotic Era: Lessons Learned and Challenges for the Future," Frontiers in Microbiology 1, article 134 (2010).

1부 분열의 원인

1장 국가가 번영할수록 출산율은 하락한다

1. https://www.youtube.com/watch?v=t2DkiceqmzU.

2. 2015년 10월 중국 정부는 한 자녀 정책을 완화하고, 부부당 2명의 자녀까지 허용할 것이라고 발표했다.

3. https://www.avma.org/KB/Resources/Statistics/Pages/Market-research-statistics-US-pet-ownership.aspx.

4. Friedman의 주장은 다음을 근거로 삼고 있다. Families, 2013," US Department of Agriculture, Center for Nutrition Policy and Promotion, Miscellaneous Publication no. 1528-2013, p. 7.

5. Frank Newport and Joy Wilke, "Desire for Children Still Norm in U.S.," Gallup, September 25, 2013, http://www.gallup.com/poll/164618/desire-children-norm.aspx.

6. http://www.newscientist.com/article/mg22530093.700-baby-slump-puts-italy-at-risk-of-dying.html#.VUlGAl5bTwI.

7. Tomohiro Osaki, "For Many Young Japanese, Marriage?nd Sex?Are Low Priorities," Japan Times, January 5, 2016, http://www.japantimes.co.jp/news/2016/01/05/national/social-issues/many-young-japanese-marriage-sex-low-priorities/#.VoxYafmLSUk.

8. Jun Hongo, "Japan's Longevity Champs May Not Win Even Silver Anymore," Wall Street Journal, October 17-18, 2015, p. A1.

9. S. Philip Morgan, "Is Low Fertility a Twenty-First-Century Demographic Crisis?", Demography 40, no. 4 (November 2003): 589-603.

10. Bryan Armen Graham, "Abraham Lincoln Was a Skilled Wrestler and World-Class Trash Talker," Sports Illustrated, February 12, 2013.

11. "Personal Remittances Received (% GDP)," World Bank, http://data.worldbank.org/indicator/BX.TRF.PWKR.DT.GD.ZS.

12. Mead Cain, "Risk and Insurance: Perspectives on Fertility and Agrarian Change in India and Bangladesh," Population and Development Review 9, no. 3 (1981): 435-74.

13. Laura Betzig, "Sex, Succession, and Stratification in the First Six Civilizations," in Lee Ellis, ed., Social Stratification and Socioeconomic Inequality (New York: Praeger, 1993), vol. 1, pp. 37-74. 또한 Greg Downey, "The Man with 1000 Children: The Limit of Male Fertility," Neuroanthropology (June 5, 2014), http://blogs.plos.org/neuroanthropology/2014/04/05/man-1000-children-limit-male-fertility/.를 보라.

14. Pedro de Cieza de Leon, The Incas of Pedro de Cieza de Leon, ed. Victor Wolfgang von Hagen, trans. Harriet de Onis (Norman: University of Oklahoma Press, 1959), p. 41.

15. Tatiana Zerjal et al., "The Genetic Legacy of the Mongols," American Journal of Human Genetics 72, no. 3 (January 2003): 717-21; Mark A. Jobling et al., "Y-Chromosome Descent Clusters and Male Differential Reproductive Success: Young Lineage Expansions Dominate Asian Pastoral Nomadic Populations," European Journal of Human Genetics 23 (2015): 1413-22.

16. Laoise T. Moore, Brian McEvoy, Eleanor Cape, Katharine Simms, and Daniel G. Bradley, "A Y-Chromosome Signature of Hegemony in Gaelic Ireland," American Journal of Human Genetics 87, no. 2 (February 2006): 334-38.

17. Kermyt Anderson, Hillard Kaplan, and Jane Lancaster, "Paternal Care by Genetic Fathers and Stepfathers I: Reports from Albuquerque Men," Evolution and Human Behavior 20 (1999): 405-31; Sandra L. Hofferth and Kermyt G. Anderson, "Biological and Stepfather Investment in Children," PSC Research Report no. 01-471 (April 2001): 11-12.

18. Frank Marlow, "Showoffs or Providers? The Parenting Effort of Hadza Men," Evolution and Human Behavior 20, no. 6 (1999): 391-404; Kermyt G. Anderson, Hillard Kaplan, David Lam, and Jane B. Lancaster, "Paternal Care by Genetic Fathers and Stepfathers II: Reports by Xhosa High School Students," Evolution

and Human Behavior 20 (1999): 433-51; Kermyt G. Anderson, "Relatedness and Investment in Children in South Africa," Human Nature 16 (2005): 1-31.

19. Thomas Malthus, An Essay on the Principle of Population (London: Reeves and Turner, 1872), p. 92.

20. Becker's pioneering paper was Gary S. Becker, "An Economic Analysis of Fertility," in Demographic and Economic Change in Developed Countries (Princeton, NJ: National Bureau of Economic Research, 1960), pp. 209-31.

21. Joseph A. Schumpeter, Capitalism, Socialism, and Democracy (New York: Harper and Row, 1942), p. 158.

22. George Bernard Shaw, Man and Superman, act 3. 우생학에 관한 쇼의 언급은 다음을 참조하라. George Watson, Lost Literature of Socialism (London: Lutterworth, 2010).

23. Robert K. Fleck and F. Andrew Hanssen, "Rulers Ruled by Women: An Economic Analysis of the Rise and Fall of Women's Rights in Ancient Sparta," September 5, 2007, http://www.law.virginia.edu/pdf/olin/0708/hanssen.pdf.를 보라.

24. Aristotle, Politics, book 2, http://www.perseus.tufts.edu/hopper/text?doc=Perseus:abo:tlg,0086,035:2:1270a,25. Ibid.

25. 위의 책.

26. 위의 책, 1269a37-9. 인구를 억제하는 또 다른 요인도 있을 것이다. 가령 지진이나 혹은 일부의 의견에 따르면 동성애에 대한 사회의 수용성이 그 예다.

27. Strabo, Geography, trans. H. L. Jones, Loeb Classical Library (Cambridge, MA: Harvard University Press, 1927), vol. 4, pp. 121-30.

28. Polybius, The Histories of Polybius, trans. Evelyn S. Shuckburgh (London: Macmillan, 1889), pp. 510-11.

29. Cheryl Elman, "Fertility Differentials between African American and White Women in the Early Twentieth Century American South," p. 4, http://www.rockarch.org/publications/resrep/elman.pdf. 1800년대 대부분의 기간 동안 뚜렷한 GDP 성장을 기록했음에도 북부 지방의 출산율 역시 떨어졌다.

30. Paul Veyne, A History of Private Life: From Pagan Rome to Byzantium (Cambridge, MA: Harvard University Press, 1992), pp. 13-14에서 인용.

31. Graziella Caselli, Jacques Vallin, and Guillaume J. Wunsch, Demography: Analysis and Synthesis (London: Academic Press, 2006), p. 59.

32. Neil Cummins, "Marital Fertility and Wealth in Transition Era France, 1750-1850,"

Paris School of Economics, Working Papers n2009-16 (2009).

33. George Finlay, Greece under the Romans (London: Blackwood, 1844), p. 65.

34. J. A. Banks, Prosperity and Parenthood: A Study of Family Planning among the Victorian Middle Classes (London: Routledge, 1954)를 보라.

35. Noah Smith, "Making Babies Making a Comeback," BloombergView, January 20, 2015, http://www.bloombergview.com/articles/2015-01-20/making-babies-makes-a-comeback.

36. D. B. Dunson, B. Colombo, and D. D. Baird, "Changes with Age in the Level and Duration of Fertility in the Menstrual Cycle," Human Reproduction 17 (2002): 1399-1403.

37. United Nations, Department of Economic and Social Affairs, Population Division (2013), World Marriage Data 2012 (POP/DB/Marr/Rev2012).

38. Amalia R. Miller, "The Effects of Motherhood on Career Path," Department of Economics, University of Virginia (September 2009), p. 15, http://people.virginia.edu/~am5by/fertilitytiming_sept2009.pdf.

39. 마이애미비치의 지역 경제 또한 여피족과 게이 혹은 청록색 바다와 바람에 흔들리는 야자수가 선사하는 즐거움을 새롭게 발견한 많은 이들의 유입으로 도움을 받았다.

40. Susan Eckstein, The Immigrant Divide: How Cuban Americans Changed the U.S. and Their Homeland (London: Routledge, 2009), p. 179.

41. Volunteering in America 2010: National, State, and City Information (Washington, DC: Corporation for National and Community Service, June 2010), p. 12.

42. Jada A. Graves, "The 20 Fastest-Growing Jobs This Decade," U.S. News & World Report, March 6, 2014.

43. Marisa Penaloza, "Immigrants Key to Looming Health Aide Shortage," National Public Radio, October 17, 2012.

44. The Construction Chart Book: The U.S. Construction Industry and Its Workers (Silver Spring, MD: Center for Construction Research and Training, 2013), chapter 16, http://www.cpwr.com/sites/default/files/publications/ CB%20page%2016.pdf.

45. Michael K. Gusmano, "Undocumented Immigrants in the United States: Demographics and Socioeconomic Status," Undocumented Patients website, Hastings Center, Garrison, NY, February 14, 2012.

46. "Estimates of the Population of the United States by Age, Race, and Sex: July

1, 1968˚, Current Population Reports: Population Estimates and Projections (Washington, DC: U.S. Bureau of the Census), ser. P-25, no. 400, August 13, 1968.

47. Rogelio Saenz, Maria Cristina Morales, and Janie Filoteo, "The Demography of Mexicans in the United States," in Chicanas and Chicanos in Contemporary Society, 2nd ed., ed. Roberto M. De Anda (New York: Rowman and Littlefield, 2004), p. 5.

48. Charles Russell and Harry Samuel Lewis, The Jew in London (New York: Thomas Crowell, 1901), p. 198.

2장 세계화와 애국심의 패러독스

1. Mark Pendergrast, For God, Country, and Coca-Cola (New York: Basic Books, 2000); Laura A. Hymson, "The Company That Taught the World to Sing," dissertation, University of Michigan (2011); Frank Hefner, "A Better Red: The Transition from Communism to Coca-Cola in Romania," Quarterly Journal of Austrian Economics 2, no. 2 (Summer 1999): 43-49.

2. "Ethiopia Hit by Coca-Cola Drought," BBC, March 24, 2009, http://news.bbc.co.uk/2/hi/africa/7960850.stm.

3. Marcel Proust, Remembrance of Things Past, vol. 1: Swann's Way and Within a Budding Grove, trans. C. K. Scott Moncrieff and Terence Kilmartin (New York: Random House, 1982), pp. 50-51.

4. Friedman's argument was based on an essay by Leonard E. Read, "I, Pencil: My Family Tree," Foundation for Economic Education, Inc. (December 1958).

5. James Ward, The Perfection of the Paper Clip (New York: Touchstone, 2015), p. 96.

6. Friedman의 주장은 다음을 근거로 삼고 있다. "How Are We Doing?" The American (July 3, 2008), http://www.aei.org/publication/how-are-we-doing/.

7. https://www.aei.org/publication/when-it-comes-to-the-affordability-of-common-household-goods-the-rich-and-the-poor-are-both-getting-richer/.

8. Tom Jackson, Chilled: How Refrigeration Changed the World and Might Do So Again (London: Bloomsbury, 2015).

9. Felipe Garcia Ribeiro, Guilherme Stein, and Thomas Kang, "The Cuban Experiment: Measuring the Role of the 1959 Revolution on Economic Performance Using Synthetic Control," working paper (May 21, 2013), http://economics.ca/2013/papers/SG0030-1.pdf.

10. David Dollar and Aart Kraay, "Trade, Growth and Poverty," World Bank Policy Research Working Paper, no. 2615, June 2001, p. 2.

11. 2015년 8월 24일 한국 방송사 KBS에서 내가 했던 강연 '국가의 운명을 결정 짓는 것은 태도(From Paper Umbrellas to Prosperity)' 편을 보라. https://www.youtube.com/watch?v=h1deP3sDkk4.

12. 물론 크로아티아와 유고슬라비아/세르비아 전쟁으로 폭격이 끊이지 않았던 1991~1992년 동안 관광객 유입은 타격을 입었다. 또한 나치의 꼭두각시 정권이 들어섰던 제2차 세계대전 기간에도 큰 피해를 입었다.

13. Stevan Dedijer, "Ragusa Intelligence and Security(1301-806)?Model for the Twenty-First Century?" International Journal of Intelligence and Counter Intelligence 15, no. 1 (2002): 106.

14. Lovro Kuncevic, "On Ragusan Libertas in the Late Middle Ages," Dubrovik Annals 14 (2010): 64-65.

15. Dedijer, "Ragusa Intelligence," p. 106. 해당 시점과 금 가격을 기준으로 5,000더컷은 오늘날 약 65만 달러에 해당한다.

16. Nenad Vekaric, "The Population of the Dubrovnik Republic in the Fifteenth, Sixteenth and Seventeenth Centuries," Dubrovnik Annals 2 (1998): 23-26.

17. Oleh Havrylyshyn and Nora Srzentc, "The Economy of Ragusa: 1300? 1800, the Tiger of Mediaeval Mediterranean," Eighteenth Dubrovnik Economic Conference, June 2012, http://www.hnb.hr/dub-konf/18-konferencija/havrylyshyn-srzentic. pdf.를 보라.

18. Luigi Villari, The Republic of Ragusa (London: J. M. Dent, 1904), p. 398.

19. Nachum Gross, "Economic Growth and the Consumption of Coal in Austria and Hungary 1831-913," Journal of Economic History 31, no. 4 (1971), 901-2.

20. Nachum Theodor Gross, Industrialization in Austria in the Nineteenth Century(Berkeley: University of California Press, 1966), p. 45.

21. 1873년 비엔나 주식시장 붕괴를 고려한 수치다.

22. "Austrian Riots: Disorder Continues and Many Arrests Are Made," Los Angeles Herald, December 14, 1897, p. 1.

23. Mark Twain, "Stirring Times in Austria," in Literary Essays, vol. XXII (New York: Harper and Brothers, 1899), pp. 215-20.

24. Paula Sutter Fichtner, The Habsburg Empire: From Dynasticism to Multinationalism (Malabar, FL: Krieger, 1997), p. 168에서 인용.

25. 내 책 New Ideas from Dead CEOs (New York: HarperCollins, 2007), p. 169.에서 소니에 대한 이야기를 보라.

26. Scott Thurm, "U.S. Firms Add Jobs, but Mostly Overseas," Wall Street Journal, April 27, 2012.

27. Catherine L. Mann, "Globalization in IT Services and White Collar Jobs: The Next Wave of Productivity Growth," IEE Policy Brief PB03-11, Institute of International Economics, December 2003. 상반되는 분석을 위해, Jagdish Bhagwati, Arvind Panagariya, and T. N. Srinivasan, "The Muddle over Outsourcing," Journal of Economic Perspectives 18, no. 3 (2004): 93-14; and Paul A. Samuelson, "Where Ricardo and Mill Rebut and Confirm Arguments of Mainstream Economists Supporting Globalization," Journal of Economic Perspectives 18, no. 3 (2004): 135-46를 보라.

28. Les Christie, "Millennials Are Staying Put at Mom and Dad's Place," CNN, September 17, 2014, http://money.cnn.com/2014/09/17/real_estate/millennials-still-home/index.html?iid=HP_LN; Jed Kolko, "Basement-Dwelling Millennials Are for Real," Trulia, July 8, 2014, http://www.trulia.com/blog/trends/basement-dwelling-millennials/.

29. Laurie Burkitt and Julie Jargon, "China Woes Put Dent in Yum Brand," Wall Street Journal, January 8, 2013.

30. "KFC Sues Chinese Firms over Eight-Legged Chicken Rumours," BBC, June 1, 2015, http://news.bbc.co.uk/2/hi/africa/7960850.stm.

31. Julie Jargon, "Yum Brands to Split Off China Business," Wall Street Journal, October 20, 2015, http://www.wsj.com/articles/yum-brands-to-spin-off-china-business-1445338830.

32. "Big Unions Stiff Pledge to Pledge Allegiance," Corporate Crime Reporter, August 6, 2012, http://www.corporatecrimereporter.com/news/200/unionsnader08062012/.

3장 빚, 달콤한 독약

1. 내 논문 "Biblical Laws and the Economic Growth of Ancient Israel," Journal of Law and Religion 6, no. 2 (1988): 389-427을 보라.

2. http://biblehub.com/hebrew/5391.htm.

3. 19세기 Edmund Kean과 Henry Irving으로부터 21세기 Al Pacino에 이르기까지 보다 현대적인 해석은 샤일록을 보다 호의적인 모습으로 그리고 있다. 셰익스피어는 샤일록을

복잡 미묘한 인물로 설정했지만, 태도나 야심의 측면에서 그가 영웅적이고 숭고한 인물이라고 말하기는 어렵다. 샤일록의 낯빛은 오셀로보다 빛나지만, 그의 마음은 더욱 어둡다.

4. Rafael Efrast, "The Evolution of Bankruptcy Stigma," Theoretical Inquiries in Law 7 (2006): 373.

5. http://consumerfed.org/_wp/wp-content/uploads/2010/08/California_Subprime_2006.pdf.

6. Peter Y. Hong, "California Home Prices Fall to 2002 Levels," Los Angeles Times, February 20, 2009, http://articles.latimes.com/2009/feb/20/business/fi-homesales20; http://www.pcasd.com/the_san_diego_housing_bubble.

7. Clea Benson, "Fannie-Freddie Regulator's 3% Down Loans Draw Jeers," Bloomberg News, November 14, 2014.

8. 아버지가 현금화할 수 있는 자산을 유산으로 남기지 않은 이상 말이다.

9. http://founders.archives.gov/documents/Hamilton/01-01-02-0645.

10. http://founders.archives.gov/documents/Hamilton/01-02-02-1167.

11. William D. Hamilton, "The Genetical Evolution of Social Behavior," Journal of Theoretical Biology 7, no. 1 (1964): 1-52.

12. Jill M. Mateo, "Kin-Recognition Abilities and Nepotism as a Function of Sociality," Proceedings of the Royal Society of London B 269 (April 7, 2002): 721-27.

13. John Maynard Keynes, The General Theory of Employment, Interest and Money, in The Collected Writings of John Maynard Keynes, vol. 7 (Cambridge: Cambridge University Press, 1973), p. 111.

14. Samuelson이 설명한 대로 케인스 모형은 균형재정승수(Balanced Budget Multiplier)의 개념을 포함하고 있으며, 이는 곧 재정 지출이 감세보다 더욱 강력한 효과를 나타낼 수 있다는 뜻이다.

15. Franco Modigliani, "Life Cycle, Individual Thrift, and the Wealth of Nations," American Economic Review 76, no. 3 (June 1986): 297-313를 보라.

16. 러시아가 경제 위기를 겪었던 1998~1999년 동안 GDP 기준 부채 비율이 99퍼센트에 육박했었다는 사실에 주목하자.

17. http://www.tradingeconomics.com/russia/government-debt-to-gdp.

18. Laurence J. Kotlikoff, "America's Fiscal Insolvency and Its Generational Consequences," Testimony to the U.S. Senate Budget Committee, February 25, 2015; Giovanni Callegari and Laurence J. Kotlikoff, "Estimating the 2013 U.S. Fiscal

Gap" (August 2013), http://d3n8a8pro7vhmx.cloudfront.net/tckb/pages/284/attachments/original/1378836788/EstimatingThe_U.S._2013_Fiscal_Gap_-The_Can_Kicks_Back.pdf?1378836788.

19. http://www.treasurydirect.gov/NP/debt/current.

20. 이러한 예들은 다음과 같은 내 논문을 바탕으로 했다. "Washington Should Lock In Low Rates," Wall Street Journal, June 19, 2012; and Todd G. Buchholz and James Carter, "Our Children Will Thank Us for Locking In Today's Rates," Investor's Business Daily, July 30, 2013.

21. A. J. Tatem, D. J. Rogers, and S. I. Hay, "Global Transport Networks and Infectious Disease Spread," Advances in Parasitology 62 (2006): 294.

22. Stephanie A. Shwiff et al., "Potential Economic Damage from Introduction of Brown Tree Snakes, Boiga irregularis (Reptilia: Colubridae), to the Islands of Hawaii," Pacific Science 64, no. 1 (2010): 6; https://www.aphis.usda.gov/wildlife_damage/nwrc/publications/10pubs/shwiff101.pdf; http://www.npr.org/sections/thetwo-way/2013/12/03/248386912/dead-mice-update-tiny-assassins-dropped-on-guam-again.

4장 근로 의지의 쇠퇴와 정체의 덫

1. http://www.bls.gov/lau/ststdsadata.txt.

2. Shigeru Fujita, "On the Causes of Declines in the Labor Force Participation Rate," Federal Reserve Bank of Philadelphia, February 6, 2014, http://philadelphiafed.org/research-and-data/publications/research-rap/2013/on-the-causes-of-declines-in-the-labor-force-participation-rate.pdf; David Aaronson, Jonathan Davis, and Luojia Hu, "Explaining the Decline in the U.S. Labor Participation Rate," Chicago Fed Letter, no. 296 (March 2012).

3. "Job Openings and Labor Turnover Survey Release," Bureau of Labor Statistics, June 9, 2015.

4. Cited in Peter Whoriskey, "U.S. Manufacturing Sees Shortage of Skilled Factory Workers," Washington Post, February 19, 2012.

5. Ian Hathaway and Robert E. Litan, "Declining Business Dynamism in the United States: A Look at States and Metros," Economic Studies at Brookings, May 2014, 1-5.

6. Thomas J. Weiss, "U.S. Labor Force Estimates and Economic Growth: 1800-860," in American Economic Growth and Standards of Living before the Civil War, ed.

Robert E. Gallman and John Joseph Wallis, National Bureau of Economic Research (Chicago: University of Chicago Press, 1992), p. 45, http://www.nber.org/chapters/c8007.pdf.

7. 오늘날 노동참여율은 본토박이 인구(63퍼센트)보다 이민자들(66퍼센트)에게서 더 높게 나타나고 있다. 일반적으로 이민자들은 비교적 가난하고, 그래서 더 많이 일을 해야 한다는 점에서 예측 가능한 결과라 하겠다. 그럼에도 이민자들의 노동참여율이 예전의 90퍼센트 수준에도 못 미치고 있다는 점에 유의하자. 오늘날 성인 이민자 집단의 1/3은 일을 하지 않고 있다.

8. Michael Bliss and William Osler, A Life in Medicine (New York: Oxford University Press, 1999)를 보라.

9. Eleanor Roosevelt, A Speech before the Monday Evening Club, DC Branch of the American Association for Social Security, and the Council of Social Agencies, February 8, 1934, http://www.gwu.edu/~erpapers/documents/articles/oldagepensions.cfm.

10. 일부 가구들은 집이 팔리지 않아 기존 지역을 떠나지 못하는 반면, 임차인들의 유동성 또한 감소 추세에 있다.

11. Raj Chetty, Nathaniel Hendren, and Lawrence Katz, "The Effects of Exposure to Better Neighborhoods on Children: New Evidence from the Moving to Opportunity Experiment," National Bureau of Economic Research, August 2015, p. 18, http://www.equality-of-opportunity.org/images/mto_paper.pdf.

12. Andrew Sum, Robert Taggart, and Ishwar Khatiwada, "The Path Dependence of Teen Employment in the U.S.: Implications for Youth Workforce Development Policy," Center for Labor Market Studies, Northeastern University, Boston, 2007 를 보라; Andrew Sum, Neeta Fogg, and Garth Mangum, "Confronting the Youth Demographic Challenge: The Labor Market Prospects of At-Risk Youth," Sar Levitan Center for Social Policy Studies, Baltimore, 2000.

13. National Math + Science Initiative, 2014.

14. Dulgunn Batbold and Ronald A. Wirtz, "Disability and Work: Challenge of Incentives," FedGazette, Federal Reserve Bank of Minneapolis, January 29, 2015.

15. "Tyson and UFCW Mark Two Decades of Workplace Safety Progress," Reuters, November 24, 2009.

16. Chana Joffe-Walt, "Unfit for Work: The Startling Rise of Disability in America," NPR Planet Money (March 22, 2013), apps.npr.org/unfit-for-work.

17. Fujita, "On the Causes of Declines," p. 7.

18. Batbold and Wirtz, "Disability and Work."

19. Todd G. Buchholz, "Instead of Unemployment Benefits, Offer a Signing Bonus," Washington Post, June 10, 2011.

20. Susann Rohwedder and Robert J. Willis, "Mental Retirement," Journal of Economic Perspectives 24, no. 1 (Winter 2010): 137.

21. Arthur Brooks, Gross National Happiness (New York: Basic Books, 2008), p. 167.

22. http://agso.uni-graz.at/marienthal/e/pictures/15_marienthal_study.htm의 사진자료를 참고하라.

23. Marie Jahoda, Paul F. Lazarsfeld, Hans Zeisel, and Christian Fleck, Marienthal, 4th ed. (New Brunswick, NJ: Transaction Publishers, 2002).

24. Paul Neurath, "Sixty Years since Marienthal," Canadian Journal of Sociology 20, no. 1 (Winter 1995): 100.

25. 여기서 속임수란 추가적인 근로 사실을 정부 기관에 보고하지 않은 것을 말한다.

26. Neurath, "Sixty Years since Marienthal," p. 13.

27. Christian Stogbauer, "The Radicalization of the German Electorate," European Review of Economic History 5, no. 2 (2001): 251–80.

28. 다음 자료를 참조하라. Mancur Olson, The Rise and Decline of Nations (New Haven, CT: Yale University Press, 1982). 현대 미국 정부의 경우는 다음을 참조하라. Jonathan Rauch, Government's End: Why Washington Stopped Working (Washington, DC: Public Affairs, 1999). 하버드 대학의 Gunnar Trumbull은 Olson의 주장이 틀렸을 수도 있으며, 전미 퇴직자 협회(AARP)나 시에라 클럽(Sierra Club) 같은 시민 단체들이 여론을 통해 기업 집단에 압박을 가했을 것이라고 주장한다. 나는 반드시 그랬을 것이라고 생각하지는 않는다. 이에 관해서 Trumbull의 Strength in Numbers (Cambridge, MA: Harvard University Press, 2012)도 참조하라.

29. Elizabeth E. Bailey, "Air Transport Deregulation," American Economic Association, 2008, https://www.aeaweb.org/annual_mtg_papers/2008/2008_264.pdf.

30. Morris M. Kleiner and Alan Krueger, "Analyzing the Extent and Influence of Occupational Licensing on the Labor Market," Journal of Labor Economics 31, no. 2 (April 2013): S183.

31. 내 책 Bringing the Jobs Home (New York: Penguin, 2004), chapter 5, "Barriers to Entry"와 Diana Furchtgott-Roth and Jared Meyer, Disinherited (New York: Encounter, 2015), chapter 5를 보라.

32. Alison Cathles, David E. Harrington, and Kathy Krynski, "The Gender Gap in

Funeral Directors: Burying Women with Ready-to-Embalm Laws," British Journal of Industrial Relations 48, no. 4 (2010): 688-705.

33. Tom Rademacher, "Don't Try This at Home," Ann Arbor News, February 9, 1997, p. A-11.

34. Sidney L. Carroll and Robert J. Gaston, "Occupational Restrictions and the Quality of Service Received: Some Evidence," Southern Economic Journal 47, no. 4 (April 1981): 959-76.

35. http://www.sproglit.com/math-arrow를 보라.

36. 지방 정부가 발행하는 택시 면허의 가격 폭락을 보상하기 위한 자금을 우버가 부담해야 할 수도 있을 것이다.

5장 애국심, 이민 그리고 셀피 시대

1. https://richardwiseman.f iles.wordpress.com/2011/09/ll-final-report.pdf.

2. Lesley Chamberlain, Nietzsche in Turin: An Intimate Biography (New York: St. Martin's Press, 1996), pp. 208-16.

3. Anna S. Lau, Joey Fung, Shu-wen Wang, and Sun-Mee Kang, "Explaining Elevated Social Anxiety among Asian Americans: Emotional Attachment and a Cultural Double Bind," Cultural Diversity and Ethnic Minority Psychology 15 (2008): 77-85; Eli Lieber, Heidi Fung, and Patrick Wing Leung, "Chinese Childrearing Beliefs: Key Dimensions and Contributions to the Development of Culture Appropriate Assessment," Asian Journal of Social Psychology 9 (2006): 140-47.

4. Martin D. Lampert, Kate L. Isaacson, and Jim Lyttle, "Cross-Cultural Variation in Gelotophobia within the United States," Psychological Testing and Assessment Modeling 52 (2010): 212.

5. Nora Ephron, When Harry Met Sally (New York: Alfred A. Knopf, 2002), p. 22.

6. Steve Farmer, Richard Sprout, and Michael Witzel, "The Collapse of the Indus-Script Thesis: The Myth of a Literate Harappan Civilization," Electronic Journal of Vedic Studies 11, no. 2 (2004): 19-57를 보라. 그리고 같은 저자의 "A Refutation of the Claimed Refutation of the Nonlinguistic Nature of Indus Symbols: Invented Data Sets in the Statistical Paper of Rao et al.," Science (2009), at www.safarmer.com/Refutations3/pdf를 참고하라.

7. 물리학 교사들은 아마도 원심력이라는 표현을 마음에 들어 하지 않을 것이다. 그것은 기술적인 차원에서 힘이 아니라, 관성에 의한 것이며 구심력의 결핍에 의한 현상이라고 지

적할 것이다.

8. Ephesians 6:10-17을 보라.

9. http://www.churchleaders.com/pastors/pastor-articles/139575-7-startling-facts-an-up-close-look-at-church-attendance-in-america.html.

10. Robert Manchin, "Religion in Europe: Trust Not Filling the Pews," Gallup Religion and Social Trends, September 21, 2004.

11. Charles W. Perdue, John F. Dovidio, Michael B. Gurtman, and Richard B. Tyler, "Us and Them: Social Categorization and the Process of Intergroup Bias," Journal of Personality and Social Psychology 59, no. 3 (September 1990): 475-86, http://dx.doi.org/10.1037/0022-3514.59.3.475.

12. 1776년 7월 3일, John Adams가 Abigail Adams에게 보낸 서한에서, "Had a Declaration," Adams Family Papers, Massachusetts Historical Society.

13. www.leonardbernstein.com/mass_notes.htm.

14. Robert Cialdini and K. Ascani, "Basking in Reflected Glory: Three (Football) Field Studies," Journal of Personality and Social Psychology 34 (1976): 366-75.

15. 1786년 11월 21일, Abigail Adams가 Elizabeth Smith Shaw에게 런던에서 보낸 편지, http://www.masshist.org/publications/apde2/view?id=ADMS-04-07-02-0149.

16. Nathaniel Hawthorne, Passages from the French and Italian Note-Books of Nathaniel Hawthorne (Boston: Houghton, Osgood, 1879), p. 35. https : // books.google.com/books?id=GkIpAQAAIAAJ&pg=RA1-PA35&lpg=RA1-PA35&dq=hawthorne+passages+enuine+painting+sculpture&source=bl&ots=agLSlv0S-N&sig=AUkjr5alV-YSB7oYerLlFoofZ6M&hl=en&sa=X&ei=AEycVaboGNa6ogTxnIrQDw&ved=0CCkQ6AEwAg#v=onepage&q&f=false.

17. Len Blum, Harold Ramis, and Daniel Goldberg(1981)의 〈괴짜들의 병영일지〉 독백 장면.

18. Nassau William Senior, Political Economy, 2nd ed. (London: Griffin, 1850), p. 12.

19. Robert Frank, Choosing the Right Pond: Human Behavior and the Quest for Status (New York: Oxford University Press, 1985).

20. Jean M. Twenge, W. Keith Campbell, and Brittany Gentile, "Increases in Individualistic Words and Phrases in American Books, 1960-008," PLoS One 7, no. 7 (2012): e40181.

21. Emma Barnett, "Women 'Deliberately Post Ugly Photos of Friends Online,'" Telegraph, July 2, 2012.

22. Jean M. Twenge and W. Keith Campbell, The Narcissism Epidemic: Living in the Age of Entitlement (New York: Free Press, 2009)를 보라.

23. Jimmy Stamp, "American Myths: Benjamin Franklin's Turkey and the Presidential Seal," Smithsonian Magazine, January 25, 2013.

24. Angela L. Duckworth, Christopher Peterson, Michael D. Matthews, and Dennis R. Kelly, "Grit: Perseverance and Passion for Long-Term Goals,"Journal of Personality and Social Psychology 92, no. 6 (2007): 1087-1101.

25. Victoria J. Buchholz, "Locus of Control and Political Orientation: A Relationship," dissertation, University of Cambridge, May 2013.

26. Carolyn Dimitri, Anne Effland, and Neilson Conklin, "The 20th Century Transformation of U.S. Agiculture and Farm Policy," US Department of Agriculture, Economic Information Bulletin no. 3 (June 2005): 2.

27. Joe Nocera, "Real Reason for Ousting H.P.'s Chief," New York Times, August 13, 2010.

28. Mary C. Waters and Marisa Gerstein Pineau, eds., The Integration of Immigrants into American Society (Washington, DC: National Academy of Sciences, Engineering, and Medicine, 2015), chapter 4, pp. 4-and fig. 4-2.

29. Benjamin Franklin, Observations Concerning the Increase of Mankind, Peopling of Countries (Boston: S. Kneeland, 1755), p. 224.

30. Neil Simon, Brighton Beach Memoirs (New York: Samuel French, 1984), pp. 7, 9 (ellipses in text).

31. David Laskin, "Ethnic Minorities at War (USA)," International Encyclopedia of the First World War, http://encyclopedia.1914-1918-online.net/article/ethnic_minorities_at_war_usa.

32. Amy Lutz, "Who Joins the Military? A Look at Race, Class, and Immigration Status," Journal of Political and Military Sociology 36, no. 2 (2008): 169.

33. Jeanne Batalova, "Immigrants in the U.S. Armed Forces," Migration Policy Institute (May 15, 2008).

34. Herman Melville, Redburn: His First Voyage (1st ed., 1842), chapter 33.

35. 1782년 프랑스 출신 이민자 J. Hector St. John de Crèvecœur는 미국에서 "모든 국가 출신의 사람들이 용해되어 새로운 인종으로 거듭나고 있다."고 썼다. 이후에 Ralph Waldo Emerson은 그러한 "용해 과정"에 대해 "쇳조각들을 용광로에 집어넣는 것"이라 묘사했다. Crèvecœur's Letter 3, "What Is an American," in J. Hector St. John

de Crèvecœur, Letters from an American Farmer and Other Essays, ed. D. Moore (Cambridge, MA: Harvard University Press, 2013); Ralph Waldo Emerson, Journals (Boston: Houghton Mifflin, 1911), vol. 7, p. 116; Luther Luedtke, "Ralph Waldo Emerson Envisions the 'Smelting Pot'", MELUS 6, no. 2 (Summer 1979): 3–14.

36. LeAna B. Gloor, "From the Melting Pot to the Salad Bowl Metaphor: Why Coercive Assimilation Lacks the Flavors Americans Crave," http://hilo.hawaii.edu/academics/hohonu/documents/vol04x06fromthemeltingpot.pdf.

37. Donald Fisk, "American Labor in the 20th Century," Compensation and Working Conditions (Washington, DC: US Bureau of Labor Statistics, Fall 2001), http://www.bls.gov/opub/mlr/cwc/american-labor-in-the-20th-century.pdf.

38. New Ideas from Dead CEOs (New York: HarperCollins, 2007), chapter 5.

39. Jens Manuel Krogstad and Michael Keegan, "From Germany to Mexico: How America's Source of Immigrants Has Changed over a Century," Fact-Tank: News in the Numbers, Pew Research Center (May 27, 2014).

40. Liza Q. Bundesen, "Biography of Alejandro Portes"에서 인용. Proceedings of the National Academy of Sciences of the United States of America 101, no.33 (August 17, 2004): 11917-19.

41. Mark Hugo Lopez, "What Univision's Milestone Says about U.S. Demographics," Fact Tank: News in the Numbers, Pew Research Center (July 29, 2013).

42. Susannah Fox and Lee Rainie, The Web at 25 in the U.S., "Part 1: How the Internet Has Woven Itself into American Life," Pew Research Center (February 27, 2014): 9-19.

43. Philip C. Dolce and Rubil Morales-Vazquez, "Teaching the Importance of Place in the World of Virtual Reality," Thought and Action (Summer 2003), p. 42.

44. Deborah Sontag and Celia A. Dugger, "The New Immigrant Tide: A Shuttle between Worlds," New York Times, July 19, 1998.

45. 영국 독립당은 비록 의회에서 4석밖에 차지하지 못하지만, 종종 보수당을 수세에 몰아넣고 있다.

46. Bobby Duffy and Tom Frere-Smith, "Perception and Reality: 10 Things We Should Know about Attitudes to Immigration in the UK," Ipsos MORI (January 2014); "American Values Survey," Pew Research Center: US Politics and Policy, question 40n (2012).

47. Damien Cave, "A Generation Gap over Immigration," New York Times, May 17, 2010.

48. Robert D. Putnam, "E Pluribus Unum: Diversity and Community," Scandinavian Political Studies 30, no. 2 (2007): 150.

2부 리더의 자격

1. Mark Twain, A Connecticut Yankee in King Arthur's Court (New York: Harper and Brothers, 1889), p. 352.

2. Kiron K. Skinner, "An Alternative Conception of Mutual Cooperation," in Turning Points in Ending the Cold War, ed. Kiron K. Skinner (Stanford, CA: Hoover Press, 2007), p. 110. 여기서 그 전문가는 Richard V. Allen이라는 인물로, 그는 닉슨 행정부 시절에 헨리 키신저와 함께 일을 했고, 이후에 레이건의 국가 안보 보좌관으로 활동했다.

6장 알렉산드로스와 위대한 제국

1. http://www.studentsoftheworld.info/penpals/stats.php3?Pays=GRE; http://www.factmonster.com/spot/babynames1.html#2007.

2. 일부 학자들은 단테가 다른 알렉산드로스를 언급한 것이라고 주장한다. 이와 관련하여 다양한 견해는 다음을 참조하라. George Cary, The Medieval Alexander, ed. D. J. A. Ross (Cambridge, UK: Cambridge University Press, 2009).

3. Phillip Freeman, Alexander the Great (New York: Simon and Schuster, 2011), p. 2.

4. Plutarch, Lives, vol. 7, Demosthenes and Cicero, Alexander and Caesar, trans. Bernadotte Perrin, Loeb Classical Library (Cambridge, MA; Harvard University Press, 1919), p. 233.

5. Steven Colvin, Dialect in Aristophanes and the Politics of Language in Ancient Greek (Oxford: Oxford University Press, 1999).

6. Peter Green, Alexander of Macedon (Berkeley: University of California Press, 1991), p. 58.

7. Daniel Ogden, "Alexander's Sex Life," in Alexander the Great, ed. W. Heckel and L. A. Tritle (New York: Wiley-Blackwell, 2009), p. 209; and Athenaeus, 435a.

8. Plutarch, Lives, vol. 7, chapter. 21, section 4, p. 286.

9. 위의 책, chapter 22, section 4, p. 289.

10. 위의 책, chapter 6, section 5, p. 239.

11. Diodorus Siculus, The Library of History, trans. C. Bradford Welles, Loeb Classical Library (Cambridge, MA: Harvard University Press, 1963), vol. 8, book 16, p. 92.

12. 위의 책, p. 94.

13. Peter John Rhodes, Greek Historical Inscriptions, 359-323 B.C. (London: London Association of Classical Teachers, 1971), p. 23.

14. 젊은 시절의 골드윈이 남겼다는 이 말은 원래 다른 사람의 것으로 보인다. 다음을 참조하라. quoteinvestigator.com/2014/01/06/verbal-contract/.

15. Justin, Epitome of the Philippic History Pompeius Trogus, trans. J. C. Yardley (Oxford: Clarendon Ancient History Series, 1997), p. 329.

16. David Phillips, Athenian Political Oratory (London: Routledge, 2004), p. 114.

17. 금지를 요청한 학생과 교수진의 탄원서는 다음을 참조하라. https://docs.google.com/forms/d/1t1ZhPZN2ohzgARuXwQUCwbB3YXNPgXGZQMI8heUYZnQ/viewform.

18. Arrian, The Campaigns of Alexander, ed. J. R. Hamilton, trans. Aubrey de Selincourt (New York: Penguin, 1976), p. 323.

19. Shaye J. D. Cohen, "Alexander the Great and Jaddus the High Priest According to Josephus," AJS Review 7/8 (1982-1983): 41-68.

20. www.iraqcoalition.org/regulations/#Orders.

21. Robert Draper, Dead Certain (New York: Free Press, 2007), p.207에서 인용.

22. "You Can Literally Count the Number of U.S.-Trained Syrians Fighting ISIS on One Hand," U.S. News & World Report, September 16, 2015, http://www.usnews.com/news/articles/2015/09/16/general-only-4-or-5-us-trained-syrian-fighters-operating-against-isis; Michael D. Shear, Helene Cooper, and Eric Schmitt, "Obama Administration Ends Effort to Train Syrians to Combat ISIS," New York Times, October 9, 2015, http://www.nytimes.com/2015/10/10/world/middleeast/pentagon-program-islamic-state-syria.html?_r=0.23. Arrian, The Campaigns of Alexander, p. 88.

24. 아리스토불루스가 전하는 이야기 속에서는 알렉산드로스가 매듭을 자르는 대신 핀을 뽑은 것으로 나와 있다.

25. Dante Alighieri, Inferno 4.131.

26. 일부 전문가들은 단테가 말한 알렉산드로스가 알렉산드로스 대왕이 아니라, 페레의 통치자 알렉산드로스(기원전 369~358년)를 지칭한다고 주장한다.

7장 서쪽으로 달리는 오리엔트 특급, 아타튀르크

1. Deniz Y. Talug and Begum Eken, "Islamic Art: Restrictions and Figural Representations," Global Journal on Humanties and Social Sciences 1 (2015): 565-70를 보라. http://www.world-education-center.org/index.php/pntsbs.

2. Peter N. Stearns, Michael Adas, Stuart Schwartz, and Marc J. Gilbert, World Civilizations (New York: Pearson Longman, 2005).

3. Ibn Abi Shaybah, al-Musannaf (Beirut: Dar Qurtuba, 2006), Hadith 38339, Mishkat al-Masabih.

4. 마케도니아의 영토에 관한 논란은 계속해서 이어지고 있다. Alexander Maxwell, "Slavic Macedonian Nationalism: From 'Regional' to 'Ethnic,'" in Region, Regional Identity, and Regionalism in Southeastern Europe, part 1, ed. Klaus Roth and Ulf Brunnbauer, Journal for Southeastern European Anthropology 11 (2007): 133-34를 참고하라.

5. 돈메스들 중 많은 이들이 1600년대에 Sabbatai Sevi를 구세주라고 주장했던 유대인들의 후손이다. 그들은 이슬람의 관습에 유대교의 신비주의 요소를 추가했다.

6. Halil Inalcik, Suraiya Faroqhi, and Donald Quataert, An Economic and Social History of the Ottoman Empire (Cambridge, UK: Cambridge University Press, 1994), vol. 2, p. 831; Angelo Georgakis, "Ottoman Salonika and Greek Nationalism before 1908," Academie des Sciences Bulgaire, Institut d'Etudes Balkaniques, no. 1 (2005): 114.

7. http://www.globalsecurity.org/military/world/europe/orient-express.htm.

8. Charles King, Midnight at the Pera Palace: The Birth of Modern Istanbul (New York: W. W. Norton, 2014), p. 25.

9. Lucy M. J. Garnett, The Women of Turkey and Their Folk-Lore (London: David Nutt, 1891), p. 19.

10. 위의 책, p. 42.

11. Andrew Mango, Ataturk (New York: Overlook Press, 1999), p. 33.

12. Christopher de Bellaigue, "Turkey's Hidden Past," New York Review of Books, March 8, 2001, footnote 1, http://www.nybooks.com/articles/2001/03/08/turkeys-hidden-past/.

13. A. L. MacFie, The Eastern Question (New York: Routledge, 1996), p.5에서 인용.

14. D. Quatert, "Dilemma of Development: The Agricultural Bank and Agricutlural Reform in Ottoman Turkey: 1888-1908," International Journal of Middle East

Studies 6 (1975): 210.

15. Inalcik et al., Economic and Social History, p. 831.

16. 내 논문 "Biblical Law and the Economic Growth of Ancient Israel," Journal of Law and Religion 6, no. 2 (January 1988): 389-427을 보라.

17. Ebru Boyar and Kate Fleet, A Social History of Ottoman Istanbul (Cambridge: Cambridge University Press, 2010), p. 331. Fikret's poem, published in 1901, is called Sis ("Fog").

18. Mango, Ataturk, p. 17에서 인용.

19. 위의 책, p. 68.

20. 다음의 공식 웹사이트를 참조할 것, section 3: Civil War to section 4: World War II, http://amhistory.si.edu/militaryhistory/resources/education.asp.

21. Sean McMeekin, The Berlin-Baghdad Express: The Ottoman Empire and Germany's Bid for World Power (Cambridge, MA: Harvard University Press, 2010), pp. 85-86에서 인용.

22. Mango, Ataturk, p. 104.

23. 위의 책, p. 146.

24. www.awm.gov.au/encyclopedia/ataturk/.

25. 아타튀르크의 느낌을 담고 있기는 하지만, 조니와 메흐메트에 관한 부분은 나중에 덧붙여진 것으로 보인다. http://www.theguardian.com/news/2015/apr/20/ataturks-johnnies-and-mehmetswords-about-the-anzacs-are-shrouded-in-doubt.

26. Tom Bridges, Alarms and Excursions: Reminiscences of a Soldier (London: Longmans, Green, 1938), p. 258.

27. Graham Freudenberg, Churchill and Australia (Sydney: Macmillan, 2008), p. 157 에서 인용.

28. Alexander C. Diener, Borderlines and Borderlands: Political Oddities at the Edge of the Nation-State (Lanham, MD: Rowman and Littlefield, 2010), p. 189.

29. James Baar, A Line in the Sand (New York: Simon and Schuster, 2011), p. 56.

30. https://www.youtube.com/watch?v=qyA-A3mYV6A.

31. King, Midnight at the Pera Palace, pp. 54-56.

32. Ernest Hemingway, Dateline: Toronto (New York: Scribner, 2002), pp. 281-82.

33. Nur Bilge Criss, Istanbul under Allied Occupation 1918-1923 (Leiden,

Netherlands: Koninklijke Brill, 1999), p. 48.

34. Turkish Studies in the History and Philosophy of Science, ed. Gurol Irzik and Guven Guzeldere (New York: Springer, 2005), p. 307.

35. Grace Ellison, Turkey Today (London: Hutchinson, 1928), p. 24.

36. Yael Navaro Yashin, Faces of the State: Securalism and Public Life in Turkey (Princeton, NJ: Princeton University Press, 2002), p. 188.

37. Mango, Ataturk, p. 150.

38. J. E. R. McDonough, "The Treatment of Syphilis in 1915," in Practitioner's Encyclopaedia of Medical Treatment (Oxford: Oxford Medical Publications, 1915), http://www.vlib.us/medical/syphilis.htm.

39. Dan Bilefsky, "Pieces of the Quran, Perhaps as Old as the Faith," New York Times, July 23, 2015, p. A1.

40. Ayse Kudat, "Ataturk's Impact on the Status of Turkish Women," speech at Georgetown University, 1991, p. 4.

41. Patrick Kinross, Ataturk: The Rebirth of a Nation (London: Weidenfeld and Nicolson, 1964), pp. 342-43.

42. http://www.hurriyetdailynews.com/default.aspx?pageid=438&n=zubeyde-hanim----mother-of-a-rebel-hero-1997-08-26.

43. Ian Traynor and Constanze Letsche, "Brussels Urges Turkish PM Erdogan to Redraft Law Purging Police and Judiciary," Guardian, January 22, 2014.

44. http://memory.loc.gov/service/pnp/ggbain/35700/35770v.jpg.

45. Mango, Ataturk, p. 434.

46. King, Midnight at the Pera Palace, pp. 150-51, Marc David Wyers, "Wicked" Istanbul: The Regulation of Prostitution in the Early Turkish Republic (Piscataway, NJ: Gorgias, 2013)에서 인용.

47. Arnold Reisman, Turkey's Modernization: Refugees from Nazism and Ataturk's Vision (Washington, DC: New Academia, 2006), p. 88. 힌데미트는 때로 나치로부터 칭송을 얻기도 했으며, 그 정권과 복잡 미묘한 관계를 유지했다. 1938년에 유대인 아내와 함께 나치 치하를 탈출했다. Michael H. Kater, Composers of the Nazi Era (Oxford: Oxford University Press, 2002), pp. 31-56을 보라.

48. Andreas Kazamias, Education and the Quest for Modernity in Turkey (Chicago: University of Chicago Press, 1967), p. 175.

49. Rebecca Bryant, "The Soul Danced into the Body," American Ethnologist 32, no. 2 (2005): 222-38.

50. https://www.youtube.com/watch?v=DctWBdv2HfE.

51. Sylvia Kedourie, ed., Seventy-Five Years of the Turkish Republic (London: Frank Kass, 2000); Andrew Mango, "Ataturk and the Kurds," Middle Eastern Studies 35 (1999), p. 11.

52. Kinross, Ataturk, p. 428에서 인용.

53. Mango, Ataturk, p. 434.

8장 동양과 서양의 만남, 메이지 유신

1. David J. Lu, Inside Corporate Japan: The Art of Fumble-Free Management (Tokyo: Charles E. Tuttle, 1987).

2. 비판적 견해는 다음을 참조하라. Yohtaro Takano and Eiko Osaka, "An Unsupported Common View: Comparing Japan and the U.S. on Individualism/Collectivism," Asian Journal of Social Psychology 2, issue 3 (December 1999): 311-41. 집단 역학을 지지하는 견해는 다음을 참조하라. Takahiko Masuda, Phoebe C. Ellsworth, Janxin Leu, et al., "Placing the Face in Context: Cultural Differences in the Perception of Facial Emotion," Journal of Personality and Social Psychology 94, no. 3 (2008): 365-81를 보라.

3. 이 장면은 영화로도 만들어졌다. 그리고 수많은 논픽션 작품 및 역사 소설이 그 장면을 소재로 삼았다.

4. "Who Is Sakamoto Ryoma?" Wilson Quarterly (Summer 2007), reporting on Nippon Television Network, "History's Most Influential People, Hero Edition," April 1, 2007, www.japanprobe.vom/?p=1471.

5. 당시 일본에서는 쌀을 계량하는 단위로 고쿠(石)가 사용되었다. 1고쿠는 5.4부셸로 약 150킬로그램에 해당한다.

6. Hugh H. Smythe, "The Eta: A Marginal Japanese Caste," American Journal of Sociology 58, no. 2 (September 1952): 194.

7. Takano Tsunemichi가 남긴 이 말은 다음을 참조하라. David John Lu, Sources of Japanese History (New York: McGraw-Hill, 1973), vol. 2, pp. 4-5. 두 권으로 출간된 Lu의 자료는 공무원과 저명한 학자, 그리고 학생이나 주부 등 비전문가들로부터 얻은 역사적 자료들에 대한 탁월한 선집 번역본이다.

8. 위의 책, pp. 4-5.

9. 위의 책.

10. Charles David Sheldon, The Rise of the Merchant Class in Tokugawa Japan 1600-1858 (Locust Valley, NY: J. J. Augustin, 1958), pp. 119-22.

11. Gregory M. Bornmann and Carl M. Bornmann, "Tokugawa Law: How It Contributed to the Economic Success of Japan," KIBI International University, 2002, p. 192, http://www.academia.edu/339800/Tokugawa_law_How_it_contributed_to_the_economic_success_of_Japan.

12. Herbert Passin, Society and Education in Japan (New York: Teachers College, 1960), pp. 43-49.

13. The Complete Journal of Townsend Harris, ed. M. E. Cosenza (New York: Doubleday, 1930), p. 227.

14. Lu, Sources of Japanese History, vol. 2, p. 10.

15. 통역사의 기록은 다음에서 찾아볼 수 있다. Henry Heusken, Japan Journal 1855-1861, ed. and trans. Jeanette C. van der Corput and Robert A. Wilson (New Brunswick, NJ: Rutgers University Press, 1964).

16. Jun Hongo, "Sakamoto, the Man and the Myth," Japan Times, April 27, 2010, http://www.japantimes.co.jp/news/2010/04/27/reference/sakamoto-the-man-and-the-myth/#.Vbu09F5bTwI.

17. 사망자의 예상 규모는 3,500명에서 7,000명에 이른다. 프랑스 혁명 당시 단두대에서만 1만 6,000명 이상이 목숨을 잃었고, 그 밖에 다양한 처형 방법 및 전투로 인해 많은 사망자가 발생했다.

18. Donald Keene, Emperor of Japan: Meiji and His World 1852-1912 (New York: Columbia University Press, 2002), p. 31.

19. 그 의사는 자신의 경험을 바탕으로 책을 썼다. Toku Baelz, Awakening Japan: Diary of a German Doctor, trans. Eden and Cedar Paul (New York: Viking, 1932).

20. Lu, Sources of Japanese History, vol. 1, p. 51.

21. The Iwakura Mission in America and Europe, ed. Ian Nish (Surrey, UK: Curzon Press, 1998), p. 104.

22. 위의 책, p. 21.

23. Andrew Cobbing, "Life in Victorian London through the Eyes of Kune Kunitake, Chronicler of the Iwakura Mission," London School of Economics and Political Science, discussion paper no. IS/98/349 (March 1998), p. 7.

24. Olive Checkland, "The Iwakura Mission, Industries and Exports," London School of Economics and Political Science, discussion paper no. IS/98/349 (March 1998), p. 25.

25. John Breen, "Public Statement and Private Thoughts: The Iwakura Embassy in London and the Religious Question," London School of Economics and Political Science, discussion paper no. IS/98/349 (March 1998), p. 35.

26. Robert S. Wells, Voices from the Bottom of the South China Sea: The Untold Story of America's Largest Chinese Emigrant Disaster (Jacksonville, FL: Fortis, 2014)에서 인용.

27. Nishikawa Shunsaku, "Fukuzawa Yukichi," Prospects: The Quarterly Review of Comparative Education 23, no. 3/4 (1993): 504.

28. Lu, Sources of Japanese History, vol. 1, p. 75.

29. John M. Rogers, "Divine Destruction: The Shinpuren Rebellion of 1876," in New Directions in the Study of Meiji Japan, ed. Helen Hardacre and Adam L. Kern (New York: Brill, 1997), p. 417.

30. Lu, Sources of Japanese History, vol. 1, p. 41.

31. 위의 책, p. 45.

32. Mark Ravina, The Last Samurai: The Life and Battles of Saigo Takamori (New York: Wiley, 2003). Some commentators suggest that he died of a bullet wound rather than suicide.

33. Kazushi Ohkawa and Henry Rosovsy, "The Role of Agriculture in Modern Japanese Economic Development," Economic Development and Cultural Change 9, no. 1 (1960): 43-67.

34. Eugene K. Choi, "Reconsidering the Innovations in the Meiji Cotton Spinners' Growth Strategy for Global Competition," Business and Economics 8 (2010): 1, http://www.thebhc.org/sites/default/files/choi.pdf; Richard T. Chang, Historians and Meiji Statesmen (Gainesville: University of Florida Press, 1970), p. 185.

35. Gary R. Saxonhouse, "A Tale of Japanese Technological Diffusion in the Meiji Period," Journal of Economic History 34 (1974): 150.

36. Meiji Japan: Political, Economic and Social History: 1868-1912, ed. Peter Kornicki (New York: Taylor and Francis, 1998), p. 132.

37. Serguey Braguinsky and David A. Hounshell, "History and Nanoeconomics in Strategy: Lessons from the Meiji-Era Japanese Cotton-Spinning Industry,"

Strategic Management Journal (August 2015), p. 29, http://www.andrew.cmu.
edu/user/sbrag/SMJ_final.pdf.

38. James C. Abegglen and Hiroshi Mannari, "Leaders of Modern Japan: Social Origins
and Mobility," Economic Development and Cultural Change 9 (October 1960):
109-34.

39. Natsume Soseki, Kokoro (CreateSpace, 1916), trans. Edwin McClellan (Chicago:
Henry Regnery, 1957).

40. Giacomo Puccini의 오페라 〈Madame Butterfly〉(1904; trans. R. H. Elkin)는
David Belasco의 연극을 바탕으로 한다. 이 연극은 또한 John Luther Long의 단편
「Madame Butterfly」(1898)을 바탕으로 하는데, Pierre Loti의 1887년 작품 『Madame
Chrysanthème』에서 영향을 받았다.

9장 변명 따윈 모르는 용맹한 리더들, 돈 페페와 골다 메이어

1. World History Encyclopedia (New York: Barnes and Noble, 2003), p. 241.

2. "Costa Rican Chief Foils Jet Hijackers," UPI, December 12, 1971, https://news.
google.com/newspapers?id=kD4aAAAAIBAJ&sjid=4SgEAAAAIBAJ&pg=4943,1885
967&hl=en.

3. https://slice.mit.edu/2010/08/16/mit-in-costa-rica/.

4. Mike Faulk, "Henrietta Boggs, the First Lady of the Revolution," Tico Times,
October 5, 2007, http://www.ticotimes.net/2007/10/05/henrietta-boggs-first-
lady-of-the-revolution.

5. U보트에 격침을 당한 미국 전함의 선장은 이후 강등 처분을 받았다. 상관들이 그의 보고서
를 믿지 않았기 때문이었다. 그러나 2014년 격침의 증거가 밝혀지면서 선장은 오명을 벗
게 되었다. 다음을 참조하라. Brian Clark Howard, "72 Years Later, Snubbed Captain
Credited with Downing German U-Boat," National Geographic, December 19,
2014.

6. uboat.net/allies/merchants/ships/1881.html.

7. Zach Dyer, "The Story of Costa Rica's Forgotten World War II Internment Camp,"
Tico Times, December 15, 2014.

8. "Iniciada Ayer en Esta Capital la Construccion de un Campo de Concentracion," La
Tribuna, December 11, 1941, p. 4.

9. Faulk, "Henrietta Boggs." Her memoirs are Henrietta Boggs, Married to a Legend:
Don Pepe (Raleigh, NC: Lulu, 2011)에서 인용.

10. Charles D. Ameringer, The Caribbean Legion (State College: Penn State University Press, 2010), p. 64.

11. 칼데론은 근로 시간 단축 등 진보적인 정책도 내놓은 바 있다.

12. Richard E. Clinton, "The United States and the Caribbean Legion: Democracy, Dictatorship, and the Origins of the Cold War in Latin America, 1945-1950," dissertation, Ohio State University, 2011.

13. "Costa Rica Capital Looted," New York Times, July 29, 1947, p. 10.

14. Philip Freneau, "Occasioned by General Washington's Arrival in Philadelphia, on His Way to His Residence in Virginia," December 1783, https://www.poets.org/poetsorg/poem/occasioned-general-washingtons-arrival-philadelphia-his-way-his-residence-virginia.

15. Gideon Burrows, Kalashnikov AK47 (Oxford: New Internationalist, 2006), p. 25.

16. Geoff Harris, "Military Expenditure and Social Development in Costa Rica: A Model for Small Countries?" Pacifica Review 8, no. 1 (1996): 97.

17. Elinor Burkett, Golda (New York: HarperCollins, 2009), p. 262.

18. Kenneth L. Sokoloff and Stanley L. Engerman, "History Lessons: Institutions, Factor Endowments, and Paths of Development in the New World," Journal of Economic Perspectives 14, no. 3 (2000): 218.

19. Voltaire, Candide (1759), chapter 23.

20. Mark Twain, The Innocents Abroad (Hartford, CT: American Publishing Company, 1908), vol. 2, pp. 391-92.

21. Golda Meir, "My Life," 1972 interview about a Labor Day parade.

22. 위의 책.

23. "Accuses Ship Crew of Sabotage at Sea: Captain of Pocahontas Reports to Consul at Naples, Who Starts Inquiry," New York Times, July 10, 1921.

24. Burkett, Golda, p. 47.

25. 위의 책, p. 49.

26. 이러한 고든의 생각은 유대인 이민자들보다 더 적은 급여를 받고 일을 하고자 했던 아랍 이주자들에 대한 직업적 차별로 이어졌다. 다음을 참조하라. Gershon Shafir, Land, Labor and the Origins of the Israeli-Palestinian Conflict, 1882-1914 (Berkeley: University of California Press, 1996).

27. Shabtai Teveth, Ben-Gurion and the Palestinian Arabs: From Peace to War

(London: Oxford University Press, 1985), p. 140.

28. John Locke, Two Treatises of Government and a Letter Concerning Toleration (1690), chapter 5, sec. 27.

29. Irus Braverman, "Planting the Promised Landscape: Zionism, Nature, and Resistance in Israel/Palestine," Natural Resources Journal 49 (2009): 317에서 인용.

30. Simon Schama, Landscape and Memory (New York: Vintage, 1996), p. 5.

31. Public Papers of the Presidents of the United States: George H. W. Bush (Washington, DC: U.S. Government Printing Office), May 14, 1991, bk. 1, p. 509.

32. Anna Shapira, Ben-Gurion (New Haven, CT: Yale University press, 2014), p. 117.

33. Victoria Honeymoon, "Britain, Palestine, and the Creation of Israel: How Britain Failed to Protect Its Protectorate," University of Leeds, Polis Working Paper no. 1, (2011-12), http://www.polis.leeds.ac.uk/assets/files/research/working-papers/britain-palestin-and-the-creation-of-Israel.pdf. 또한 http://www2.warwick.ac.uk/services/library/mrc/explorefurther/digital/crossman/urss/israel/도 보라.

34. 동아프리카 지역의 영토를 할당하겠다는 1903년 영국 정부의 제안서는 다음에서 확인이 가능하다. https://www.jewishvirtuallibrary.org/jsource/images/uganda.jpg.

35. David M. Herszenhorn, "Despite Predictions, Jewish Homeland in Siberia Retains Its Appeal," New York Times, October 3, 2012.

36. Robert Szereszewski, Essays on the Structure of the Jewish Economy in Palestine and Israel (Jerusalem: Maurice Falk Institute, 1968), p. 56, table 9; Jacob Meltzer, The Divided Economy of Mandatory Palestine (Cambridge, UK: Cambridge University Press, 1998), pp. 228-31; Sa'id B. Himadeh, Economic Organization of Palestine (Beirut: American University of Beirut Press, 1939), p. 565; Gudrun Kramer, History of Palestine (Princeton, NJ: Princeton University Press, 2008), p. 267; U. O. Schmelz, "Population Characteristics of Jerusalem and Hebron Regions According to Ottoman Census of 1905," in Ottoman Palestine: 1800-1914, ed. Gad G. Gilbar (Leiden, Netherlands: E. J. Brill, 1990), pp. 32-41.

37. 오늘날 자파 오렌지는 팔레스타인을 지지하는 국가들이 불매 운동을 벌이는 품목 중 하나다.

38. Erik Anderson, "Eyes Look to Carlsbad's Desalination Plant," KPBS, July 27, 2015.

39. Michael Brown, The Israeli-American Connection: Its Roots in the Yishuv, 1914-1945 (Detroit: Wayne State University Press, 1996), p. 188.

40. Burkett, Golda, p. 121.

41. Nili Liphschitz and Gideon Biger, Green Dress for a Country: Afforestation in Eretz-Israel?The First 100 Years 1850-1950 (Jerusalem: Ariel Publishing House, 2000), p. 91.

42. Burkett, Golda, p. 130.

43. 위의 책, p. 133.

44. 위의 책, p. 142.

45. Uri Bar-Joseph, "Israel's 1973 Intelligence Failure," in P. R. Kumaraswamy, ed., Revisiting the Yom Kippur War (New York: Cass, 2000), p. 14.

46. Ofer Aderet, "Jordan and Israel Cooperated during the Yom Kippur War, Documents Reveal," Haaretz, December 12, 2013, http://www.haaretz.com/news/diplomacy-defense/.premium-1.546843?v=92E14C2CEA296DE01DE78C7F4FC81259.

10장 결론 : 운명에 순응하지 말라

1. Jonathan Watts, "Ancient Tribal Language Becomes Extinct as Last Speaker Dies," Guardian, February 4, 2010, http://www.theguardian.com/world/2010/feb/04/ancient-language-extinct-speaker-dies.

2. Ronald Reagan, "Farewell Address to the Nation," January 11, 1989, http://www.reagan.utexas.edu/archives/speeches/1989/011189i.htm.

3. 내 책 New Ideas from Dead Economists (New York: Penguin, 2007), chapter 6, "The Angry Oracle Called Karl Marx."를 참고하라.

4. Howard Zinn, "Howard Zinn's July 4 Wisdom: Put Away Your Flags," Progressive, July 4, 2006, http://www.progressive.org/news/2014/07/187763/howard-zinn's-july-4-wisdom-put-away-your-flags.

5. Jill Tucker, "Many Schools Skip Pledge of Allegiance," San Francisco Chronicle, March 23, 2013.

6. http://www.nanations.com/burialcustoms/scaffold_burial.htm.

7. http://www.poynter.org/archived/20881/norman-mailer-on-the-media-and-the-message/.

8. https://www.youtube.com/watch?v=pgj7_DmgDqs.

9. W. B. Yeats, "Meru," in The Collected Poems of W. B. Yeats, ed. Richard J. Finneran (New York: Collier, 1996), p. 320.

10. "Holiday Icon Banned at NYC Elementary Schoo l: Report," CBS News, December 15, 2015, http://www.cbsnews.com/news/santa-christmas-thanksgiving-pledge-of-allegiane-banned-at-nyc-elementary-school-report/.

11. "Magna Carta What?", Daily Telegraph, March 13, 2008.

12. Talmud Pesachim, 116b.

13. Martin Marty, Pilgrims in Their Own Land (New York: Penguin, 1985), p. 59.

14. Ion Mihai Pacepa, Red Horizons (Washington, DC: Regnery, 1990), p. 189.

15. Edward Behr, Kiss the Hand You Cannot Bite (New York: Villard, 1991), p. 67.

16. 그 교육감은 내 누이의 5학년 시절 교사였었다. 현재 그는 연방 교도소에서 복역 중이다.

17. 다음 경로에서 공식 집계를 참조할 것, http://www.parlament.ch/d/wahlen-abstimmungen/volksabstimmungen/volksabstimmungen-2013/abstimmung-2013-09-22/seiten/default.aspx.

18. 이 글을 쓰는 시점을 기준으로, 로스앤젤레스에서 출발하여 대륙을 가로질러 워싱턴 DC에 도착하는 그레이하운드 버스의 학생 요금은 120달러다.

19. Mary Daly and Joyce Kwok, "Did Welfare Reform Work for Everyone: A Look at Young Single Mothers," Federal Reserve Bank of San Francisco Economic Letter, August 3, 2009.

20. Todd G. Buchholz, "Instead of Unemployment Benefits, Offer a 'Signing Bonus,'" Washington Post, June 10, 2011, https://www.washingtonpost.com/opinions / instead-of-unemployment-benefits-offer-a-signing-bonus/2011/06/08/AG46vHPH_story.html.

감사의 글

1. https://en.wikipedia.org/wiki/Math_Arrow와 http://www.sproglit.com/math-arrow를 보라.

KI신서 6410

다시, 국가를 생각하다

1판 1쇄 발행 2017년 4월 26일
1판 2쇄 발행 2017년 5월 9일

지은이 토드 부크홀츠 **옮긴이** 박세연
펴낸이 김영곤 **펴낸곳** (주)북이십일 21세기북스

정보개발팀 이남경 김은찬 이현정
해외기획팀 박진희 임세은 채윤지
해외마케팅팀 나은경
편집 두리반
표지디자인 박지영

영업본부장 신우섭
출판영업팀 이경희 이은혜 권오권 홍태형
프로모션팀 김한성 최성환 김주희 김선영 정지은
제휴마케팅팀 류승은
홍보팀 이혜연 문소라 최수아 박혜림 백세희 김솔이 **제작팀** 이영민

출판등록 2000년 5월 6일 제406-2003-061호
주소 (우 10881) 경기도 파주시 회동길 201(문발동)
대표전화 031-955-2100 **팩스** 031-955-2151 **이메일** book21@book21.co.kr

(주)북이십일 경계를 허무는 콘텐츠 리더

21세기북스 채널에서 도서 정보와 다양한 영상자료, 이벤트를 만나세요!
북이십일과 함께하는 팟캐스트 **[북팟21] 이게 뭐라고**
페이스북 facebook.com/21cbooks 블로그 b.book21.com
인스타그램 instagram.com/21cbooks 홈페이지 www.book21.com

ⓒ 토드 부크홀츠, 2016

ISBN 978-89-509-6357-6 03300